困守与反攻

冷战中的台湾选择

林孝庭 ◎ 著

九州出版社 JIUZHOUPRESS | 全国百佳图书出版单位

图书在版编目（CIP）数据

困守与反攻：冷战中的台湾选择 / 林孝庭著. --北京：九州出版社，2016.2

ISBN 978-7-5108-4237-5

Ⅰ.①困… Ⅱ.①林… Ⅲ.①台湾省-地方史 Ⅳ.①K295.8

中国版本图书馆 CIP 数据核字（2016）第 046394 号

困守与反攻：冷战中的台湾选择

作　　者	林孝庭 著
责任编辑	习　欣
出版发行	九州出版社
地　　址	北京市西城区阜外大街甲 35 号（100037）
发行电话	（010）68992190/3/5/6
网　　址	www.jiuzhoupress.com
印　　刷	鑫艺佳利（天津）印刷有限公司
开　　本	720 毫米×1020 毫米　16 开
印　　张	20
字　　数	307 千字
版　　次	2017 年 5 月第 1 版
印　　次	2024 年 5 月第 4 次印刷
书　　号	ISBN 978-7-5108-4237-5
定　　价	58.00 元

序　言

1945 年 8 月，日本宣布战败投降，第二次世界大战也正式宣告结束，然而世界大战的乌云才刚刚散去，美国与苏联两大超级强权，以及其背后所代表的资本主义与社会主义意识形态之间的对抗大幕，又从战后的砖瓦废墟上，缓缓拉起。1947 年 3 月 12 日，美国总统杜鲁门（Harry S. Truman）于首都华府国会山庄参、众两院联席会议上，宣读了日后被称为“杜鲁门主义”的国情咨文，发表了敌视社会主义国家的谈话，随后，美国国会通过一项关于援助希腊、土耳其的法案，决定以大笔经援，用来帮助希、土两国政府压制其境内的共产主义运动，“杜鲁门主义”的提出，也标志着美、苏之间“冷战”的开始。此后四十余年间，全球几被一分为二，以美、苏两强为首的东、西方两大阵营，在政治、外交、军事、经济、社会、情报、科技与文化思想等各个领域里，不断上演着一出又一出对峙与对抗的戏码，由于美、苏两强各自拥有大量核武器，此一长达近半世纪的冷战对立格局，也让国际社会在一段相当长时间内，处于高度紧绷的状态；柏林危机、朝鲜战争、两次台海危机、古巴导弹危机、越南战争与中东战争等重大事件的发生，一次又一次引发世人极大的关注与恐惧，担忧这些冲突将导致核战争，最终摧毁整个人类文明。

1950 年 6 月间所爆发的朝鲜战争，可说是二次世界战后国际冷战对抗格局形成之后，全球所发生的第一场大规模“热战”。冷战时期的第一场“热战”并未如预期般出现在当时美、苏两强最主要争执焦点所在地欧洲大陆，而是发生在亚太地区的朝鲜半岛，在一块直到 1950 年初都未曾被美国官方正式纳入其亚太防御线内的分裂国家领土之上，着实令当代许多治史者感到意外，而此一意外发展，也注定要让 1949 年 12 月间，退守台湾一隅的蒋介石与国民党当局，因美国随后参加朝鲜战事以及其对亚太地区地缘战略政治考量等因素，而在此后数十年的亚洲区域冷战场上，扮演着一定之角色。无可讳言，从更宽广的历史格局观之，1949 年以后国民党与共产党之间的对峙与海峡两岸关系史，亦是全球冷战对抗架构下，不可被忽视的一环，20 世纪 50 年代所发生的两次台海危机，至今仍是吾人研究亚洲冷战史时，所不可或缺的重要案例，然而遗憾的是，除了这两次外岛危机之外，整个冷战时期蒋介石与其所领导的国民党当局究竟曾扮演何种角色，以及台湾在亚洲区域冷战战场上的历史定位如何，在当今中外学术界里，几乎仍是一片空白。

本书所收录的十个章节，是作者过去十余年来，在华府、伦敦、台北与加州斯坦福大学胡佛研究所档案馆等地收集、爬梳、整理、研读、分析与消化大量原始档案史料后，所积累的一个初步结果。撰写这本书的一个主要目的，即在于回答如上问题：除了审思 20 世纪 40 年代晚期起，蒋介石与其所领导的国民党当局，在亚洲冷战战场上所处之角色与地位，同时还尝试着对这些历史事件与历史经验，进行全面观照、陈述与诠释。诚然，在吾人过去普遍认知里，1949 年以后台湾的国民党当局在亚洲冷战战场上所面临的最主要压力与竞争对手，是来自台湾海峡对岸的中国共产党政府；直到蒋介石 1975 年撒手人寰为止，在迁台以后 20 余年中，他所领导的国民党当局，依恃着美国对台湾的军事协防承诺与“外交”上的支持，在各个领域里，与北京之间进行着似乎永无止息的对抗，此一态势，直到 20 世纪 70 年代美国总统尼克松（Richard Nixon）主政后，逐步改变对华政策，才出现结构性转变。

然而如同本书各章节内容所即将呈现的，冷战时期台湾在亚洲地区所扮演的角色，以及美国与海峡两岸互动关系，实远比吾人过去所认知的，要来得更加诡谲复杂；随着中外官方解密档案的大量开放，吾人如今可以知悉，亚洲冷战场上的蒋介石，绝非仅只扮演着由美国所领导之“自由世界”阵营里，一个唯华府是从的马前卒，凡事仰仗美国鼻息，以华府为马首是瞻。相反地，国民党当局为了台湾自身战略生存与安全利益考量，在中南半岛与其他东南亚各地区，曾广泛且积极地介入各地的军事冲突，设法输出其自身“反共”经验与意识形态，以确保并强化其在国际地位与台湾内部政权统治上的合法性与正当性。回顾历史，国民党当局在海峡两岸以外其他亚洲冷战场上的作为，有些是配合美国政府的整体亚洲策略而行事，然而其中更有不少行动，乃是蒋介石甘冒惹恼华府决策者之风险，不惜与美国“老大哥”背道而驰。

另一方面，冷战时期的国共与两岸关系，也绝非如过去吾人所认知的，双方敌我意识分明，毫无往来，如同本书所即将揭示的，在某些重大议题上，譬如西藏问题，台北与北京所持立场，远比台北与华府等西方国家阵营之间态度，要来得更加接近，而国民党与共产党之间也屡屡在重大事件发生时，保持着一定之秘密联系管道。冷战时期国共双方此类接触，往往不为美国所喜，华府情报与外交当局，甚至向台北横加阻挠施压，而蒋介石则试图利用这些两岸秘密接触，反向操作，设法转化成为台湾向美国争取更多资源之筹码，尤其甚者，冷战时期的两岸密使往来，还牵连着当时国民党内部微妙的权力竞争关系。读者在“台湾秘密研发核武”此一篇章里也将清楚观察到，美国如何在高度现实利害考量下，以最严厉的立场与手段，来对待其在亚洲、乃至全球冷战战场上最坚强的盟方之一台湾。本书各章节所将呈现者，可谓“历史平台上的裂缝”：在看似平滑无缝的历史平台表面下，实存在着无数细微的裂痕，有待吾人加以检视、细查、发掘与观照，让历史事实与真相，能够更加清楚地被呈现出来。

必须说明的是，本书各章节所利用的第一手史料，主要来自于美、英与台湾方面的解密档案，而基于这些史料所进行的历史研究与论述，无可避免地也将较多地呈现出台湾、蒋介石、国民党当局与美国的立场。然而正如前文所述，亚洲冷战战场上美国与大陆、台湾三方关系的竞逐互动，台湾是一个无法被忽视的角色，任何缺少来自台湾与国民党方面的观点与其角色扮演之探讨，则整个亚洲冷战史的研究都将无法圆满。从蒋介石与国民党当局的视野来解释与观察其在亚洲冷战战场上的定位，据此填补近代史研究上的一片空白，也许将是本书的一个主要贡献所在。

本书各章节的写作过程中，得到许多海内外师长与同道的协助、批评、指正、讨论与建议，作者要致上最真诚的谢意与敬意，为避免挂一漏万，恕本人不在此一一列名。美国加州斯坦福大学胡佛研究所同仁，过去数年来对于本人的学术研究与档案行政工作，给予最大的支持与鼓励，借此书出版之机，本人要向他们表示衷心感谢之意。美国华府国家档案馆、华府国家安全档案馆、斯坦福大学胡佛档案馆、英国国家档案馆、台北"国史馆"、台北中研院近代史研究所档案馆、台北"国防部史政局"等机构的相关服务人员，过去十余年来对于本人查阅档案所惠予之的热忱服务，在此也一并由衷致谢。北京九州出版社对于本书出版计划的热烈支持，以及全体同仁对书稿所提供之最专业服务，同样令本人深感敬佩。

最后，作者要特别向养育栽培我的父母亲林文辉、郭佩华，以及坚定支持我走向学术研究之路、不惜放弃其原本优渥工作待遇的妻子徐海蕾，表达我最深的爱意、敬意与感谢，没有他们的辛劳、鼓励、体谅与牺牲，就没有这本书的问世。

林孝庭

2016 年 12 月于胡佛研究所

目　　录

第一章　冷战边缘：美国与冷战初期的中国边疆

1947 年夏，美国总统杜鲁门继该年 3 月于华府国会山庄发表著名的国情咨文、开启“杜鲁门主义”之先声后，又进一步宣布美国将推动“马歇尔计划”（The Marshall Plan），准备投入庞大经济与财政资源，协助重建二次战后欧洲地区的政治与经济体制，对抗该地区以苏联为首共产主义力量的兴起，这也让东西方间的冷战对抗，于二次战后的欧洲大陆上迅速升温。而在二次大战结束后的亚洲大陆上，国际间冷战对峙的逐步成形与战后中国国内的政局发展，亦有着密不可分的纠葛，无可讳言，美、苏两大强权在亚洲地区的冷战，是围绕着中国以及其周边地区展开的，冷战不仅对二次战后中国的内政与外交发展具有重大影响，也让中国的周边地区，在相当长的一段时间里，成为全球冷战中“热度”最高的地区之一。

从一个大的历史脉络来看，1946 至 1949 年间国民党与共产党之间在中国这块土地上所进行的军事对抗，严格而论，与美、苏两强在世界各地操纵“代理人”进行相互对抗的冷战“标准”模式，不能一概而论，混为一谈。有趣的是，论及二次战后冷战在中国的源起，当吾人仍主要聚焦于国共内战之际，其实当时距离中央政治权力中心遥远的广大西部边疆地区，却早于中国内地省份，首先笼罩在全球冷战的阴影之下了；抗日战争结束后西部中国边陲地带的政治、军事与涉外情况，不论是从“国共对抗”或是美、苏两大强权在亚洲冷战战场上竞逐的角度观之，皆值得进一步观察。一说 1949 年由毛泽东所领导的中国共产党在内战中击溃蒋介石所领导的国民党政府，导致美国随后加速推动对中国大陆的围堵策略，从而开启亚洲地区的冷战赛局，但早在第二次国共内战于1949年出现决定性结果之前的数年间，“冷战”似乎即已在中国西部的边疆地区悄然展开。

本章利用解密的中英文档案，揭开二次世界大战结束后，位于中国西部边疆少数民族地区的诸多军事与外交谜团，包括美国如何在新疆、内蒙古与西藏地区，进行所谓的“反共”冷战秘密布局，其秘密行动的具体内容为何，以及这些行动最后如何以失败收场。借由对这些过去鲜为人知历史事件的介绍与回顾，相信对于今日吾人重新思索二次战后美国对华整体战略，以及冷战如何从中国边陲地带开始逐步形成，当有所助益。

1947年北塔山事件与美国在新疆的秘密活动

自清王朝崩解以来，民国中央政治力量未能真正有效深入中国内陆边疆地区，在外蒙古与西藏，部分地区的蒙、藏政教领袖，拒绝接受民国新政府所提出的“五族共和”论述，并分别转而向俄国与英（印）交好，以寻求建立其政治与经济地位。内蒙古地区的少数民族精英，首先倾向于有条件与民国新政府合作，以换取来自后者更多的政、经资源，然而一部分内蒙古王公上层人士，如德穆楚克栋普鲁（德王）、云端旺楚克（云王）、李守信等人，于20世纪30年代中期起，转而在体制外寻求与日本合作，以推动内蒙古“自治”为名，准备在政治上脱离蒋介石所领导的国民政府。但仍有另一部分内蒙领导人物如沙克都尔札布（沙王）、达理札雅（达王）等，在国民政府的优厚条件礼遇下，继续奉中华民国为正溯，并在传统的蒙古盟旗制度下维持世袭统治。①

自清末以来，青海、宁夏与甘肃等省份就由当地的回族马氏家族所主导，民国成立后，马氏家族承认历任中央政府正统，仍保持其在西北势力

① 有关民国初年外蒙古问题之研究，参见：张启雄，《外蒙古主权归属交涉1911—1916》（台北：中研院近代史研究所，1995年）；刘学铫，《外蒙古问题》（台北：南天书局，2001年）。有关民国初年西藏问题之研究，参见冯明珠，《近代中英西藏交涉与川藏边情》（台北故宫博物院，1996年）。有关1930年代内蒙古自治运动之研究，参见阎天灵，《试论抗战前十年国民政府对内蒙古的政策定位》，《中国边疆史地研究》（北京），2001年第1期，页46—57。

范围内的独特地位，而直到 20 世纪 30 年代晚期，国民政府中央在这些地区的政令与影响力，依然极为薄弱。类似的情形亦发生在光绪初年即已建省的新疆地区，民国成立后，该省政局就由清末以来被派驻在当地的一批汉、满族军事与行政官僚所主导，并且维持着政治、军事与外交皆高度自主的状态，从 1911 年到 1944 年，新疆省经历了杨增新、金树仁与盛世才的统治，并且与历任民国中央政府，保持着"认庙不认神"、若即若离的关系。①

从更宽广的地缘政治角度观之，1937 年起日本对中国的全面侵略，也促使整个中国中央政治势力与重心，从内地省份向西部地区推进，而国民政府从南京迁都到四川重庆之后，也因地利之便，开始有机会将其在对日抗战之前原本的薄弱政令与影响力，逐渐打入中国西南与西北边陲。国府力量在战时逐步延伸至中国大西部地区，有许多迹象可寻，譬如 1941 年之际，重庆国府已可排除万难，将效忠蒋介石的嫡系部队，安排进驻于西蒙的阿拉善旗、额济纳旗与甘肃河西走廊等战略要地，并且在这些原本由当地军政势力牢固控制的地区，直接征税与派遣官员。② 1941 年底珍珠港事变发生后，中、美、英、苏组成同盟国，国民政府利用国际局势的有利变化，借由开办中亚国际驿运公路线的机会，进一步把军事、党政与财经力量推进了新疆省；1944 年秋，统治新疆省长达十余年的盛世才被撤换，由

---

① 有关民国时期马氏家族势力在西北之研究，参见：杨效平，《马步芳家族的兴衰》（西宁：青海人民出版社，1986 年）；宁夏回族自治区政协文史资料研究委员会主编，《宁夏三马》（北京：中国文史出版社，1988 年）。有关民国时期的新疆省，参见：陈慧生、陈超，《民国新疆史》（乌鲁木齐：新疆人民出版社，1999 年）；Andrew D. W. Forbes, Warlords and Muslims in Chinese Central Asia: A Political History of Republican Sinkiang 1911 – 1949（Cambridge: Cambridge University Press, 1986）.

② 战时国民政府的党、军、财政势力在中国西部内陆快速增长，普遍引起英美等国驻华外交与军事人员的关注，咸认为这是国民政府于 1928 年建立以来，一项重要的成就。见：WO 208/268, Memorandum by British Embassy in China to Chief of Censor, Government of India, October 22, 1942; Report from the Office of Military Attaché of British Embassy in China to War Office, November 12, 1942; FO 436/16605 F6275/254/10, Report on Sir Eric Teichman's journey to Sinkiang, enclosed in British Embassy in China to Foreign Office, September 24, 1943; NARA, RG 59, 761.93/1725, O. E. Clubb（U. S. Consul at Tihwa）to George Atcheson（U. S. Chargé in China）, June 5, 1943.

蒋介石的亲信幕僚吴忠信接任省主席，自1912年清帝国结束以来，中国的中央政府首次得以直接治理此一广大西部省份。①

二次大战时期国民政府影响力推进新疆，也让美英等同盟国家的外交势力，得以延伸并进入中国西北地区。1943年，英美两国同时获准在新疆首府迪化（今乌鲁木齐）设立领事馆，并与重庆国民政府派驻在该省的外交人员，共同处理战时同盟国驿运业务，而两国驻中国大使馆的外交人员，亦获准得以进出中国西部边疆地区省份，进行实地考察旅行，广大的西部内陆省份自此不再成为西方驻华外交官眼中的神秘“禁区”。甫进驻迪化的美国外交领事人员，也开始注意到国府与苏联之间在该地区逐渐加剧的摩擦。整体而言，直到1945年抗战结束前后，美国对于中国西部边疆事务的关注，大部分仍是“功能性”，亦即在于评估并协助国民政府打通中亚，将当时囤积于印度与伊朗的同盟国物资，由中亚经由新疆运往甘肃与中国西南地区，以支援蒋介石对日抗战，同时则避免直接介入中苏两国间因新疆问题而产生的争议。然而美国对于中国边疆事务的被动与谨慎态度，在战后却有了大幅度的转变，发生于1947年夏天的“北塔山事件”，则是此一政策转变的催化剂。

1947年6月初，当时已获得法理独立地位的外蒙（蒙古人民共和国）部队，向国府驻守在新疆省奇台县以北，新、蒙边界的北塔山边防部队，发动猛烈进攻。根据国府方面的指控，6月5日至9日接连五天，外蒙古战斗机持续轰炸新蒙边界，驻守当地的国军部队亦回击，双方互有伤亡。另一方面，外蒙古政府则坚称北塔山为其国土之一部分，并指控由哈萨克族领袖乌斯满所领导的中国部队，已“违法”越界驻守。② 对此，当时已自重庆迁回南京的国民政府，虽无法在第一时间内搞清楚整个边界冲突的真实面貌，然而远在内地的中央政府官员，却一口咬定此事件乃苏联背后

---

① 陈慧生、陈超，《民国新疆史》，页361—375；黄建华，《国民党政府的新疆政策研究》（北京：民族出版社，2003年），页77—79。

② 参见：“蒙藏委员会致外交部函”（1947年6月17日）；“外交部亚西司签呈”（1947年6月27日）；“内蒙古额济纳旧土扈特旗九年计划与国防计划秘密报告书”，附于“行政院致外交部”（1947年8月17日），《苏联与外蒙对内蒙之阴谋案》，《“外交部”档案》，档号112/93。

指使，目的在于结合“三区”反政府势力，欲将国府的势力逐出新疆。①当时国际舆论亦传闻蒋介石意在扩大渲染此次边境冲突的严重性，以争取国际间、特别是美国，对南京更多的支持，同时转移中国内地舆论对于日益加剧的国共冲突之注意力。②

不论如何，新疆政局在北塔山事件发生后开始急遽恶化，是个不争的事实；稍早之前，1946 年 5 月间，当时奉命代表国府与伊犁当局谈判的军事委员会西北行辕主任张治中，与“三区”代表达成停火协议，组成一新疆省联合政府，由张本人担任省主席，并延揽“三区”独立运动领袖如阿合买提江、赛福鼎等人进入联合政府。

马克南在新疆

与此同时，美国国务院为了掌握北塔山事件的来龙去脉，立即指示时任美驻迪化副领事、实为中央情报局干员的马克南（Douglas Mackiernan），迅速前往新蒙交界实地了解情况。在北塔山区里，马克南见到了乌斯满本人，得知他本是 1944 年伊犁“三区”政权所委派的驻阿山地区行政专员，并获得苏联方面的背后支持，据乌斯满密告马克南，1944 年秋，盛世才被蒋介石调离迪化后，莫斯科方面曾秘密向他提供大批武器，补充其所领导的哈萨克游击队，希望利用他将汉人势力完全逐出阿山地区，然而二次大战结束后，苏联人开始在当地哈萨克族游牧区大举开采矿物，此行动遭到乌斯满与游牧当地的哈萨克族人极力反对，苏联人因而决定改支持乌斯满的对手、同为哈萨克族的达列力汗，来领导阿山地区的哈萨克部落，此举让

① “西北行营主任张治中电呈蒋委员长北塔山事件背景及详细经过”（1947 年 6 月 15 日），《外蒙军及苏机越界侵新疆案》，《“外交部”档案》，档号 112/923；FO 371/66443 N7102/4303/38，“Report of Mongolian Penetration of Chinese Territory,” June 16，1947；FO 371/66443 N7114/4303/38，British Foreign Office minute paper，June 17，1947.

② FO 405/17912 F4378/4378/10，“China：Annual Report for 1947,” enclosed in Ralph Stevenson（British Ambassador to China）to Foreign Office，March 5，1948.

乌斯满决心投靠国民政府。因此自1946年夏天起，乌斯满开始与张治中、新疆警备总司令宋希濂等国府重要军政人员秘密接触，并获得国府方面的一些军火物资援助，1947年3月起，乌斯满率领游击队开始在阿山地区与苏联所支持的“三区”民族军交战，但寡不敌众，最后节节败退，一路撤退至新、蒙边境的北塔山。[①] 在与马克南的谈话中，乌斯满希望美国能够向他提供军事援助，以利其在北疆地区继续对抗苏联，而根据马克南向华府所呈之机密文件显示，在他离开北塔山返回迪化前夕，乌斯满交给他一些苏联人在当地开采的矿物标本，这些矿物随后被马克南带回迪化做初步的化验分析，美方坚信，苏联在阿山地区急于开采的矿物，极有可能就是当时制造原子弹所不可或缺的铀矿，苏联方面极有可能为了取得这些珍贵铀矿，才会再次鼓动伊犁“三区”进行反政府暴动，使北疆地区进一步脱离国民政府的有效控制。[②]

冷战初期美国对中国内陆边疆的战略思维

美国驻迪化领事馆有关北塔山事件的第一手调查报告，立即引起美国务院与军方极大关注。1947年下半年以后，美苏之间在欧洲大陆的对抗日趋严重，冷战的序曲俨然已经展开，就华府而言，二次世界大战后全球战略布局最紧要的任务之一，即在于阻止或者延缓苏联取得制造原子弹之技术与原料。苏联在北疆地区积极开采稀有矿物的举动，以及当时有关斯大林（Joseph Stalin）即将在俄属中亚秘密进行原子弹试爆的传闻，皆让美国官方体认到必须尽速采取必要的防范措施。1947年11月，美国空军总部依据美国驻迪化领事馆的建议，派了一组军方人员经南京飞往北疆，进行一项代号为AFOAT－1（Air Force，deputy chief of staff for Operations，Atomic Energy Office，Section One）的秘密考察行动，随后不久，美国军方

---

① NARA，RG 59，893.6359/6－3047，Memorandum entitled “Peitaishan Incident Report，” prepared by Douglas Mackiernan，June 30，1947.

② NARA，RG 59，893.6359/8－2947，U.S. Consulate（Tihwa）to State Department，August 29，1947.

即决定以驻迪化领事馆为掩护，于该地设立一侦测苏联原子试爆活动的观察站，名义上由空军的赫根柏格少将（Major General Albert F. Hegenberger）来主持，并由马克南进行实际运作，美方同时也决定透过其驻迪化领事馆，暗中给予乌斯满的哈萨克族游击队新的武器援助，以利其继续监控与骚扰苏联在阿山地区的活动。① 巧合的是，美方于 1947 年年底决定秘密援助乌斯满之后，其所领导的哈萨克游击队随即于 1948 年年初，扭转原本的劣势，顺利反攻并占领北塔山与部分阿山地区，并且一度引来外蒙古政府对南京当局的严重抗议。②

美国在 1947—1948 年之际对北疆地区的积极关注，除了出于监视与围堵苏联在中亚活动的战略考量之外，也相当程度地反映出当时华府对中国西部边疆地区的政治与外交思维。随着蒋介石所领导的国民党政府在国共内战中逐渐走下坡，美国外交与军方人员自 1948 年年初起，即对中国政局未来的可能走向，提出研判。以司徒雷登（John Leighton Stuart）大使为首的驻南京大使馆官员，普遍认为国共内战一旦长久持续下去，中国不可避免地将走向分裂，甚至有可能回到民国初年各地强人割据一方、“地方主义”盛行的混乱局面。美驻华大使馆因而向国务院强烈建议，应及早因应中国内部再度四分五裂的可能性，并且提出具体有效的对策，让未来中国各地可能出现的“区域性政权”，能够有力量继续对抗共产主义，使美国在中国的影响力，继续保持不坠。③

美国军方情报部门同样注意到国共内战已让蒋介石领导的国府，对中国各边疆地区的控制力急速下降，然而与国务院的观察较为不同的是，美

① NARA, RG 341, Records of Headquarters U. S. Air Force, Air Force Plans, Project Decimal File 1942 - 1954, Box 736, "Report of Airfield Inspection in Northwest China," prepared by Colonel William D. Hopson of the Air Division Army Advisory Group, Nanking, China, dated February 2, 1948.

② “西北行营主任张治中致外交部长王世杰电”（1948 年 3 月 2 日）；“外交部驻新疆省特派员刘泽荣致外交部电”（1948 年 3 月 2 日），《蒙军侵新案》，《“外交部”档案》，档号 112/93；FO 371/69631 F3506/2538/10, British Embassy in Moscow to Foreign Office, February 27, 1948; WO 208/4718, Office of Military and Air Attaché, British Embassy in China to War Office, September 29, 1948.

③ NARA, RG 59, 893.00/3 - 448, John Leighton Stuart (American Ambassador to China) to State Department, March 4, 1948; 893.00/3 - 848, Stuart to State Department, March 8, 1948.

军方情报单位特别注意到当时位于中国边疆地区里颇为活跃的少数民族分离主义运动，以及美国面对这些分离势力所可能采取的态度与行动。1947年年底美国中央情报局的一份评估报告即指出，除了当时已独立的蒙古人民共和国之外，苏联尚有意在中国东北、内蒙古、新疆北部与朝鲜半岛北部等地方，扶持并操控当地的少数民族，建立起卫星政权或缓冲国，以确保其在中亚内陆地区的传统利益，不因中国内部政权更迭与政局的剧烈变化，而受到不利影响。①

也许是担忧共产主义将在中国边陲地带快速蔓延，以及受到苏联在北塔山地区秘密发展原子武器的刺激，同时急欲对苏联在北亚与中亚内陆地区建立缓冲国的意图进行反击，自1948年起，不论是美国军方部门或是国务院系统，皆开始采取具体行动，强化美国在中国边疆地区的影响力。而有鉴于当时中共在中国东北与东蒙地区已建立起颇为有效的根据地，美国政府此时的工作重心，集中在当时较为远离中共影响的西蒙、甘肃、青海与新疆等地，其具体行动内容着重以“反共”意识形态为号召，积极拉拢各地区少数民族军政领袖，替美国发展力量进行“布线”的工作。② 1948年初，美国中央情报局曾将约300盎司的金条，秘密交付当时返回华府述职的驻迪化副领事马克南，用来协助收买新疆地区的哈萨克、白俄罗斯与维吾尔民族，以便进行反共活动，而当时中央情报局驻北京的另一名特派员贝赛克（Frank B. Bessac），则负责与德王等人进行秘密接触。③

在中国内地，美国驻南京大使馆亦利用1948年5、6月国民政府召开国民大会的时机，广泛地与来自内蒙古、新疆、青海等地的政治人物进行密集接触。宁夏省主席马鸿逵在其回忆录里即提及当年他停留南京时，曾

---

① “CIA Research Report, SR－8: China,” issued in November 1947, I－22－23, in Paul Kesaris ed., CIA Research Reports: China: 1946－1976 (Frederick, MD: University Publications of America, 1982), microfilm, reel 1.

② NARA, RG 59, Intelligence Files, Office of Security, 1942－1951, Box 1, Memorandum by State Department, September 4, 1945; RG 59, 125.937D3/2－747, U.S. Embassy in China to State Department, February 7, 1947.

③ Thomas Laird, Into Tibet: The CIA's First Atomic Spy and his Secret Expedition to Lhasa (New York: Grove Press, 2002), pp. 55－57, 65－67.

秘密受邀前往司徒雷登大使官邸与美外交人员会晤，当时司徒雷登曾仔细探询内蒙政情，并且告诉马鸿逵，华府愿意对宁夏当局提供任何可能的直接协助，包括军事援助，他还向马鸿逵透露，包括绥远省主席傅作义在内的部分华北军政领袖，也已答允接受美国秘密援助，马鸿逵即认定当时美方似有意以较优良的军事装备，笼络培植中国边疆地区的亲美势力。①

另一方面，1948 年的 3、4 月间，美国驻迪化领事包懋勋（John Hall Paxton）亦奉国务院之命，展开首次对全新疆地区的访问考察。在两个月之内，他与随行翻译以及迪化领事馆的同仁们，走遍南、北疆各重要城市据点，会晤各地的汉族军政首长与少数民族政教领袖，并对这些人士的政治立场倾向，以及日后和美方进行“反共”合作的可能性，作一通盘的观察、分析与评估，其行踪甚至远达伊犁与塔城等当时国民党人士难以进入的“三区”。而在南、北疆各地访问途中，包懋勋以播放附有维吾尔文翻译的影片与展览海报、照片等方式，向当地少数民族极力宣扬美国的强大、民主与友善，并诋毁共产主义。② 同年 6 月，包懋勋循同样模式前往东疆与甘肃河西走廊各地考察访问，随后并将这两次行程做成极为详尽的评估报告，供华府决策高层参考，在报告中，包懋勋认为尽管蒋介石在中国内地的统治已江河日下，且新疆政局仍有变数，然而也正由于中国中央的力量因国共内战而大幅松动，美国在西部边疆省份地区反而可能有一番作为，他并力主华府应以经济与财政援助为手段，对新疆积极伸出援手，以对抗共产党势力。这两趟“考察”行程，包懋勋总共访问了 30 个大小绿洲城市，与至少 45 位当地政、军与宗教领袖进行访谈，这也是 1979 年中美建立外交关系之前，美国驻华外交人员对全新疆地区所进行唯一一次如此详细的实地考察。③

由于受限于美国军事与情报部门档案文件至今尚未完全公开，吾人无法确切掌握华府在中国边疆地区还曾经进行何种行动，接触过哪些重要人

---

① 马鸿逵，《马少云回忆录》（香港：文艺书屋，1984 年），页 282—287。

② NARA，RG 59，893.00 Sinkiang/6－2748，“Travels in Southern and Eastern Sinkiang，” Memoranda Number 1，2 and 3，top secret，written by John Hall Paxton，June 27，1948.

③ Ibid，Memorandum Number 10.

士，然而从当时各项分析与建议报告中可以窥知，经过多方面的考察、接触与试探后，美国政府对于利用中国境内少数民族团体作为其“代理人”来对抗亚洲共产主义势力的发展，已有基本共识。从今日中共牢固统治中国大西北的事实，来回顾美国于1940年代晚期欲在西北地区与苏联大打“代理人战争”的尝试，可谓不合情理，然而若从华府与美国驻华使馆当时观察中国极有可能再度走向“四分五裂”，并预期边疆地区可能出现数个少数民族政权此一脉络来理解，美方当时会有此一构想与准备，不足为奇。此外，美国高层似亦曾评估，一旦苏联果真成功研发原子弹，则美方为了避免在中亚内陆与苏联发生直接冲突，除了积极在当地培植“代理人”之外，别无他途。① 司徒雷登大使在1948年10月拍发回华府的电报里，即曾具体指出美国应当对宁夏的马鸿逵，青海的马步芳、马步青，河西走廊的马继援，以及当时驻扎新疆的骑五军军长马呈祥等具有“反共意识形态”的回族军政首长，进行具体且秘密的援助行动。②

值得一提的是，美国中央情报局此刻在分析中国边疆局势时，并未把西藏列为一个值得积极接触并发展成为一“反共根据地”的对象。当时虽有传闻苏联可能透过俄属中亚境内信仰藏传佛教的布里亚特蒙古族，与达赖喇嘛势力建立关系，然而鉴于西藏的天然屏障与地理位置的遥远，美国情报单位似乎并不预期该地区很快会受到共产党势力的影响，也不认为当时拉萨的噶厦政府将有被一个“亲共”政权取代之虞。③ 1947年初，当美军方与国务院人士评估战后西藏的战略地位时，即曾指出美国虽不乐见西藏落入共产党势力范围内，然而在可预见的未来，此一顾虑并不存在，尤其甚者，美方当时对于西藏的军事与战略价值的评价相当低，认为该地区充其量或可用来作为一个“火箭试射的废物场”。④ 等到20世纪50年代初

---

① NARA, RG 218, Records of the Joint Chiefs of Staff, Geographic File, 1948 - 1950, Box 15, Memorandum by the Joint Chiefs of Staff, August 1949.

② NARA, RG 59, 893.00/10 - 1648, Stuart to State Department, October 16, 1948.

③ “CIA Research Report, SR - 8: China, Appendix J: Tibet,” November 1, 1948, in CIA Research Reports: China: 1946 - 1976, reel 1.

④ NARA, RG 59, 893.00 Tibet/3 - 1947, State Department memorandum entitled “Strategic Importance of Tibet,” March 19, 1947.

期美国欲以实质的军事援助手段，避免解放军进入西藏时，白宫与国务院的决策者们才惊觉时间已经太迟。

国共内战下的美国援助中国西北方案

根据吾人现今所掌握的资料显示，当美国政府于1948年开始规划对西部边疆地区的冷战反共部署时，似乎未预料到国民党在中国大陆的统治，会在短短的一年之后就彻底崩溃；美国中央情报局于1948年夏所提出的各项分析研判文件即指出，即使马歇尔将军（General George C. Marshall）在中国的调停任务以失败告终，而且国共之间最后透过和平手段达成协议的可能性已极微，然而距离国民政府真正的溃败、蒋介石的下野以及中国政局的完全底定，仍有一段相当之时日。[①] 反之，中央情报局当时认为，由毛泽东所领导的中国共产党，仍极有可能在坚持其本身条件的前提下，与国民党人士进行谈判，以替其争取更多的时间、民心与威望，更何况苏联亦有可能继美国之后，积极介入以促成国共和谈或组成一联合政府。[②] 也因此迟至1948—1949年之际，美国军方还是按照其既定方案，于迪化领事馆设立了第一座超音波原子弹侦测器，随后又于1949年初，在当地白俄罗斯与哈萨克族秘密协助下，于中苏边境分别装置了4组同样的侦测器，准备对苏联在中亚地区发展原子武器，进行长时间的监控。[③]

随着国民党于1948年底在三大战役接连失利，以及蒋介石于1949年1月21日仓促下野，美政府高层才开始担忧，其在西部边疆地区的反苏、反共战略布局，极可能因中共提前掌控整个中国政局，而受到极端不利的影响。1949年2月间，美驻迪化领事馆紧急列出一长串名单，呈报华府决策阶层参考，在这份“推荐”名单里，包懋勋建议美国应优先提供军事援

---

① CIA Research Report, ORE 45 - 48, "The Current Situation in China," July 22, 1948, in CIA Research Reports: China: 1946 - 1976, reel 1.

② CIA Research Report, ORE 12 - 48, "Prospects for a Negotiated Peace in China," August 3, 1948, in CIA Research Reports: China: 1946 - 1976, reel 1.

③ NARA, RG 59, 101.61/3 - 1049, Paxton to State Department, March 10, 1949.

助的对象，包括青海省主席马步芳、宁夏省主席马鸿逵、内蒙古的德王、驻新疆国民党骑五军军长马呈祥，以及东疆与北疆地区的反共少数民族领袖如乌斯满、前哈密王牙巴孜汗、阿尔泰地区哈萨克族领袖贾尼木汗等人。① 然而此刻真正获得美方武器装备与物资援助的，却只有马步芳一人；根据美、英外交文件揭示，1949 年的 2、3 月间，美军方曾暗中出资，由一个设于兰州的民间组织“国际物资供应公司”（International Supply Corporation）出面代购两千多只卡宾枪，以及三百多箱其他各式军火，由美国空军陈纳德将军（Claire L. Chennault）所主持的“民航空运公司”（Civil Air Transport）所属营运机队为掩护，从上海紧急将这一批武器运往马步芳所属的各西北部队，以增强其在当地的军事防御能力。②

美方高层对于中国大西北地区秘密援助方案的推动，到了 1949 年 4 月间国共和谈濒临破裂、解放军即将大举渡过长江前后，变得更加仓促与急迫；4 月 22 日，解放军进入南京的前一天，美国务院针对各省政军情势，以及苏联在新疆边境开采铀矿制造原子弹的最新进展等议题，召开一次特别会议，此刻美方决策官员们普遍同意，一旦将苏联在苏中边界提炼铀矿以制造原子弹等消息告知当时已是风雨飘摇的国民党政府，则代总统李宗仁势必以此为借词，向美方要求更多援助来对抗共产党，而这也正是当时有意放弃国民党、静待中国政局“尘埃落定”的杜鲁门行政当局所不乐见的，美方因而更加认定，今后在中国大西北地区所采取的任何必要行动，都应当绕过国民政府中央，在最机密的情况下来单独进行，会议结束后，华府立即将会议纪录标上“最机密”等级，火速知会美驻迪化领事馆。③美方此一决议，实际上也隐然有将中国西北地区与内地省份加以区隔对待

① NARA, RG 59, 661.9331/3 – 149, Paxton to State Department, March 1, 1949.

② NARA, RG 319, Records of Army Staff, Army Intelligence, Document, File No. 548364, Memorandum by the Joint Chiefs of Staff, March 1949; FO 371/75733 F146/1013/10, “Weekly summary No. 8, 1949,” enclosed in Stevenson to Foreign Office, February 19, 1949.

③ NARA, RG 59, 893.6359/4 – 2249, Minute of conversation between Mr. Trueheart, Representative of the Atomic Energy Commission, Mr. Arneson, Under – Secretary's special assistant, and Mr. Sprouse, Office of Chinese Affairs, April 22, 1949; 893.6359/4 – 2249, Under Secretary of State for Far Eastern Affairs (W. W. Butterworth) to Mackiernan, top secret, April 22, 1949.

之意。

而就在此决议后不久，一项名为“军事援助方案”（Military Aid Program，简称 MAP）的法案，也被火速送往美国国会进行审查，美军方并曾就此方案内容明白指出，未来将不会把新的军事资源投注在由蒋介石或李宗仁所领导的国民政府，而是用来支持“大中国地区”境内的“非共”、“非汉族”势力团体与组织。[①] 而当 1949 年夏天此一“军事援助方案”正式获得国会通过之后，美参谋长联席会议更进一步向国会参众两院表明，大中国境内的哈萨克族、内蒙古、回族与西藏地区持反共立场的领袖与组织团体，将是这一波新的军事援助计划之主要接受者。[②] 冷战时期美、苏之间在全球各地经常发生的“代理人战争”，在国共内战尚未真正结束、蒋介石尚未退守台湾之前，就已先出现在中国西部的边疆地区。

随着解放军渡过长江、国民政府迁都广州，美国暗中鼓励中国边疆各省份地区成立“区域性”政权以进行反共活动的用意，也愈加明显，内蒙古的德王，即是当时美方尝试支持的对象之一。前曾提及，德王在 20 世纪 30 年代即与日本人合作，推动内蒙古“自治”运动，随后并曾在日本人所扶植的政权内担任要职，抗战结束之后，国民政府为了稳定内蒙地区情势，决定对德王、李守信等战时“附日人士”采取较为宽容的政策，此一政策虽然高估了德王等人于二次战后在内蒙古的影响力，却也使得德王得以在 20 世纪 40 年代晚期，有机会翻身，再度活跃于内蒙古政坛。1949 年年初，德王决定运用其过去的影响力，在西蒙成立一自治政府机构，以便收容来自东蒙地区各盟旗不愿加入共产党的王公贵族、军队与知识分子，此一构想并获得国民党高层的支持；4 月初，德王在国民党军方运输机的护送下，由南京飞往宁夏，联络当时西蒙各地的反共零星势力，包括李守信旧部、蒙古籍将领白海风所率领的国民党新三师部队、绥境蒙政会巴文峻、韩裕如等人，这批人马在阿拉善旗首府定远营成立一“蒙古自治政府

---

① NARA, RG 218, Box 15, Admiral O. C. Badger (Commander of the U. S. Seventh Fleet) to the Joint Chiefs of Staff, August 1949.

② NARA, RG 341, Records of the Air Force Technical Applications Center, Box 737, Letter from the Joint Chiefs of Staff to Louis A. Johnson (U. S. Secretary of Defense), August 1949.

筹备委员会”，随后德王并曾折回广州，向李宗仁及行政院长阎锡山等寻求更多支持。[1]

贝赛克（左三）与内蒙古王公

于内战中节节败退的国民党因自顾不暇，最后仅以一纸公文，批准同意德王在西蒙地区推动“地方自治”，此外并未就“蒙古自治政府”的建立，给予其太多实质上的援助。[2] 然而德王停留广州期间，却意外获得美国情报人员的支持承诺；根据陪同德王前往广州交涉的扎奇斯钦所言，当时美中央情报局驻广州特派员梅兹（Raymond Meitz）曾主动接触并曾告诉德王，美国国会即将通过新的“军事援助方案”，梅兹暗示，若德王所主导的西蒙自治政权，能够采取反共立场，不久之后即可在联合国善后救济总署的援华计划名目下，取得一部分的军事与民生物资。[3] 德王于同年7月自广州飞回返宁夏定远营之后，在当地又获得前述中央情报局另一名干

---

① 郝维民主编，《内蒙古自治区史》（呼和浩特：内蒙古大学出版社，1991年），页61—64。

② 内珍莲，《阿拉善旗起义——达理札雅率部起义纪实》，收录于长舜、荆尧、孙维吼、蔡惠霖编，《百万国民党军起义投诚纪实》（北京：中国文史出版社，1991年），上册，页414—418。

③ Jagchid Sechin, The Last Mongol Prince: The Life and Times of Demchugdongrob, 1902 - 1966. (Bellingham, WA: Western Washington University, 1999), pp. 403 - 417.

员贝赛克类似的保证，这使得当时聚集在定远营的各路人马，信心满满，并于8月10日宣布“蒙古自治政府”正式运作。也因为获得美方暗中支持的保证，德王等人即使在面对当时解放军在华北与内蒙古地区势如破竹的军事行动，依然展现出坚持到底的决心，甚至对外宣称在必要时，将把甫成立的政权，由定远营迁往河西走廊甚至青海、西藏等地，继续进行反共斗争，此一虚张声势表态，还一度引起拉萨方面的极度恐慌，认为蒙古族与回族势力，将因中共在华北与内蒙古的军事攻势而结合，准备大举转进西藏。①

美国与马步芳主持下的西北军政长官公署

美国除暗中鼓动德王的西蒙政权进行反共活动之外，华府军事情报当局此刻更为关注的，是以马步芳为首的西北地区回族势力，能否有效地组成一个包含宁夏、甘肃、青海与新疆在内的区域反共集团，抵抗解放军的进逼。英、美的官方档案文件皆显示，1949年春，美方事实上曾一度对张治中寄予厚望，认为他将愿意与美国携手合作，朝美方所期待的建立大西北区域政权的方向努力。② 然而张治中最后选择加入共产党阵营，这使得美国对于当时中国政局的观察与判断，出现了极大失误。当张治中不再成为美国可以合作的对象后，马步芳似成了华府可以期待的少数选择之一，在这方面，美方投下颇多心力与资源，除了于1949年2、3月间紧急空运300箱的军火援助青海部队之外，4月初，陈纳德将军又以“美军私人代表”身份，从中国内地飞往西宁，与马步芳及其军事幕僚进行密谈，陈纳德在该会议中曾建议将青海羊毛等物资销往海外，替西北反共势力换取更多的美国军援物资，此外，双方亦曾讨论到在西宁设立一“民航大队青海

① NARA, RG 59, 893.00 Tibet/8 - 3049, "Peking Information," August 30, 1949, enclosed in U.S. Embassy in China to State Department, August 31, 1949.

② FO 371/75800 F3742/10126/10, British Embassy in Nanking to Foreign Office, February 22, 1949; NARA, RG 59, 893.00/2 - 1549, Stuart to State Department, February 15, 1949; 661.9331/2 - 2549, Stuart to State Department, February 25, 1949.

区总站”的计划，以利日后美军装备运往该地区。[①]

陈纳德结束青海之行后，立即赶回华府，向美国务院报告中国西北地区的最新情况，在5月11日的一场闭门会议里，陈纳德向处理远东事务的助理国务卿鲁斯克（Dean Rusk）等人再次强调，美国给予马步芳等中国西部边疆少数民族领袖更多的军事援助，实刻不容缓，这将有助于确保内蒙古、宁夏、青海、甘肃、四川、云南等中国西部内陆省份，不至于快速倒向中共，而一旦西半部中国能有效抵挡解放军一段时日，这将能为美国在亚洲地区的冷战部署，争取到更多宝贵的时间，甚至保障美国在中南半岛与印度的利益。陈纳德还向国务院官员提出他准备利用当时仍在中国境内营运的“民航空运”、“中国航空”与“中央航空”来将美援物资火速运往西北。[②]

华府支持西北边疆地区自成一反共格局的政策，在一定程度上却也不可避免地使马步芳等西北国民党军政势力与广州国民政府之间关系，产生微妙的变化。1949年5月18日，代表国府前往北京与中共谈判的西北军政长官张治中决定投入中共阵营之后，马步芳旋被代总统李宗仁任命为代理西北军政长官，负责统筹大西北地区的反共事宜。马上任后所面临的一项重要议题，是处理当时尚在进行的中苏两国有关新疆经贸合作谈判。1946年夏，张治中有鉴于“伊宁事变”暂告落幕、新疆和平有望，曾向蒋介石建议应趁机加强新疆与苏联之间的经济合作与贸易往来，其构想在于透过向苏联进口大宗民生物资，来舒缓新疆省内因物资缺乏所可能造成的通货膨胀，同时借由苏联专家丰富的技术与经验，来发展新疆省的天然资源，以达到互蒙其利的效果，当时蒋介石对此表示支持。[③]

不过中方的提议遭到苏联的冷淡以对，然而就在1949年初，当国民政府在全中国的统治已岌岌可危之际，苏方突然主动向新疆省政府表示，愿

① 《青海民国日报》，1949年4月7日、8日，转引自青海省志编纂委员会编，《青海历史纪要》（西宁：青海人民出版社，1987年），页513—514。

② NARA，RG 59，893.24/5 - 1149，Transcript of Conversation，May 11，1949.

③ “张治中呈蒋介石”（1946年8月3日）；“中国政府关于新疆省内中苏贸易与经济合作之建议”（1946年11月4日），收录于薛衔天编，《中苏国家关系史资料汇编》（北京：社会科学文献出版社，1996年），页371、373。

意就中方 1946 年有关新疆经贸合作事宜进行谈判，并提出一份谈判大纲，将会谈内容分为“经济合作”与“贸易通商”两大部分，前者建议由中苏两国合组公司，共同开采与管理新疆省境内的石油及“有色及稀有金属矿产”，后者则建议苏联与新疆之间应向对方互相提供所需原料物资，并透过双方政府所核准的民营公司来经营。[①] 受到有关苏联在北疆阿山地区开采铀矿情报的影响，美国政府则普遍认为苏联此刻重开新疆经贸谈判的动机，不外乎想垄断新疆境内稀有矿物的开采权。[②] 当时因国共内战失利而焦头烂额的国民政府，面对莫斯科当局此一看似唐突的提议，决采取两手策略：一方面为避免开罪苏联，使中苏邦交愈形恶化，因而指示驻新疆省外交特派员刘泽荣就近在迪化与苏方进行“会前磋商”，企图拖延时间，静观其变，另一方面则主动向中外媒体透露此一讯息，并暗示有意接受苏方之请，进行谈判，颇有借此向美国施压，并取得更多美援之意。[③]

到了 1949 年 6 月，当时已迁往广州的国民政府，对大西北地区的控制力也愈来愈薄弱，国府外交部面对立法院与内外舆论强大质疑声浪，力主在新疆经贸通商谈判上，采取较为坚定的立场，不让苏联方面有机可乘，予取予求。代理部长叶公超并向李宗仁建议，应立即将整个谈判由迪化移至广州举行，使新疆地方当局不致因为地缘政治压力而向苏方屈服，叶公超还主张应将整个谈判过程公开透明化，如此一旦最后谈判不幸破裂，至少失败之责不用国府单方面来背负。叶公超甚至曾私下向美方表明，只要他还代理外交部长职位一天，他就不会让这个中苏新疆经贸合作协定实现。[④]

---

① “刘孟纯致张治中”（1949 年 1 月 25 日），《中苏国家关系史资料汇编》，页 374—376。

② NARA, RG 59, 761.932/2 – 149, State Department to Stuart, February 15, 1949; 661.9331/2 – 1649, Lewis Clark (Minister – Counselor of Embassy in China) to State Department, February 16, 1949.

③ “刘泽荣致外交部”（1949 年 3 月 15 日）；“董霖致叶公超”（1949 年 4 月 13 日），《对苏交涉案》，《“外交部”档案》，档号 111/1。美方对于国府采两手策略的看法，见 NARA, RG 59, 761.9327/5 – 1649, Stuart to State Department, May 16, 1949; 761.9327/5 – 2349, Clark to State Department, May 23, 1949.

④ “外交部亚西司签呈”（1949 年 6 月 14 日），《新疆问题》，《“外交部”档案》，档号 119/5；NARA, RG 59, 661.9331/8 – 849, Memorandum entitled “Recent Development in Sinkiang,” prepared by Clark, dated August 8, 1949.

不过广州方面欲在中苏新疆谈判上采取强硬立场的态度，却引起马步芳强烈不满，认为中方应以较为迁就妥协的态度继续与苏联周旋。马向广州建议在“经济合作”部分，苏联所要求的石油与稀有金属矿物，特别是独山子油矿，多分布在当时新疆省政府无法有效控制的“三区”境内，广州方面在细节上过多的坚持，实无太大意义，相反地，马认为若能够在“贸易通商”的谈判上，与苏联尽速达成某些协议，则当时广大西北地区需求甚殷的大宗民生物资，正可借由苏联进口而获得纾解，此将有助于挽救新疆省极为恶劣的财经状况，并可暂时抵挡解放军进逼，以继续维持西北地区的小康局面。马步芳甚至敦促国民政府采取弹性政策，把此谈判视为一“地方性”问题，授权西北军政当局独自与苏方协议。①

马步芳除了向李宗仁争取对新疆谈判的主导权之外，同时亦坚决反对广州当局准备调离八万名驻新疆国民党部队投入国共内战的构想。当时政坛上即有传闻，李宗仁、孙科与阎锡山等人，有意以与苏联展开新疆经贸谈判作为掩护，大举调动驻新疆的国民党部队至内地作战，力挽狂澜。1949 年 6、7 月间，此一构想随着国民党军在华中与华南地区战事急转直下，再度为广州高层所提出，李宗仁与阎锡山皆曾急电新疆警备总司令陶峙岳，把储藏于迪化军官训练班的大批武器火速运往内地，并指示立即将新疆部队东调，参加内战。② 然而国府此一策略引起西北军政长官公署的强烈反对，马步芳认为当时最紧要的任务不应是将西北地区部队调往内地，而是如何利用对苏联较为务实的外交谈判，改善新疆的经贸状况，并以驻守新疆的国民党部队作为有力后盾，继续维持整个大西北地区的相对稳定。③ 由于马步芳的立场异常坚决，最后竟迫使广州国民政府不得不妥

---

① “西北军政长官公署致外交部”（1949 年 6 月 12 日）；“马步芳致叶公超”（1949 年 6 月 13 日），《新疆问题》，《“外交部”档案》，档号 119/5；NARA，RG 59，893.00 Sinkiang/6 - 349，U. S. Consulate（Tihwa）to State Department，June 3，1949.

② 靳军廉，《新疆“九·二五”起义——陶峙岳率新疆国民党军起义纪实》，《百万国民党军起义投诚纪实》，上册，页 584—593。

③ “马步芳致外交部”（1949 年 6 月 12 日）；“外交部呈行政院密函”（1949 年 6 月 17 日），《新疆问题》，《“外交部”档案》，档号 119/5；NARA，RG 59，893.00 Sinkiang/7 - 2949，U. S. Consulate（Tihwa）to State Department，July 29，1949.

协让步，行政院长阎锡山除了授权西北军政长官公署指示新疆省政府，可争取对西北地区较为有利的“贸易通商”部分，先行与苏联达成协议，此外还明确向马步芳表示，将不会下令调离驻新疆国民党部队，借以增加西北当局对苏谈判时的筹码。①

向来以反共立场著称的马步芳，在1949年国民政府危急存亡之秋，一方面拒绝与广州在对中共作战部署上充分配合，另一方面又希望借由对苏联谈判妥协以保有大西北地区，其立场不无受到美国方面相当程度之鼓励与支持，而美方对马步芳的倚重，在张治中决定投入共产党阵营之后，变得更加明显；当时美国驻迪化领事馆的机密报告中即揭示，华府极担心张治中会运用其政治上的影响力，游说他在西北地区的旧部加入共产党，马步芳接掌西北军政长官公署，虽然让美国宽心不少，然而此刻美国派驻新疆的第一线外交与情报人员，似乎已对整个西北地区大多数汉族官员失去了信心，此刻仍坚守迪化外交据点的美国领事包懋勋与副领事马克南，更把马步芳为美方在中国西部边疆地区唯一可以依赖与联系的对象。②

西北地区情势逆转与美国未曾被实现的秘密行动

回顾历史，美方自国共内战晚期起，对中国西部内陆边疆少数民族军政人物所提出的援助方案，因为时间的仓促，以及国共内战局势急转直下，最终不免面临失败的命运。1949年夏天，大西北地区同时有三股主要势力，正迫切地等待美国秘密援助的到来，包括德王所主持的定远营“蒙古自治政府”、北疆地区乌斯满所领导的哈萨克族游击队以及马步芳位于兰州的西北军政长官公署。8月中旬，美国务院与军方部门临时决定把挂名在“联合国善后救济总署”援华计划名目下的军事与民生物资，由陈纳德负责全数交付给当时声势最壮大、政军职位最高、且看似最有希望与解

① “外交部呈阎锡山密函”（1949年6月22日）；“阎锡山致马步芳”（1949年6月25日），《新疆问题》，《“外交部”档案》，档号119/5。

② NARA, RG 59, 893.00 Sinkiang/6 -349, Paxton to State Department, June 3, 1949; 693.0031/7 -849, Confidential report from U. S. Consulate (Tihwa) to State Department, July 8, 1949.

放军部队一搏的马步芳，由于这一批新的美援物资被运往西北，广州国府在9月间还曾拟定一波新的军事计划，准备以武力巩固青、康、藏边区。[①] 美援物资的到来虽然一时鼓舞了马步芳，却也导致德王所领导的“蒙古自治政府”，因得不到美方的垂爱而人心溃散，于9月20日匆匆宣告解体，众人纷作鸟兽散。[②]

西宁解放后马步芳飞抵重庆面见蒋介石，蒋经国前往接机

只不过美援物资的到来，仍无法扭转马步芳与马鸿逵、胡宗南等其他国民党部队之间相互猜疑且士气不振的颓势；8月26日，兰州被解放军攻下，短短5天后，马步芳失去在西宁的据点，他在陈纳德运输机的协助下，于最后一刻仓皇逃离青海，先飞往重庆，再经广州逃往香港，而甫运抵兰州的“联合国善后救济总署”物资，则全数为彭德怀解放军部队所接收。[③]

---

① “蒙藏委员会对藏军事部署纲要”，附于“蒙藏委员会呈行政院密函”（1949年9月24日），《西藏政府勒令中央驻拉萨人员离境案》，《“外交部”档案》，档号019/42。

② Jagchid, The Last Mongol Prince, pp. 410, 420—421.

③ NARA, RG 59, 893.00 Sinkiang/8 - 3149, Mackiernan to State Department, August 31, 1949; Laird, Into Tibet, p. 102；侯志民，《走向新生——马步芳残部投诚纪实》，《百万国民党军起义投诚纪实》，上册，页521—541。

在迪化，以新疆省主席包尔汉、省政府秘书长刘孟纯、警备总司令陶峙岳为首的“主和派”，也和国民党骑五军军长马呈祥、胡宗南部所属第78师师长叶成、第179旅旅长罗恕人等“主战派”，进行激烈的角力，最后，掌握省政府的“主和派”于9月25日宣布起义，马呈祥与罗恕人等在最后一刻决定放弃抵抗，经由南疆辗转进入喀什米尔，多数人最后选择前往台湾。①

马步芳部队在西北战场上如此不堪一击，以及整个新疆省竟然在如此平顺的情况下就易帜，让华府与美国驻迪化的外交人员感到措手不及，美国军方原本还盘算着中国西部地区能够有效抵挡解放军一段时间，如今此一期望不但落空，更促使华府不得不重新思考美国在中国与整个欧亚大陆的冷战布局。1949年8月底，美方设在迪化的原子弹侦测器，初步侦查到苏联在中亚似乎已成功试爆首枚原子弹的迹象，此一消息在不久后获得华府与英国情报单位的证实，在理解到美国已经无法继续垄断核武，并且利用核武与苏联进行相互毁灭性对抗之后，美中央情报局奉杜鲁门总统之命，重新评估中华人民共和国成立后西部边疆地区情势的可能走向，以及美方继续秘密援助该地区少数民族进行游击战的可行性。② 10月31日，杜鲁门接受军方的建议，决定从“军事援助方案”中，优先拨出3000万美元，投入于中国边疆地区的反共活动，然而由于整个西北地区情况不明朗，让美方徒有经费，却无法透过合适管道，将武器物资等顺利运交至愿意与美国合作的少数民族军政人物与团体手中。③

在新疆省政府宣布起义前夕，迪化市区已开始出现不少反西方、反帝国主义的宣传与示威活动，英美两国政府为了避免意外，于8月中旬先后

---

① 陶峙岳，《导致新疆和平解放的历程》，《新疆文史资料选辑》，第4辑（1979年8月），页1－10；王孟扬，《新疆起义前后的马呈祥》，同前书，页52—66。

② CIA Research Report, ORE 76 – 49, “Survival Potential of Residual Non – Communist Regimes in China,” issued on October 19, 1949, in CIA Research Reports: China: 1946 – 1976, reel 1.

③ NARA, RG 218, Records of the Joint Chiefs of Staff, Geographic File, 1948 – 50, Box 15, Memorandum by the Joint Chiefs of Staff, October 1949; RG 59, General Records of the Office of the Executive Secretariat, Box 1, Memorandum of conversation between President Truman and Acting Secretary of State James E. Webb, October 31, 1949.

关闭其驻迪化领事馆，并着手撤离当地外交人员与眷属。[①] 另一方面，美国驻迪化副领事马克南，以及甫自定远营前来会合的贝赛克，在决定撤离新疆前夕，仍不放弃联系当地少数民族反共武装游击势力，为美国在中亚地区的冷战部署，做最后的努力。根据现有的解密文件显示，马克南、贝赛克，以及数名美国驻迪化领事馆所收买雇用的白俄随扈，于 1949 年的 11 月至 1950 年 3 月间，曾携带无线电报机与黄金，先后在北塔山区的巴里坤湖、塔克拉玛干沙漠的绿洲地区、与青海柴达木盆地格孜库勒湖畔的铁木里克等地活动，与乌斯满、贾尼木汗、牙巴孜汗、哈力别克、胡赛因

马克南（中）与同僚准备越过青藏高原

① NARA, RG 59, 893.00 Sinkiang/8 - 1249, Paxton to State Department, August 12, 1949; 893.00 Sinkiang/8 -3149, Mackiernan to State Department, August 31, 1949.

台吉等少数民族人物会面，最后一行人跨过了青藏边界的昆仑山，往拉萨方向撤退。①

包尔汉在其回忆录里坚称，马克南、贝赛克等人与这些少数民族首领秘密接触的目的，在于煽动该地区少数民族进行武装叛乱，他并具体指出，马克南主导策划分别由贾尼木汗负责昌吉、呼图壁地区、哈力别克负责迪化南山地区、乌斯满负责吉木萨与奇台一带的反共游击叛乱。② 乌斯满与贾尼木汗于 1951 年 2 月被逮捕后处死，牙巴孜汗则经西藏逃往台湾，后被蒋介石任命为有名无实的“新疆省政府主席”。③

尽管有马克南、贝赛克等人在中国西部边疆地区从事“打游击”式的布线活动，然而远在华府的美国政府各部门之间，对于如何持续支持与推动该地区的反共运动，却迟迟未有一全盘的对策，而自 1950 年初起开始蔓延整个美国政坛的“麦卡锡主义”白色恐怖氛围，更造成美国务院与军事部门之间的严重隔阂，影响所及，甚至夺走了美国外交情报人员的性命；1950 年 2 月间，马克南等一行人，从青海柴达木盆地往南进入藏北高原，早在 1949 年 12 月间，当马克南决定撤离新疆时，他即曾利用随身携带的无线电装备，拍发电报给美国军方，请求国务院设法知会拉萨噶厦政府，准许其一行人进入西藏，然而因为某些至今尚未能够完全厘清的因素，美国务院迟至 1950 年 4 月初，才将马克南准备进入西藏的消息，透过美国驻印度大使馆转告拉萨，等到获得此一讯息的噶厦政府紧急派员告知驻守在青藏边界的西藏边防官员时，马克南已于 4 月 29 日在藏北高原一处叫做雪噶洪朗的关卡，遭到当地藏兵以“不明人士企图越界”为由，枪杀身亡。④

① NARA, RG 59, 793B.00/9 –2150, Journey Log by Douglas Mackiernan and Frank Bessac, dated September 21, 1950; 611.93B/9 –2150, Frank Bessac's statement, dated September 21, 1950.

② 包尔汉，《新疆五十年》（北京：文史资料出版社，1984），页 349 –351。

③ FO 371/92207 FC1016/3, “Record of interview with General Yolbas Beg, former Governor of Hami in Sinkiang, at New Delhi,” April 3, 1951; Lias, Kazak Exodus, chapters VII, IX, X and XI.

④ NARA, RG 59, 793B.00/9 –2150, Journey Log by Mackiernan and Bessac, dated September 21, 1950; 793B.00/8 – 750, Nepalese source entitled “Latest News from Tibet,” dated August 7, 1950; 891.411/8 –251, William G. Gibson (U.S. Consul in Calcutta) to State Department, August 2, 1951.

马克南遭误杀之后两天，来自拉萨的信差才抵达雪噶洪朗，此刻仍遭边防藏兵扣留的贝赛克与其他三名白俄随员，才被护送至拉萨，西藏政府随后向美方表示遗憾与歉意，当时美国驻印度大使馆曾建议华府善用此一意外，派遣特使前往拉萨，与藏方讨论秘密合作事宜，然而国务院担心此举反而给予解放军加速推进西藏的理由，故未予同意。①

1950 年 6 月朝鲜战争爆发后，亚洲地区也成了东西方冷战对抗下的“热点”，华府高层体认到围堵共产主义的重要性与急迫感，决定一改长久以来对于西藏政治地位与中国政府对西藏拥有完整主权的传统立场，准备公开介入西藏事务，积极援助拉萨当局对抗中共。然而美国此刻所面临的最大难题，在于无法说服当时亟欲与北京交好的印度总理尼赫鲁（Jawaharlal Nehru），就援助西藏与美方充分合作。尼赫鲁坚决反对美国插手西藏事务，只同意藏方派遣其军官前往江孜，由印度军方进行“代训”工作。②华府迫于无奈，对西藏的反共部署仅空有理论而无具体方案，只能继续依循先前在中国西北地区“打游击”的模式来进行；1950 年 8 月间，鉴于美国物资无法借道印度运往西藏，当时仍在拉萨的贝赛克向西藏“外交局”提议，拉萨应积极和新疆、青海境内的各哈萨克部族进行军事情报交流合作，以有效掌握解放军在西部地区的最新状况。③ 此外，美国驻印度大使馆则积极拉拢并收买西康地方势力，强化藏东外围地区抵御解放军的能力，当时在康藏一带政经势力庞大且具有武装力量的潘达昌家族，即是美方暗中积极争取的主要对象，旅居康定多年的英国传教士派特森（George Patterson），则在美方与西康人士之间扮演了居间联系的角色。④

---

① John Kenneth Knaus, Orphans of the Cold War: America and Tibetan Struggle for Survival (New York: Public Affairs, 1999), pp. 57 – 62.

② NARA, RG 59, 793B. 00/1 – 1050, U. S. Embassy in India to State Department, January 10, 1950; 793B. 00/7 – 1550, U. S. Embassy in India to State Department, top secret, July 15, 1950; State Department to U. S. Embassy in India, top secret, July 22, 1950.

③ NARA, RG 59, 793B. 56/9 – 150, Memorandum enclosed by the U. S. Embassy in India to State Department, top secret, September 1, 1950; 611. 93B/9 – 2150, Bessac's statement on his relations with the Tibetan Foreign Bureau, dated September 21, 1950.

④ FO 371/84450 FT1201/1, Foreign Office minute, September 12, 1950.

尽管如此，此时军事力量极端薄弱的噶厦政府，终究无法单独对抗解放军的强大势力，而利用康区地方武力抵挡解放军的想法，也不过是美国的一厢情愿；1950 年 10 月，解放军攻占藏东地区军事重镇昌都，十四世达赖喇嘛闻讯逃往印藏边界的亚东，并向联合国寻求援助。西方各国评估西藏“控诉”中共入侵其领土的提案，不可能获得联合国多数会员国同意，决定不予公开支持，十四世达赖别无选择，不得不同意与北京方面展开谈判。[①] 另一方面，美方因无法取得印度政府合作承诺，也于 1951 年初放弃以军火直接援助西藏构想，美国务院不得不向其派驻在东南亚各国使领馆承认，华府自二次大战结束后在中国西部边疆地区所推动的冷战布局，已面临全盘挫败。[②]

1951 年 5 月，西藏代表在北京与中共签署《十七点协议》，中华人民共和国在西藏的主权，至此有了法理上的依据。华府面对此一局势演变，决定改弦易张，透过美国驻印度外交人员努力说服当时停留在亚东的十四世达赖出走西藏，流亡海外。当时美方在未先知会印度政府情况下，向达赖提出以下条件：“重新同意支持西藏在联合国提案；在可能情况下设法提供西藏军事援助；派遣密使前往印藏边界与达赖喇嘛的亲信联系；承认十四世达赖喇嘛为一‘尊贵的宗教领袖与西藏自主国的元首’；在印度与锡兰（今斯里兰卡）拒绝提供政治庇护时，收容达赖喇嘛与他的‘流亡政府’”。[③] 然而此刻达赖与其亲信幕僚并无法清楚确知印度政府是否真愿对

---

① Melvyn C, Goldstein, A History of Modern Tibet, 1913 – 1951: The Demise of the Lamaist State (Berkeley: University of California Press, 1989), pp. 698 – 772; Tsering Shakya, The Dragon in the Land of Snows: A History of Modern Tibet Since 1947 (New York: Penguin Books, 1999), pp. 52 – 91.

② NARA, RG 59, 793. 00/12 – 2750, Dean Acheson (Secretary of State) to certain diplomatic and consular offices in Taipei, Rangoon, Saigon, Bangkok, Hong Kong and Hanoi, dated December 27, 1950; RG 59, Records of the Bureau of Intelligence and Research, INR – NIE Files, NIE – 10, State Department memorandum entitled “Communist China,” January 17, 1951.

③ NARA, RG 59, 793B. 00/5 – 2951, Loyd V. Steere (U. S. Chargé in India) to Acheson, May 29, 1951; 793B. 00/6 – 1551, State Department’s instructions to U. S. Embassy in India, June 15, 1951; 611. 93B/6 – 2851, E. M. Wilson (U. S. Consul – General in Calcutta) to State Department, June 28, 1951.

其提供政治庇护，同时也无法了解华府是否真有诚意实现其承诺，以及实现至何种程度，加上当时西藏内部政教与贵族等各股不同势力，皆要求达赖喇嘛在西藏，这些因素最后促使他决定返回拉萨。随着马步芳、德王、乌斯满等势力的溃散、美国驻迪化外交与情报人员的撤离、新疆与青海境内各股反共游击势力的瓦解，以及达赖喇决定接受“十七点协议”并回到拉萨，美国自 1940 年代晚期起在中国西部边疆地区所进行的一连串秘密活动，至此也暂告一个段落，以中央情报局为首的秘密“援助藏人”行动，一直要到 1956 年以后，才又悄悄地恢复。

第二章　蒋介石与朝鲜战争关系探源

1950年6月25日，朝鲜半岛爆发大规模战事，美国总统杜鲁门一改原先对蒋介石与国民党当局所采取的“袖手旁观”政策，宣布实施台湾海峡“中立化”政策，并下令美国太平洋第七舰队“协防”台湾海峡，这让当时退据台湾、处于风雨飘摇的国民党当局，得以转危为安。朝鲜战争也成为以美、苏为首的全球冷战对抗格局出现后，国际间所发生的第一场大规模热战，全球冷战对抗开始后所出现的首次军事冲突，并未如预期般地出现在当时局势最为紧绷之柏林、希腊、土耳其，或者中东的伊朗，反而发生在东亚地区，在一块直到1950年初为止，都未曾被美国官方正式划入其亚太战略防御线之内的分裂土地上，着实大出美方决策者与国际观察家之意外；当朝鲜战争的消息传到美国时，毫无心理准备的杜鲁门总统，正在故乡美国中西部密苏里州的私人农场里度假，而国务卿艾奇逊（Dean Acheson）则是在他位于马里兰州的私宅里整理花草时，收到国务院紧急传来有关朝鲜战事爆发的消息。①

毋庸置疑，朝鲜战事的爆发，蒋介石与国民党的政治命运，亦产生深远影响；蒋介石于1949年12月因国共内战失败而退守台湾海岛一隅，此后终其一生未曾再踏足大陆，这让他注定无法在此后全球冷战对抗的大舞台上，扮演如毛泽东、斯大林、赫鲁晓夫（Nikita Khrushchev）、艾森豪威

---

① Christopher Andrew, For the President's Eyes Only: Secret Intelligence and the American Presidency from Washington to Bush (New York: HarperPerennial, 1996), pp. 184 – 185.

尔（Dwight D. Eisenhower）与肯尼迪（John F. Kennedy）等国际强权领导人一般的枢纽地位。然而身为1949年以前国民政府时代中国最高领导人，当国际间尚鲜有人真正关注于朝鲜问题之时，蒋介石对于在华朝鲜独立运动的支持与运用，实已在日后朝鲜半岛政局之发展，扮演一关键地位。从较长远的历史角度观之，1948年以前的朝鲜独立运动以及其所衍生的诸多复杂问题，又与1950年朝鲜战事的发生，有着互为因果的关联。而朝鲜战争的爆发，以及台湾所处于东亚枢纽之地缘战略位置，更牵动着1949年后的台湾对外关系与其在亚太冷战战场上的地位。本章对蒋介石与国民政府处理近代朝鲜问题，作一回顾，进而对蒋介石如何利用不同阶段的朝鲜议题，来达成其在政治、军事与外交上之目的，提出新的观察与诠释。

中国援助朝鲜独立运动溯源

1910年日本并吞朝鲜后，即不断强化对反日的朝鲜革命势力之打击与镇压，翌年，辛亥革命爆发，由孙中山所领导的革命运动推翻了清朝统治，此后朝鲜独立运动人士来华者日众。1919年3月1日，汉城爆发大规模反日独立示威运动之“三一运动”，旅居上海的韩籍革命人士因而决定成立一“临时政府”，推动朝鲜半岛境内与海外之独立革命事宜，该年4月8日，旅居中国的韩籍人士召开第一届临时议政院会议，正式议定国号为“大韩民国”，并选出临时政府国务总理李承晚、外务总长金奎植、财务总长崔东亨、交通总长申锡雨、军务总长李东辉、国务院秘书长赵素昂等，4月17日，此一临时政府在上海法国租界区里开始运作，成为近代朝鲜反日独立运动的一个重要分水岭。[①]

自20世纪20年代起，当国民党于广东努力推动北伐运动时，其对韩国独立运动的关注，即未曾间断；1925年，时任广州黄埔军校校长的蒋介

① 祝曙光，《大韩民国临时政府为何以上海为驻地》，收录于石源华主编，《韩国独立运动研究新探——纪念大韩民国临时政府创建90周年》（北京：社会科学文献出版社，2009年），148—158页。

石，认为中国革命目标既在于打倒帝国主义，国民党理所当然应联合世界被压迫之弱小民族，共同奋斗，对抗殖民统治，在他所主持的黄埔军校中，开始招收一批为数可观的韩籍学生，施以军事训练，而为了避免来自日本的抗议，这些学生多以中国化名入学，毕业后则大多数留在国民革命军中担任军官，也有部分学生毕业后自行离去，前往朝鲜半岛或中国东北，直接从事抗日独立运动。[①] 1927 年 4 月间，国民党内部因“容共”争议而发生“宁汉分裂”，时任国民革命军总司令的蒋介石，以当时位于武汉的国民政府受到左派与共党份子控制为由，在南京另组一新的国民政府，此刻整个中国内地省份已逐渐为国民革命军所统一，为了进一步扫除张作霖东北军势力，该年 8 月间，南京国民政府曾密派代表前往吉林，与当地韩籍革命分子商讨合作共同发展游击武力等事宜，并决定由南京方面提供韩籍人士军费四百万元，此一游击力量最后虽因张作霖的阻挠而未能成功，然而此联系也首开国民政府扶植韩人组织革命武力之先河。[②]

金九

1931 年日本关东军侵略中国东北的“九一八”事变发生后，全中国上下充满着一股强烈的反日情绪，国民政府援助朝鲜独立运动也进入一个新的阶段，原先在东北各地进行地下抗日活动的朝鲜独立军，开始与当地的中国抗日义勇军如马占山、丁超、李杜等合作，组织起中朝抗日联军，展开对日游击作战。[③]与此同时，南京国民政府内部也透过两股不同的系统，对在华韩籍人士进行援助，一是以陈果夫为首的中国国民党中央组织部，其联系与支援的对象以时任大韩民国临时政府国务总理的金九与国务委员李东宁为主，陈果夫不但在财政上大力支持金九，自 1932 年起还提供金九

① 胡春惠，《韩国独立运动在中国》（台北：“中华民国”史料研究中心，1976 年），页 43 - 44。
② 胡春惠，《韩国独立运动在中国》（台北：“中华民国”史料研究中心，1976 年），页 45 - 46。
③ 石源华，《韩国独立运动与中国关系论集（上）》（北京：民族出版社，2009 年），页 24 - 25。

专用电台，协助国府代为搜集有关日本的军事情报，国民党中央组织部每月则补助金九5千元法币，同时还在洛阳设立中央军官学校洛阳分校军官训练班，作为金九及其势力训练与培养韩籍军官的大本营，该分校前后在北京、上海与南京等地，招收百余名韩籍青年入学，由金九的亲信李青天、李范奭担任教官。①

金元凤

国民政府当时另一个援朝系统为军事委员会，其联系对象以20世纪20年代曾就读于广州黄埔军校的韩籍生为主，其中又以金元凤（金若山）为核心人物；“九一八”事变发生后，当时在中国东北组织反日运动的金元凤，特地赶赴南京面谒蒋介石，提出一《中韩合作反日倒满》建议书，主张以较为激进的手段对抗在华与在朝鲜的日本势力，蒋当时顾忌国际局势与日本反应，将此案密交军事委员会负责，因此自1932年秋天起，军委会不但开始在财政上支持金元凤活动，还在南京近郊汤山的军委会干训班内，开办一“朝鲜革命干部训练队”，由何应钦主持，该训练课程先后培养了数百名韩籍军事干部，这些军事干部随后并曾秘密前往被日本占领的中国东北与朝鲜半岛进行敌后工作。1935年夏，随着华北局势日趋紧张，金元凤在南京宣布成立“朝鲜民族革命党”，倡言集中全民族革命力量，打倒日倭，争取民族的自由独立，该党初创即有成员近700人，成为当时在华朝鲜独立运动的第一大党。②

除了如上两大系统之外，1930年代初期中国境内其他有别于国民政府的政治势力，也曾对韩人提供具体支持，譬如与蒋介石处于对立面的两广“西南政务委员会”，对于华南一带的抗日朝鲜志士也曾提供金钱援助；邹鲁所主持下的广州中山大学，在“九一八”事变后也大批招收韩籍青年，

① Kim Ku（translated by Jongsoo Lee），Paekp? m Ilchi：The Autobiography of Kim Ku（Lanham，MD：University Press of America，2000），pp. 247 – 250；沐涛、孙志科，《大韩民国临时政府在中国》（上海：上海人民出版社，1992年），页148—149。

② 石源华，《韩国独立运动与中国关系论集（上）》，页299—303。

以公费来培养韩籍的复国人才。① 值得注意的是，日军侵略中国东北，也带动一股韩籍共产主义者加入中国共产党；早在 1925 年 4 月间，“朝鲜共产党”即在汉城秘密成立，领导人为金永奉和朴宪永，然而该党成立 3 年后，就因为日本严厉打压与该党内部派系斗争而于 1928 年解散，此后，由于共产国际提出“一国一党”原则，许多流亡中国东北的朝籍共产党员未能再组建新的政党。“九一八”事变后，大批东北境内朝籍人士选择加入中国共产党，其中也包括金日成，这些人士积极与当地中共满州省委合作，组织抗日游击队，到了卢沟桥事变前夕，东北地区的朝籍抗日武装力量，已超过两千人，成为日后中共东北抗日联军的重要构成分子。②

对日抗战与蒋介石的朝鲜政策

1937 年夏，卢沟桥事变爆发，开启中国对日全面抗战之势，这对于当时在华韩籍人士而言，有两种重要意义，一是日后中国将不再受到任何来自东京的外交压力与限制，而可以更公开地援助韩籍人士进行反日运动，二是朝鲜半岛的独立运动，未来将更加以中国为主要依靠对象。然而另一方面，随着对日抗战的爆发，当时在华韩籍人士也更加形成以金九与金元凤为主轴的两大势力，彼此间颇有相互较劲、互争巩固在华力量与地盘之势：1937 年 8 月间，金九首先在南京召开一“韩国光复运动团体联合会”，将 9 个海内外韩人团体结合起来，以壮大其所主持的“韩国临时政府”。此后，因中国对日抗战演变之故，此“临时政府”经由长沙、广州、佛山、柳州、綦江等地，于 1940 年 9 月迁往四川重庆。③以金元凤为首的“朝鲜民族革命党”人士，则在 1937 年 12 月间于汉口发表《朝鲜民族战

---

① 胡春惠，《韩国独立运动在中国》，页 53—54。

② 石源华，《韩国独立运动与中国关系论集（上）》，页 59—75；Harold Hak-won Sunoo，Korea：A Political History in Modern Times（Columbia，MO：Korean – American Cultural Foundation，1970），pp. 230 – 251.

③ Kim Ku，Paekp？m Ilchi，pp. 263 – 268.

线联盟成立宣言》，正式树起左翼党派的标志，与金九势力分庭抗礼。[①] 与此同时，与军事委员会关系深厚的金元凤，派遣 83 名韩籍青年前往江西的国民政府中央军校星子分校，接受军事专业训练，翌（1938）年 7 月，金元凤进一步向军委会提议筹组一“朝鲜义勇队”，以如上 83 名韩籍军官为骨干，招募在华韩人，参加对日抗战，并争取朝鲜民族独立与解放，此构想获得蒋介石首肯，并指示军委会政治部部长陈诚办理，该年 10 月间，“朝鲜义勇队”正式成立，隶属于军委会政治部的战地工作队。[②]

对日抗战初期，蒋介石曾分别召见金九与金元凤，鼓励当时存在于中国领土上的左、右两派朝鲜独立运动势力一致团结，携手合作。然而整体而言，此时国民政府因自顾不暇，对于这两股在华韩人治势力之间的歧异，并未特别加以介入或斡旋，而是任凭其各自发展；1938 年至 1940 年间，左派的“朝鲜义勇队”所属 3 个支队，不但与国民党部队在中国战场上合作抗日，还在桂林、宜昌与洛阳等地成立通讯处，积极吸收在华韩籍青年，到了 1940 年，“朝鲜义勇队”人数从初创的 120 余人，发展至 300 余人。[③] 1940 年春，当金九所领导的“韩国临时政府”也向蒋介石请求允许其成立一支“韩国光复军”时，国府高层虽颇有顾虑，但最后仍勉强同意此一要求，以尽可能满足韩人之希望。[④] 该年 9 月 17 日，“韩国光复军”总司令部于重庆正式成立，由李青天任总司令，李范奭任参谋长，下辖 4 个支队。据此，战时中国两派互相对立的朝鲜独立运动组织，同时也各自拥有象征性的军事力量，但彼此之间的攻讦与角力，却未曾间断，譬如金元凤即曾大力抨击金九所谓“韩国光复军”为“韩国国军”的说法毫无基

① 韩相祷，《朝鲜民族革命党和三十年代后期协同战线运动》，收录于金健人主编，《韩国独立运动研究》（北京：学苑出版社，1999 年），页 142—152。

② 马长林，《朝鲜义勇队的产生与发展》，收录于石源华主编，《韩国独立运动研究新探——纪念大韩民国临时政府创建 90 周年》，页 385—394。

③ 崔凤春，《朝鲜义勇队内部党派及组织系统沿革》，收录于石源华主编，《韩国独立运动研究新探——纪念大韩民国临时政府创建 90 周年》，页 395—414。

④ Kim Ku，Paekp? m Ilchi，pp. 280 - 281；Xiaoyuan Liu，A Partnership for Disorder：China，the United States，and their Policies for the Postwar Disposition of the Japanese Empire，1941 - 1945（Cambridge：Cambridge University Press，1996），pp. 87 - 90.

础，且缺乏积极的革命意义，金九则对金元凤所领导的“朝鲜义勇队”同样感到鄙夷。①

1941 年秋天，金元凤领导的“朝鲜民族革命党”与金九领导的“韩国临时政府”，利用所辖之“朝鲜义勇队”与“韩国光复军”进行政治斗争，达到最高点，让蒋介石几乎无法容忍。10 月 30 日，蒋指示参谋总长何应钦着手整顿两支武力，将“朝鲜义勇队”与“韩国光复军”同时隶属军事委员会，由国民政府统一掌握运用；11 月 13 日，国府正式函令“韩国光复军”在中国领土活动期间，受军事委员会统辖指挥，有关粮饷配备也由军委会直接补给，此外，为进一步掌控“光复军”，军委会也颁布《韩国光复军行动准则九条》，决定调派中国军官出任“光复军”参谋长与各处处长职务，副参谋长与各单位副职则由韩人出任。② 国府接着向金元凤与其所辖之“朝鲜义勇队”施压，要求其与“韩国光复军”合并，金元凤对此强烈抗拒，并向国府提出组编新的“朝鲜民族革命军”构想，但未获接受，金元凤迫不得已，于 1942 年 5 月间勉强同意将“朝鲜义勇队”并入“韩国光复军”，并答允屈居“光复军”副总司令地位，自此丧失独立指挥部队的实权。根据当时处理国民政府朝鲜事务、日后担任中国驻南韩大使邵毓麟的回忆，金元凤为此对蒋介石悻悻不平，怨恨极深，甚至因此种下日本战败投降后，其投奔北朝鲜共产党政权的远因。③

1941 年 12 月 7 日，日本偷袭珍珠港，中、美、英、苏成为战时同盟，对抗日本、德国与意大利等轴心国，蒋介石处理近代朝鲜问题，也进入一个新的分水岭。珍珠港事变发生后第 3 天，在国民政府高层巨大压力下，金元凤发表一纸声明，称为了团结在华韩人共同抗日，他同意参加“韩国临时政府”，此举至少达成在华韩人表面上的团结与统一。④ 然而随着对日抗战进入新的阶段，蒋介石显然也开始盘算如何扩大运用韩人的政治与军

① 胡春惠，《韩国独立运动在中国》，页 165—166。

② 中研院近代史研究所编印，《国民政府与韩国独立运动史料》（台北：中研院近代史研究所，1988 年），页 335—342。

③ 邵毓麟，《使韩回忆录》（台北：传记文学出版社，1980 年），页 33。

④ Sunoo，Korea，pp. 300 – 302；Kim Ku，Paekp? m Ilchi，pp. 282 – 283.

事力量，来打击日本，他一方面透过舆论媒体，开始向国际间释放中国将在战后协助朝鲜脱离日本获得独立自主的讯息，提高韩籍人士的民心士气，另一方面进一步着手强化国民政府对在华韩人势力的掌控。1942 年 3 月，国府立法院长孙科在重庆大谈中国不但主张韩国应当独立，还要大力援助促成韩国独立，并称中国对朝鲜半岛绝无任何领土野心，此番谈话引来国内外舆论对于国民政府朝鲜政策宽大为怀的正面评价。[①] 然而就在同时，蒋介石也任命国民党陆军中将尹呈辅为“韩国光复军”参谋长，以增强对该支武力的掌握，国府也开始实施稍早所颁布的《韩国光复军行动准则九条》，规定对日抗战期间，“光复军”除了中国最高统帅部之军令外，不得接受其他任何军令，其在中国各战区之活动，都将由各战区内中方军事长官来节制，“光复军”一切饷械补给与指挥命令之下达等，也由军事委员会直接统筹负责，金九企盼国府能够允许他保有对韩籍人士的委派或撤销之权，也遭到国府拒绝。[②]

蒋介石对外展现宽大为怀、积极协助朝鲜独立，对内却想进一步牢固掌控在华韩人军政行动的两面手法，很快就引起当时在华韩国各党派人士的不满，并成为各党派攻击金九所领导之“韩国临时政府”“媚外”之口实，金九在各方压力下，不得不于 1943 年 2 月，向国民政府外交部提出改善“光复军”待遇的要求。抗战时期国民政府与朝鲜独立运动势力之间的关系，自此蒙上一层不愉快的阴影。[③]

蒋介石于抗战期间处理朝鲜问题的态度，在高唱亚洲民族自决与坚决扶持韩人战后脱离日本独立的表象下，实带有极为浓厚的机会主义与务实主义色彩。1942 年春，当重庆高层开始倡言扶持朝鲜独立、并有意率先承认“韩国临时政府”法理地位之际，美国政府的态度颇为保留；罗斯福

---

① Sumner Welles（Under Secretary of State）to Clarence Gauss（U. S. Ambassador to China），March 25，1942，in FRUS，1942：China，pp. 868－869.

② 中研院近代史研究所编印，《国民政府与韩国独立运动史料》，页 335—342；唐纵，《唐纵失落在大陆的日记》（台北：传记文学出版社，1998 年），页 250。

③ 崔凤春，《大韩民国临时政府与中华民国政府之关系》，收录于金健人主编，《韩国独立运动研究》，页 341—363。

(Franklin D. Roosevelt) 总统认为朝鲜问题应与印度问题一同解决，而当时鉴于英国对印度未来地位尚未形成一具体政策，因此美方认定朝鲜问题也应当从长计议。蒋介石知悉美方立场后，并未利用当时中国身为战时同盟国一员、牵制百万日本大军的优势立场，进一步争取盟邦对“韩国临时政府”采取更为宽大与支持的态度，反而从善如流，决定搁置此案，而直到1945年8月间日本宣布无条件投降为止，国民政府从未给予近在咫尺、且自1919年以来即对其施以援助之“韩国临时政府”正式的名分与承认。①

尽管罗斯福总统对于朝鲜独立议题缺乏热衷，然而华府对于运用中国境内韩人武装力量来牵制日军的构想，却一度颇为心动；1942年5月间，在华府召开的同盟国太平洋会议上，罗斯福主动要求中方出席代表、国府外交部长宋子文提出计划，利用韩人扰乱日军，并且在中国东北组织朝鲜义勇军的可能性，宋子文立即将美方意向汇报蒋介石，并敦促重庆应尽速研究国府整体对韩策略、韩人在华力量虚实以及美国一旦果真决定武装援助韩人，国府的因应之道等。② 然而罗斯福欲利用韩人对付日本，仅是纸上谈兵，昙花一现，此后亦无具体下文，当时只有美国“战略情报处（中央情报局前身）”(Office of Strategic Services) 驻华人员曾与“韩国光复军”合作进行一些日本占领区内的情报收集工作。③

尽管如此，罗斯福的试探态度却促使国府开始积极拟订一个援韩整体策略，最后并成为战时中国对朝鲜问题的官方立场；1942年7月20日，国府决议由国民党秘书长吴铁城与国防最高委员会秘书长王宠惠两人担任专案小组召集人，结合国府各相关部门决策人士，研拟中国对韩全盘政策，并提出一份《对韩国在华革命力量扶助运用指导方案》草案，其最终要旨，为扶助朝鲜建立一完全独立自由之国家，然而在运用方法上，则强调“援韩”乃需配合国民政府整体对日抗战策略，在此一大前提下，“韩

① Liu, A Partnership for Disorder, pp. 99 - 105.

② 吴景平、郭岱君主编，《宋子文驻美时期电报选（1940—1943）》（上海：复旦大学出版社，2008年），页159—160。

③ Maochun Yu, OSS in China: Prelude to Cold War (New Haven: Yale University Press, 1996), pp. 15 - 20; Kim Ku, Paekp? m Ilchi, pp. 283—285.

国光复军”必须隶属于军事委员会，由中方掌握运用，配合同盟国作战方略与中方军事部署，来从事对日作战；在华韩籍人士也必须详密调查确认其国籍与身份，以防日敌之混迹；对于“韩国临时政府”，则确立以金九为其政治领袖而扶植之，未来不再援助金元凤。当时国府内部对于未来仅扶助金九一派，颇有反对声浪，认为金九一派颇为腐化，难成气候，若全然抛弃金元凤，恐将迫使他投入中国共产党阵营，然而此类意见并未获得大多数支持。同年 10 月间，蒋介石对此方案进一步作出修正与指示，强调国民政府“应先他国而承认韩国临时政府”，同时避免过度介入韩国内部党派之争，对于在华韩人团体的财政援助，则应视其是否有助于中国抗战。经过数周的反复讨论后，国府于该年 12 月 27 日核准此一方案，并定名为《扶助朝鲜复国运动指导方案》，此份文件也成为战时中国对韩政策之最重要依据。①

依此脉络观之，蒋介石于 1943 年 11 月出席开罗会议时，向罗斯福总统与英国首相丘吉尔（Winston Churchill）提出韩国应于战后获得独立地位，实乃基于如上对韩政策方案之基本原则。然而鲜有人注意到，战时蒋介石扶助朝鲜独立的努力，其实仅只做了“半套”；易言之，在开罗会议上，鉴于丘吉尔不愿具体讨论朝鲜（与印度）独立议题，同盟国三巨头于《开罗宣言》中，最后仅以“在适当时机允许朝鲜获得独立与自由”此段颇具妥协性的模糊语句带过，至于国民政府对韩政策方案内所提出“应先他国而承认韩国临时政府”之重要原则，因罗、丘两人态度消极，让蒋介石决定从善如流，继续搁置对该政权的法理承认。② 蒋介石在开罗会议上替朝鲜独立的发言，让他赢得朝鲜官民日后的感佩，然而一纸含糊声明终究抵不过国际政治现实考量，日本投降后，真正主导朝鲜独立与未来政局发展的，不是国民政府，而是美苏两强。

---

① 杨天石，《寻找真实的蒋介石——蒋介石日记解读（二）》（香港：三联书店，2010 年），页 284—285。

② Ronald Ian Heiferman, The Cairo Conference of 1943: Roosevelt, Churchill, Chiang Kai - shek and Madame Chiang (Jefferson, NC: McFarland, 2011), pp. 111 - 114.

抗战胜利前后的中朝关系——表象与现实

不论出于现实因素或者考量战时中国本身实力问题，蒋介石处理朝鲜问题表里不一的态度，让金九等在华韩人点滴在心头，颇有怨言，双方互动关系也开始走下坡；1943 年秋，开罗会议召开前夕，印度的英国殖民当局曾绕过重庆，直接与“光复军”接触，邀请韩方人员前往印度缅甸协助英军作战，盖当时日本开始在朝鲜半岛大量征兵，英属印度当局为了处理韩籍战俘，急需“光复军”协助，当时双方并曾签订一份合作协定，国府知悉后，坚决反对“光复军”以任何形式或名义与外国订立协定，蒋介石更指示要严厉追究整个事件经过。然而“光复军”不但不听从国府意见，执意派员前往印缅战场协驻英军进行战地工作，“韩国临时政府”更于《开罗宣言》公布后不到一周时间之内，即决议在三个月之内与中方谈判，取消 1941 年 11 月间国府所颁布的《韩国光复军行动准则九条》，甚至不惜单方面撕毁该文件。①

1944 年初，蒋介石收到韩方希望解除“光复军”行动准则束缚的要求后，指示军事委员会进行研究，最后于 6 月间勉强同意此要求，甚至决定将“光复军”重新改隶“韩国临时政府”，不再归军事委员会指挥。② 蒋介石此刻愿意让步，与当时整个国际政治现实考量不无关联；当时美国副总统华莱士（Henry A. Wallace）经西伯利亚前来中国访问，“韩国临时政府”为此再度向蒋介石要求国府应率先承认该政权，作为在华韩人争取美国支持之先声，无奈当时国府因日军凌厉攻势与处理中共问题而焦头烂额，与美国及苏联关系亦陷入低潮，蒋介石在同盟国的沉重压力下，不得

---

① 唐纵，《唐纵失落在大陆的日记》，页 364；胡春惠，《韩国独立运动在中国》，页 172—174、184—185

② 中研院近代史研究所编印，《国民政府与韩国独立运动史料》，页 614—630；Memorandum by O. Edmund Clubb of the Division of Chinese Affairs, May 19, 1944, in FRUS, 1944, Vol. VI China, pp. 785 – 786.

不继续搁置对“临时政府”之承认行动。① 蒋介石让“光复军”重归韩人掌控，似颇有安抚之用意，不料金九等人并不满足，于10月间向国府进一步提出《韩国光复军换文草约》与《韩国光复军要求事项》两份文件，其中包含11点意见，除表明“光复军”愿意在中国境内“有条件”接受蒋介石之指挥参加抗日作战之外，其余各点主要在于要求国府继续向其提供军事装备、财政经费与训练招募之种种补助，文件提出后，双方互不相让，彼此关系又陷入低潮。②

1945年3月间，国民政府与“韩国临时政府”之间的谈判终于达成协议，由蒋介石核准一份《援助光复军办法》，此后“光复军”正式脱离国府管辖，原军事委员会派驻“光复军”人员也全数撤离，中方对“光复军”的一切援助，则改以借款方式，交“韩国临时政府”转发。③ 在华韩籍人士经过多年努力，终于得到了其所希盼的军队独立与自主，恢复了民族尊严，扩大了“临时政府”主权存在的象征，然而其与国民政府之间数十年的密切关系，亦一去不复返矣。此后，“韩国临时政府”不断努力以“光复军”为资本，试图与中国以外的其他同盟国建立关系；1945年5月初，金九向驻华美军当局提出照会，表明“光复军”愿意协助美军参与作战之意愿，6月间，金九并进一步邀请美军派联络员进驻“光复军”内，并强化“临时政府”与苏联驻华大使馆之间的联系。④

此时美国麦克阿瑟（Douglas MacArthur）将军在西南太平洋发动“跳岛战术”，逐一收复盟国失地，美军情报则显示日本可能在必要时放弃本土，将朝鲜半岛与中国东北作为最后之根据地，在此情况下，盟军若能登

① 石源华，《韩国独立运动与中国关系论集（上）》，页44—45。

② “韩国临时政府主席金九致中国国民党吴铁城秘书长”（1944年10月7日），《援助光复军办法卷》，《韩国特种档案》，档号：TE 16/3.16；唐纵，《唐纵失落在大陆的日记》，页457。

③ “温叔萱金若山谈话修正稿”（1945年1月23日），《援助光复军办法卷》，《韩国特种档案》，档号：TE 16/3.25；“贺国光致吴铁城函”（1945年3月30日），《韩国临时政府军事进行计划卷》，同上，档号：TE 16/3.43；“军事委员会办公厅致吴铁城函”（1945年6月9日），《韩国今后对韩国光复军行文办法卷》，同上，档号：TE 16/3.36。

④ Memorandum by Mr. DeWitt C. Poole of the Office of Strategic Services, May 20, 1945, in FRUS, 1945, Vol. VII, The Far East: China, pp. 870 – 873.

陆朝鲜半岛，将是击败日军之最佳捷径，此外，当时美国在华空军轰炸与作战能力，已可延伸至朝鲜半岛境内，倘若盟军能与日本占领区内的韩人取得密切联系，将有利于导发韩人之反日运动。[①] 基于如上因素，“韩国临时政府”曾拟定一军事计划书，准备以“光复军”成员为主干，设置一地下军组织，潜入朝鲜半岛，配合美军登陆攻势，里应外合，以瘫痪日本殖民统治，为此，金九积极向蒋介石寻求援助，双方还曾一度决定在安徽省阜阳成立一训练班，由国府出资，作为“光复军”渗透前进中国东北与朝鲜半岛之训练基地。[②]

蒋介石此刻愿意协助名义上已自国民政府独立出来的“光复军”，仍不脱其自身现实利益考量；抗日战争到了最后阶段，国共两党之间的矛盾已经公开化，蒋预期战后国共之间的军事对抗已无法避免，因而必须未雨绸缪。早在 1942 年夏天，于华北一带进行敌后活动的“朝鲜义勇队华北支队”与“华北朝鲜青年联合会”在中共协助下，分别扩编成为“朝鲜义勇军”与“朝鲜独立同盟”，此后数年间，这支由中共所支持的在华韩人政治势力快速发展，根据 1945 年春美国情报显示，“朝鲜独立同盟”在华北与东北的日本占领区内，已有 17 万成员，且影响力仍继续不断扩大，已形成与中共关系密切的另一股在华朝鲜军政力量，在美国看来，这股力量将对战后国民政府接收东北与华北，带来重大挑战。[③] 蒋介石于 1945 年夏同意支援“光复军”并协助其参与盟军对朝鲜半岛的敌后渗透，当然亦考量到战后国府本身接收东北之行动，只不过此方案尚未开始推动，日本政府已于 8 月 15 日宣布无条件投降，金九失去一个在朝鲜半岛建立据点的机会，蒋介石则失去一个利用右翼韩人助其巩固华北与东北的机会。

随着美军在西太平洋接连自日军手中收复失土、中国战区重要性降低

---

① Yu，OSS in China，pp. 226 – 227.

② Allan R. Millett，The War for Korea，1945 – 1950：A House Burning（Lawrence，KS：University Press of Kansas，2005），pp. 36 – 42；“军事委员会办公厅致吴铁城函”（1945 年 7 月），《韩国临时政府在安徽阜阳成立训练班卷》，《韩国特种档案》，档号：TE 16/2. 17。

③ Report from Korean Revolutionary Political and Military School，Yenan，May 2，1945，in ROCA，reel 7；Yenan Report No. 58，“Current Information from the Korean Independence League，” May 28，1945，ibid.

以及苏联参加对日作战的时机已近成熟，国际间重大事务的决策权也逐渐集中在美苏两强手上，蒋介石即便是想协助“韩国临时政府”增加其外交上的能见度，已是心有余而力不足。譬如1945年3月间，金九决定派遣一代表团，前往美国旧金山参加联合国创始会议，为维护战后朝鲜权益而努力，蒋对此表示支持，甚至拨款补助韩方代表赴美往来旅费与制装费，不料美国政府竟连“观察员”的地位，都不愿给予金九，甚至故意拖延其入境签证之核发，使“临时政府”代表团赶不及参加会议。① 事实上，在日本宣布投降前夕，远东地区的苏联红军已开始带领大批朝鲜共产党员，进入北朝鲜地区，此刻美、苏两强已有默契，准备在军事上分别占领朝鲜半岛南、北两部，政治上则依照雅尔塔会议（Yalta Conference）决定，将朝鲜交由中、美、英、苏四强托管。② 蒋介石在开罗会议上对于战后朝鲜应取得独立自主的吁求，并争取同盟国承认金九所领导的政府，到了二次世界大战末期，已不能再产生任何影响。

日本投降后，当时在美国访问的宋美龄，于8月29日在白宫与杜鲁门总统进行晤谈时特别提到了朝鲜问题，杜鲁门称未来朝鲜将由中、美、英、苏四国托管，当宋美龄质问英国不曾被讨论列入朝鲜的托管国时，杜鲁门依然坚持英国必须列入其中，宋闻后只有默不作声。③ 国民政府深知在战后朝鲜问题上，其已无法扮演与美、苏同等关键性角色，因而只有退而求其次，以较为消极低调的姿态，协助朝鲜实现独立。具体做法上，首先是争取美方合作，将在华“韩国临时政府”重要成员尽速送返朝鲜半岛，凝聚韩人民心士气，然而日本投降后，美、苏两大强权立即在半岛的南、北两端分设置军政府，主持南部军政府的美国霍奇将军（General John

① “吴铁城致闵石麟与金九函”（1945年4月），《增加韩国临时政府补助费案》，《韩国特种档案》，档号：TE 16/2.11；“中国国民党中央秘书处致国民政府财政部、外交部函”（1945年5月），《韩国临时政府派遣出席旧金山会议人员川装生活等费清单卷》，《韩国特种档案》，档号：TE 16/21.25。

② U. S. State Department memorandum, “Korea: National Problems: Attitude toward any ‘Korean Provisional Government’,” July 9, 1945, in DDRS, Document No. CK3100673263.

③ Memorandum of Conversation, by James C. Dunn (Assistant Secretary of State), August 29, 1945, in FRUS, 1945, Vol. VII, The Far East: China, p. 540.

R. Hodge），不但坚持“临时政府”必须先行解散，成员以个人身份回到朝鲜，对于国民政府建议这些人士加入军政府担任行政工作的提议，也断然拒绝，甚至当中方希望以同盟国战胜国身份，派遣一“驻韩军事代表团”前往汉城（今首尔）处理相关业务时，霍奇也不愿接受，无奈之下，蒋介石所能做的，只有在财政经费上暗助金九等“临时政府”要员，作为其返回朝鲜后推动双方关系开销所用。① 也因此当中国打完八年抗战后，亚太地区新局势的开展，并未让国民党中国的朝鲜政策更加有利，反之，战后蒋介石内外交迫，险象渐露，就地缘战略角度而言，理应具有重大发言权的国民政府，面对战后朝鲜问题，反而处于极端消极与被动的不利处境。

战后的蒋介石与对韩政策

战后国民政府处理朝鲜问题的紊乱无序，以及唯美国是从的困窘情况，从蒋介石欲选派一位代表出使汉城此一个案中，充分表露无疑。1945年10月间，美方照会国府，同意提供军机载运在华韩籍政治人物，以“个人身份”回到南朝鲜（韩国），协助战后重建工作。11月初，金九与其他“临时政府”要员，自重庆抵达上海，准备返国，此时蒋介石决定指派抗战期间负责处理朝鲜问题的邵毓麟，出任“军事委员长驻韩国军政府联络员”，陪同金九等人一同赴韩。然而当金九于11月23日离沪返韩后，蒋介石却于12月初改变心意，指示将邵毓麟驻韩“联络员”职衔，改为“军事委员会委员长驻韩代表”，并下令草拟代表团编制与工作重点，此刻蒋介石的构想，在于希望邵毓麟能与朝鲜半岛上的美、苏军事当局，同等联系，借此让中国在外交上保持超然立场，作为美、苏桥梁，同时在南朝鲜积极培养亲华分子，并掌握中国东北、华中与台湾等地区近三百万韩

① 谢俊美，《金九与中国国民党交往论述》，收录于石源华主编，《韩国独立运动研究新探——纪念大韩民国临时政府创建90周年》，页297。

侨，作为日后中国对韩外交之资本。[①]

就在邵毓麟准备出发前往汉城前夕，国府外交部长王世杰突然要求邵毓麟将“军事委员会委员长驻韩代表”名衔，改为“外交部驻韩代表”，此提议引来邵的不满，几经波折后，在1946年3月间，蒋介石拍板决定依照王世杰意见，并由外交部另拟一《驻韩代表工作计划要领》，要点包括：注视美、苏在韩动向及其对国际托管之计划、与韩国地区各党派密切联系并注视各党派政治动向、设法保持中国在朝鲜之一切权益等。[②] 依此份《工作计划要领》观之，抗战结束后不久，国民政府对于邻近朝鲜半岛局势的未来发展走向，仍是持相当高度的关注，并且亟思如何增进中国对朝鲜事务的影响力，然而国际间仅讲求实力，当时美方的态度，竟成了蒋介石能否如愿顺利推展对韩关系之最关键因素。5月间，美国驻华大使馆催促国府速派代表前往汉城，办理有关各国在朝鲜财产与权益事宜，外交部回复美方称，邵毓麟即将于5月28日启程。不料出发前夕，中国驻日代表团转发东京盟军总司令部来电，称因尚未接获美国务院知会，因而希望中方代表邵毓麟暂缓赴韩。6月22日，中国驻美大使馆电告南京，称美方不希望国府派遣具有“军事职衔”人员前往韩国，因邵具有国民党陆军中将头衔，因此引来美方顾虑，经过数月间的电文往返联系，到了9月底，蒋介石下令邵毓麟与全体驻韩代表团人员，毋庸赴任，战后中国派员使韩，竟然拖了一年仍无疾而终。[③]

与此同时，韩国内部情况也发生剧烈转变，曾任上海时期“韩国临时政府”首任国务总理、日后担任该政权驻美代表长达廿余年的李承晚，在美方支持下，于1945年10月回到汉城，李承晚与稍后自上海返韩的金九，成了未来最有可能领导韩国的两个最重要指标人物。1946年1月在莫斯科举行的英、美、苏三国外长会议中，决定韩国由联合国继续托管5年，此决议引起李、金与韩国广大民众激烈反对，李承晚更因此与支持联合国托

① 邵毓麟，《使韩回忆录》，页71—75。
② 邵毓麟，《使韩回忆录》，页78—79。
③ 邵毓麟，《使韩回忆录》，页81—83。

管的霍奇将军，呈水火不容之势，并于该年底前往美国，向支持他的华府高层告状并寻求奥援。霍奇于盛怒之下，竟于1947年3月运用其在美国军方影响力，阻挠李承晚搭乘美军机返回汉城，李承晚在走投无路之下，请求国民政府协助，此时蒋介石清楚华府意属的未来韩国领导人，将是李承晚，而非金九，因此即便蒋未曾与李谋面，更无深厚渊源，他仍在外交务实考量下，同意对李承晚伸出援手。[①] 4月9日，李承晚搭乘民航客机，于东京飞抵上海，13日并在南京与蒋介石进行首次晤面，蒋对于李的初步印象颇为正面，他在日记里对李有如下的描述：

> 昨（13）日下午……五时接见韩国代表李承晚氏，其年虽老，但精神姿态甚佳，非韩国各领袖所能及也，余勉以自强自立，中韩合作共同努力，以期贯彻本党宗旨者，并告其余对韩国独立必自动负责到底也。[②]

李氏停留中国期间，曾与朝野人士广泛交流，并且在各地发表多场公开演讲，其欲塑造一股韩国独立运动首席领导人地位的企图心，表露无疑，美国在汉城的军政府虽然阻挠李归国，然而在蒋介石的协助下，李最后由蒋的私人专机自上海送返回到韩国。[③] 蒋介石协助与霍奇将军交恶的李承晚，让李得以顺利返韩，延续其政治生命，此实为李政治生涯中一个关键转折点。相形之下，与蒋介石及国民政府之间长达数十年友谊的金九，其政治命运就不如李承晚顺遂。原“韩国临时政府”成员内部之间的分崩离析与相互牵扯，让金九的政治力量未能因李承晚的暂时缺席而有所增进，此外，1948年初金九一项致命的政策错误，让他的声望大受打击；稍早于1947年11月间，因全韩国人民一致反对接受国际托管，美国因而改向联合国建议，提出朝鲜半岛南北全境在联合国监督下举行选举，以便

① 沐涛、孙志科，《大韩民国临时政府在中国》，页167—171。

② 《蒋介石日记》，1947年4月14日。

③ 石源华，《韩国独立运动与中国关系论集（下）》，页454—456；邵毓麟，《使韩回忆录》，页89—92。

日后成立新的独立政府，为此，联合国成立一“韩国委员会”，处理选举相关事宜，该委员会于 1948 年 1 月在汉城举行首次会议，原拟接着迅速进入苏联控制的北朝鲜地区，然而北朝鲜方面坚决反对此一选举，亦不允许联合国代表进入北朝鲜，联合国因而决定先在朝鲜半岛南部境内先行举办选举。①

此刻金九误判形势，公开反对韩国单独举行选举，他并致函北朝鲜“独立同盟”主席金科奉，主张南、北朝鲜人民政党代表，先举行政治协商会议，稍后他并亲自前往平壤与北朝鲜共产党领导人晤面，但此次平壤之行没有带来任何具体结果，这让金九的政治行情受到极大挫败。同年 5 月，韩国举行选举，成立制宪国会，李承晚被选为国会议长，金九为副议长，7 月间，国会通过宪法，李承晚当选为韩国首任总统，由曾任“韩国光复军”参谋长的李范奭担任国务总理，8 月 15 日，“大韩民国”正式成立，9 月 9 日，北朝鲜则在苏联支持下，建立“朝鲜民主主义人民共和国”，由金日成任领导人。1949 年 6 月 26 日，金九遭到韩国极右派人士暗杀身亡，当时许多评论暗指李承晚在幕后指使。②

国共内战、朝鲜战争与冷战

朝鲜半岛上南、北两个政权于 1948 年 8、9 月间先后成立之际，蒋介石所领导的国民政府因国共内战失利，党、政、经情势一片混乱，已经是江河日下，难挽颓局。1949 年 1 月 2 日，南京正式承认大韩民国政府，宣布建立外交关系，并由战后迟迟未能赴韩履任的邵毓麟，出任首任大使，然因中国局势动荡不安，邵毓麟的任命案，接连受到蒋介石下野、解放军渡长江、国府自南京迁往广州等事件影响，竟拖了半年之久，

---

① Bruce Cumings, Korea's Place in the Sun: A Modern History (New York: W. W. Norton, 1997), pp. 237 – 247.

② Peter Lowe, The Origins of the Korean War: Second Edition (New York: Longman, 1997), pp. 54 – 58.

才获得汉城方面的回复同意。[①] 蒋介石虽于1月21日宣布下野，仍图幕后掌控党、政、军之重要指挥权，此刻起，国共内战局面下的韩国议题，正如同抗战时期的朝鲜议题一般，再次成为蒋介石务实运用的一环，以利其在大局对国民党极端不利的情况下，借以达成外交、军事与政治等目的。

1949年夏，蒋介石以中国国民党总裁身份，先后造访菲律宾与韩国，倡言依循美国筹组"北大西洋公约组织"模式，另在亚太地区组一"亚洲反共联盟"。蒋介石深知美、英等西方主要国家已不再对他寄予希望，遑论对其直接提供援助，因此此刻蒋的谋略，似在于拉拢受华府支持的李承晚，同时利用与美国关系密切的菲律宾总统季里诺（Elpidio Quirino），借由让季氏出面领导此一反共联盟，间接取得美国的援助。[②] 8月6日，蒋介石抵达韩国南端军港镇海，与李承晚及韩国政府要员会晤，此行主要目的，在于与韩方讨论筹组"亚洲反共联盟"，努力迫使美国改变远东政策，积极协助亚洲反共政权对抗共产党力量，不料李承晚另有意图；他于蒋介石抵达镇海前夕，竟然狮子大开口，透过邵毓麟向蒋提出一系列军援清单，包括30架F－51战机、5架C－47运输机、30架AT－6教练攻击机、4艘驱逐舰与护航舰、2艘炮艇、1艘运油舰、5万挺步枪与1亿发子弹。[③] 李承晚此一无度索求，迫使蒋介石决定转趋低调，除了指示访韩前严禁对外发布消息之外，在韩停留期间还以他已非国家元首为借口，谢绝参加一切公众宴会或集会，此外，蒋介石原本还有意同邀菲律宾总统季里诺一同访韩，以壮声势，现在他也不得不临时打消此念头。[④]

镇海之行，蒋介石除了与李承晚讨论筹创"亚洲反共联盟"之基本原

---

① 邵毓麟，《使韩回忆录》，页93—102。

② State Department Office of Chinese Affairs memorandum, "Chiang－Quirino Proposal for a Pacific Union," July 19, 1949, ROCA, reel 7.

③ "驻韩大使邵毓麟呈蒋介石"（1949年8月1日），《特交档案——外交/对韩外交》，《蒋中正"总统"文物》，第68卷，编号：54897。

④ "驻汉城总领事许绍昌呈外交部"（1949年7月27日），《特交档案——外交/对韩外交》，《蒋中正"总统"文物》，第68卷，编号：54895；"蒋介石致邵毓麟"（1949年8月1日），同前，编号：54900。

蒋介石访问韩国镇海与李承晚（左三）等会谈

则外，其余有关军事、经济与外交等议题，蒋皆以他已是在野之身有所不便，而未深入触及。[①] 尽管如此，蒋此行仍受到韩方颇为隆重的接待，一时之间，让他原本在国民党内外颓败的声势，谷底回升，更甚者，随着当时解放军开始向华南与西南各省挺进，蒋在镇海之行后，也开始思索如何利用朝鲜半岛，作为其反共战略据点；就在蒋镇海之行前夕，邵毓麟即曾提出以韩国为根据地，着手整顿指挥由青岛撤退来韩的国民党军事情报人员，以利日后国民党从朝鲜半岛重新派遣人员进入中国东北、华北甚至北朝鲜，发动敌后与游击工作，此议甚获蒋介石重视。[②]

1949 年 12 月 10 日，蒋介石在惊涛骇浪之中，从成都飞抵台北，台湾

① 蒋经国，《风雨中的宁静》（台北：黎明文化，1974 年），页 228。

② “邵毓麟呈蒋介石”（1949 年 8 月 1 日），《特交档案——外交/对韩外交》，《蒋中正“总统”文物》，第 68 卷，编号：54898。

成为他最后的“反共”根据地，此后他坚信唯有“第三次世界大战”的爆发，国民党才有发动军事反攻并重新回到大陆的“翻盘”机会，在此一信念下，朝鲜半岛成了蒋介石谋思策划军事反攻、甚至挑起“第三次世界大战”的重要目标之一；12 月 20 日，有鉴于朝鲜半岛对于国府战略上的重大利益，蒋介石与其高层幕僚拟订一极机密方案，准备利用韩国所辖之黄海内诸小岛屿，作为国民党军队牵制华北解放军的秘密根据地，而一旦亚太地区发生大规模战事，国民党部队也准备利用这些岛屿，作为反攻大陆的海、空军补给基地。当时蒋介石透过韩国国务总理李范奭掌握到朝鲜半岛南、北双方之间情势极端紧张的秘密情报，因而认定朝鲜半岛上终究要打上一仗，李承晚更是极端忧心金日成将挥兵南下，因而有意提供韩国境内的海、空军基地给蒋介石使用，以换取国民党当局的援助与军事情报合作。[①] 这些事态的发展，都让撤退来台的蒋介石，把韩国问题置于一个攸关台湾与国民党生死存亡的战略高度来看待。

1950 年 1 月，美国总统杜鲁门与国务卿艾奇逊发表公开声明，决定对台湾与国民政府继续采取“袖手旁观”政策，并准备静待中国大陆情势尘埃落定，尝试与北京新中国发展关系。几在同时，美国国会否决了美国对李承晚的军经援助方案，华府行政当局并表示韩国与台湾都未被划入美国在亚太地区的“防卫圈”内，蒋介石与李承晚似乎都已被杜鲁门政府所抛弃。3 月 1 日，蒋介石在台“复行视事”后，积极拟定对韩工作要点，根据一份 3 月 7 日邵毓麟所呈《美苏韩情势与我策略》备忘录揭示，因美国民主党杜鲁门政府对远东地区采取消极政策，台北国民党高层因而认真考虑应设法加紧策动南、北韩之间发生军事冲突，引发北太平洋地区局势紧张，借以促使华府改变远东政策，并诱导美苏关系之剧变。对于台湾如何能够策动南、北朝鲜之间爆发冲突，此份备忘录并未多所着墨，但明白建议国民党应立即展开对中国东北与华北的敌后工作，建立情报网，并且积

① “黄少谷、董显光呈蒋介石”（1949 年 12 月 20 日），《特交档案——外交/对韩外交》，《蒋中正“总统”文物》，第 68 卷，编号：54949；“周宏涛呈蒋介石”（1949 年 12 月 26 日），同前，编号：54933。

极在韩国境内建立无线电台，并积极巩固拉拢在韩华侨，培植华侨干部，以利日后国民党推进渗透中国东北。[①] 3月17日，邵毓麟再度敦促蒋介石，应积极策动南、北朝鲜之间发生战争，以扭转亚太局势，他并向蒋请示以金钱分别秘密补助李承晚与韩国反对党人士之相关机宜。值得注意的是，美国当时"驻台外交人员"确曾充分掌握蒋介石企图煽动"第三次世界大战"于朝鲜半岛上爆发的讯息，借以设法转变美国的远东政策。[②] 然而这些发自台北的相关情报，并未受到华府太多的关注与重视，在当时美国政府眼中，朝鲜半岛的情势远不如欧陆与中东地区来得迫切与紧张。

蒋介石显然对于邵毓麟的建言，颇感心动，他一方面指示相关部门拟订一《东北华北敌后工作计划》，决定以旅居韩国之中国东北、华北籍华侨教员与工商人员为对象，招募首批40名敌后情报人员，以台湾在汉城的"驻韩大使馆"为掩护，由台北派员前往进行秘密训练，以期能发挥积极作用。[③] 另一方面，蒋介石也于1950年4月间，派遣抗战时期负责统筹朝鲜事务的前国民党秘书长吴铁城为"特使"，访问首尔，吴铁城不但与李承晚三度晤谈，停留韩国期间，还不寻常地应邀对韩国军官学校全体官兵进行校阅与训话，而陪同吴前往访问的尚有当时国府"驻日本军事代表团"团长朱世明，一时间有关台湾与南韩即将缔结军事同盟、且李承晚已经答允蒋介石租借济州岛作为国民党军事基地、用于投入轰炸华北、东北之传闻，甚嚣尘上，尽管韩国官方出面否认此一谣言，然而直到该年6月底朝鲜战争爆发前夕，此种说法不断在东京、台北与汉城之间流传，未曾消散。[④]

目前尚无充分史料证明国民党究竟有无在朝鲜战争爆发过程中，扮演

---

① "邵毓麟呈蒋介石"（1950年3月7日），《特交档案——外交/对韩外交》，《蒋中正"总统"文物》，第68卷，编号：54973。

② "邵毓麟呈蒋介石"（1950年3月17日），《特交档案——外交/对韩外交》，《蒋中正"总统"文物》，第68卷，编号：54976；Robert Strong（U. S. Chargé in Taipei）to State Department, March 4, 1950, No. 794A. 00/3 - 450, in Formosa 1950 - 1954, reel 1.

③ "周宏涛呈蒋介石"（1950年3月17日），《特交档案——外交/对韩外交》，《蒋中正"总统"文物》，第68卷，编号：54975。

④ 邵毓麟，《使韩回忆录》，页139—143。

一定之角色，然而战事发生后，确实也让蒋介石得到了他所期盼，即美国对华政策之转变；几在一夕之间，华府除决定军事援助李承晚对抗北朝鲜之外，还宣布台湾海峡“中立化”，下令第七舰队协防台海，也让风雨飘摇的蒋介石与国民党，转危为安。而一直等待着“第三次世界大战”爆发以寻求“翻本”机会的蒋介石，在接到朝鲜战事爆发后的当天，即迫不及待地指示邵毓麟转告李承晚，若韩方请求台北派兵助战，“当可允之。”①数日后，蒋更进一步向美方表示愿意提供33000名国民党精锐部队，投入战事，杜鲁门最初一度考虑此议，但随后即被华府其他军事外交部门否决，担心朝鲜半岛情势将因为国民党部队的介入而更加复杂。②

蒋介石希望利用其部队投入朝鲜战争，将其“反攻大陆”的目标与亚洲冷战紧密结合的构想，在中共于1950年秋天起以志愿军名义参加战事后，曾一度败部复活；1950年底至1951年初，美国军方高层不断评估台湾部队投入朝鲜半岛战事，甚至同意蒋“反攻大陆”、开辟“第二战场”以牵制中共的可行性。③ 美国总统杜鲁门，更因中共加入抗美援朝战役、“第三次世界大战”恐怕即将爆发，而于1950年12月16日宣布全美国进入紧急状态。反倒是朝鲜战事发生前不断期盼大战发生的蒋介石，此刻突然变得相当谨慎；在台北国民党官方不断高唱积极备战与动员的宣传口号下，此时蒋介石对于美国严肃考虑让台湾参加朝鲜战争并发动“反攻大陆”的提议，反而犹豫起来，甚至在私下颇有抗拒此一机会的意味。1951年1月8日，蒋在台北国民党内的总理纪念周演讲时，有着如下一段不寻常的谈话：

---

① “蒋介石致邵毓麟”（1950年6月25日），《特交档案——外交/对韩外交》，《蒋中正“总统”文物》，第69卷，编号：59468。

② Dean Acheson, Present at the Creation: My Years in the State Department (New York: W. W. Norton & Compnay, 1987), pp. 412 -413.

③ National Intelligence Estimate, “Consequences of the early Employment of Chinese Nationalist Forces in Korea,” NIE -12, December 27, 1950, in CIA Research Reports: China, 1946 - 1976, reel 1; Karl Rankin (U. S. Chargé in Taipei) to State Department, December 2, 1950, No. 794A. 00 (W)/12 -250, in Formosa 1950 - 1954, reel 2.

不要以为“共匪”参加韩战，国际局势变化，我们可以待机反攻，收复失地。如果这样把我们革命事业的基础建筑在国际的变化上面，即使得到了胜利也是侥幸，最后仍将失败。我们必须反省本身力量及反攻的条件如何？如果本身条件没有具备，力量还未充实，只希望国际局势转变，或是“共匪”陷于突然的失败，而使我们侥幸成功，那这种侥幸的心理，危险万分，正如抗战胜利后的危险一样！①

蒋介石此刻的谨慎与保守，实有其深意；向来甚获美国赏识与支持的国民党“陆军总司令”孙立人，此刻不断向蒋主动请缨，表明一旦美国支持台湾“反攻大陆”或者投入朝鲜半岛战事，他都希望担任“总指挥”职务，否则他暗示他将辞去“陆军总司令”一职，以示抗议，蒋介石对孙立人此一要求，甚具戒心，甚至感到嫌恶。② 与此同时，美国务院部分决策人士，也正暗中策划在台湾发动政变，以孙立人取代蒋介石担任未来台湾地区领导人的可能性与可行性。③ 蒋介石内心很清楚，一旦国民党部队在美国背后支持下投入朝鲜战争，或者开辟中国大陆第二战场，孙立人的重要性与影响力，必将随之提高，对当时在台湾权力尚未完全巩固、美国仍未充分支持的蒋介石而言，朝鲜战争期间的任何国民党军事行动，与国民党当局内部军、政领导阶层以及最重要的军事指挥权之间，都有着直接且相当微妙的关联，易言之，当台湾局势因为美第七舰队“协防”台湾海峡与美援装部陆续到来，而转为相对稳定之际，朝鲜半岛上出现的战事，也成了蒋介石争取美援并借以重新巩固其在国民党内权力与领导地位的最重要依据之一，在此情况下，蒋绝无可能让所谓的“反攻大陆”口号，弄假成真，成为提供其潜在权力竞争者如孙立人等人，一个发展与美国之间密切关系、让其在台湾更上一层楼的契机。

---

① 秦孝仪编，《“总统”蒋公思想言论总集》（台北：中国国民党党史会，1984 年），第 24 册，页 6。

② 有关蒋介石对孙立人的批评与反感，参见：《蒋介石日记》，1951 年 1 月 15 日、25 日、29 日。

③ State Department memorandum, Subject: Support of China Mainland Resistance and Use of Nationalist Forces on Formosa, top secret, January 24, 1951, in ROCA, reel 23.

从抗战时期、国共内战一直到败退台湾，蒋介石运用“朝鲜议题”作为服务其自身利益与目标的重要工具，一直未曾间断，这样一种倾向与实践，于冷战初期所发生于朝鲜半岛战事过程中，又再一次清楚地被呈现出来，这也让吾人从蒋介石处理近代朝鲜问题时，对于其“务实与机会导向之民族主义”之手腕与风格，当有一更清楚的认识。

第三章　冷战初期的“第三势力”与台湾的“敌后工作”

1950 年 6 月起发生的朝鲜战争成为全球大冷战中的第一场热战，东亚局势的重大转变，也让台北的国民党当局与华府的军事与外交决策，出现新的变化。如前一章所提，美国政府一改原先对蒋介石采取的放手政策，首先下令第七舰队“巡弋”台湾海峡，随后，中共以志愿军参加朝鲜战役，而随着亚太地区冷战对峙局面逐步升级，杜鲁门总统不得不收起其对国民党与蒋介石的嫌恶，开始逐步提供台湾军事与经济援助；1951 年 4 月，美国“援华军事顾问团”在台北正式运作，华府与国民党当局的关系逐渐回温，1954 年年底，台美“共同防御条约”在华府签署，蒋介石政府与美国之间的军事同盟关系，重新开启，直到 1979 年中美建立外交关系后，方告终止。

对蒋介石而言，1950 年夏天起，台湾的整体安全因为朝鲜战争的爆发而转为相对有利，也让他对于派遣布置对中国大陆的敌后情报工作，以及组织反共游击“抗暴”活动，重新燃起企图心。在华府，为了因应中共参加朝鲜战争所带给美国新的军事压力，美政府也体认到在蒋介石与国民党之外，另外培植政治上的“第三势力”，可以牵制北京、领导中国大陆境内的残存反共游击势力，甚至未来于中国大陆情势转变时，成为取代蒋介石或毛泽东的另一个可能选项。也因此当战事朝鲜半岛上打得火热之际，一股敌后游击与反攻大陆活动的请缨热潮，也开始出现于台北与华府，一时之间，各路人马积极寻求管道，纷纷向蒋介石或者美国政府争取机会、经费与支援，这其中有真有假，有虚有实，成为冷战初期发生在太平洋两端的一股特殊的现象。

台湾的“敌后工作”请缨热潮

先从台湾方面的大陆“敌后工作”请缨热潮谈起。对日抗战期间，国民政府军事委员会调查统计局（简称军统局）曾派员在日本占领区内进行敌后工作，于各地布建情报与通讯人员，广设电台，到了1945年8月抗战胜利前夕，军统局于日本统治区内所辖之各类电台，总数已高达685座。[①]抗战结束后，军统局改组为国防部保密局，该局以战时所奠定的情报据点为基础，将工作对象与重点转移至中国共产党，然而国民政府在内战中节节失利，其在东北与华北各省情报据点相继后撤，迫使保密局改变组织布建原则，推动“还乡运动”，鼓励敌后工作人员返回其原籍与具有特殊社会关系之地区，以建立工作基地，并在中共解放区内组织新的游击武力，伺机遂行反共活动。只不过随着国民党在大陆的统治受到重大挫败，保密局的情报组织工作也面临艰巨挑战，各地区的组织单位相继溃散，派遣人员也因无以为继，自1949年起，纷纷自舟山群岛、香港与海南岛等地撤退，辗转赴台。[②]

朝鲜战争发生后，利用新的形势发动军事“反攻大陆”以推翻中共统治，成了台北国民党当局官方最重要的宣传口号，与此同时，原先自中国大陆各地撤退来台的旧军统、中统（中国国民党中央调查统计局）、保密局与国防部等各陆系统人马，开始摩拳擦掌，向蒋介石请缨，希望获得经费、资源与机会，重返大陆，进行敌后布建与游击工作，为日后蒋的“反攻大业”奠定基础。然而检视台湾解密军事档案，国民党政府环绕着朝鲜战争爆发所出现的这一波敌后工作潮，虽然为顺应时局下的演变，却也照应出冷战初期国共军事对峙下，一段奇特与诡谲的历史经验。

① 台北“国防部军事情报局”编，《本局历史精神》（台北：军情局，2009年），页33—34。

② 《大陆敌后游击部队作战状况即建议事项》，页59—60。

1950 年 4 月 8 日，曾于国共内战期间担任国民党湖北绥靖副总司令兼鄂南总指挥的何中民，从香港致函蒋介石，告知当时在整个湖北省境内，尚有约 23 万国民党军旧部，已转入地下打游击，依然效忠国民党与蒋介石的领导，据何中民在信里称，鄂南地区共有编制 12 纵队，武力约 121000 人，枪支总数约 49000 支，鄂西地区有 3 个纵队，武力 51000 人，枪支 19000 支，鄂东地区亦有 3 个纵队，武力 60000 人，枪支 16000 支。何向蒋表示，他将自香港尽速返回位于鄂南九宫山的敌后基地，领导反共游击工作，但是希望台北能够对他补发“湖北绥靖总司令部鄂南总指挥部”的官印，并拨补各式轻武器、手榴弹与通讯医药器材，以利其推展任务。① 然而此刻正值台湾风雨飘摇、危急存亡之际，蒋介石根本无暇顾及大陆地区的敌后势力发展，只能回函嘉勉何中民，要他“自食其力，坚守岗位”。②

朝鲜战争爆发与美国政府宣布第七舰队“协防”台海之后，台湾局势不但暂时转危为安，一股“反攻大陆”的气势也顺势而起，7 月 10 日，何中民自香港再度致函台北“总统府”，称他已于稍早 5 月 20 日自香港经广东潜入鄂南，所见“中共统治日渐衰弱”，而且“民众真诚和我军合作，将来反攻前途大好可期”。何还声称他目前直辖 18 支游击队，然而国民党方面迄今对他分文未予补助，他希望台北能够尽速补助安家费、通信器材购置费、药品费与宣传费，以利其敌后游击工作之顺利推展。③ 同年 12 月 4 日，何又向台北报告称，数月以来他在鄂、皖、苏、浙、赣、湘、粤、桂边区一带视察，并指示各挺进队活动机宜，与各省反共人士讨论游击队发展策略，他希望当局能够尽速给予补助，以利他在军事上之进取并和中共周旋。④ 此刻蒋介石似乎颇为动心，除了要求幕僚函复何中民予以嘉勉鼓励之外，还指示应尽力督导何所属游击队编成 5 个军、47 个纵队，并设

---

① “何中民呈蒋介石”（1950 年 4 月 8 日），《大陆敌后游击部队作战状况及建议事项》，《“国防部”史政档案》，档号：0042887/001。

② “总裁办公室签呈”（1950 年 4 月 20 日），同上；《蒋介石致周至柔》（1950 年 4 月 21 日），同前。

③ “何中民呈俞济时”（1950 年 7 月 10 日），同上，档号：0042887/003。

④ “何中民呈俞济时”（1950 年 12 月 4 日），同上，档号：0042887/004。

法移交负责敌后任务的“国防部大陆工作处”统筹指挥。[①]

然而何中民却表现得相当心急，在收到台北“总统府”回函表示已责成“国防部”核办其诸项请求后，短短不到一个月时间，他又再次致函“总统府”，强调他除了已经组成5个新编军（15个师）、46个挺进队之外，还统辖川、湘、鄂、桂、黔的胡朴生部，大别山的李勉、张汉杰部，以及湘南的严朴等部，共计近百万人，“艰苦支持，迄未得政府分文补给，应付艰难，不难想象”。何还抱怨称，自从他所主持的“敌后军政委员会”成立以来，积极推动敌后政工人员之训练，更已在内地与港、澳一带招募诸多“忠贞反共爱国之士”，只因旅费无着落，未能成行，他请求“总统府”设法协助出面致函旅居香港之京沪人士进行筹款，让其工作得以顺利推进。[②] 为此，蒋介石很快指示“总统府”第三局局长俞济时，联络当时已移居香港的前上海青帮大佬杜月笙，请其就近协助接济何中民。[③]

然而“总统府”请求杜月笙就近协助接济何中民，却意外地让何中民在香港招摇撞骗的事迹真相大白；1951年1月底，台北“国防部”掌握来自香港的情报，显示何在1949年以后，根本未曾踏入中国大陆一步，他这段期间所称有关敌后工作情形，皆非事实，因而决定暗中除其名义。4月间，尚不知情的何中民，还自香港继续向蒋介石报告他推动敌后工作的“最新进展”，声称目前其所属的“新108军”以及粤、桂边区各路挺进队，已交由陈士良军长统一指挥，“实力雄厚，潜伏各地，在我反攻大陆之前，以全力在敌后袭击，将有极大功效”。何并进一步表示准备派遣陈士良与时任“湖北绥靖总司令部”参谋长黄恒励二人，于近日内前往台北向蒋请示机宜，争取援助，但“总统府”决定对何不予理会。[④] 何中民与他所领导的“敌后工作”，自此也没有下文。

---

① “‘总统府’签条”（1950年12月19日），同上；“俞济时致何中民”（1950年12月20日），同前。

② “何中民呈俞济时”（1951年1月13日），同上。

③ “‘总统府’签条”（1951年1月22日），同上；“俞济时致杜月笙”（1951年1月），同前。

④ “何中民呈蒋介石”（1951年4月），同上，档号：0042887/002；“‘总统府’第二局签条”（1951年4月14日），同前。

何中民绝非朝鲜战事发生后向台北高层积极主动请缨从事“敌后工作”的唯一案例；1950 年 7 月 6 日，朝鲜战争甫爆发两个星期后，台北“总统府”收到另一封署名陈樾的信函，内称他是浙江省西北地区“天目山挺进纵队司令”杨彬所任命的“第三路指挥官兼人民反共救国军副指挥官”，1949 年秋，杨彬自浙江来台后，陈樾即接手天目山地区所有的游击反共工作，直到 1950 年 5 月间，才随舟山群岛国民党军撤退来台。陈樾告诉俞济时，目前在大浙江地区敌后同志，“人枪已达数万，如今东亚局势已有重大变化，如不设法运用，殊为可惜”。[①] 因天目山区位于蒋介石故乡浙江省境内，陈樾此一请求颇受蒋的重视，亲自指示“国防部”加以妥善处理。[②] 只不过“国防部”经过一番调查后发现，该“天目山挺进纵队”因缺乏实力，番号早已遭到撤销，陈樾所宣称掌握敌后 17000 人、分布浙东、浙西与苏浙边境，不无夸大虚浮之处。[③] 最后这一重新组编“天目山挺进纵队”的特殊任务，无疾而终。

正当台北“国防部”积极调查陈樾与其所称“天目山挺进纵队”真伪之际，又有一位自称黄埔二期毕业、曾服务于西北王胡宗南麾下、并且曾在抗战时期参加云南远征军的刘时荣，自云南境内辗转寄出一封长函给台北“总统府”，内称他曾于 1949 年冬，奉当时国府行政院长阎锡山之命前往云南，与余程万所领导的国民党第 26 军联合策动反共事宜，并往来于昆明与滇南之间，侦察解放军动态，自 1950 年春天起，他开始奔走于滇西，沿滇缅公路各县深入各地，拉拢夷民土司与少数民族进行“反共”活动，暗中组织滇南、江水、滇西等纵队，“总兵力不下二十余万”。刘时荣还称，4 月中旬他由昆明来到滇越边境，登高一呼，已成立一“云南人民自救剿共建国军总指挥部”，由他担任总指挥，经过一个月的苦战，“扫荡红河两岸共匪，大小战役 20 余次，歼匪 3000 余人，掳获武器与文件极多，并将位于滇越边境的金平县城收复，建立起游击根据地”，目前该地由他

① “陈樾呈俞济时”（1950 年 7 月 6 日），同上，档号：0042887/005。

② “‘总统府’签条”（1950 年 7 月 15 日），同上；“俞济时致侯腾”（1950 年 7 月 18 日），同前，档号：00042887/006。

③ “侯腾致俞济时”（1950 年 7 月），同上。

所派任的土司刁家柱主持县政，各方归附如潮。刘时荣称金平县“土司甚多，窖藏黄金数十万两，步枪万余支，粮食丰富”，他希望台北早示机宜，派员前来视察联络，并补助通信器材与电台设备，以收复全滇。[①] 蒋介石收到此函后，颇表关切，立即下令僚属查明刘时荣背景与此函究竟从何处寄来，“国防部”经过一番调查后，发现该函确实自滇、越边境的越北城市老街寄出，然而对于刘宣称曾于国共内战晚期奉命赴滇工作，却无案可查，“国防部”只能请求“外交部”电令台北驻河内与西贡的“总领事馆”，就近查询其所称敌后力量是否属实。[②] 此案最后亦不了了之。

朝鲜战争爆发后的“敌后工作”请缨热潮，并不仅局限于中国西南与东南沿海省份地区。1950 年 9 月初，蒋介石收到一封署名郭长升的私函，称他曾于 1949 年夏天被国防部任命为东北“辽西绥靖总指挥”，郭在函中向蒋分析称，朝鲜战事爆发后，中国东北各省势将成为中共援助补给北朝鲜的重镇，而未来若果真发动“反攻大陆”开辟第二战场，则国民党必须先收复东北地区，以免该地区遭受国际共管。郭称他过去曾在东北积极活动，如今旧日基础尚存，希望能够重返东北，进行敌后工作。在这封私函里，郭还附上一份《辽（宁）吉（林）黑（龙江）边区区后工作计划与图表》，详拟未来工作方针，并请求“国防部”给予经费补助。[③]

蒋介石本来有意批准郭长升之请，不料“国防部”经过一番调查后，发现郭虽然确实于 1949 年 7 月由国民党军方委派为“辽西绥靖总指挥”，然而当时他却迟不赴任，迭经严令催促，才于 1950 年 5 月离台赴韩，抵达汉城后，仍逗留不前，屡次要求申请华侨居留证，企图久居韩国，并且在外“多方勾结，从事商业活动，招摇撞骗”，并与台湾“驻韩大使”邵毓麟等驻外人员摩擦斗争。朝鲜战事开始后，台北“国防部”以郭未能达成任务，已于 8 月 7 日饬令撤销番号，并依法追讨款物之中，“参谋总长”

---

① “刘时荣致周至柔”（1950 年 7 月 21 日），同上，档号：0042887/007。

② “‘总统府’签条”（1950 年 7 月 22 日），同上；“‘总统府’签条”（1950 年 7 月 24 日），同前。

③ “郭长升呈蒋介石”（1950 年 9 月 5 日），同上，档号：0042887/008。

周至柔因而强烈建议蒋介石，不应再听信录用他。[①]

毛森与他的“敌后游击”工作

也许1950年代冷战初期国民党从事所谓“敌后反攻”热潮中最著名的案例，是前军统巨枭毛森。毛森生于1908年，浙江江山人，浙江警官学校毕业后，经毛人凤引荐，加入戴笠所主持的军统局，抗战时期，毛森奉派潜伏杭州，任情报站站长，曾两次被日军逮捕，又两次从日本当局眼底下逃脱，因为在日本占领区内屡建奇功，于抗战结束前夕获军统局破格晋身少将，出任“中美特种技术合作所”东南地区指挥官。[②] 1949年春，汤恩伯奉命负责京沪杭地区防卫作战，抵御解放军渡长江，汤重用毛森，任命他为上海市警察局长，严厉整肃上海地区的共产党员，5月26日，上海解放后，毛森随汤恩伯部转进厦门，担任厦门警备司令，7月底，汤恩伯取代朱绍良担任福建省主席，兼任厦门警备司令，为了组织地方反共力量，汤任命毛森为“东南人民反共救国军总指挥”，派遣干部分赴各地展开工作，以因应日后国民党在东南沿海各省撤退后地下力量建立之所需。[③] 与此同时，蒋介石在台湾南部高雄成立“政治行动委员会”，对国民党特工与情报系统进行大整顿，他任命周至柔出任“主任委员”，毛森亦被任命为委员之一，其他成员还包括蒋经国、毛人凤、郑介民、叶秀峰、彭孟缉等。此后不久，福州、厦门先后被解放军攻占，毛森与家人也撤到台湾。[④]

1950年5月中旬，汤恩伯向蒋介石提交一份极机密文件，内称过去一年来，毛森所领导组织的“东南人民反共救国军”游击部队，不断发展茁壮，目前该势力已分布鲁、苏、浙、赣、闽、粤各省，而根据汤恩伯当时

---

① “周至柔呈蒋介石”（1950年9月23日），同上。

② 马振犊，《国民党特务活动史》（北京：九州出版社，2008年），页501－502。

③ “汤恩伯呈蒋介石”（1950年5月14日），《毛森赴敌后领导游击部队经过》，《“国防部”史政档案》，档号：0042803/001。

④ 马振犊，《国民党特务活动史》，页361—363。

所附呈之三份有关“东南人民反共救国军”的《指挥系统表》、《兵力统计表》与《活动区域要图》内容显示，毛森的总指挥部过去一段时间设在舟山定海，下辖江苏、苏浙、浙江、闽南、豫章、苏鲁豫皖、苏鲁、粤中等八大军区，各军区皆设有指挥司令部，下辖各路纵队、总队、支队、独立团等编制，直至1950年4月底，总兵力达19820名军官、287126名士兵、步枪167840支、短枪8565支、轻机枪1647挺、重机枪33挺、迫击炮11门。汤恩伯向蒋建议，为了明了掌握该部的实际状况，并给予精神鼓励及工作上之指导，他准备派遣陈大庆秘密前往各地视察，并在两个月内提出具体报告。[①] 然而不久之后，国民党决定自舟山群岛撤退，毛森的总指挥部也必须撤离，派遣陈大庆前往各处视察的构想也被迫中止。

朝鲜战争的爆发，重燃毛森的企图心，以及他推动东南沿海各省敌后工作的热情，同时毛森或许也有意以敌后工作为名，争取国民党内更多资源与更高职位，不论出于何种动机，1950年10月8日，时任“国防部参议”的毛森，上书蒋介石，称他自1949年夏天以来所积极推动的“东南人民反共救国军”，“总人数已达30余万，各阶层反共群众更达百万人以上”，他分析朝鲜战事爆发后，以台湾现有力量，实难独力“反攻大陆”，即便“第三次世界大战”爆发，苏联被推翻，若“毛泽东投机，转变中国大陆”，则国民党仍将无法“光复”大陆，“故我必须发动大陆全民力量，使其不能建立基层政权，并巧妙运用国际关系，始能争取胜利”。[②]

当时亦有传闻蒋经国为了独掌国民党特工系统，决心以“总统府机要室资料组”取代“政治行动委员会”，毛森因此在该函中也抱怨称，他在大陆轰轰烈烈苦斗，被中共视为眼中钉，“但我方若干工作单位，竟亦嫉妒破坏，殊属痛心”。他直陈各单位纷纷争取敌后工作领导权，在台湾空唱高调，他不希望卷入纷争，而愿意“亲入虎穴，从事敌后工作”，并向蒋介石提出几大重要部署：第一、改“东南人民反共救国军”为“中国人

---

① “汤恩伯呈蒋介石”（1950年5月14日），《毛森赴敌后领导游击部队经过》，《“国防部”史政档案》，档号：0042803/001；“俞济时致汤恩伯”（1950年5月16日），同前。

② “毛森呈蒋介石”（1950年10月8日），同上，档号：0042803/002。

民反共救国军”；第二、未来敌后工作不留人员，不设机构，不露面目，不和各机关行文，只向蒋介石直接通报；第三、为了日后联络接济便利计，将在缅甸的腊戍、香港、舟山群岛附近蒋方秘密控制的小岛与韩国所辖黄海内之小岛等四处，建立秘密基地，分区策动西南、华中南、华东与东北的敌后工作；第四、鉴于当局经费困难，毛森将设法自筹经费物资与器材，并以过去他与美国军事情报单位所建立起的友好关系，请求美方接济械弹装备。①

众所周知，蒋介石向来不喜其军事与情报人员和外国人打交道，遑论直接接受外国物资与经费接济，然而蒋在收到毛森此函后，不但不反对，反而亲自召见毛森，多所慰勉，允许并鼓励毛以“林保民”化名，出境从事敌后工作，努力推动他于函中所提各点。② 1950 年 10 月 27 日，毛森向蒋介石提出第一批敌后工作人员出境名单共五人，在“总统府”出面协助下，这五人很快获得台湾省“保安司令部”核准出境，包括毛森（化名林保民）、负责电讯业务的叶文昭（化名林开基）、担任连络电台总台长的张庆生（化名尤纪人）、机要文书王一正（化名黄平）以及电台机务员陆家隆（化名陈牧文）。③ 12 月 13 日，此刻已顺利离台出境的毛森，致函“总统府”，要求将留在台湾主持电讯训练业务以及于电台工作的贾润生与受训员李希光，亦外派参与他的敌后工作，此要求立即获得蒋介石批准。④ 1951 年 2 月 9 日，毛森再度自海外某处致函台北，要求将当时在台湾负责编订密本与翻译工作的周裕昌外派，此一请求也再次获得蒋介石核可。⑤

1951 年 4 月初，毛森自泰国曼谷向台北报告过去半年来的活动情形，

---

① “毛森呈蒋介石”（1950 年 10 月 8 日），同上，档号：0042803/002。

② “刘士毅呈蒋介石”（1950 年 10 月 10 日），同上；“俞济时致毛森”（1950 年 10 月 13 日），同前。

③ “毛森呈蒋介石”（1950 年 10 月 27 日），同上，档号：0042803/003；“俞济时致傅亚夫”（1950 年 11 月 9 日），同前。

④ “毛森致俞济时”（1950 年 12 月 13 日），同上，档号：0042803/004；“‘总统府’签条”（1950 年 12 月 18 日），同前；“俞济时致傅亚夫”（1950 年 12 月 19 日），同前。

⑤ “毛森致俞济时”（1951 年 2 月 9 日），同上，档号：0042803/005；“‘总统府’第二局签条”（1951 年 2 月 9 日），同前；“俞济时致傅亚夫”（1951 年 2 月 9 日），同前。

据毛所称，他于1950年11月间乘小艇自台湾出境，密经苏、浙、闽、粤沿海，多次潜入大陆地区，考察各地反共游击队，召集各负责人会议，部署未来方针，1951年年初，毛自香港前往越、泰、滇、缅，接着还准备深入中国大陆西南地区活动。他观察大陆情势，认为中共体制实力完善强大，组织控制严密，各地原有力量已被摧毁，将来国民党“反攻大陆”，必已面目全非，另一方面，各地游击队多无组织无训练，相互排挤，粮尽弹绝，困难万分，一般百姓初入“铁幕”，甚感痛苦，希望“中央”援救，“中央”反攻之声亦不断传入“匪区”人心，但因迟迟不见“反攻”，朝鲜战事又陷入胶着，多由希望转为失望，已不敢私议“反攻”。毛森最后声称，此种拖延局面对其整个大陆工作之推动甚为不利，而台湾各单位所领导的敌后工作，在毛看来，业已大半失败，他所领导的工作亦迭遭巨创，所幸“经改变方法之后，已告稳定，新生力量亦积极培植之中”。[①]

直到此刻，蒋介石对毛森所领导的“敌后行动”基本上仍持肯定态度；在收到此函后，蒋立即交待幕僚透过台湾驻泰国“大使馆代办”孙碧琦，向毛森转达慰勉之意，他也要求“国防部”认真思考毛森信函中所提各点，作为日后工作改进之依据。[②]“总统府”还曾暗中透过领导滇缅国民党游击队、活跃于泰国的李弥，就近掌握毛森动态，而李弥当时向台北所提供有关毛森活动情报，确实与毛本人所述相距不远，类似其他主动请缨参与敌后工作，却打着旗号在海外招摇撞骗的情况，也还未发生在毛森身上。[③] 然而自1951年8月起，情况开始发生变化；数月来毛森在曼谷的行动，已引起泰国政府的注意，泰方并向李弥探询毛的身份与目的，李弥紧急向台北询问，是否应授权毛森正式派驻曼谷工作，以便向泰方交涉及“外交居留权”，以免遭到驱逐。考量到毛森长期留泰活动，恐将引起当时已活跃于滇、缅、泰地区李弥所部的猜疑与不安，蒋介石此刻认定毛森已

① “毛森致俞济时”（1951年4月5日），同上，档号：0042803/006。

② “‘总统府’呈核”（1951年4月13日），同上，档号：0042803/005；“俞济时致孙碧琦”（1951年4月15日），同前；“俞济时致郑介民”（1951年4月16日），同前。

③ “蒋介石致李弥”（1951年4月13日），同上；“李弥致俞济时”（1951年4月23日），同前；“李弥致俞济时”（1951年5月2日），同前。

不宜久留曼谷。[①] 而让蒋更感到疑忌的是，最初推荐毛森从事敌后工作的汤恩伯向他报告，毛森离开台湾后，根本不与任何方面连系，只知道他原本欲以香港为基地，从事华南与东南地区的敌后游击工作，但因无具体成效，才转赴曼谷做情报工作。[②]

台北当局虽然认为毛森若继续留在泰国活动，恐对李弥在滇缅地区既有的游击工作造成不利影响，然而毛森本人言行举止开始超越分寸，才是导致他最后与国民党关系决裂的最主要因素；1951 年 10 月初，毛森自曼谷致函“总统府”，对当时台湾驻泰人员大肆批评，称孙碧琦“虚荣好名”，因为想升“大使”而四处活动；“驻泰大使馆武官”陈振熙能力虽强，但“年轻气盛，易得罪人”；至于台北派来之视导人员与各方负责情报业务者，“大多借职位对某褒贬对某指责，用以互相标榜或排除异己”。为了取得蒋介石信任与好感，毛森进一步向“总统府”报告，他已计划在曼谷筹办一训练班，着手训练国民党敌后工作干部，他希望获得蒋介石的支持与训词手书，以昭激励。[③] “总统府”收到此函后，认定毛森独行其是，不但不受台北“国防部”指挥，还与美国情报当局暗通款曲，长此下去，对台湾恐将利少害多，因而由俞济时去函加以劝慰告诫，促其打消擅自成立训练班的构想，以免遭到各方误解，并邀毛森年底以前回到台湾，详述一切。[④]

然而毛森不但不从，反而变本加厉，将矛头直指李弥与其部属，指控李弥之妻龙慧娱为 1949 年决定起义加入共产党阵营的前国民党将领吴奇伟的小姨子，因此李本人颇有“匪谍”之嫌，又称李弥所引用的湖北籍人士，多为曾被解放军俘虏之小人，而李的副手柳元麟则老实好酒，已被收买，毛森希望蒋介石能够明察秋毫，“对此辈小人予以处置”。[⑤] 情况演变

① “李弥致俞济时”（1951 年 8 月 26 日），同上，档号：0042803/012；“俞济时致汤恩伯”（1951 年 8 月 28 日），同前。
② “汤恩伯致俞济时”（1951 年 9 月 1 日），同上；“俞济时致李弥”（1951 年 9 月 3 日），同前。
③ “毛森致俞济时”（1951 年 10 月 2 日），同上。
④ “俞济时致毛森”（1951 年 10 月 19 日），同上。
⑤ “毛森致俞济时”（1951 年 10 月 18 日），同上，档号：0042803/013。

至此，毛森知道他在曼谷已无立足之地，随后数年间，国民党当局对他发出通缉令，欲将他抓回台湾，毛离开泰国后，先前往香港住一阵子，后又被美方情报单位安置在琉球，直到1968年才移居美国，终其一生再也没有回去台湾。

美国与亚洲的“第三势力”

持平而论，美国欲在国、共之外另寻觅“第三势力”而加以支持，早于1945年抗战结束之后即已开始，当时“中国民主同盟”的罗隆基与“中国民主社会党”的张君劢等，皆是战后美国驻华外交情报人员积极接触的对象。1950年秋，中共派遣志愿军参加朝鲜战争后，华府为设法削弱中共力量，曾积极筹划支持由国民党以外的一股新的政治力量，来领导中国大陆的“敌后游击势力”，甚至最终取中共而代之。[①] 在此一战略思维下，美方重新恢复对“第三势力”的积极扶持，而此刻美国情报单位着力最深的，当属由蔡文治所领导的“自由中国运动”。蔡文治毕业于陆军大学第13期，抗战时期曾任职于军事委员会军令部，1942年起派驻华府，服务于中国驻美军事代表团，并曾代理团长职务，1944年，他曾参与同盟国联合参谋部军事会议，协助制定盟军的亚洲作战计划，日本投降后，蔡随何应钦赴南京主持对日受降仪式。1946年起，先后担任北平军事调处执行部委员、参谋长，1948年转任国防部第四厅厅长，翌年调任第三厅厅长。[②] 1949年5月上海解放前后，蔡文治曾于东南沿海各省组织游击队，拟以香港为基地，以海上补给方式，长期抵御解放军南下，此方案当时曾获得美国中央情报局远东地区负责人萧泰（Fred Scholtus）的大力支持，并将蔡的方案呈报回报华府。不久之后解放军席卷华南，蔡文治所筹组的

---

① Nancy Bernkopf Tucker, China Confidential: American Diplomats and Sino - American Relations, 1945 - 1996 (New York: Columbia University Press, 2001), pp. 31 - 32；张淑雅，《韩战救台湾？解读美国对台政策》（台北：卫城，2011年），页156—159。

② 张发奎，《蒋介石与我——张发奎上将回忆录》（香港：文化艺术出版社，2008年），页518—519。

游击队转入地下活动，他本人则逃往香港。[①]

朝鲜战争爆发后，美国陆军战略情报部门拟设立一临时任务编组性质的“敌后工作委员会”，以配合中央情报局组建对中国大陆的情报网，为此，美方亟需物色一名合适对象，协助训练游击部队进行敌后工作，蔡文治透过萧泰向华府游说，宣称他当时仍掌握中国大陆近百万名游击武装力量，并要求华府提供经费、资源与海外基地，以推动训练补给等任务，双方一拍即合。[②] 1951 年年初，萧泰代表美方与蔡文治签订秘密合约，美方同意支持蔡文治所领导的“自由中国运动”在华南地区从事游击活动，美方除了提供装备补给与物资之外，还在日本东京神奈川的茅崎镇设立“自由中国运动”总部、作战学校与通讯学校，同时在冲绳岛上美军基地内设立游击队员的训练基地，并在美国所属太平洋塞班岛上设立军政干部学校。蔡文治获得美方支持允诺后，自称“海陆空军总司令”，由黄秉衡副之，杨子余任“参谋长”，一时开府建制，俨然成为美国保护下的独立政权，该组织发展到最高峰时，位于东京、冲绳与塞班岛上的干部与学员总数，甚至在千人以上。[③]

美国政府为了密谋发展亚洲地区的“第三势力”，还把眼光放在粤系实力派将领、曾任国民党陆军总司令的张发奎身上。1950 年秋天，广州岭南大学最后一任外（美）籍校长香雅格（James M. Henry）于香港主动接触张发奎，探询他出面领导中国大陆敌后游击工作的意愿，张当时婉拒此项任务，但答允愿意在香港努力筹组一新的政治势力并协助训练一支新的武装力量，此后陆续不断有美方情报人士前来与张发奎接洽。[④] 在张发奎积极走动，以及经过一番联系协调与会议后，蛰伏香港的一群反共反蒋“自由民主派”人士，于 1952 年 3 月间宣布成立一“中国自由民主战斗同

① Unpublished autobiography of Thomas Tse-yue Yang（杨子余），chapter 17，Thomas Tse-yue Yang Papers，Folder 1.

② Ibid.

③ 李璜，《学钝室回忆录》（香港：明报月刊社，1982 年），下册，页 723—725。

④ 程思远，《政海秘辛》（香港：南粤出版社，1988 年），页 231—232；张发奎，《蒋介石与我》，页 479—487。

盟”（简称“战盟”），由张发奎、张君劢、童冠贤、顾孟余、张国焘、李微尘等六人担任发起人，下设组织、财政、政治、军事、华侨与宣传等部门，初期成员约有二、三百人，政治背景光谱包罗万象，涵盖原国民党、民社党、青年党、共产党、民宪党与地方实力派如桂系等各方人士，在美中央情报局每个月财政补贴两万美元的支持下，“战盟”除了发行报刊进行文化宣传之外，还曾着手开办大学，培养人才，同时派人分赴北美、澳洲、印度等地活动，企图在海外华侨社会扩大影响力。①

张发奎像

朝鲜半岛上的战事僵持不下，这一批“战盟”的重要成员们，纷纷感受到华府支持“第三势力”的热度不减，因此各显神通，把握时机，积极将触角伸入美国主流政治圈内，借机抬高身价，譬如张发奎曾于1951年初向包括魏德迈将军在内的美方重要军政人物，介绍他一位美国友人洛克（Loy H. Locke），担任张在美国的“全权代表”，统筹“战盟”在北美地区业务。② 1949年起前往印度新德里讲学的张君劢，则是努力透过当时在美国学政界皆具影响力的政治理论家伯恩汉（James Burnham），代为发扬其有关中国“第三势力”政治运动的著作与论述，并希望借助伯恩汉等美国重量级学者的影响力，前往美国各地活动。③

1952年春天，当时同时接受美国情报系统暗助的“自由中国运动”与

---

① 杨天石，《50年代在香港和北美的第三种力量》，收录于氏著，《近代中国史事钩沉——海外访史录》（北京：社会科学文献出版社，1998年），页671—673；程思远，《政海秘辛》，页235—240；郑大华，《张君劢传》（北京：中华书局，1997年），页572—573。

② Chang Fa-kwei to General Albert C. Wedemeyer, February 4, 1951, Albert C. Wedemeyer Papers, Box 102.

③ Carsun Chang to James Burnham, July 19, 1951; Burnham to Chang, August 15, 1951; Burnham to Chang, September 11, 1951; Burnham to Chang, December 12, 1951, James Burnham Papers, Box 6.

“战盟”两股力量，在美方居间撮合下，曾一度尝试携手合作，由张发奎在港、澳一带负责招募来自华南地区的流亡青年，送往冲绳岛接受蔡文治所领导的“自由中国运动”所属各学校进行密集训练，作为日后筹组一支游击部队的生力军。此刻蔡文治除了希望透过张发奎在港、澳地区大量招募新手之外，更需要借助张发奎在华南地区的影响力来号召该地区的地下游击势力，以确保能够继续获得美方青睐，为此，他特别调整“自由中国运动”总部的组织建制，新设一“军事委员会”，下辖“海陆空军总部总司令”，他并礼让由张发奎出任“总司令”一职，蔡本人屈就“副总司令兼陆军总司令”，然而此举并未事先与张发奎讨论，事后也不被张所接受，反之，张发奎努力游说蔡文治解散其组织，改加入其所领导的“战盟”，以扩大整个“第三势力”的基础。双方对此议题未能谈拢，合作一事最后无疾而终。① 尽管如此，在张发奎的指示下，或者说是在美方的压力下，“战盟”的几位重要成员干部仍于1952年秋前往冲绳岛，参与并协助“自由中国运动”游击人员的训练计划，因为“战盟”人士的参与，名义上由蔡文治所领导的敌后游击工作，一度在香港设有工作站，组织庞大，干部罗致千人以上，并且在中国大陆设立西北、华南、华中、东北、西南与东南等六个“游击军区”，对外号称辖有23个游击纵队与8个大队，声势颇为浩大。②

1952—1953年间，在美方军事情报系统支持下，“战盟”与“自由中国运动”曾经自香港与日本发动几次对中国大陆极为失败的游击与敌后空投任务。1952年初夏，“战盟”的“军事部长”邓龙光召集训练了七十余名前粤籍军人，在美方协助下，取得两艘机动船，在邓龙光的旧部陈深率领下，由香港最南端的蒲台岛向广东西南地区出发，然而行前遇上暴雨，加上美方运送武器的船只没有按照约定时间在公海出现，两艘船只只好折返；不久后“战盟”又自蒲台岛发动第二次尝试，结果第一艘机动船尚未

---

① 张发奎，《蒋介石与我》，页494－500；Unpublished autobiography of Thomas Tse-yue Yang, chapters 18 and 19, Thomas Tse-yue Yang Papers, Folder 1.

② 张发奎，《蒋介石与我》，页482—483。

出抵公海之前，即遭香港水警截捕，另一艘由陈深指挥脱逃，最后在新界的西贡上岸，港英当局原本想把所有人员递解台湾交蒋介石处理，然在张发奎努力交涉下，陈深与其游击队员最后被港英当局改驱逐至澳门，这批人马向澳门当地的美方情报人员领取一些遣散费后，即作鸟兽散。[①]

然而于冲绳、塞班岛等地接受训练的“自由中国运动”游击人员，其下场则没有如此幸运；1952 年秋，蔡文治继续不断向美方吹嘘他仍牢固掌握中国大陆各地的敌后人员，一旦“自由中国运动”发动敌后行动，将可与大陆内部的敌后人员里应外合。美方人员对此深信不疑，因此在美方技术与经费支援下，一批批于冲绳与塞班岛结束受训的学员回到日本后，于 1952 年底起的半年内，先后被安排空投于中国大陆湖南、安徽、江西、湖北、广东、海南岛与东北长白山地区，这些敌后人员最后不是下落不明，即是被当地政府逮捕，美方期待这些空投任务能够引燃中国大陆内部的反抗浪潮，建立广大根据地，并扩大反共游击武装力量，然此终究只是个不切实际的幻想。[②]

华府地区的“敌后反攻”热潮与美国对台政策

值得注意的是，朝鲜战争高峰期间，美国军事情报单位除了在亚洲的香港、日本、冲绳与塞班岛等地积极扶持“第三势力”之外，华府地区亦有不少于 1949 年前后移居美国的前国民政府时期党、政、军人物，往来穿梭于白宫、国务院、五角大楼等地，主动请缨，积极游说，以博取美方关爱与支持的眼神，来出面领导“第三势力”政治运动，这些人物期盼在美方经费资源的挹注下，能够与亚洲的蔡文治或张发奎一较长短，争取中国大陆敌后任务的主导权，1949 年秋以“治病”名义前往美国的李宗仁，即是一例。1951 年 1 月，李宗仁在其私人秘书甘介侯的陪同下，与美国务院

---

① 张发奎，《蒋介石与我》，页 497—498。

② Unpublished autobiography of Thomas Tse-yue Yang, chapter 21, Thomas Tse-yue Yang Papers, Folder 1; Tim Weiner, Legacy of Ashes: The History of the CIA (New York: Anchor Books, 2007), pp. 56 – 62.

负责东亚事务官员见面，李宗仁告诉美方，他在香港的众多粤、桂系“旧部门生”，对于美国支持发展中国“第三势力”，皆表示高度期待，只待美方点头支持，即可立即推动，李宗仁宣称只有他有足够的声望与能耐，可以影响台湾以外的反共力量，统筹掌控中国大陆的庞大地下游击力量，李还表示只要他在华府登高一呼，香港的“第三势力”即可在最短期内发展成为有一股新的政治力量。① 为了证明李宗仁在华南与西南各省仍享有极大影响力，甘介侯当场向国务院官员出示一份号称是最精准、最高机密的华南、西南地区游击势力分布图，供美方参考。②

然而美方似乎并不相信李宗仁真有此能耐，因而在扶植香港“战盟”的过程中，并未把李的角色认真纳入，未获美方青睐的李宗仁，转而对“战盟”进行诋毁；1951 年 5 月间，甘介侯在美国务院会晤中国司长柯乐伯（O. Edmund Clubb）时，不断强调当时群聚香港的“第三势力”诸成员们，已呈分崩离析之势，彼此各怀鬼胎，且张发奎甚至已经和蒋介石达成秘密合作协议，故当时“战盟”内部 25 人所组成的委员会之中，实际上有 8 位是来自蒋介石阵营。当柯乐伯询问甘介侯，究竟“第三势力”成员当中，谁可以称得上支持李宗仁，甘不得不坦承一个也没有，但他仍强调李宗仁亟盼美方能够支持“真正的”第三势力发展与茁壮，而非遭台北国民党渗透与操控的“假第三势力”。③ 从台湾解密档案看来，当时台北国民党高层确实对香港“战盟”内部一举一动，甚至会议过程与争执细节，了若指掌，可见甘介侯所言并不假。④

除了李宗仁与甘介侯之外，1951 年春、夏之际频繁与华府高层接触的代表性人物，还有蔡增基与荆磐石。蔡增基是广东香山人，早年负笈纽约

---

① Memorandum of Conversation, Subject: Political Thinking of General Li Tsung-jen, top secret, January 26, 1951, in ROCA, reel 22.

② Memorandum from Mr. Club (CA) to Mr. Krentz (S/P), January 15, 1951, in ROCA, reel 22.

③ Memorandum of Conversation, Subject: Position of "Third Force" Element, top secret, May 21, 1951, ROCA, reel 22.

④ “张其昀、陈雪屏签呈摘由——报告顾孟余、张发奎等酝酿第三势力近况”（1951 年 6 月 19 日），《特交档案/一般资料/民国四十年（三）》，《蒋中正“总统”文物》，典藏号：00208200346028。

哥伦比亚大学，返国后曾任国民政府财政部金融管理局长、铁道部管理司司长、杭州市市长、上海市财政局局长、交通部招商局总经理等职务，1949 年后移居美国，担任由伍宪子所创立的中国民主宪政党“海外顾问”，并与美国民主党重量级联邦参议员康纳利（John Connally）等颇有往来，此刻国务院颇思透过蔡增基来进一步掌握海外“第三势力”发展情形。①

荆磐石同样毕业于哥伦比亚大学，返国后曾任国民政府粮食部顾问与总务司长、教育部与司法行政部顾问等职，1950 年赴美后，积极替美方与当时中国大陆的“地下敌后游击势力”搭桥。1951 年 7 月初，他面交国务院官员一份机密文件，内附福建省境内“反共游击队”分布图与相关照片，荆磐石称这些文件是目前领导福建境内游击队的一位“何将军”所提供，据这位“何将军”称，当时除了福建东北部的游击力量直接受台北节制指挥外，其余皆归他本人所管，“何将军”透过荆磐石寻求美方秘密援助，甚至邀请美方派员亲赴他位于闽南沿海地区的外岛根据地视察。② 数周之后，荆磐石又携来一份“何将军”的机密文件，内称过去一段时间以来，解放军曾攻击并占领他的闽南游击基地，但最近又被他夺回来，荆还表示，“何将军”所辖的海岛游击根据地，可以发动海上突袭与沿海拦截，极具战略价值，且距离香港不远，港英当局甚至已经认真考虑与“何将军”打交道，荆借此敦促华府认真考虑支持这位“何将军”。③

朝鲜战争期间华府另一位颇受注目的“第三势力”说客，是曾任清华大学校长、上海市公安局长、国民政府宪兵副司令、首位美国西点军校的中国毕业生温应星。温于 1951 年前往美国定居后，积极扮演台湾以外各股反共势力与美国之间的联系管道，而华府军政高层一度也颇思借重温过去

---

① Memorandum of Conversation, Subject: Jun – Ke Choy: Relationship to Chinese “Third Force” Movement, April 9, 1951, in ROCA, reel 22.

② Memorandum from Mr. Perkins (CA) to Mr. Krentz (S/P), Subject: Document respecting Anti – Communist Guerrillas in Fukien submitted by Peter Ching, July 6, 1951, in ROCA, reel 22.

③ Memorandum from Mr. Perkins (CA) to Mr. Krentz (S/P), Subject: Additional Information submitted by Peter Ching Regarding Fukien Guerrillas, August 24, 1951, in ROCA, reel 22.

的人脉与情报网络，以进一步掌握“第三势力”实况。1951 年 9 月中旬，在一场国务院内所进行的闭门会议里，温应星提到张君劢欲自印度前来美国活动，也提到在纽约作寓公的前国府行政院长宋子文，都在为“第三势力”运动的发展积极奔走，温还向美方官员透露，台北军事情报高层曾任命一位化名为“李江”的大陆敌后人员，担任“粤西反共救国军总指挥”职务，授权他指挥广东境内 3 个师与 4 个独立旅的游击兵力，但是这位“李江”却私下向温抱怨，台北实际上根本未给予他任何援助，导致他的游击队成员纷纷前往香港，武装力量形同瓦解，殊为可惜。在此一场合里，温也表示，当时云南省境内有两股分别由段青云与马崇林所领导的游击势力，欲加入李弥所领导的国民党部队，但已被温本人所劝阻，建议他们应先听候美方意见之后再行事。温应星最后告诉美方，他希望与不久后即将访问华府的法国驻越南统帅塔西尼将军（General Jean de Lattre de Tassigny）会晤，讨论温本人所代表的“第三势力”，派员借道越南前往广西省进行敌后活动的可能性。①

温应星如此丰富生动与精彩的情报分享，让他得以在短短一个月之后的 10 月 10 日，再度受邀进入国务院，与美方官员进行深度晤谈，此次温明白向美方指出，华府欲重新与台北的蒋介石合作，实属不智，认为美国应积极寻求与国民党以外的反共力量结合，他声称已决定派遣一位“邓先生”前往中南半岛，争取法国殖民当局允诺协助取道越南进入西南各省秘密活动，温亦称其所代表的政治势力，正考虑以武力占领南沙群岛的几个小岛屿，作为可容纳 70000 名游击兵力的游击根据地，温还乐观估计，这 7 万名兵力中，其中约 10000 名兵源可从港、澳地区招募，而他也将聘请他在西点军校的同班同学、二次大战时期美军在太平洋战场上战绩彪炳的名将艾克尔伯格（Robert Eichelberger），担任未来游击部队的军事顾问。②一星期后，温应星再次前往国务院与主管远东事务官员会面，此时“战

① Memorandum of Conversation, Subject: Guerrilla Activities in China, September 13, 1951, in ROCA, reel 22.

② Memorandum from Mr. Perkins (CA) to Mr. Krentz (S/P), Subject: Further Information provided by General Wen, October 16, 1951, ROCA, reel 22.

盟”的筹组在香港已经办得如火如荼，温向美方抱怨不应独厚张发奎，而忽视他所代表的另一股政治势力，温更露骨批评张发奎在云南与两广地区根本没有追随者，只有他本人才有能耐动员这些地方的地下游击队，温还当场出示一份他与两广地区敌后游击人员的往来信函，作为证明。此番会晤后，美国务院官员决定将温应星的联系管道与情报来源，转由中央情报局来处理。①

亚洲冷战初期，美方为了设法削减中共力量，而于东京、中国香港、冲绳、塞班岛等地扶持“第三势力”，并且支援推动中国大陆的“敌后游击”任务，相当程度上也反映了华府决策者在重新思索与制定对华政策过程中的一种思维，易言之，美国政府因中共参加朝鲜作战，导致美方无法迅速结束战事，甚至为美国带来巨大且沉重的军事外交压力，因而希望整合全中国内外所有反共力量，并且将“台湾因素”逐步纳入其对中国大陆整体政策的规划之中。

根据美国务院解密档案揭示，朝鲜战争期间，在美方眼中，蒋介石有关全中国大陆有 40 万名反共游击敌后力量仍效忠于他的说法，并不可靠，国民党充其量仅能控制福建、江浙沿海与部分华南地区的零星游击武力，而在美国的西方主要盟国如英、法等国，坚决反对台湾出兵参加朝鲜战争的情况下，此刻美国务院决策阶层所提出的一个可能方案，是“改变国民党领导阶层、同时运用第三势力”，一来设法铲除蒋介石与其所属国民党旧势力，让西方国家不再批评华府重新恢复对蒋的支持，二来若蒋介石的力量能够被移除，则将可减少台湾新的领导班底与海外“第三势力”的竞争与摩擦，虽然美方预见蒋介石下野后的台湾新政权，仍不脱被国际批评为美国的“附庸”，然而借由“第三势力”适时加入台湾新政局，将可以抵消此类批评。至于如何推动此一方案，国务院曾拟定以冲绳、香港、河内与马尼拉等地，作为未来“第三势力”的训练与行动大本营，并决定先在马尼拉成立一“自由中国中心”，培训美方重点挑选的台湾未来领导干

① Memorandum from Mr. Perkins（CA）to Mr. Krentz（S/P），Subject：Conversation with General Wen，October 18，1951，ROCA，reel 22.

部，一旦蒋介石下台后，美方也应立即对台湾岛上的军事指挥体系着手进行改造，并与美军建立直接的联系管道。①

1951 年春，为了顺利推动如上重要任务，美国务院内部曾设立一秘密的“专案小组”，由数位精通远东与苏联事务的资深官员与专家组成，共同评估中国大陆游击武装力量与反共运动发展，发展与各“第三势力”成员组织之间的联系管道，同时推动美方与“第三势力”的关系，当时此一任务小组成员包括曾于抗战时期派驻中国各地的资深外交官戴维斯（John P. Davis）、石博思（Philip D. Sprouse）与卢登（Raymond P. Ludden），以及两位东欧与朝鲜问题专家彭菲德（James K. Penfield）与蔡斯（A. Sabin Chase）。② 专案小组会议还决定小组各成员应以美国驻远东各国的使领馆为掩护，尽速赶赴该地区活动，同时小组成员也将拥有独立权限与资源，但是为了维持机动性与隐秘性起见，这些成员将不会有固定的办公地点。③

在台北，蒋介石对于美方的政治动作与盘算，不可能毫不知情；根据台北国民党高层所掌握的情报，1951 年 6 月间，美方已获得菲律宾总统季里诺首肯，以马尼拉作为训练“第三势力”的基地，准备兴办如下四种业务：一、筹办大学一所，收容港、澳流亡青年与海外侨生，作为将来“第三势力”的基本干部；二、设立一专业训练班，训练军事与政治干部及军事情报技术人员，作为储备日后接管台湾军政业务人才所需；三、设立一研究所，收容由中国大陆逃亡之教育与文化人士，并研究未来登陆后各项政治、经济与社会问题；四、筹办一报纸，销售南洋各地，以海外侨胞为宣传对象。蒋介石也获悉，在美方鼓动下，当时已有百余位“战盟”成

---

① State Department Memorandum，Subject：Support of China Mainland Resistance and Use of Nationalist Forces on Formosa，top secret，January 24，1951，in ROCA，reel 23.

② Memorandum from Mr. Clubb（CA）to Mr. Merchant（CA），Subject：Organization of Task Force for work with“Third Force”Elements，top secret，April 25，1951，in ROCA，reel 22.

③ Memorandum from Mr. Clubb（CA）to Dean Rusk（Assistant Secretary of State），Subject：Practical U. S. Relationship to Chinese“Third Force”Movements，top secret，April 10，1951，in ROCA，reel 22.

员，自香港飞往马尼拉，参与各项筹备工作。[①]

蒋介石相当清楚美国正欲扶持有别于国民党的“第三势力”，因此特别派遣其亲信杭立武，于1951年春飞前往华府与美方沟通，杭立武告诉主管东亚事务的助理国务卿帮办莫成德（Livingston T. Merchant）称，“第三势力”缺乏武器、经费与政治资本，根本无法领导中国大陆境内的反共运动，因此美方应当全力支持在台湾的蒋介石，对此，莫成德坦白告诉杭立武，杜鲁门总统已不再信任蒋介石与国民党，因此扩大海内外反共权力基础，并以更开明之诉求来吸引中国大陆民心，诚属必要，莫成德还不忘要杭立武转告蒋介石，当时有关蒋经国所主持的国安系统，在台湾各处大肆逮捕异议人士，进行白色恐怖活动等与民主精神背道而驰的相关讯息，已传遍美国政坛，他希望国民党当局能够多加注意自己的形象。[②]

然而朝鲜战争期间美国欲扶持“第三势力”、协助中国大陆敌后游击工作、与推动“去蒋保台”等方案，不久后即面临严重瓶颈。华府的军事情报单位很快就后发现，包括“战盟”、“自由中国运动”或者如荆磐石、温应星等所谓“第三势力”人物，虽然声称掌握中国大陆最权威可靠的情报来源，以及仍对大陆地下游击力量具有庞大影响力，然而这些人物与同一时期声称效忠蒋介石、愿替台北国民党推动敌后反攻的何中民、陈樾、刘时荣、郭长升、毛森等人一样，大言皇皇，却鲜有真正实力与具体情报可以提供。于朝鲜战争期间派驻香港担任中央情报局特工的前美国驻华大使李洁明（James Lilley）即曾于自传里描述称，这些美国幕后支持的“第三势力”人物所提供的敌后情报，根本是他们在九龙的公寓房间里，以中国内地流出的报章杂志报道，略加改编而成，美方可说是花了大笔冤枉钱，买了一堆分文不值的假情报。[③]

---

① “张其昀、陈雪屏签呈摘由——报告顾孟余、张发奎等酝酿第三势力近况”（1951年6月19日），《特交档案/一般资料/民国四十年（三）》，《蒋中正“总统”文物》，典藏号：00208200346028。

② Memorandum of Conversation, April 20, 1951, in ROCA, reel 22.

③ James Lilley, China Hands: Nine Decades of Adventure, Espionage, and Diplomacy in Asia (New York: PublicAffairs, 2004), pp. 82 – 84.

而“战盟”与“自由中国运动”之间，以及“战盟”内部各重要成员彼此离心离德，无法真诚合作，也都让华府对“第三势力”运动能否成功，慢慢失去信心；1951 年 8 月初，当时成功游说季里诺总统支持美方推动此运动的美国驻菲律宾大使柯文（Myron M. Cowen），得知华府似乎对于在菲国境内扶持“第三势力”运动不再感到热忱，而有意暂缓所有计划，一度大为火光，并写信向国务院发了一顿牢骚。① 同年 12 月间，国务院一改稍早论调，指出华府公开支持“第三势力”与美国和台北国民党当局维持“外交”关系的政策相违背，而负责处理远东事务的官员也开始认为，海内外的“第三势力”分子应当在“体制内”积极参与台湾的国民党当局，而非在“体制外”另起炉灶。②

1952 年年初，当张君劢准备动身前往美国担任“战盟”驻美代表，而向美国申请入境签证时，国务院官员甚至开始私下抱怨造美国境内已经充斥太多的“第三势力”份子，这些人物手持临时签证进入美国，想在美国境内重新打造一个他们心目中理想的新中国，根本不切实际。时任国务院中国司长的柏金斯（Troy L. Perkins）更明白指出，华府若已决定重新接纳台北的蒋介石，则不能够再对“第三势力”给予强有力的支持。③ 1952 年夏天，当一年多前还是国务院座上宾的荆磐石，兴冲冲地向美方提出一份“第三势力”未来回到中国大陆的政治行动方案时，他已被国务院官员私下讥讽为“极端麻烦的机会主义者”，并且决定着手对他过去在美国的活动展开调查，甚至不排除将他遣送回香港。④ 1953 年年初，对蒋介石与国民党较采同情立场的美国共和党新总统艾森豪威尔上任后，华府对远东地区的外交政策也出现新的转变，这也预示着亚洲冷战初期美国扶持“第三势力”与其推动之大陆敌后游击工作，终将步入历史。

---

① U. S. Embassy（Manila）to Dean Rusk，August 9，1951，in ROCA，reel 22.

② State Department Secret Security Information，December 7，1951，in ROCA，reel 22.

③ Troy L. Perkins（CA）to Everett F. Drumright（Counselor of U. S. Embassy in India），January 23，1951，in ROCA，reel 27.

④ State Department Confidential Security Information，July 2，1952，in ROCA，reel 27.

昙花一现的台美“敌后反攻”——李弥与滇缅游击队

那么在20世纪50年代亚洲冷战初期，台湾与美国之间究竟是否真正实现过所谓的“敌后游击”与“反攻大陆”的牵制中共军事行动呢？这段期间，台美之间曾经合作推动中国大陆东南沿海地区的突袭任务，双方也曾交换军事情报讯息，然而严格而论，整个朝鲜战争期间，台美双方唯一一次真正具体实现较大规模的“反攻大陆”游击行动，仅发生在1951年春夏之际，当时由李弥所领导的国民党滇缅游击部队，曾经发动过一场反攻滇南战役，只不过当蒋介石将李弥部队视为一股效忠于他的反共力量时，美国政府却把李弥视为一支可区隔台北国民党的“第三势力”，而大加扶植栽培。

1949年12月9日，云南省主席卢汉广播宣布起义，加入新中国，并将国民党军驻滇第26军军长余程万与第8军军长李弥软禁，国民党下令两军围攻昆明以弥平卢汉起义，这迫使卢汉将余、李两人释放，两军随后向滇南败退，沿途与解放军激战，1950年春，国民党第26与第8军残部约1400余人，辗转抵达泰、缅边境的大其力。① 另一方面，余程万于围攻昆明失败后，因害怕国民党追究责任，径自海南岛前往香港，不愿前往台湾。李弥则经海南岛飞赴台北，向蒋介石主动请缨，前往滇、缅边区收容旧部，并提出入滇工作计划，主张在西南边区建立反共基地，进行敌后与“反攻”活动。② 然而正如同当时出现的其他敌后工作申请方案一般，李弥的计划虽然在原则上获得蒋介石允可，惟其所提的两百万银元经费需求，过于庞大，蒋最后不得不告以“无力实施”。③ 尽管如此，李弥仍于1950年4月间，由台北经香港抵达曼谷，在台湾“驻泰国大使馆”的掩护下，

---

① 覃怡辉，《金三角国军血泪史1950—1981》（台北：中研院、联经出版公司，2009年），页15—54。

② “李弥呈蒋介石‘云南省政府’进入云南后工作计划”（1950年4月7日），《李弥入滇工作计划》，《“国防部”史政档案》，档号：0042897/003。

③ “‘总统府’签条”（1950年4月20日），同上；“俞济时致李弥”（1950年5月3日），同前。

展开工作，并透过国民党“驻泰武官”陈振熙的协助，与大其力附近的国民党残部取得联系，在李弥不断向蒋介石积极争取后，台北“国防部”终于同意自该年5月起，每月以泰币10万铢补助大其力游击队。①

暂栖于大其力的国民党残部，原本计划短暂整编后，即伺机等待“反攻大陆”，对缅甸领土本无侵占之意，然而1950年6月8日中华人民共和国在缅甸首都仰光设立大使馆后，不断向缅政府施予压力，要求驱逐李弥所部，缅政府忧惧中共恐以李弥部队为借口而派兵进入缅境，因而决定自行驱离。② 6月13日起，缅政府军先以飞机扫射轰炸大其力部队，随后并出动地面部队进攻，李弥部队由李国辉领导，展开反击，双方战事持续至该年8月中旬，缅政府军以惨败收场，8月21日，缅甸陆军总司令尼温（Ne Win）致函李国辉，表示同情其“反共”立场，请求国民党游击队撤离大其力，进入猛董山区，以保持地主国体面，缅方并允诺将尽力协助供粮，永保友谊，李国辉复函同意照办。③

大其力之役除了奠定国民党游击队在滇、缅、泰边区的地位之外，也让华府与台北两地的决策高层，开始评估该部队的战斗力量，并于朝鲜半岛战事爆发后，谋思加以运用。1950年10月底开始，中国人民志愿军参加朝鲜作战，以美国为首的联合国部队，在朝鲜半岛上伤亡惨重。11月5日，美国中央情报局依据曾与李弥在曼谷多次秘密接触的美国驻东南亚地区军援顾问团副团长尔斯金（Graves B. Erskine）所提供的资讯，向杜鲁门总统提出一个“白纸方案”（Operation Paper），由美方秘密支援李弥部队反攻云南，借以牵制中共注意力，分散并降低美方在朝鲜半岛上所面临的

---

① 台北援助滇缅游击队每月10万铢的费用，直到该年12月才由台湾“驻西贡总领事馆”将80万铢一次转交给李弥，参见：“李弥呈陈诚”（1950年12月28日），《云南反共救国军经费拨补案》，《“国防部”史政档案》，档号：00012007/001；“陈诚致李弥”（1950年12月29日），同前。

② State Department Office of Intelligence Research, “Chinese Communist Influence in Burma, 1949 - 1951,” April 15, 1952, in Supplement, reel 1.

③ Robert H. Taylor, Foreign and Domestic Consequences of the KMT Intervention in Burma (Ithaca: Department of Asian Studies, Cornell University, 1973), pp. 6 - 13.

沉重军事压力，此一方案立即获得白宫批准。[①] 中央情报局在得到泰国政府合作承诺后，为执行此一“白纸方案”，特于曼谷设立一“东南亚国防用品公司”作为掩护，并于 1951 年 2 月起，雇用陈纳德所辖“民航空运大队”，将一批批武器装备由冲绳岛上的美军基地运往泰国，并由“东南亚国防用品公司”人员秘密以陆路输往位于滇缅边境的李弥部队。此外，中央情报局也自 1951 年秋天起，按月补助 75000 美元给滇缅国民党游击队。[②]

大其力之役后，台北国民党当局同样开始重视李弥部队。1950 年 4 月间，当李弥向台北“国防部”呈请恢复国民党军第 8、9 两军番号，以恢复游击队军心士气时，其要求并不为时任“参谋总长”的周至柔所批准；而当李弥进一步向“国防部”申请“云南绥靖公署”编制以利其反攻云南行动时，此一请求也只换来“国防部”回称李弥可保留“绥靖公署”名义，但不能给予编制也不允许设立机关，此一回复令李弥倍感挫折。[③] 然而大其力一役之后，台北不但同意李弥拨补军械弹药的要求，也同意自 1951 年初起，提高每月经费补助由 10 万泰铢增至 20 万泰铢。[④] 1951 年 2 月底，“国防部”雇用台湾航业公司所属嘉义轮，由高雄港出发，以装载砂糖 1200 吨为掩护，将一批军火、通讯与卫生器材运往曼谷，并且在泰国军方协助下，顺利转交李弥部队，当时泰国总理銮披汶（Plaek Pibunsongkhram）不但亲自召见李弥，拍板同意台湾此一运补计划，并下令由泰国

---

① William M. Leary, Perilous Missions: Civil Air Transport and CIA Covert Operations in Asia (Tuscaloosa, AL: University of Alabama Press, 1984), pp. 128 - 131; Alfred W. McCoy, The Politics of Heroin: CIA Complicity in the Global Drug Trade (Chicago: Lawrence Hill Books, 1991), pp. 163 - 168.

② 覃怡辉，《金三角国军血泪史 1950—1981》，页 78—79。

③ “李弥呈周至柔”（1950 年 5 月 29 日），〈云南绥靖公署编制案〉，《“国防部”史政档案》，档号：00020938/001；“周至柔致李弥”（1950 年 6 月 29 日），同前。

④ “李弥呈陈诚”（1950 年 11 月 28 日），〈云南反共救国军经费拨补案〉，《“国防部”史政档案》，档号：00012007/005；“李弥呈陈诚”（1951 年 2 月 13 日），同前，档号：00012007/007；“陈诚致李弥”（1951 年 2 月 16 日），同前。

警察总监乃炮（Phao Sriyanond）亲自押运军火至泰缅边界，以示慎重。①

另一个足可证明蒋介石开始重视滇缅游击部队的例证，发生在1950年11月间，当时李弥向台北呈报其所主持的“云南省政府”，已陆续恢复云南第7、第9、第12“行政区”与滇南6个县、设治局的行政权，并已指派各主管行政人员，李弥还报告称他已下令增设一新的“西南行署”，并将整个云南省划分为五个“军政区”，同时业已完成相关人员之建置部署。② 台北军方高层收到李弥报告后，认为他先斩后奏，举措充满争议，一旦台北同意此举，“造成既成事实，对将来之经费人事等处理更增困难”，但最后国民党高层仍决定予以默认支持，并未多加过问。③

由于李弥与美国驻东南亚军援顾问团副团长尔斯金双方于1950年9月间在曼谷的接触，是由台北“驻泰国武官”陈振熙居中联系，据此推论，台北国民党高层对于美国暗中援助李弥，应早有掌握，李弥因未先请示台北即径自与美方接触，蒋介石为此还曾一度动怒，下令“驻泰大使馆”设法将李弥以叛国罪解送回台。④ 到了1951年春天之际，台北高层进一步自其驻泰人员掌握美方秘密军援李部的具体细节，然而此刻蒋介石不但决定隐忍，还指示“国防部”利用此机会争取美方技术协助，并尽快向李弥部队补运新一批军火，包括李部当时最缺乏的步枪总数1000支。⑤

很显然，此刻国民党颇思李弥游击队能够借重美方的力量，打回云南，在中国大陆西南地区建立一反攻根据地，然而讽刺的是，华府愿意援助李部，却是当时美国在亚洲地区欲扶持反共反蒋“第三势力”整体战略

---

① “李弥呈蒋介石”（1951年1月10日），《李弥呈滇缅匪情战况及补给情形》，《“国防部”史政档案》，档号：00042895/001；“周至柔呈蒋介石”（1951年1月22日），同前；“周至柔呈蒋介石”（1951年3月5日），同前；“周至柔呈蒋介石”（1951年3月16日），同前；“赖名汤呈蒋介石”（1951年3月23日），同前。

② “李弥呈袁守谦”（1950年10月21日），《云南绥靖公署编制案》，《“国防部”史政档案》，档号：00020938/007；“李弥呈‘国防部’”（1950年11月14日），同前。

③ “‘国防部大陆工作处’致‘国防部第五厅’”（1951年1月），同上；“‘国防部’第五厅便笺”（1951年1月3日），同前。

④ 覃怡辉，《金三角国军血泪史1950—1981》，页72—77。

⑤ “周至柔呈蒋介石”（1951年5月9日），《李弥呈滇缅匪情战况及补给情形》，《“国防部”史政档案》，档号：00042895/004；“蒋介石致周至柔”（1951年5月12日），同前。

下的一环。与李弥往来密切、1949 年以前曾任云南省政府秘书长的李拂一即表示，1950 年秋天美方接触李弥并支持他的重要条件之一，即是要求李弥脱离与蒋介石的关系，配合美方立场以发展“第三势力”，只不过李弥当时并不愿意完全断绝与蒋的关系。[①] 根据美方解密档案显示，促成华府愿意促使李弥势力发展成为一股重要“第三势力”的另一个原因，在于美方掌握当时一群旅居缅甸的前国民党外交官、商界与侨界领袖，甫于仰光成立一“国民党革命委员会”，此委员会只奉孙中山为领袖，却拒绝接受台北国民党中央的指挥，美方因此评估此一政治力量应可与李弥的军事力量相互支援，发展成为日本、菲律宾与香港地区以外的另一个亚洲“第三势力”大本营。[②]

李弥部队撤回台湾受到盛大欢迎

① 覃怡辉，《金三角国军血泪史 1950—1981》，页 76—77。

② State Department Office of Intelligence Research, "Chinese Communist Influence in Burma, 1949 - 1951," April 15, 1952, in Supplement, reel 1.

尽管台北与华府之间如何看待李弥的游击部队，有着极微妙的差别，然而双方对于朝鲜战争期间利用李部进行牵制与骚扰中共，却是有志一同。1951 年春，获得美台两方军火装备与财政补助的李弥部队，兵力快速增长，游击队总人数已从最初的 1400 余人，增加至 5000 余人。[①] 5 月 21 日，李弥见时机成熟，下令所部自缅北的猛撒驻地开始向云南发动军事进攻，当该部队推进至云南省境内后，美情报单位也依约在 6 月 9 日至 12 日之间，于沧源县境内向游击队进行 5 次空投。两个月之内，李弥部队曾经攻占云南边境的镇康、双江、耿马、孟定、沧源、澜沧、宁江与南峤等八个县治，然而自 7 月初起，解放军以 4000 兵力开始对李部进行反击，李部因无法固守各据点，而退回缅甸境内，7 月 22 日，游击队全部撤回缅北，所谓“反攻云南”之役暂告结束，根据美方的估算，总计李部伤亡 500 余人，解放军伤亡 680 余人。[②]

反攻云南之役后，美情报单位依然继续暗中补助李弥部队，然而李部因反攻失利撤回缅甸领土境内，也引起仰光当局的愤怒与不满，开始向华府施压，并于 1952 年初，在联合国大会提出口头控诉。正如本章之前所述，此刻美国行政当局对于支持“第三势力”的热度已经开始下降，滇缅地区的国民党游击势力亦不能幸免；1952 年 5 月间，中央情报局突然以李弥“使用经费不当”为由，停止对其所部每月 75000 美元的援款。[③] 1953 年春，缅甸政府正式向联合国提出控诉案，控告台北国民党当局侵犯缅甸领土主权，甫上任不久的美国总统艾森豪威尔，认定李弥游击部队的战略价值，已随着朝鲜战事即将签订停火协议而大为降低，因而训令美国驻台

① 翁台生，《CIA 在台活动秘辛》（台北：联经出版社，1991 年），页 70；John Garver, The Sino – American Alliance: Nationalist China and American Cold War Strategy in Asia (New York: M. E. Sharpe, 1997), pp. 149 – 150.

② Karl L. Rankin to State Department, April 1, 1952, no. 794A. 521/4 – 152, in Formosa 1950 – 1954, reel 6；覃怡辉，《金三角国军血泪史 1950—1981》，页 79—90。

③ 覃怡辉，《金三角国军血泪史 1950—1981》，页 79。

“大使馆”与国民党当局进行交涉撤军事宜。① 蒋介石迫于联合国与美国压力，只有接受；1953 年 5 月起，台湾当局与美、缅、泰四方代表于曼谷召开长达半年之久的“四国军事委员会”，协调滇缅游击部队撤离事宜，自 11 月起至 1954 年 5 月为止，共有约 6570 名国民党部队分批撤回台湾。②

然与此同时，仍有将近 4000 名不愿撤离该地区的游击队与其眷属，在李弥旧部段希文的领导下，暂时转往泰、缅边界山区内驻扎，待“四国军事委员会”于 1954 年 9 月 1 日正式解散后，台北立即授予这批游击队“云南人民反共志愿军”番号，继续按月补给经费，并由李弥旧部柳元麟担任领导。这支当时不被国民党当局公开承认援助的地下游击队，在往后近 20 年岁月里，将扮演着蒋介石参与亚洲冷战战场上竞逐的重要筹码，继续被国际社会所关注，并且成为台美与国共关系里一个极富争议的热点，这段秘辛将在本书后续章节中，进一步加以讨论。

---

① Rankin to Walter P. McConaughy, May 4, 1953, no. 794A. 11/5 - 453, in Formosa 1950 - 1954, reel 4; Report on the Mutual Security Program in Formosa, Second Half of 1953, enclosed in Rankin to State Department, January 12, 1954, no. 794A. 5 - MSP/1 - 1254, ibid, reel 6.

② Rankin to State Department, October 2, 1954, no. 794A. 00 (W)/10 - 254, in Formosa 1950 - 1954, reel 4.

第四章　第一次台海危机、“白团”与台、美军事关系

1954年12月2日，美国国务卿杜勒斯与国民党当局“外交部长”叶公超，于华府签署一所谓“中美共同防御条约”，自1941年底太平洋战争爆发以来，蒋介石经历对日抗战，国共内战，退据台湾，十余年后再度与美国结为军事同盟关系。就在该协防条约签订的三个月前，中国人民解放军大规模炮击金门外岛，因此美国总统艾森豪威尔的策略，似在于将台、美“协防条约”的签订，作为稳定台海局势的一个主要手段：一方面由华府向全球公开做出协防台湾与澎湖的承诺，另一方面美方刻意又不对国民党所控制的福建沿海岛屿，作出明确声明，借以刻意维持战略模糊，试图达到混淆北京的目地，让毛泽东摸不清美国对于金门、马祖等外岛的真正态度与底线，从而避免采取军事行动。与此同时，借由限制蒋介石对中国大陆发动军事行动，华府亦似有意借此减缓美国与中共之间的敌意，让北京不致于担忧美国将协助蒋介石进行“反攻大陆”。①

能够与美国签订一纸协防合约，让台湾安危获得保障，这对于1949年败退台湾一隅、数年来过着风雨飘摇日子的蒋介石而言，可谓一项重要突破，无怪乎在协防条约签字当天，他在日记里写道，“此乃十年蒙耻忍辱，五年苦撑奋斗之结果，从此我台湾反攻基地始得确定，大陆民心乃克振

① Robert Accinelli, Crisis and Commitment: United States Policy toward Taiwan, 1950 – 1955 (Chapel Hill: The University of North Carolina Press, 1996), pp. 179 – 180; Garver, The Sino – American Alliance, pp. 54 – 59.

奋，此诚黑暗中一线之曙光，难怪‘共匪’之叫嚣咒骂，可知其心理之恐怖为如何矣。天父赐我如此之厚，能不勉旃。”① 然而平心而论，蒋介石不可能没有意识到，此一军事同盟的建构，不但在实质与法理层面上，把国民党的统治范围，局限在台湾与澎湖，而且，未来他一切试图以军事手段“反攻大陆”的希望，都将因为该条约的“防御”性质，而遭受美方极大的牵制，甚至反对，吾人不禁要问，这果真是蒋介石所乐见的吗？

本章利用大量台湾及美、英、日各地档案资料，以 1954 年第一次台海危机为主轴，探讨台、美之间的“协防条约”，究竟是如何出台。本章的研究将指出，此一条约的签订，不仅是 20 世纪 50 年代美国在远东地区冷战战场上整体军事外交策略下的一环，同时也体现了蒋介石与国民党当局，在整个大环境相对不利于台湾的局面下，对美进行角力与折冲过程当中，所能争取到的较佳选择，而在此一军事“同盟”关系形成过程当中，当时日本在台湾的非官方军事顾问团“白团”，还曾扮演过一个间接、鲜为人知的角色。

事实上，蒋介石在这场与美之间的军事外交角力赛局中，最初并未将签订一正式之“协防条约”，视为最优先的选择，相反地，在朝鲜战争于 1953 年进入尾声之际，他为了确保台湾的战略地位不因朝鲜半岛停战协议的签字，而受到不利影响，因此致力于寻求美国承诺，继续对台湾岛上的国民党部队提供装备，并对军队进行扩编，作为未来发动其军事“反攻大陆”之准备。1954 年台美“协防条约”最后的签订，乃属一“历史之意外”；易言之，在美国当时不愿意接受蒋介石所提出之军援要求，以及中共炮轰金门外岛等因素促成下，国民党当局与华府之间的军事防御同盟关系，也因而顺势被建立起来。尽管蒋介石在其私人日记里，将此一结果视为国民党当局退台后的一项重大“外交”胜利，然而未来在得不到美方允诺与支持前提下，蒋介石任何企图针对中共而采取的正规军事行动，都将注定无法获致成功，一个国民党当局局限在台湾与澎湖的格局，因此而逐渐根深蒂固，难以撼动。

---

①《蒋介石日记》，1954 年 12 月 3 日。

“和”与“战”之间的徘徊

1950 年 6 月朝鲜战争的爆发，也让台湾的命运与朝鲜半岛上的局势演变息息相关。无可讳言，此刻台湾的军事安全与国际地位，相当程度建立在朝鲜半岛战事是否能够继续持续下去，战事愈胶着，台湾的战略地位也就愈有保障。因此到了 1953 年夏天，当朝鲜半岛的停战协定谈判进入最后尾声之际，蒋介石的焦虑，似乎并不下于韩国李承晚；当时极不愿接受停火协议安排的李承晚，极力向华府要求签订一安保互助条约，作为他同意签字的先决条件。[①] 该年稍早的 4 月至 6 月间，蒋介石曾三度致函艾森豪威尔，提醒美国，应注意共产党阵营所发动的“和平攻势”，并劝告华府勿轻言陷入共产党阵营愿意进行停火谈判的“圈套”。[②] 6 月初，蒋在台北会见来访的美国联邦参议员窦克生（Everett Dirksen）与麦纽森（Warren Magnuson）时，他极力说服来客，“台湾命运与东亚局势之演变，息息相关，朝鲜战争的停火，并不能结束亚洲的战祸，如欲消灭世界侵略之战祸，必须先消灭中共”，因为他认为“以亚洲问题全在中国大陆，而不在韩国也”。据此，蒋甚至当场向这两位美国参议员表示，他自愿担负此一“灭共”之重责大任。[③]

然而如果吾人仔细对比此时海峡两岸之间的军事与政治态势，也许连蒋介石本人，可能都要对他所表现出来的自信，打了折扣。根据一份 1953 年初国民党大陆工作情报活动的解密文件显示，自 1949 年以来，尽管国民党对当时台湾岛内的安全形势，已有显著之掌控，然而其在大陆地区的敌后情报工作与活动能力，正迅速消减。1952 年年底之际，台北当局所能够

---

① Burton I. Kaufman, The Korean Conflict (Westport, CT: Greenwood Press, 1999), pp. 59 - 69; Lowe, The Korean War, pp. 90 - 100.

② NARA, RG 59, 794A. 5/4 - 2353, Howard Jones to State Department, April 23, 1953; 794A. 00/9 - 453, Karl Rankin to State Department, September 4, 1953;《蒋介石日记》，1953 年 4 月 15 日、6 月 7 日、6 月 23 日。

③《蒋介石日记》，1953 年 6 月 7 日。

获得的军事情报中，来自大陆地区的总数，只占12.2%，相较之下，来自台湾澎湖与金马外岛地区的情报，则占了49.9%，而来自香港与澳门的，则占18.1%。这份机密报告同时坦承，国民党在华北、东北与西北地区的敌后工作，已极其微弱，对此，蒋介石深感震惊。[①] 另一份极机密国安情报文件则指出，1949年前后国民党在中国大陆地区所设置的107座无线电台中，到了1953年年初，只剩下29座仍在运作，其他8台暂时停止运作，30台已失去联系，另外剩下的40座，若非已操纵失灵，即是只能发挥局部功能。此一事实，与1950年6月底朝鲜战争爆发前后，台北方面有关训练、资助、与派遣秘密特工人员向大陆进行敌后渗透的众多计划相比，已有天壤之别，时任国民党“参谋总长”周至柔甚至坦承，未来要在中共所控制的区域内，建立完善的国民党情报网，并且搜集最准确的情资，只会愈加困难。[②] 毋庸置疑，精准与完备的情报掌握，乃是台北欲对中国大陆展开任何军事反攻或敌后行动的首要条件，若无，则蒋介石所谓的反攻计划，无异缘木求鱼。

此一现实似乎可以解释，为何当艾森豪威尔总统于1953年年初上任后不久，宣布美国即将在台湾海峡执行“去中立化”政策，解除国民党当局对中国大陆地区发动军事行动的限制令时，对台北当局而言，并非全然是一个“好消息”。当时一份英国驻台湾淡水“领事馆”所拍发回伦敦的机密观察报告中即明白指出，蒋介石对于获得美国突如其来对其军事行动的解禁，事实上并未做好心理准备，在英国人看来，“反攻大陆”原本只是蒋介石用以维持国民党在台统治正当性的一项政治宣传口号与目标，如今在华府宣布解除台海中立化后，此一长远的目标却突然变成蒋介石一个必须处理与面对“具体问题”。无怪乎台北方面在得知华府此项宣布后，立即发表声明，称在未做好充分准备之前，将不会贸然对中国大陆发动军事

---

① 《蒋介石日记》，1953年1月9日；“周至柔呈蒋介石”（1953年1月12日），《特交档案——军事/中央情报机关》，《蒋中正“总统”文物》，第4卷，编号：56893。

② “周至柔呈蒋介石”（1953年1月24日），《特交档案——军事/中央情报机关》，《蒋中正“总统”文物》，第4卷，编号：56892。

反攻。[①]

1953年，对台北而言，发动正规军事“反攻大陆”作战是一个不切实际的选项，相反，发动小规模、成本、风险与代价相对较低的大陆沿海突袭行动，就成了国民党当局可以向世人证明其仍具备“反攻大陆”决心的可行方案了，该年7月的东山岛之役，即是一例。对蒋介石而言，选在朝鲜战争停火协议签字前夕发动此一突袭行动，似有重新唤醒国际社会，表明台湾在亚洲冷战战场上继续保有重要战略地位之用意。然而该次突袭行动的结果，令蒋介石大失所望；7月16日清晨，约600名国民党伞兵空降东山岛，在遭遇零星解放军抵抗后，顺利控制了滩头阵地，然而由于台湾方面对于该地区涨潮时间的计算出现严重失误，使得原本计划派赴该岛进行两栖登陆作战的5000名增援部队，延迟数小时才抵达，这让已经空降东山岛的伞兵先遣部队，必须单独面对增援的大批解放军。翌日，国民党军面对解放军压倒性优势，被迫从东山岛匆忙撤退。此突袭行动，最后造成国民党部队伤亡3300名，同时损失了两辆坦克、两架战斗机，与三艘海军登陆舰。[②]

尽管当时台湾内外媒体曾大幅报道国民党部队此一36小时的突袭行动，以及对东山岛的短暂控制，然而即便是蒋介石本人，也视此一突袭行动为一大失败，甚至导致台北与美国中央情报局“西方公司”之间的秘密合作，逐步划下句号。[③] 此一突袭行动所发生的诸多缺失，加上朝鲜半岛局势的缓和，都让美方决定不再支持国民党游击部队，因而着手裁撤“西方公司”与其驻台情报人员，并将大陆沿海外岛国民党游击队编入正规部队的序列，纳入美国驻台军事顾问团的监督与装备援助。[④] 更重要的是，

---

① “Summary of Events in Formosa during February, 1953,” in Jacob - Larkcom to Foreign Office, March 24, 1953, in Robert L. Jarman ed., Taiwan Political and Economic Reports 1861 - 1960 (Slough, England: Archives Editions Ltd., 1997), Vol. 10, pp. 315 - 316.

② FO 371/ 105180 FC10111/50, Jacob - Larkcom to Foreign Office, July 23, 1953; Frank Holober, Raiders of the China Coast: CIA Covert Operations during the Korean War (Annapolis, MD: Naval Institute Press, 1999) pp. 195 - 222.

③ 《蒋介石日记》，1953年6月18日、21日、24日、31日。

④ Holober, Raiders of the China Coast, pp. 221 - 222.

东山岛战役的失利，促使华府决策者加速其重新界定与规范国民党当局日后对大陆的军事行动，毕竟在美方看来，朝鲜战争停火后，台湾未来的军事力量应当仅只是“防御”性质，而非以“攻击”为目的。东山岛突袭后不久，美国驻台北军事顾问团团长蔡斯（William Chase）正式照会国民党相关部门，在未征得美方允许的情况下，未来国民党军不能向中国大陆采取任何军事行动，蔡斯还特别指明，台北在发动任何超过500名以上官兵参加的军事行动，或者采取任何营、团、师级以上规模的沿海突袭行动之前，都必须先获得美国军事顾问团的首肯，台北最后勉强同意接受此一条件。[①] 回顾历史，东山岛之役后，蒋介石似乎对于其部队的两栖作战能力，有更为清楚的认识，此后一生，他未曾再下令国民党军队发动大规模两栖登陆进攻。

“白团”：蒋介石“以日制美”的尝试

自从杜鲁门总统下令第七舰队“协防”台湾海峡，并决定重新军援国民党当局之后，美国对台湾的军、政与外交影响力，明显增强，另一方面，蒋介石虽乐见台湾的安全因朝鲜战争的爆发而获得保障，心理上他是否真心信任美国人，不无疑问。从20世纪50年代初期起，为了平衡与抵消美国对台湾军事决策的影响力，蒋介石曾经起用一批鲜为人知的日本卸任军官，前来台湾协助训练国民党部队，拟定各种作战方案与台湾地区社会动员计划，并承担国民党部队的军事思想、教育与改造等任务。此外，蒋秘密引进日本军官团势力，似乎还有另一个用意，即在于牵制获得美国背后强力支持的国民党“陆军总司令”孙立人，以及其所属部队。

1949年11月，当时在四川督导国民党军防务的蒋介石，身旁出现一位中文名叫“白鸿亮”（本名“富田直亮”）的日本退役军官，协助蒋介

---

① NARA, RG 59, 794A.5/7 - 1753, Rankin to State Department, top secret, July 17, 1953; 794A.5/8 - 353, State Department memorandum, August 3, 1953; 794A.5 - MSP/9 - 454, Rankin to State Department, top secret, September 4, 1953.

石拟定作战计划。11 月 14 日，蒋介石自台北飞往重庆，督导西南各省最后防务，面对步步进逼的解放军，蒋介石指示白鸿亮提出四川最后“剿共作战”计划。一星期后，白鸿亮向蒋介石提出两套作战计划，建议当时驻守重庆外围的罗广文兵团，转守势为攻击，主动进攻来犯共军，让四川作战成为一场持久战，以利其他小规模地方团队或者国民党游击部队，于解放军占领区内展开游击战。在白鸿亮看来，若罗广文部队能够支撑一段时日，让自华中地区后撤的国民党兵团有充裕时间抵达重庆，则国民党在西南各省的局面，似仍可有番作为。① 随后数日内，罗广文部队起义反正，让白鸿亮所提出的计划没有机会付诸实施，然而他对战局的分析与专业意见，却让蒋介石留下较深的印象，这也成为蒋日后决定聘用日本军官的滥觞。②

国共内战最后关头之际，一位原日本军官出现在重庆，协助蒋介石进行反共作战，此看似突兀，实非出自偶然。随着国民党部队在内战中节节失利，1949 年春，当时已自总统职位“引退”的蒋介石，透过中国驻日代表团组长曹士澂，秘密接触被国民政府宣判无罪释放的日本头号战犯冈村宁次，在“反共”前提下，寻求各种有助于国民党当局东山再起的机会。同年 7 月，曹士澂前来台湾面见蒋介石，提出聘用日本军官前来训练国民党军的构想，蒋表示同意，并指示中国方面由具有留日背景的汤恩伯来负责，日本方面则由冈村宁次会同曹士澂办理。③ 9 月间，当时驻守厦门的汤恩伯，向蒋介石密报他已在当地成立一筹备小组，着手招聘“外来干部”事宜。依据汤恩伯当时的规划，他决定以其所辖国民党军第 166 师为基干，编成一支“新军”，由来自日本的“外来干部”进行训练，使之成为一完全忠诚可靠的新部队，来协助蒋介石进行反共作战。根据汤恩伯此机密文件显示，这一新编师的规模，包括“外来干部”1200 人，官兵 9000 人，

① “白鸿亮呈蒋中正川省剿共作战意见陈述”（1949 年 11 月 21 日），《特交档案——军事/总统对军事训示》，《蒋中正“总统”文物》，编号：54329。

② 《蒋介石日记》，1949 年 11 月 18 日、24 日。

③ 杨碧川，《白团物语——蒋介石的影子兵团》（台北：前卫出版社，2000 年），页 18—20。

马匹300匹，车辆50辆，所需经费共约480000银元。① 汤恩伯同时向蒋介石呈报一工作大纲，由当时以“私人顾问”名义服务于其麾下的前日本北支那方面军司令官根本博（化名“林保源”），负责指挥“外来顾问”，并决定在当时中国驻日代表团内秘密设立一“东京分处”，由另一名前日本军官吉川源三（化名“周忠彻”）担任分处长，与曹士澂密切联系，积极招募日本“外来干部”前往中国服务。根据此份纲要，蒋介石方面将支付每位日籍干部丰厚的“安家费”及“旅费”，首期业务以三个月为限。②

汤恩伯（后左二）与日籍顾问根本博（前左三）等合影

虽然汤恩伯所提议组建的“新军”，随后因为国共内战急转直下，终未能够正式成立，然而招募日本“外来干部”前来服务于蒋介石麾下，却不断在进行当中。在冈村宁次的推荐下，白鸿亮和另外两位前日本军官荒

① “汤恩伯呈蒋介石有关成立筹备小组招聘外来干部筹编新军事”（1949年9月23日），《特交档案——军事/中央军事机关人事》，《蒋中正“总统”文物》，第444卷，编号：54221、54222、54223。

② “汤恩伯呈蒋介石反共联军筹备小组工作要纲”（1949年），《特交档案/军事/中央军事机关人事》，《蒋中正“总统”文物》，第444卷，编号：54225；“汤恩伯呈蒋介石关于新编师给与规定之意见”（1949年），同上，第445卷，编号：54226。

武国光（化名“林光”）与杉田敏三，于1949年10月底，首先经日本九州前往台湾，随后并陪同蒋介石一同前往四川督导防务。到了1950年年初，共有17名前日本军官追随白鸿亮脚步，先后秘密抵达台湾。这批军官团因其领导人白鸿亮之名，而被称为“白团”。[①] 1950年2月，蒋介石在台北圆山附近的一个隐秘处，设立“圆山军官训练团”，由彭孟缉担任“教育长”，并由“白团”成员开始对国民党军事将领，开班授课，进行军事教育与训练，同时协助蒋介石拟定各项军事方案。

如前所述，蒋介石运用“白团”，在当时另有一微妙的考量，易言之，他有意引入日本的力量，来制衡具有强烈美国背景的“陆军总司令”孙立人。朝鲜战争爆发前的数个月内，有关孙立人获得美国暗中支持，即将发动兵变以取代蒋介石的传闻，甚嚣尘上，从当今美国务院解密档案里，吾人可以清楚知悉，当时华府军事情报决策阶层，确实一度有意扶持以开明作风著称的孙立人主掌未来台湾军事，以避免台湾遭到共产党解放。[②] 1950年4月间，值此敏感时刻，蒋介石在未与孙立人讨论情况下，即下令将驻扎新竹湖口、当时被视为台湾最精锐最优良的国民党军第32师，接受“白团”的特别指导与训练，并作为“白团”实践与试验其军事理论之对象。同时，蒋介石还决定让“白团”参与更多军事动员计划，使日本军官团在该议题上，扮演更重要角色。这些举措都令当时名义上仍指挥全体国民党陆军地面部队的孙立人感到极端屈辱与恼怒，他向蒋抱怨国民党军不应该向一个“敌国”学习军事，也曾向美国驻台北“外交”人员“告洋状”。[③] 然而蒋介石并不为所动，反之，他于1950年6月初，进一步责成“白团”负责由国民党军三个陆军师，以及全体海空军共同参与的大规模

---

① 白团の记录を保存する会编，《“白团”物语》，第四回，《偕行》（东京），1993（1），页26—27。

② Thomas J. Schoenbaum, Waging Peace and War: Dean Rusk in the Truman, Kennedy, and Johnson Years (New York: Simon and Schuster, 1988), pp. 209 – 211; Leonard A. Kusnitz, Public Opinion and Foreign Policy: America's China Policy, 1949 – 1979 (Westport, CT: Greenwood Press, 1984), pp. 32 – 34.

③ NARA, RG 59, 794A.00 (W)/5 – 1950, Robert Strong to State Department, May 19, 1950; 794A.00 (W)/7 – 150, Strong to State Department, July 1, 1950.

反登陆作战演习，该演习于6月23日举行，也成为国民党当局退台以来，首次的实弹演习，事后蒋介石对于“白团”的成果极感满意，在当天的日记里，他甚至写道：“今日实为余从新学习军事学之开始也。”而对于日本军官所提出的演习计划与构想，也认为“甚有心得”。①

朝鲜战争爆发后翌年（1951）春天，当美国军事顾问团在台北正式成立并运作之后，日本“白团”的去留，成为顾问团首任团长蔡斯最迫切想要解决的问题之一，在美方看来，美军顾问团是无法与日本军官团并存的。② 此时“白团”的总人数，已经从最初的18人增加到76人，美方认定蒋介石之所以起用日本人，是为了向孙立人以及其所辖部队传达一重要讯息：他无法容忍台湾的军事防卫，完全听命于美国人。对美方而言，任用“白团”也是蒋介石所一贯采用“分而治之”的手腕。③ 当蔡斯进一步理解到，蒋介石聘用“白团”来教育国民党部队将领，实际上在于突显美国那一套军事方法，并不完全适合于中国国情，而且蒋介石相信，国民党军方士将能够从日本军官身上获得比来自美国人更多的利益时，美方对于“白团”在台湾的继续存在，愈加无法容忍。诚然，当时甚获美国欣赏与支持的孙立人，其对日本“白团”的抱怨，也影响美方在此事件上的态度：1951年上半年，国民党部队将领们轮番被蒋介石下令前往接受“白团”的教育与授课计划，时间最长甚至达三至四个月，孙立人因而向美军顾问团抱怨称，此种安排已严重影响到部队的正常运作，遑论日本人的军事教育训练课程，与美军顾问团对国民党军队的训练要求，已经造成极大冲突。④

在美方强大压力下，蒋介石不得不做出妥协；1952年7月，蒋指示

---

① 《蒋介石日记》，1950年6月23日。

② 根据蒋介石日记所载，蔡斯将军是在1951年6月27日与蒋本人会谈美军顾问团成立一个月以来的工作情况时，首次提出“白团”议题，蒋称蔡斯在会谈最后，“突然提及日本教官问题，略述其美国对各国军援案中，有只聘美顾问一项，其意反对继续聘用日教官也。”蒋介石当场并未置答，仅表示“军队训练事，不妨碍美顾问之计划耳。”见《蒋介石日记》，1951年6月27日。

③ NARA, RG 59, 794A.553/8-2851, Rankin to State Department, August 28, 1951.

④ NARA, RG 59, 794A.553/7-251, Rankin to State Department, July 2, 1951.

“白团”转入地下，“圆山军官训练团”停止运作，“白团”成员总数也减至30人左右。但是同年11月，蒋介石以“研究军事战术与战史”为名目，另外在台北的石牌地区另外成立“实践学社”，由彭孟缉担任“主任”，白鸿亮等人也以“教官”名义，继续低调地进行培训国民党部队中高阶将领的业务。[①] 此一“实践学社”继续运作达17年之久，直到1969年初，最后4名日本教官结束其任务，返回日本，才宣告结束。据统计，“白团”存在于台湾的近20年时间里，估计有超过10000名国民党高级军官，接受其军事培训计划与课程。[②]

“双胞胎”计划

过去甚少有人论及，日本“白团”曾在1950年代蒋介石的对美“军事外交”关系中，还曾起到一个间接、重要、但鲜为人知的角色。1953年5月23日，白鸿亮与其同僚在以“实践学社”名义活动半年之后，草拟一份代号名为“光荣”的军事“反攻大陆”作战计划（简称“光计划”）。“白团”在此计划中研析国民党部队需要5年时间，进行整军准备，以确保在台湾得不到任何外援情况下，也能够独力展开“反攻大陆”行动。考量到稻米之乡的广东省，对未来国民党军队反攻登陆后的战力补给，要比福建省更具价值，“光计划”力持以珠江三角洲为假想目标，发动两栖登陆，先占领一部分华南地区作为据点，并将国民党力量向周边延伸至海南岛、闽西与桂东地区，若能维持至少六个月时间，则可作为国民党夺回整个长江以南地区的第一步。此一以“广东省”为首要占领目标的设想，与朝鲜战争期间，蒋介石以浙江与福建为主要目标的反攻战略，大相径庭。而为了实现如上目标，“白团”建议蒋介石应在未来数年内，设法添购1650架战机，建造总数高达29万8千吨的海军舰艇，同时扩编一支规模

---

① 白团の记录を保存する会编，《“白团”物语》，第七回，《偕行》（东京），1993（4），页23—35；《蒋介石日记》，1952年7月5日、7日、16日、8月8日、11月24日。

② 白团の记录を保存する会编，《“白团”物语》，第十五回，《偕行》（东京），1993（12），页20—26。有关此段故事，可另参见林照真，《覆面部队》（台北：时报出版社，1996）。

达60个师（包括52个步兵师与8个装甲兵师）的国民党地面部队，拟定于1958年春天，对中国大陆发动第一波军事反攻。①

此份“光计划”完成两周之后的6月11日，蒋介石率亲信幕僚，亲自前往石牌“实践学社”听取白鸿亮对该计划的详细简报，蒋闻后显然相当满意，他在当天的日记里记载：“其方针与余原意相同，今后准备工作应积极指导。”② 不过从后来诸多事件的演变来看，蒋介石当时之所以赏识此份“光计划”，并非仅只是其所设想的反攻广东、收复长江以南之宏伟目标，更多是在于该计划提供了蒋介石所需要的诸多国民党军需细节与内容，事后证明，他的确以日本人所拟订之“光计划”的精神与原则为基础，与美国政府展开谈判交涉，并以该计划反攻华南的目标，来向美方争取更多的军事援助。

1952年11月初，美国共和党的艾森豪威尔搭配尼克松，击败民主党，当选美国新任正副总统，向来被认为较为同情国民党与蒋介石的美国共和党，于廿年后重新取得白宫执政权。艾森豪威尔当选后的数星期内，蒋介石在台北不断思索未来与美国新政府打交道的策略，在他的初步认知里，艾森豪威尔上台后，必然会要求国民党派兵前往朝鲜半岛，以尽早结束战事，据此，蒋所拟定的数个对美交涉重点，包括台湾出兵参加朝鲜战争的条件，必须要以台湾、澎湖的防卫巩固为前提，并且确立台美之间共同防御计划，蒋还希望借由其部队参加朝鲜战争的机会，来争取美国对台湾的军事援助，同时准备在1953年内设法“反攻大陆”，开辟第二战场，使解放军两面应战，疲于应付。③

蒋介石一厢情愿地认定美国共和党新政府上台后，必定会要求他协助出兵朝鲜半岛，因此在艾森豪威尔1953年1月宣示就职前夕，蒋个人曾花费不少心思，拟妥如下对美“外交”原则。首先，他将以台湾的安危获得

---

① “彭孟缉呈蒋介石光荣作战计划要图及计划大纲”（1953年5月23日），《特交档案/军事/实践学社》，《蒋中正“总统”文物》，第2卷，编号：58958；“光作战计划附录”（1953年5月），同上，编号：58959。

② 《蒋介石日记》，1953年6月11日。

③ 《蒋介石日记》，1952年11月13日。

美国确切保障前提下，以 3 个军约 90000 兵力，投入朝鲜战争，包括用于国民党“反攻大陆”开辟第二战场；其次，蒋介石将寻求美国提供如下承诺，作为台湾出兵助美的报酬：一是台北与华府签订一个安全互助协定，二是无论朝鲜半岛局势最后如何演进，是否停战，美方都必须继续对国民党当局提供军事援助，在至为理想的情况下，蒋介石希望美国能够提供总额 3 亿美元的军事援助预算，加上 5 亿美元作为新台币改革基金，此一额度尚不包括新式武器补充与更替所需经费。[①]

1953 年 2 月 2 日，艾森豪威尔总统在致美国参众两院的年度国情咨文中，宣布解除台湾海峡“中立化”政策，易言之，美国将不再限制国民党部队对中国大陆之军事行动，华府此举，在于向中共与北朝鲜施加压力，促使其尽早结束朝鲜停战谈判。蒋介石对美方此一宣布，基本上表示欢迎，认为此为“合理而光明之举措，凡世界爱好和平，拥护正义之自由国家，皆应一致支持”。[②] 然而事实上，此后数月间，朝鲜半岛局势并未进一步恶化，华府对于台北提出利用国民党兵力开辟中国大陆第二战场之议，也未有回应，更甚者，就在艾森豪威尔发表国情咨文短短三周之后，华府即透过外交管道，要求蒋介石下令滇缅边区国民党游击部队撤回台湾，让愤怒的蒋介石在其日记里，痛骂美国“此举太无情理”，而且“以后虽欲再组此种在西南反共力量亦不可得。”[③] 更令台北高层倍感挫折的，是该年 3 月间，当国民党驻美“大使”顾维钧向美国务卿杜勒斯探询双方签订安保条约之可能性时，美方反应极为负面；尽管杜勒斯对于美国与亚洲各国相互缔约以围堵共产党的构想，基本上表示欢迎，但他对美台之间签订此类双边条约，态度保留，最主要的考量，在于当时由国民党所控制的大陆沿海外岛，是否也应纳入此条约，对此美方颇为犹疑。杜勒斯认为，若将这些外岛排除在条约保护范围之外，将有损国民党当局声誉，但若将其纳

---

① 《蒋介石日记》，1952 年 12 月 9 日、10 日、11 日、16 日。
② 《蒋介石日记》，1953 年 2 月 3 日。
③ 《蒋介石日记》，1953 年 2 月 21 日。

入，则美国势必要对协防这些外岛有所承诺，而这正是华府所不乐见的。[①]

1953 年夏，朝鲜半岛达成停战协定后，蒋介石对于此后台湾的地缘战略价值，也更加担忧。稍早于 6 月初，美国太平洋舰队司令雷德福（Arthur Radford）前来台北访问，鉴于雷德福已被华府任命为参谋长联席会议新主席一职，蒋介石在与他会晤时，特别抛出了台湾日后将“单独”进行“反攻大陆”此议题，来试探美方态度，雷德福闻后，以台美双方可先建立一“联合”作战指挥体系，回应蒋介石，对此，蒋立即表示同意与支持，并称未来此一联合作战体系，可归美方指挥。[②] 此时，台北高层在得不到美方愿意签署一安全互助协定的正面回应下，蒋介石决定改以国民党部队推动“反攻大陆”的宏伟目标，作为争取美国在朝鲜战争停火后的东亚冷战架构下，继续提供台湾必要的军事援助。[③] 此一决定并不难理解，毕竟“反攻大陆”目标乃是国民党政权维系其“自由中国”形象、在台统治正当性以及蒋介石本人作为国民党内最高领导人地位，三者最为重要的基石。

1953 年 12 月 28 日，雷德福再次造访台北并进行短暂停留，蒋介石利用此一时机，向他提交了一份名为《开字计划》（简称《开案》）的特别军援计划，寻求美方支持。细查此一《开案》内容，吾人可以辨识出，其精神与大纲，不啻为该年稍早“白团”所提出“光计划”的翻版。该方案以 1958 年为目标，由美方协助装备、训练与扩编总数达 60 个师的国民党地面部队，用来投入军事反攻广东省的一支战略部队，并可牵制驻守在中南半岛边境的解放军部队。由于此计划的实施范围过于庞大，总预算高达 13 亿美元，蒋介石担心美方不愿接受，因此在此一会面场合，他备妥另一腹案，在该腹案里，台北当局把希望美国援助的 60 个师，减少至 41 个师，其中包括 36 个步兵师，同时也把希望美国协助的训练与装备时间，从拟定

---

① Qiang Zhai, The Dragon, the Lion, and the Eagle: Chinese – British – American Relations, 1945 – 1958 (Kent, OH: The Kent State University Press, 1994), pp. 155 – 156; Townsend Hooper, The Devil and John Foster Dulles (Boston: Little, Brown and Company, 1973), pp. 263 – 265.

② 《蒋介石日记》，1953 年 6 月 2 日、4 日。

③ 《蒋介石日记》，1953 年 7 月 20 日。

的三至四年，大幅缩短至18个月。蒋介石告诉雷德福，如此一来，不但彼此可以节省预算，而且能够在较短时间内，强化国民党地面部队的作战能力，使台湾能够在远东地区的冷战反共大业，做出实质贡献。[①] 雷德福对于蒋介石在此一场合突然提出《开案》来争取他的支持，颇感吃惊，根据蒋日记里所载，当雷德福听闻整个计划的总预算竟达13亿美元时，"忽现惊骇之色"，最后仅勉强决定"以私人非正式之文件而接收之"，此举让蒋介石倍感耻辱。[②]

一如预期，美国政府各相关部会对于台北所提出新的《开案》军援计划，态度颇为负面冷淡；当时正大力推动协助台湾军事改革与整编的美军顾问团，认为此《开案》的内容"完全毫无执行的可能性"，而且几乎在每一方面都需做大幅修正，方能符合美方的战略需求。顾问团团长蔡斯从政治角度分析认为，此计划声称将招募30万名台籍人士，作为补充后备兵力来源，他强烈怀疑这些台籍人士是否愿意认同并支持国民党当局的反攻大陆行动，更遑论该计划"反攻广东"时所面临诸多后勤与补给问题。[③] 美国驻台北"大使馆"官员同样认为此案的内容与范围，实已超出美国现有援台方案的规模，不过，驻台"大使"蓝钦（Karl Rankin）从国民党的立场出发，认为此一特别军援案的提出，正好突显国民党当局与美方在政策上的歧异，他认为蒋介石念兹在兹希望军事"反攻大陆"，然而华府既不愿派兵支持他，又不愿向他提供超出防卫台湾所需要的武器装备，这必然令他感到挫折。[④] 在华府，国务院负责对华事务官员们虽然不看好《开案》的可行性，却也普遍认为蒋介石此刻提出新的军援要求，至少让美国政府以较为新颖的立场与视野，来思考对台军援，易言之，朝鲜战事停火

① NARA, RG 59, 794A.5 – MSP/2 – 454, Text of Foreign Minister George Yeh's letter to Admiral Radford, top secret, January 4, 1954, enclosed in Memorandum by MAAG to General Zhou Zhirou, February 4, 1954.

② 《蒋介石日记》，1953年12月28日。

③ NARA, RG 59, 794A.5 – MSP/2 – 2054, MAAG Formosa to the Adjunct General, Department of the Army, top secret, February 20, 1954.

④ NARA, RG 59, 794A.5 – MSP/3 – 854, Memorandum entitled "Chinese Government Military Aid Proposal," top secret, enclosed in Rankin to State Department, March 8, 1954.

之后，美方现在应该更认真地考虑未来台湾在东亚地区所能够发挥的潜能，而非像是朝鲜战争期间一般，仅将国民党部队视为美国可以随时派得上用场的替代资源，储存起来，却备而不用。国务院官员的结论是，从长远角度观之，美国一味限制蒋介石发动“反攻大陆”军事行动，最终将无法为台北当局所接受。①

从朝鲜战争停战前后的台美军事“外交”关系角度观之，《开案》的提出，确实一度让蒋介石在与美方打交道时，处于一个相对有利的地位；1954 年 3 月间，《开案》是否被采纳，仍在未定之天，驻台北的美军顾问团考量到华府最终可能必须婉拒蒋介石此一特别军援要求，为了避免他的情绪反弹过大，决定暂时接受台北要求，将全台湾步兵师总数，维持在 24 个师，而不再坚持美军顾问团最初要求必须裁减至 21 个师的目标。此外，美军顾问团也同意国民党军方将可继续保留其他 7 个非步兵师，以及当时部署于大陆沿海外岛约 15000 名非正规游击部队，同样可以接受美援装备。②

在蒋介石的思维里，值此朝鲜战争甫结束之际，台湾是否真的已经充分准备，且有能力发动“反攻大陆”，实不无疑问，因此从更现实的角度观察，蒋介石此刻所谓的“反攻大陆”议题，更有可能是他欲用来维系“后朝鲜战争时期”国民党当局及台湾、澎湖与金、马外岛在全球冷战战场上战略价值的一个要件，借以遂行其他对美外交与政治上的目标。在此逻辑下，蒋介石愿意修正其有关“反攻大陆”的概念、范围与内涵，以符合对美关系需求，也就不足为奇了。1954 年春天，蒋介石一改过去数年间，坚拒美国之请，投入台湾兵力反攻海南岛的态度，转而向华府表达愿意在美国协助支持下，出兵夺回海南岛以及对岸的雷州半岛，蒋介石经过反复思量，认定海南岛与雷州半岛的地理位置，与中南半岛相近，对当时

---

① NARA, RG 59, 794A. 5 - MSP/3 - 854, State Department Office Memorandum, from Walter McConaughy to Walter Robertson, top secret, March 8, 1954.

② NARA, RG 59, 794A. 5 - MSP/3 - 1354, Rankin to Everett Drumright (Deputy Assistant Secretary of State), March 13, 1954.

美国在远东地区的地缘战略，颇具重要意义。[①] 该年5月7日，法国殖民当局失去了越北重要据点奠边府，华府高层开始研究如何介入越南战争，当时包括副总统尼克松与国务卿杜勒斯等在内的诸多要员，甚至一度主张利用核武器来对付胡志明。[②]

蒋介石欲投美国所好，希望把美国对台军援与反攻海南岛，加以连结，为台湾争取最大利益。1954年5月13日，艾森豪威尔的军方特使符立德（James A. Fleet）与美国防部副部长麦克尼（Wilfred J. McNeil）抵达台北，有关两人联袂访台的真正目的，当时外界颇多揣测，英国驻淡水"领事馆"回报伦敦的观察报告，声称两人此行在于比照北大西洋公约组织，推动筹组类似的东亚共同防御组织，并将台湾与香港纳入。[③] 台湾史料则揭示，蒋介石利用此一机会，大力推销《开案》计划，并大胆提出台湾部队接受美援装备，夺回海南岛与粤南地区的构想，他坚称只要有美国协助，国民党军占领雷州半岛与海南岛，将不会遇上太大困难。而为了争取美方同意《开案》，蒋介石还特别修正其论调，向符立德强调此计划主要目的将仅在于防守台、澎、金、马，并且用来打造一支美国未来随时可以调度运用的国民党战略武力，而非投入于"反攻大陆"。只不过考量中南半岛局势的复杂性，以及中共方面所可能产生的不良反应，两位美国军方高层对于蒋介石的一番解释与提议，不愿做出任何具体承诺。[④]

1954年外岛危机与台、美军事同盟关系的建立

符立德与麦克尼造访台北数周之后，迟迟等不到美方对于《开案》正

---

① 《蒋介石日记》，1954年2月3日、3月21日。

② John Ranelagh, The Agency: The Rise and Decline of the CIA (London: Weidenfeld & Nicolson, 1986), pp. 430 – 431.

③ FO 371/110232 FC1019/29, A. H. B. Hermann (British Consul in Tamsui) to Foreign Office, May 27, 1954.

④ "蒋介石与符立德特使第一次谈话纪录中英译文"（1954年5月13日），《特交档案/外交/对美外交》，《蒋中正"总统"文物》，第12卷，编号：58983；"蒋介石与符立德特使第三次谈话纪录中英译文"（1954年5月16日），同上，编号：58985；《蒋介石日记》，1954年5月13日、16日。

面回应的蒋介石，开始失去了耐心；1954 年 6 月 21 日，他突然下令解除孙立人“陆军总司令”职务，根据蒋在日记里所载，他认为孙立人个性“拖拉呆滞，好听细言，私植派系，用人复杂，心无主旨，受人愚弄”，若再继续重用他掌握兵权，则将后患难除，因此决心让孙去职，“即使美援受此影响，亦所不顾。”① 从另一角度思考，蒋介石解除孙立人兵权的举动，也可解读为此刻他似已认定，美国将不会接受其所提出的《开案》特别军援要求，因而准备改弦易张，回到 1952 年底艾森豪威尔就职前夕蒋所设定的另一个对美“外交”选项，即设法与美国签订一安全互助协定。果不其然，就在将孙立人调职之后一个星期的 6 月 28 日，蒋在“总统府”约晤即将返回华府述职的美国“大使”蓝钦，此时他不再谈《开案》，而是正式表达希望与美国签署一协防条约的意愿。为了降低美方届时被迫卷入国民党未来的军事“反攻大陆”计划，甚至必须与中共开战的顾虑，蒋介石特别向蓝钦承诺，一旦订约后，台湾方面的一切军事行动，都将由两方共同商定后才进行，台北将不会采取任何单独与片面的军事行动。②

国民党当局希望订立协防条约的吁求，立即传到了华府，然如同《开案》一般，美国务院内部的初步反应，依然极为保留。负责东亚事务的助理国务卿劳伯森（Walter S. Robertson）力持华府应与台北订约，认为此举将能鼓舞国民党与中共对抗，并维系台海现状。然而劳伯森的观点却遭到国务院内几乎所有其他部门的强烈反对，除了金门、马祖等外岛是否应纳入协防条约等复杂因素之外，国务院内的主流意见，还认定台美正式军事同盟关系的形成，只会引发当时已经承认中华人民共和国的诸多亚非不结盟国家，对美国产生更大的疑虑，特别是印度与缅甸，并促使这些不结盟国家进一步向北京靠拢。持反对立场的声音，毫无困难地在国务院内占了上风，因此迟至 1954 年 9 月 1 日，当国务卿杜勒斯启程前往菲律宾，准备出席东南亚公约组织（SEATO）成立大会前夕，美方推迟与台北谈判缔结

---

① 《蒋介石日记》，1954 年 6 月 19 日、21 日。

② 《蒋介石日记》，1954 年 6 月 28 日。

军事协防条约的立场，依然未变。①

回顾此段历史，北京极可能在不自觉当中，以间接迂回的方式，促成台北与华府之间最后缔结协防条约。9 月 3 日起，解放军大规模炮击金门，国民党部队则以轰炸厦门加以反击。② 金门炮战的爆发，一度让国际社会普遍预测台海地区将成为朝鲜半岛之后，亚洲乃至全球冷战的下一个热战场。事实上，当时毛泽东决定炮击金门，时机上是经过审慎挑选的；值此杜勒斯访问马尼拉之际，北京有意借由炮击金门，来吓阻甫成立的东南亚公约组织不将台湾纳入其范围之内。③ 不论北京的意图如何，炮击金门的行动，却给了蒋介石一个充分的理由，来说服华府与台北签订协防条约，作为维护台海局势、吓阻中共采取进一步军事行动的重要措施。9 月 9 日，杜勒斯由菲律宾返美途中，临时决定绕往台北，与蒋介石会面，在他停留台北短短 5 个小时内，蒋介石不断向他强调台美订约的迫切性，蒋介石告诉美方，华府因为台澎金马地区“浮动未决”的局势，而不敢与台北订约，但蒋坚信正是由于台美之间缺乏一协防条约，才会让此一“浮动未决”的局面继续出现。杜勒斯当下并未对蒋介石做出任何承诺，不过他要蒋介石放心，华府决策高层将把他的心声，认真地听进去。④

值此台海危机发生之际，杜勒斯愿意前往台北访问，国际间普遍将此视为是美国决心全力支持国民党当局的一项重要讯息，毫无疑问的，其来访也增强了蒋介石处理对美军事“外交”的信心。就在杜勒斯离开台湾翌日，蒋介石携家带眷，前往台中日月潭行馆游览休憩，此刻，也许他意识到整个台美“外交”形势正朝有利的方向在转变，因此尽管当时金门外岛

---

① Zhai, The Dragon, the Lion, and the Eagle, pp. 157 – 158; Thomas E. Stolper, China, Taiwan, and the Offshore Islands: Together with an Implication for Outer Mongolia and Sino – Soviet Relations (New York: M. E. Sharpe, 1985), pp. 45 – 50.

② FO 371/110239 FC1019/53, Hermann to Foreign Office, October 6, 1954.

③ Gordon Chang, Friends and Enemies: The United States, China, and the Soviet Union, 1948 – 1972 (Stanford: Stanford University Press, 1990), pp. 116 – 142; Michael Szonyi, Cold War Island: Quemoy on the Front Line (Cambridge: Cambridge University Press, 2008), pp. 42 – 49.

④ 《蒋介石日记》，1954 年 9 月 8 日、9 日。The Ambassador in the Republic of China (Rankin) to the Department of State, September 9, 1954, in FRUS, 1952 – 1954, Vol. XIV: China and Japan, Part 1, pp. 581 – 582.

情势仍持续紧绷，解放军依然继续炮击金门，蒋介石仍不禁在9月14日当天的日记里写道：“带经儿与武、勇两孙游览日月潭，庐山至云海之风景，自埔里起深入山中百公里，实为迁台以来最有意义之一次旅行也，心身亦觉愉快健旺为乐。”① 更重要者，蒋介石得以利用金门外岛危机发生的关键时机，让美国朝野上下明了，朝鲜战争停战后，台湾在全球冷战对抗格局架构下，依然具有不能被忽视的军事战略价值。从台中度假回到台北后数天的9月21日，蒋介石在“总统府”里约见美国“大使”蓝钦与美军顾问团团长蔡斯，从美方的外交档案中可以窥知，不知是有意或者无心，蒋介石当天的情绪特别不耐烦，恼怒之情溢于言表，他向蓝钦与蔡斯抱怨美国根本无意支持国民党当局提升军事力量，当朝鲜半岛与中南半岛遭受共产主义的“威胁”时，美国很快就对其伸出援手，如今国民党当局代表“自由世界”，“与敌人进行激烈对抗”，美国却显得“漠不关心”，他对此表示失望透顶，并坚持要蓝钦与蔡斯把他这番坦率的谈话，完整地传达给华府决策高层。②

台北最高当局所表现出来的不耐烦态度，开始发生了作用；在华府，美军参谋长联席会议讨论金门外岛危机，绝大多数与会成员决议应以更为强硬的姿态面对北京，并且认为有必要协助国民党部队继续控制金门、马祖等外岛，同时还建议在必要时，动用美军来阻止解放军占领这些岛屿。③ 然而此刻反对美国以武力介入台海危机的声音亦不小，美国防部长威尔逊（Charles Wilson）即表示此时插手外岛危机，将会把美国卷入中国“尚未结束”的内战之中，在他看来，美国支持国民党防御金马外岛，恐怕要比美国试图挽救法国继续保有越北奠边府据点，更容易与中共开战。④ 为了

---

① 《蒋介石日记》，1954年月10日、12日、14日。

② NARA, RG 59, 794A. 5 – MSP/9 – 2154, “Memorandum of Conversation between President Chiang, Ambassador Rankin and General Chase,” September 21, 1954, enclosed in Rankin to State Department, September 21, 1954；《蒋介石日记》，1954年9月21日。

③ Memorandum by the Chairman of the Joint Chiefs of Staff to the Secretary of Defense, September 11, 1954, FRUS 1952 – 1954, Vol. XIV: China and Japan, Part 1, pp. 558 – 610.

④ Acting Defense Secretary (Anderson) to President Eisenhower, September 3, 1954, ibid, pp. 556 – 557

解决此一难题，国务卿杜勒斯决定将防卫金门外岛争议，提交联合国安全理事会，并寻求通过一份“禁止改变台海现状”的决议案，要求中国大陆沿海岛屿，包括金门、马祖与大陈岛等，尽速停止战争状态。杜勒斯确信由联合国出面斡旋金门外岛的停火，将能获得美国各盟邦的支持，不但可让台北当局继续控有外岛，又能避免美国与中共因外岛危机而引发战争，此一构想被杜勒斯称为“神谕计划”（Oracle）。9 月间，华府将“神谕计划”内涵告知英国政府，并建议由新西兰向联合国安理会提案。伦敦对此提议极表赞成，认为此案不仅将能解决台海危机，美国或许因为此案的提出，逐步打开其与北京交往之门，最终促使中华人民共和国顺利进入联合国。①

另一方面，美国务院内部处理对华事务官员考量到“神谕计划”恐将在联合国制造“两个中国”印象，甚至引发联合国内有关中国代表权的争议，引来蒋介石的反弹，让他视此为美国准备出卖国民党当局的另一个《雅尔塔条约》，因此极力建议华府应当采取某些“补救措施”，来平息台北方面可能的疑虑，在许多人看来，签订台美协防条约，即是一个理想的补救措施。10 月 7 日，在美国“驻台大使”蓝钦的建议下，国务院东亚助理国务卿劳伯森向杜勒斯呈交一份极为关键的备忘录，力主华府与台北缔结协防条约的时刻，已经到来，在劳伯森看来，与台北订约不仅可以抵消“神谕计划”对国民党所带来的不利冲击，同时也有助于吓阻中共对台湾采取军事行动，至于该条约如何定义美国的协防范围，劳伯森主张应当要能够准确地反映出美国对国民党当局的军事防卫承诺，在现有的基础上，既不扩大也不缩减。②

与台北展开谈判签署协防条约的建议，于翌日获得艾森豪威尔总统的批准，然而有趣且重要的是，艾森豪威尔此刻愿意拍板同意，乃在于他坚

① Accinelli，Crisis and Commitment，pp. 165 – 168；Steve Tsang，The Cold War's Odd Couple：The Unintended Partnership between the Republic of China and the UK，1950 – 1958（London：I. B. Tauris，2006），pp. 121 – 138.

② NARA，RG 59，794A. 5 – MSP/10 – 554，Rankin to State Department，October 5，1954；793. 5/10 – 754，Memorandum by Robertson to Dulles，top secret，October 7，1954.

信一个以“防御”为本质的条约，将可让蒋介石未来在有关于对大陆采取军事行动的议题上，处在一个更为被动的地位，从而“驾驭”蒋的军事决策与行动能力，降低未来台海之间发生大规模战事的可能性。[①] 在台北，蒋介石对于杜勒斯所提的“神谕计划”，以及即将到来的台美协防条约谈判，根本毫无所悉。10 月 12 日傍晚，当劳伯森的专机降落台北时，蒋仍在桃园的角板山行馆休憩，对于美助理国务卿突然造访，蒋在日记里写道：“究为何事，未先通知，其必非为军援增加之事，或为金门停火之事乎？可虑。”[②] 翌日，台、美双方高层进行了三轮会谈，在谈判过程中，蒋介石的态度坚持，但不乏弹性，充分展现出其民族主义者加上机会主义者的特质。一如美国所料，蒋在听闻“神谕计划”后，反弹激烈，认为此带有“两个中国”与“一中一台”意涵的提案，实百害而无一利，不啻将重蹈美国过去对华外交政策错误的覆辙，且对国民党与台湾民心士气，都将造成严重的打击，蒋并声称，不论美国是否对他提供援助，他将命令金、马等外岛上的部队，战至最后一兵一卒。劳伯森听闻之后，接着告诉蒋，如果在联合国推动“神谕计划”的同时，华府与台北签署一协防条约，也许这将有助于改善国民党当局的处境。蒋听闻至此，心领神会，立即向劳伯森表示，若华府考虑与台北订立协防条约，那么他愿意对“神谕计划”重新加以审慎评估。有鉴于“神谕计划”势在必行，谈判最后，蒋介石要求华府在新西兰于联合国安理会正式提案之前，宣布台、美双方准备开始进行协防条约谈判，借以减缓“神谕计划”对台北所带来的负面效应。[③]

谈判过程与缔约意义

1954 年 10 月底，国民党当局“外交部长”叶公超在华府与美国务院

---

① Memorandum from Dulles to Robertson, October 8, 1954, FRUS 1952 - 1954, Vol. XIV: China and Japan, Part 1, p. 709.

② 《蒋介石日记》，1954 年 10 月 12 日、13 日。

③ Memorandum of Conversation, October 13, 1954, FRUS 1952 - 1954, Vol. XIV: China and Japan, Part 1, pp. 728 - 753.

高层开始进行协防条约谈判，随后不久，11 月 1 日，解放军轰炸浙江沿海的大陈岛，这也让台美未来协防条约内容中，对于外岛防卫的界定，更形敏感。[①] 从现有的中、英文解密档案中可以窥知，在为期将近一个月的谈判过程中，双方的主要三点歧见如下：第一，未来协防条约中，美军协防义务所涵盖的领土范围，该如何界定？叶公超极力争取避免在文字内容叙述上，仅只提及台湾与澎湖，以免造成“中华民国”领土只限于台湾、澎湖，而不包含整个中国大陆的不利印象，然而与谈的劳伯森却不愿接受，只能同意表示该协约除了适用于台湾与澎湖之外，“并适用于以后经共同协议所决定之其他领土。”[②] 叶公超征询蒋介石意见，蒋指示他，若条约文字有出现“协防台澎有关问题共同协商决定之”等类文字，则不明提外岛字句亦可。[③] 此一歧见因而获得化解。

第二，美方希望借由协防条约的签订，限制国民党部队日后的军事行动。为了坚守条约单纯“防御性质”的底线，劳伯森坚持台北日后未与美方磋商并获华府同意之前，不能主动对中国大陆发起军事行动，以免美国因协防条约义务而被迫卷入与中共之间可能的战事。叶公超反驳称，蒋介石为了顾全台湾的民心士气不致遭受不利影响，始终不愿公开宣布放弃“反攻大陆”此一“国策”，更拒绝承认国民党部队必须事先取得美国允可，方能着手进行“反攻复国“大业。叶公超进一步告诉美方，蒋介石身为“自由中国”的领导人，身为海内外全体中国人的军政领袖，他将难以接受美方的条件，更无法说服文武官员与百姓，未来国民党当局将失去发动军事反攻大陆的自主权。对于叶公超的一番解释，国务院立场强硬，不肯让步。[④] 此时，蒋介石的态度，具有关键因素；在 11 月 11 日的日记里，

---

① NARA，RG 59，794A.00（W）/11－654，Rankin to State Department，November 6，1954.

② Memorandum of Conversation，top secret，November 4，1954，FRUS 1952－1954，Vol. XIV：China and Japan，Part 1，pp. 860－861；“中美共同防御条约谈判第三次会议纪录”（1954 年 11 月 4 日），《特交档案/外交/对美外交》，《蒋中正“总统”文物》，第 12 卷，编号：58981。

③ 《蒋介石日记》，1954 年 11 月 5 日。

④ Memorandum of Conversation，top secret，November 6，1954，FRUS 1952－1954，Vol. XIV：China and Japan，Part 1，pp. 870－871；“中美共同防御条约谈判第四次会议纪录”（1954 年 11 月 6 日），《特交档案/外交/对美外交》，《蒋中正“总统”文物》，第 12 卷，编号：58981。

他抱怨“数日来，以美国除中美互助协定正文外，要求附加议定书，限制我所控制各地区之军事部署。如此则虽细小的军事调防等，亦将受其控制，而对大陆军事行动更须以协防决定字句，其实一切军事皆非得其同意不可”。在蒋介石看来，美方此种严苛无理的要求，虽无法忍受，但又不能不尽速订约，以免夜长梦多，因而指示叶公超与驻美“大使”顾维钧，他同意将美方对于此要求的条款，另以换文方式，予以保密，但不可刊于条约正文之内，以免损害台湾的军民士气。[①] 此一折中安排最后获得美方同意。

第三，台、美双方的争端，还围绕在国民党部队日后在台澎金马地区的部署与调动；国务院坚持依据协防条约，未来美政府对于台湾军队部署与调动，将拥有发言权，劳伯森还特别举例称，他担心双方缔结盟约之后，台北颇有可能自台湾与澎湖抽调大批军队，改部署在金、马等外岛，如此一来，美国为了履行防卫台、澎义务，势必增加极大压力。叶公超驳斥称，此乃一假设与理论上的问题，在现实上几乎不可能发生，台北无法接受其于所统辖领土范围内调动部队的权利，受到外界干涉，对此，国务院的立场依然坚决。[②] 最后双方各退让一步，同意在文字上进行斟酌，改称未来部署在台湾本岛与澎湖群岛上的国民党部队，不应降至“可能严重损及台、澎地区防卫能力的水平”。此外，为了防范国民党重兵部署于协防条约里未具体载明的外岛地区，华府还表明将不保证日后对于驻守外岛的国民党军事力量，提供大量且充足的后勤补给与支援。[③]

1954 年 12 月 2 日，叶公超与杜勒斯分别代表台美两方签订协防条约，一如双方事前磋商的，条约正文中，对于中国大陆沿海外岛地区的防卫，故意略而不提，美方希望以此“战略模糊”，达到吓阻中共军事行动的效

---

① 《蒋介石日记》，1954 年 11 月 11 日。

② Memorandum of Conversation, top secret, November 16, 1954, FRUS 1952 - 1954, Vol. XIV: China and Japan, Part 1, pp. 896 - 898；“中美共同防御条约谈判第八次会议纪录”（1954 年 11 月 16 日），《特交档案/外交/对美外交》，《蒋中正“总统”文物》，第 12 卷，编号：58981。

③ Memorandum of Conversation, top secret, November 19, 1954, FRUS 1952 - 1954, Vol. XIV: China and Japan, Part 1, pp. 904 - 908；“中美共同防御条约谈判第八次会议纪录”（1954 年 11 月 16 日），《特交档案/外交/对美外交》，《蒋中正“总统”文物》，第 12 卷，编号：58981。

台、美于华府签署协防条约

果，同时也阻止蒋介石利用这些外岛，作为“反攻大陆”的跳板。必须指出的是，台北军政高层对于台美军事协防同盟的缔结，情绪反应混杂不一。就心理层面而言，此条约缓解了国民党当局于国际舞台上的压力，化解了与美国之间没有防御条约关系的尴尬处境，特别是美国分别与日本、韩国、菲律宾以及其他东南亚国家，皆已签署类似安保协定，而条约的签订，也可被外界视为美国将继续支持与承认国民党当局的有力证明，同时消除蒋介石与其官员心中的疑惧，担忧华府终将屈从于英国的压力，在外交上转而承认北京，甚而再度倡议“台湾地位未定论”，或者台湾接受联合国“托管”。然而，美国“驻台大使”蓝钦与英国驻淡水“领事馆”人员却也都观察到，此条约的内容与精神，在国民党高层内部也引发一些争议与批评，特别是协约内容有关国民党军队自主“反攻大陆”之权，以及外岛防卫与军事部署等颇具争议的条款规范，都让部分台北党政军高层感到不安与疑虑。①

回顾历史，台北高层那些对于台美协防条约内容感到不安与疑虑的人士，也许未曾意识到，此一结果或许不是最完美的，却是蒋介石所企盼的，也是国民党当局在主客观环境与条件下，所能争取到的最佳结果。如同本章开头所提到的，蒋介石将台美协防条约的签订与伴随而来军事同盟关系的建立，视为是他在 1949 年国共内战失利、退守台湾以来，最重要的一项“外交”成就。平心而论，蒋介石之所以对此一结果感到满意，与其说是因为台湾的军事力量将因此而获得提升，不如说是国民党当局在台湾这块最后权力根据地的安全，至此得到了保障。诚然，蒋介石获得他想要的：即国民党当局与美国之间的协防关系，然而此一新的军事架构，也在本质上将国民党的统治范围，自此局限在台湾与澎湖，同时基本上粉碎了国民党未来任何企图以军事手段“收复中国大陆”的愿望。协防条约签订后的十数年间，蒋介石曾多次试图挑战与突破 1954 年协约所加诸于他身上的限制与框架，譬如 1958 年第二次外岛危机期间，他不顾美方反对，在金门、马祖部署大量军队，欲拖美国下水的用意极为明显，又如 1960 年代初期蒋欲以“国光计划”推动反攻登陆行动等，皆是明例，然而因为一纸协防条约的规定，以及此后美国对台军事决策与援助愈加根深蒂固的影响力，都让蒋介石此类想法或者尝试，没有真正实现的可能。

---

① NARA, RG 59, 794A.00 (W)/12 - 1154, Rankin to State Department, December 11, 1954; "Tamsui Political Summary, November and December, 1954," in Jarman ed., Taiwan Political and Economic Reports 1861 - 1960, Vol. 10, pp. 556 - 558.

第五章　蒋介石与1962年台海危机

当今海内外历史学者，对于发生在1950年代的两次台湾海峡危机都感到不陌生；1954年9月3日，中国人民解放军对金门外岛展开炮击，作为对抗美国在西太平洋势力扩张的一种反击，此番炮击也成为1949年国民党当局败退来台之后，国、共之间最大规模的军事冲突。为此，美国总统艾森豪威尔特别派遣其国务卿杜勒斯（John Foster Dulles）前来台北，与蒋介石商讨如何化解危机，此次台海危机也间接促成该年底台美“协防条约”的签字，并开启台湾当局与华府之间长达25年的军事同盟关系。1958年8月23日，北京一来欲对抗美国有意采取“两个中国”政策，二来为了转移美英等国准备在中东地区动武，三来为了反击国民党对东南沿海的敌后游击活动，因此下令解放军再次炮击金门，此次台海之间的军事紧张状态，较前一次有过之而无不及，却也让艾森豪威尔总统不惜一切代价，避免让美国卷入国共战事，他再度派遣杜勒斯前来台北，向蒋介石施压，最后甚至迫使蒋介石在双方所共同发表的联合公报中，承诺未来国民党当局将放弃以武力“反攻大陆”，而改以“政治手段”来“光复大陆”。此一闻名于世的《杜勒斯公报》，也让国际社会普遍认定蒋介石受到美方严厉掣肘，其一心一意所欲实现的以军事力量“光复大陆”的构想，自此将沦为空谈。①

---

① Nancy Bernkopf Tucker, The China Threat: Memories, Myths, and Realities in the 1950s (New York: Columbia University Press, 2012), pp. 157 - 158.

然而整个冷战时期台湾海峡所出现的紧张态势，实际上并不仅限于如上两次外岛危机，引发台海地区紧张情势升高的因素，也并非完全都是由于中共方面所挑起，1962 年之际，蒋介石曾经大张旗鼓，积极从事武力“反攻大陆”之准备，甚至背着美国人，拟妥发动军事行动任务的确切时间与地点。当时蒋介石一心一意想要推动军事反攻行动，影响所及，甚至动摇整个冷战时期美国与大陆、台湾三方的军事、外交与政治关系基础结构。本章充分利用中英文解密档案，拟厘清 1962 年蒋介石军事行动准备的内外决策过程因素，此项行动最后失败的主要原因，以及美国阻挠台湾发动军事反攻不成之后，蒋介石所采取的报复性替代方案。

肯尼迪总统对华政策新思维

1960 年 11 月，美国举行总统大选，由以持坚定反共立场著称的共和党籍现任副总统尼克松（Richard Nixon），与积极主张美国在对华外交政策上应采取更弹性、力持应与中华人民共和国建立起和平关系的民主党总统候选人肯尼迪（John F. Kennedy），来进行角逐。竞选期间，肯尼迪除批评美共和党外交政策的僵化与不分轻重之外，还曾在电视竞选辩论中，主张未来美国应当只保卫台湾与澎湖，放弃金门、马祖等外岛，这些言论都令蒋介石坐立难安，他即曾私下批评肯尼迪“主观自是，不求事实，总以先入为主的劣性”，以及“政策与心理皆虚浮幼稚，并无定见，更无远见”，让他感到“可叹可笑”。[①] 该年的总统大选最后出现了蒋介石不乐见的结果，由肯尼迪所代表的民主党入主白宫，台北高层从这一刻起即密切关注美国新政府是否改变对华政策。

果不其然，自 1961 年初肯尼迪上任起短短数月内，台美之间即发生一连串不愉快的外交事件，首先是滇缅国民党游击队所引发的争议。前一章提到 1954 年秋仍有近 3200 名不愿撤离滇缅地区的前国民党游击队，决定转往泰、缅边界山区内驻扎沉潜，待曼谷“四国军事委员会”正式解散

① 《蒋介石日记》，1960 年 10 月 17 日、28 日。

后，台北立即秘密授予这支武力新的“云南人民反共志愿军”番号，继续按月补助经费，并由李弥旧部柳元麟领导，继续从事反共游击任务。1959年年初，台北国安与情报部门规划援助该部队在当地建立一反共根据地，不但准备在缅北地区扩建机场，还大量空投武器弹药，包括蒋经国在内的国民党高层，都曾亲赴滇缅边区秘密视察。[①] 1960年11月起，中共与缅甸进行联合戡界，并对滇缅地区国民党游击队采取武装清剿行动，柳元麟所部因此发动反击，从该年11月中旬至1961年2月初为止，该游击队与缅甸政府军及进入缅境的中共武装部队，进行长达两个月的交战。[②]

1961年2月15日，台湾当局派遣空军一架PB4Y型运补机，飞往滇缅边区对游击队进行空投补给，却意外遭缅甸空军击落，机上来自台湾的大量美援装备也遭缅政府缴获，此事件立即引发一场严重外交风暴，缅甸各地不但发生大规模反美示威暴动，仰光也准备再次向联合国控诉台湾当局侵犯缅甸领土主权。[③] 上任不到一个月的肯尼迪总统与其国安团队，决定向台北施压，再次要求国民党游击队撤出缅甸，以平息仰光的愤怒。[④] 3月2日，蒋介石在愤怒与无奈之下，下令柳元麟部队全数撤退来台，两个月之内，计有4400余人撤出滇缅边区，虽然仍有部分游击队员决心继续留在泰、缅、老挝三角地带，然而此后该地区的国民党武装部队不再成为亚洲大陆上一股可以牵制中共的力量。面对美方施压要求游击队撤退，蒋介石在日记里写下“此种天真幼稚之言行，只有慨叹而已，不能说之以理”，来表达他对肯尼迪的失望与不满。[⑤]

美国向国民党施压，迫使其撤出滇缅地区游击队，虽然暂时化解缅甸

① 覃怡辉，《金三角国军血泪史（1950—1981）》，页242—251。

② George M. Barbis（U. S. Consul in Chiengmai）to State Department, December 23, 1960, No. 793. 00/12 - 2360, in USSD 1960 ~ 1963 Internal reel 2.

③ William P. Snow（US Ambassador to Burma）to State Department, January 16, 1961, No. 793. 551/1 - 1661, USSD 1960 ~ 1963 Internal, reel 13; Snow to State Department, February 15, 1961, No. 793. 551/2 - 1561, ibid.

④ Memorandum for Secretary of State by President Kennedy, February 17, 1961, in JFKOF, reel 3: 23; State Department Special Report No. 7, top secret, February 21, 1961, ibid.

⑤ 《蒋介石日记》，1961年2月23日。

与美国之间的外交风暴，然而台美之间的龃龉，却才刚开始。就在蒋介石因处理游击队问题而感到焦头烂额之际，华府外交决策阶层已开始酝酿改变联合国“中国代表权问题”策略，此问题源于美方过去10年来以“缓议”作为维护国民党当局在联合国席次的手段，在1960年秋的第15届联合国大会上，已遭受严重挑战，肯尼迪总统上任前夕，其幕僚评估美方已无法再利用此一方式继续阻挡联合国内对于“中国代表权问题”的讨论，因而有意改弦易张，易言之，在认知到未来无法阻止联合国成员国之间辩论由台湾海峡哪一方来代表中国席次，以及未来在联合国内有关“两个中国”或“一中一台”的讨论将无法避免，美方希望台北能够务实地以“继续保持联合国会员国席次”，作为其最高战略目标，在此前提下，只要能够成功阻止北京入会，即便台北无法继续宣称其代表全中国，亦应当是可以被接受的。①

可想而知，1961年2月间，当美国务卿腊斯克（Dean Rusk）将如上具有强烈“两个中国”意涵的构想转达台湾当局驻美“大使”叶公超时，台北政坛所引发的高度震撼。蒋介石在其日记里即写道，“美国外交全凭其一时利害之主观，而容有其后果与客观环境为何之考虑，可痛。”他同时认为美国准备改变对华政策，乃“其民主党左派对我陷害以达成其反华媚共最好之机会”。② 也许蒋介石此种想法未必准确，然而台美双方关系却是一波未平，一波又起；该年4月间，非洲新兴法语系独立国家毛里塔尼亚和蒙古人民共和国，同时向联合国申请成为新会员国，而稍早之前的1960年12月间，联合国安理会审议毛国入会案，苏联代表提出同时让蒙古人民共和国入会，以向西方国家要挟，结果毛国入会案虽获得包括台北在内的8个安理会成员支持，但外蒙古的申请案却因台北动员其友邦于联合国大会内搁置此案，未通过列入议程，苏联为了报复，悍然否决毛国入会申请案，令不少非洲国家大感失望，并迁怒于华府与台北。

---

① Memorandum from J. Graham Parsons to Dean Rusk, top secret, December 28, 1960, No. 611.93/12 - 2860, in USSD 1960 ~ 1963 Foreign, reel 2.

② 《蒋介石日记》，1961年2月24日、25日。

肯尼迪上任后不久，决定设法改变此一情况。美国务院发言人于1961年4月21日公开宣称，如果能够断定外蒙古具有一独立国的属性，则美国准备严肃考虑其加入联合国的相关议题。就在此一声明后，国务院立即着手评估美国承认外蒙并与之建交之利弊得失，其结论认为若承认外蒙独立地位能够让美国在该地建立新的外交据点，以便近距离观察中、苏两国情势，则从大的全球战略角度而言，实为利大于弊。[①] 为此，美国务院还特别透过美国驻苏联大使馆，与蒙古人民共和国驻莫斯科的外交人员进行秘密接触，探询其与美国发展关系的意愿，并获得对方颇为正面的答复。[②]

国民党当局向来坚持外蒙为其领土版图之一部分，更曾在1955年于联合国安理会动用否决权，以阻止外蒙入会，因此当华府传出其有意承认外蒙主权独立地位的消息后，台北高层再度感到震惊。就在此刻，突然又传出美国务院决定核发入境签证给长期旅居日本的“台独”分子廖文毅，允许其前往美国旅行与活动。[③] 这一连串的事件发展，都让蒋介石深刻体认到肯尼迪行政当局，确实已在逐步推动新的对华政策，朝着台北无法接受的“两个中国”与“一中一台”来倾斜。面对美国对华政策上可能出现的巨大转变，蒋介石内心深处之疑惧与沉重压力，可想而知，他曾在私人日记里写道：

> 其（美国）政府对“共匪”妥协政策，又已复活，殊为可痛，更感独立自主之必要，而其国务院且已通告我外部，对外蒙承认与外交之交涉，已在莫斯科开始，此其动向乃对我国主权于不顾，岂不等于

---

① State Department Memorandum for Rusk, Subject: Establishment of Diplomatic Relations with Outer Mongolia, May 4, 1961, No. 611. 93C/5 – 461, in USSD 1960 ~ 1963 Foreign, reel 5.

② Edward L. Freers (Minister – Counselor of US Embassy in Moscow) to State Department, June 20, 1961, No. 611. 93C/6 – 2061, in USSD 1960 ~ 1963 Foreign, reel 5; State Department Memorandum, Subject: US Interests in Outer Mongolia, June 22, 1961, No. 611. 93C/6 – 2261, ibid.

③ Everett F. Drumright (US Ambassador in Taipei) to Rusk, June 13, 1961, No. 793. 00/6 – 1361, in USSD 1960 ~ 1963 Internal, reel 4; Drumright to Rusk, June 20, 1961, No. 793. 00/6 – 2061, ibid.

又一次出卖我国乎？[1]

在蒋看来，美国领导所谓自由世界竟然显得如此缺乏道义与原则，若台湾方面不主动出击以扭转态势，则全世界的“赤化”终将无法避免。他于1961年6月底与7月初，曾两度召见美国“驻台大使”庄莱德（Everett F. Drumright），除坚决表明国民党当局将不会接受任何有关“两个中国”与“一中一台”的安排之外，还当场严厉谴责美方在处理外蒙古加入联合国与廖文毅赴美签证问题上，根本未与台北事先磋商，美国如此处理对台关系，简直比对待一个“附庸国”还不如。[2]

台湾岛内与中国大陆的微妙政治发展

1961年起，美国民主党政府有意改变对华政策，对国民党当局的国际地位造成威胁与撼动，这样一种新的态势，也促使蒋介石认真思索加速推动军事反攻大陆之准备，来面对台湾在“外交”与国际地位上所即将面临的重大挑战，该年夏天，美国驻台北的“外交”人员即注意到，值此国民党面临新的“外交”危机与挑战之际，其在“反攻大陆”的舆论宣传上，突然变得更加明显，只不过此刻美方尚未能够分辨其究竟只是政治宣传，抑或是严肃认真的。[3] 另一方面，此刻台湾岛内政治局势发展与国民党内微妙的权力结构与生态，也对蒋介石决定发动军事“反攻大陆”，带来相当之影响。自1959年起，有关蒋介石是否竞选第三任“总统”，即成为台湾内外一个微妙的议题，依1948年所制订的“中华民国宪法”规定，蒋介石两届“总统”任期在1960年5月结束后，即无法继续寻求连任，当时台湾岛内外许多自由派学、政界人士如雷震、胡适、殷海光、王世杰

---

① 《蒋介石日记》，1961年6月3日。

② Drumright to Rusk, June 21, 1961, No. 793.00/6 – 2161, in USSD 1960 ~ 1963 Internal, reel 4; Drumright to Rusk, July 2, 1961, No. 611.93/7 – 261, in USSD 1960 ~ 1963 Foreign, reel 2.

③ US Embassy in Taipei to State Department, Subject: Political Review: April – June 1961, August 7, 1961, No. 793.00/8 – 761, in USSD 1960 ~ 1963 Internal, reel 4.

等，皆曾公开反对蒋介石利用“修宪”等方式，参选第三任“总统”，这些意见透过陈诚、张群、黄少谷等国民党要员传达，都令当时希望继续连任的蒋介石，颇感恼怒，甚至在日记里批评胡适乃一“无耻政客”，“最不自知”与“最不自量”。①

由于胡适、王世杰等人与“副总统”陈诚的关系向来密切，而蒋介石连任与否，又直接关系到陈诚能否接班成为“总统”，以及蒋经国与陈诚之间在国民党内的权力竞逐关系，因此当时甚至传出王世杰曾向陈诚献策，要他主动向蒋介石辞去“副总统”职务，来阻止蒋寻求三连任，这股国民党内外隐约反对蒋介石违反“宪法”条文规定而继续担任“总统”的政治力量，当时让蒋私下感到忧心恼怒不已，他有意以加紧准备台湾发动对中国大陆的军事行动，来巩固其领导统御地位，强化国民党在台湾统治的正当性，并转移国民党内因“总统”选举而引发之权力斗争，即属可能。譬如1959年秋，蒋介石面对胡适向他提出要求，准备代表台湾的知识分子与学术界，亲自前来“总统府”与他“商榷”竞选“总统”连任争议时，他在日记里即写道：

> 余此时之脑筋，惟有如何消灭“共匪”，收复大陆，以解救同胞，之外再无其他问题留存于心。②

1960年初，国民党内拥护蒋介石人士，透过动员国民党籍民意代表上书吁请竞选连任、以及推动国民党籍“国民大会代表”进行修宪等方式，顺利让蒋连任于该年3月间顺利连任“总统”，不仅如此，“修宪”后“动员戡乱时期总统副总统得连选连任，不受宪法第四十七条连任一次之限制”此项规定，不但让陈诚未来继任“总统”的希望彻底破灭，以及蒋、陈两人数十年来亦师亦友的密切关系走向尽头，也让国民党内外一股不满蒋介石独掌大权的愤怒，继续发酵，首先是陈诚本人。虽然蒋连任成功

---

① 《蒋介石日记》，1959年12月19日。
② 《蒋介石日记》，1959年11月20日。

后，继续让陈诚担任“副总统”兼“行政院长”，但此刻陈早已心灰意冷，数度以身体健康不适为由，请辞“行政院长”兼职。[①] 美国中央情报局一份机密分析文件更显示，国民党内的权力接班问题，与蒋欲推动“反攻大陆”之间，更存在着极为微妙的关联：陈诚知悉蒋介石有意以准备发动军事反攻行动，来转移当时岛内对他的不满情绪，他因此以“行政院长”身份，力主国民党在台施政重心应为推动台湾本身的经济发展，而非军事反攻，他甚至不惜以缩减政府军事预算与整顿军方内部高层人事为手段，来达到其目的，蒋、陈之间的紧张关系，并未因“总统”选举的落幕而稍见缓和。[②]

陈诚与蒋经国

蒋经国与陈诚之间的权力竞逐关系，也有可能牵动当时蒋介石的反攻大计；1960年6月间，美国务院即曾分析，一旦蒋介石病故或因其他理由无法视事，蒋经国与陈诚之间竞争未来台湾领导人大位的态势，将无可避

① 何智霖编，《陈诚先生书信集——与蒋中正先生往来函电》（台北：“国史馆”，2007年），下册，页789—804。

② CIA Office of Central Reference, Biographic Register, “Ch'en Ch'eng,” July 1961, in CIA Research Reports: China, 1946 - 1976, reel 1.

免，虽然陈诚当时在台湾党、政、军系统内“第二把手”的地位，毋庸置疑，然而唯一能够影响或挑战陈诚顺利接班的因素，即是台海之间战事可能的爆发，易言之，一旦国民党挑起“反攻大陆”军事行动，或者国共之间发生冲突导致台湾方面军事失利，造成台湾内部不稳定、社会失序或者民心涣散，则主掌台湾国安与情报系统的蒋经国，将可借由“恢复国家安定与社会秩序”为名，顺势掌握并主导党政大局。① 据此观之，陈诚对于蒋介石准备军事“反攻大陆”之准备，始终敬而远之，即不足为奇。

除了蒋介石与陈诚之间的紧张关系之外，当时台湾内部一股强大反对国民党威权统治与要求台湾民主化的声浪，也让蒋介石倍感压力。1960 年 5 月 18 日，李万居、郭雨新、高玉树、许世贤等台湾本省籍非国民党政治人物，与被国民党开除党籍的“国大代表”雷震、青年党夏涛声、民社党蒋匀田等 72 人，于台北召集会议，除强烈批评台湾选举不公之外，还决议积极展开筹组新政党的行动。9 月 4 日，台湾省“警备总司令部”以涉嫌叛乱为由，突将雷震等人逮捕判刑，此事件不但震惊中外，也让筹组中的新政党就此无疾而终。尽管台湾岛内一股争取民主化的呼声因“雷震案”的发生而受挫，然而国民党内外“自由开明派”政治人物在台面下的串联，却从未停止过。1960 年秋，胡适即曾告诉美国“驻台大使”庄莱德，即便雷震被捕入狱，他依然不放弃结合台湾本省籍与非国民党籍精英人物，为推动台湾的民主化继续努力，胡适还向庄莱德透露，在此一运动进行幕后指导工作的，正是陈诚。②

如上发生在 1960 年代初期台湾内部的重要政治事件与发展，在相当程度上似乎也成为蒋介石决心发动军事“反攻大陆”的重要因素，易言之，蒋有意以台湾对外的军事行动准备与推动“反攻大陆”的终极目标，以及伴随着这些准备工作所带来的党政军机制改组与社会动员，作为进一步巩固与强化其在国民党内外领导统治地位的正当性，以及凝聚台湾内部不同

---

① David L. Osborn (Counselor of US Embassy) to State Department, Subject: "The Problem of Succession; Chen Cheng's Position and Prospects," June 9, 1960, in USSD 1960 ~ 1963 Internal, reel 1.

② Drumright to State Department, Subject: "General Discussion with Dr. Hu Shih," November 15, 1960, in USSD 1960 ~ 1963 Internal, reel 2.

政治力量的重要因素。在肯尼迪就职前夕，美国驻台北“大使馆”拍发回华府有关台湾政情的评估报告里，即毫不意外地指出，希望发动一场反攻大陆战争的构想，正在国民党内的最高阶层里不寻常且快速地发酵之中，这与台湾各地本省籍精英人士对于“反攻大陆”议题缺乏兴趣与支持动力，正好成一强烈与鲜明的对比。①

无可讳言，1950年代晚期起，海峡对岸的中国大陆内部情势发展，也成为蒋介石考虑发动反攻准备的重要依据。1958年5月，中共中央制定“社会主义建设总路线”，在中国大陆各地积极推动“大跃进”，在农村普遍设立“人民公社”，希望“超英赶美”，“大跃进”运动所造成的生产浮夸虚报现象，造成1959年起中国大陆部分地区发生饥荒，根据近年来中国大陆学者研究显示，1958年至1962年“大跃进”运动期间全中国非正常死亡人数，高达3千万人之谱。② 对蒋介石而言，中共推行“总路线”、“大跃进”与“人民公社”所引发的饥荒，其所带来的政治性意义与解读，恐怕远比饥荒本身更为复杂；一份现今已解密、1960年代初期台湾情报部门一份内部机密文件即研判认为，“人民公社与大饥荒的爆发，除了引发大陆各地民怨四起，造成经济秩序崩溃与思想教条分歧之外，甚至还在中共内部形成派系倾轧与斗争，其中又以前国防部长彭德怀、前解放军总参谋长黄克诚、前外交部副部长张闻天为首的反党团体，因路线之争，而公然挑战毛泽东等领导核心，最受人注目”，在蒋介石、蒋经国父子看来，“此波中共权力斗争，甚至让原本应于1961年召开的中共第9届全国代表大会与人民代表会议，因而延迟召开，这些都是中共内部统治不稳之征兆”。③

当时台北以蒋经国为首的情治阶层，还认定中共所推动的一连串政治运动，已引发北京与莫斯科之间严重矛盾与冲突，引发中、苏共之间彼此

① Drumright to State Department, Subject: “Return to the Mainland,” December 12, 1960, in USSD 1960～1963 Internal, reel 2.

② 参见：林蕴晖，《国史札记》（上海：东方出版社，2008年），页279—282。

③ “蒋经国呈蒋介石有关大陆情势报告”（1963年），《文件/忠勤档案/敌后工作》，《蒋经国“总统”文物》，典藏号00501010000102002。

以压力加诸对方，并且设法结合对方党内的反对势力，以削弱对方之声望与权势。根据台北方面的研判，当时苏共领导人赫鲁晓夫正加紧利用中共内部“缓进派”人士如张闻天等，迫使毛泽东辞去国家主席职务，以改变“人民公社”政策，而未来中共内部派系斗争与权力倾轧，也将与中、苏共之间的冲突，密不可分。台北情报机关高层的结论因而认为，此刻实为国民党发动“解救大陆同胞”行动之最佳时机。① 美国中央情报局则认为蒋介石身旁的情报人员，向他提供有关中国大陆情势混乱与饥荒过于夸大不实的情报，让蒋误认为当时大陆民众渴望他领导“反攻大陆”。② 不论如何，1959 年起中共推动大规模政治运动以及其所引发的大饥荒与内部权斗，确实为蒋介石发动军事反攻计划，提供一个强有力的支撑与诱因。

“国光计划”与具体决策

基于如上几个重要原因，自 1961 年起，蒋介石即着手展开一连串军事反攻准备工作。4 月 1 日，蒋下令于台北县（今新北市）三峡地区秘密成立“国光作业室”，由国民党陆军中将朱元琮担任主任，并且调动陆、海、空三军优秀参谋人员 30 余人进驻，正式展开拟定“反攻大陆”的作战筹划，与此同时，蒋还下令在国军陆、海、空三军总司令部内，各自成立相对应的“作业室”，提出反攻作战军事计划。③ 当时此一反攻计划的构想主要分为两阶段，第一阶段是以厦门为目标，在不依靠外力情况下，由国民党军突袭登陆厦门，至于该对于如何攻占厦门，当时也有详细推演讨论，包括国民党海军利用夜间航行，在广东汕头先建立滩头堡，登陆后切断鹰厦铁路，阻断解放军增援前线，国民党军再由金门登陆，并以厦门为据

---

① “蒋经国呈蒋介石有关大陆情势报告”（1963 年），《文件/忠勤档案/敌后工作》，《蒋经国“总统”文物》，典藏号 00501010000102002。

② CIA memorandum for Director, Subject: “Prospects for Early Chinese Nationalist Military Action against the Mainland,” July 27, 1961, CIA Electronic FOIA Reading Room, Document No. 0000538987.

③ 彭大年编，《尘封的作战计划：国光计划——口述历史》（台北：“国防部”史政编译室，2005 年），页 11—12；50—53。

点，依情势发展，向南往广州进兵，或者向东或向北，分占福建与湖南。①

“国光计划”执行的第二阶段，目标是希望在中国大陆上建立一长期的攻势基地，并结合各地的反共运动，以利后续军事行动的推展，为此，台北国安高层拟定一新的军事与政治机制，称为“华南战区总司令部”，负责国民党“反攻大陆”后各“收复区”内的地方重建与社会动员，并推动党、政、军要务，此一机制设“总司令”一人，兼任“战地政务委员会”主任委员，下设秘书、民政、财经、文教、警保、社会等六个处，另辖政治工作群与军事幕僚群，全力推动“收复区”内的各项工作。②

蒋介石深知美国驻台军事顾问团与在台情报人员，必定会加倍关注其策划“反攻大陆”之一举一动，为了避免美方掌握太多细节，蒋还下令军方另于新店碧潭成立一“巨光计划室”，由“副参谋总长”余伯泉负责推动台美双方进行联合作战，以混淆美方注意力。1961年春，该计划室曾向美方提出一“野龙计划”执行细节，要求美军协助国民党部队发动敌后空投任务，该计划所提出的空投范围，包括广东蕉岭、平远地区、福建建瓯、南平地区、浙江天台、嵊县地区、江西崇义、上犹地区、湖南城步、武岗、江华、永明等地区，具体作法，以20至30人为一任务编组，由美方提供C-54G运输机，对如上各地点进行约200人次的敌后空投，各小组进入大陆地区后，将设法破坏中共地方组织，诱发当地运动，进行游击作战，并对当地之警察民兵与部队进行“策反”，以发展国民党敌后武装反共势力。③

值得注意的是，原本“野龙计划”所提出的空投地点，是中国大陆西南的四川、贵州、西康等省份地区，但最后台北军方高层却主动将目标修正为华南与东南沿海省份，由于美方向来并不反对国民党军方对中国大陆

① 彭大年编，《尘封的作战计划：国光计划——口述历史》（台北：“国防部”史政编译室，2005年），页30—31。

② “华南战区总司令部编组简报目录”（1961年），《文件/党政军文卷/军事建设/军事——华南战区总司令部之编组概要》，《蒋经国“总统”文物》，典藏号00501020200085003。

③ “野龙计划新选定各空降目标区之研析及任务准备”（1961年8月20日），《文件/党政军文卷/军事建设/军事——野龙计划新选各空降目标区之研析及任务》，《蒋经国“总统”文物》，典藏号00501020200010002。

进行“敌后游击活动”，华府所反对的，是台湾发动大规模的正规反攻作战，并且利用台美协防条约规范，让美国卷入台海战争里，因此当时“野龙计划”的合作构想，颇有蒋介石欲趁机取得美方技术援助，用来策应无法被美方接受之“国光计划”独力反攻登陆作战之更深层的战略目的。①

蒋介石主持“国光计划”兵棋推演

1961 年起，蒋介石还下令在美国对台军援项目范围以外，秘密组训两个师的兵力，用来投入反攻登陆作战，美中央情报局掌握此一消息后，认定台湾正在积极准备新一波敌后空投任务，甚至有可能在该年 8 月间就执行，尽管美国并不乐见台湾海峡地区紧张情势逐步升高，然由于这些非正规的军事行动，并未违反台、美之间既存协议与规范，若蒋介石执意推动，美方亦莫可奈何。② 虽然台湾并未如美方所预测于 8 月间发动首波敌

① 彭大年编，《尘封的作战计划：国光计划——口述历史》，页 14。

② CIA memorandum for Director, Subject: “Prospects for Early Chinese Nationalist Military Action against the Mainland,” July 27, 1961, CIA Electronic FOIA Reading Room, Document No. 0000538987.

后空降行动，然而该年整个夏天，美方确实已观察到国民党军方正展开极不寻常的大规模演训行动，同样引人注目的，还包括当时刚从滇缅边区撤退来台的游击队，已由军方改编成为“特种部队第4分队”，且不在美方正式军援项目之内，不受美军顾问团节制。①

蒋介石“反攻大陆”的军事准备，自1962年年初起，逐次升高，年初起，美国在台的“外交”与情报人员皆明显注意到，台湾、澎湖与金门、马祖等外岛地区的国民党部队，都处于高度备战状态，海军开始训练以民间商船投入两栖登陆作战演习，陆军则进行部队、武器装备、民间交通工具与物资的非常态性集结，并且频繁动员后备军人、民防与警察人员，军方部门也开始着手进行违反美方意旨的部队组织调动与配置，包括着手扩编一支因应未来“反攻大陆”时，可用来弭平台湾内部所可能出现“叛乱”的特种部队，台北也向美方要求紧急增购总额达近30万美元的军事物资与装备，整个岛内的保安措施也明显增强，对美方而言，这一切都显示蒋介石正认真考虑发动一场大规模的军事反攻。②

2月，台北向华府提出了一项美方认定蒋介石确实真心欲发动“反攻大陆”的关键要求：国民党当局希望美国政府提供4架C－130运输机，配载最先进、可以混淆中共空中预警系统的ECM电子侦测装备，用来空投大约2个营、总兵力达1200人之国民党特种部队至华南5个省份，以及每日300吨之装备与物资所用。③ 根据时任蒋介石“总统府侍卫长”胡炘的回忆，此刻连部队发动登陆作战的确切日期都已经拍板，（据信为该年6月29日），在某次高阶层的作战会议上，蒋下令政府宣传部门开始散布共

---

① US Embassy in Taipei to State Department, Subject: “Political Review: July - September 1961,” dated November 3, 1961, No. 793.00/11 - 361, in USSD 1960 ~ 1963 Internal, reel 5.

② George Ball to US Embassy in Taipei, May 9, 1962, No. 793.5/5 - 962, in USSD 1960 ~ 1963 Internal, reel 11; Ralph N. Clough (US Charge d'Affaires ad interim) to Rusk, May 18, 1962, No. 793.5/5 - 1862, ibid; Clough to Rusk, Subject: “GRC Counterattack,” March 20, 1962, No. 793.00/3 - 2062, ibid, reel 5.

③ CIA memorandum for the United States Intelligence Board, Subject: “SNIE 13 - 3 - 62: Probable Consequences of Chinese Nationalist Military Operations on the China Mainland,” March 26, 1962, CIA Electronic FOIA Reading Room, Document No. 0000824362.

军即将犯台的消息，作为国民党发动军事反攻的正当理由，他还特别指示一旦发动登陆作战后，应速占领福州半岛以巩固立足点，并且要做到“三日占一个机场、五日占一个港口”，才能继续推进军事反攻。[①]

政治与“外交”层面的准备

蒋介石欲发动军事“反攻大陆”，有一个现实的问题必须先解决，易言之，以当时台湾的财政预算、经济条件与人力物资而言，至多只能维持反攻作战3至6个月所需，为解决此一难题，自1962年初起，国民党开始着手调整政府组织机制并制定新的财政办法。2月22日，“国防部”宣布成立一“战地政务局”，由蒋经国主持，负责筹划“反攻大陆”后的政务与经济重建业务。美情报部门也探悉，当时活跃于闽南地区的国民党游击部队皆已完成待命，准备一旦反攻登陆后，协助此一新的“战地政务局”主持大计，与此同时，已有超过上千名福建省籍人士，向国民党当局登记并参加训练，准备服务于“光复”以后的福建省新政府。[②] 3月31日，“行政院”宣布成立一“经济动员计划委员会”，由“行政院副院长”王云五兼任主任委员，台湾省主席周至柔与“经济部长”杨继曾分任副主任委员。此一新机制在于研拟各种战时方案，协调政府各部会动员与整合全台湾的经济与人力资源，努力囤积与收购物资，作为反攻大陆时期所用。[③]为了因应反攻作战开始后此一“经济动员计划委员会”能够顺利推动各项业务，蒋介石甚至调令时任国民党“交通部次长”费骅与“经济部次长”

---

① 汪士淳，《漂移岁月——将军大使胡炘的战争纪事》（台北：联合文学，2006年），页193—194。

② US Embassy in Taipei to State Department, Subject: “Counterattack, Investment, and Economic Development,” April 12, 1962, No. 793.00/3 - 1262, in USSD 1960 ~ 1963 Internal, reel 6; Drumright to State Department, March 30, 1962, No. 793.00 (W)/3 - 3062, ibid, reel 9.

③ US Embassy in Taipei to State Department, Subject: “Counterattack, Investment, and Economic Development,” April 12, 1962, No. 793.00/3 - 1262, in USSD 1960 ~ 1963 Internal, reel 6.

童致贤，前往陆军战争学院接受特殊训练。[①]

为了筹措“反攻大陆”所需新财源，1962年4月底陈诚奉蒋介石之命，召集全台湾50余位工商界重量级人士，寻求其支持当局开征新税源，用于“反攻大陆”的军事行动。此次会议所取得之共识，得以让国民党当局于4月30日宣布隔日起开征“国防临时特别捐”，直到翌（1963）年6月30日为止，预期在14个月之内，筹措到6千万美元的额外税收，投入于“反攻大陆”的军事开销。[②] 这一切举措都显示此刻蒋介石的“反攻大陆”计划，已是箭在弦上，不得不发。

在国际舞台上，台北也是动作频频，自1962年初起，美国即注意到台湾与韩国之间的军方高层往来，出现异常频繁的现象，让华府怀疑台北正努力与汉城研拟对策，是否一旦台湾发起军事反攻后，韩国部队将利用黄海上的岛屿，向华北地区发动策应。[③] 在台湾与韩国双方合作推动下，一项史无前例的亚洲反共军事情报会议，也于该年夏天在汉城召开，除了台、韩代表外，参加会议者还包括南越、泰国与菲律宾的军事情报高层。[④] 这些似乎都是蒋介石为了壮大其“反攻大陆”行动声势所营造出来的“外交”戏码然。

不可讳言，此刻影响蒋介石军事行动成功与否的最关键因素，仍在于美国。爬梳现今美方解密情报文件，几乎在蒋介石下令成立“国光作业室”之后的两个月内，美中央情报局驻台单位就已经掌握到，台湾有意发动较大规模军事反攻行动的企图了，只不过由于蒋介石当时另外设立一“巨光计划室”，并向美方提出“野龙”空投计划细节，因此美方情报人员

---

① Clough to State Department, Subject: “War Preparation and Investment,” April 6, 1962, No. 793.00/4 -662, in USSD 1960 ~ 1963 Internal, reel 6.

② Clough to Rusk, May 2, 1962, No. 793.5/5 -262, in USSD 1960 ~ 1963 Internal, reel 6; Drumright to State Department, May 6, 1962, No. 793.00 (W)/5 -662, ibid, reel 9; Clough to Rusk, May 7, 1962, No. 793.5/5 -762, ibid, reel 11.

③ Clough to Rusk, Subject: “GRC Counterattack,” March 20, 1962, No. 793.00/3 - 2062, in USSD 1960 ~ 1963 Internal, reel 5.

④ 李云汉主编，《中国国民党一百周年大事年表》（台北：国民党党史会，1994年），第一册，页534。

当时似乎有可能将“国光”与“巨光”两者混淆，造成只知其一而不知其二的情况。[①] 1961 年 11 月底，蒋介石了解“反攻大陆”此等大事，不可能完全隐瞒美国，曾有意派遣一密使前往华府，向肯尼迪总统解释为何他必须发动军事行动，然而此刻华府决策当局似乎尚未意识到问题的严重性，因而婉拒台北方面派遣密使之要求。[②]

到了 1962 年春天，华府惊觉事态严重，认定蒋介石有关“反攻大陆”的准备是认真的，甚至接获密报称 6 月底将是台湾向对岸发起军事登陆行动的时刻，因而开始向台北施展一连串外交压力。2 月 23 日，美国防部助理部长帮办彭岱（William Bundy）衔命前往台北与蒋介石晤面，蒋利用此机会向美方保证，一旦台湾发动反攻行动，必将遵守如下原则：第一、台北不会为难华府；第二、台北不会采取对台湾与澎湖安全造成不利影响的举措；第三、台北无意让美方卷入国共之间战事，也无意让美方负起外交与政治责任；第四、台北会把美国的国家利益纳入其行动的考量之中。蒋介石并彭岱强调，自 1949 年以来，台湾为了此刻的到来，已经备战长达 13 年之久，如今国民党部队士气高昂，训练精实，中国大陆又处于“最混乱与脆弱的时刻”，他希望美方理解此点，不要让台湾“光复大陆”的机会，平白流失。[③]

虽然蒋介石向美国极力解释其“反攻大陆”政策的合理性，然而美方显然无法认同他的冒险举措；3 月起，短短数周之内，华府接连派出国务院远东助理国务卿哈里曼（W. Averell Harriman）、助理国务卿帮办麦肯（John C. McCone）、国务院东亚事务局长雅格（Joseph A. Yager）、国务院情报研究处主任希斯曼（Roger Hilsman）等要员，接连前来台北，对蒋介

① CIA memorandum for Director, Subject: "Prospects for Early Chinese Nationalist Military Action against the Mainland," July 27, 1961, CIA Electronic FOIA Reading Room, Document No. 0000538987.

② CIA Telegram Information Report, Subject: "Chiang Kai-shek's Views on the Advisability of GRC Action against the China Mainland," January 26, 1962, CIA Electronic FOIA Reading Room, Document No. 0000107415.

③ CIA classified message from William Bundy to Defense Department, State Department, and White House, February 24, 1962, CIA Electronic FOIA Reading Room, Document No. 0000608237.

石晓以大义，促迫他打消军事行动计划，只不过，蒋介石并不愿放弃其反攻计划。[①] 国民党当局更不忘利用任何可能的机会，为其“反攻大陆”之准备，进行“外交”宣传与辩护。1962年3月初，解放军空军少尉刘承司驾驶一架米格号战机，“投奔”台湾，台北立即向全世界大加宣传，颇有“此刻不进行反攻行动，更待何时”之势。[②] 4月底，部分广东省民因不堪“大跃进”失败所导致之恶劣经济状况，开始跨越边界拥至香港。[③] 台北除了主动欢迎这些人前来台湾安置生活，并宣布提供救济金、粮食、医疗与民生物资等一切必要之人道协助，也再次向全世界强调此乃“中共内部不稳、民心涣散”之明证，希望从“外交”宣传上来塑造蒋介石“反攻大陆”之正当性。[④]

“国光计划”之推迟与决策转折经过

整个1962年的上半年，国民党当局在军事、“外交”、财政经济等各领域，积极备战，反攻登陆行动俨然已是箭在弦上，然而到了该年夏天，这个1949年两岸分离以来蒋介石所推动之最大规模反攻计划，突然停顿下来，其中的转折，如今透过美中央情报局解密档案，也提供吾人更清楚的内幕。事实上，美方对台北施加的压力是相当重要的原因；2月间，美国助理国防部长帮办彭岱与蒋介石晤谈后，华府决策高层立即着手采取必要评估与反应措施，认为值此之际，美方不能一味打压蒋介石，让台、美关

---

① Clough to State Department, Subject: “GRC Mainland Aspirations and US – GRC Relations: Recent Developments, Present State, and Prospects,” October 12, 1962, No. 611. 93/10 – 1262, in USSD 1960 ~ 1963 Foreign, reel 3.

② 李云汉主编，《中国国民党一百周年大事年表》，第一册，页532；Drumright to State Department, March 9, 1962, No. 793. 00 (W)/3 – 962, in USSD 1960 ~ 1963 Internal, reel 9.

③ CIA Intelligence Study, “The Kwangtung Exodus of 1962,” February 23, 1965, in CIA Research Reports: China, 1946 – 1976, reel 2.

④ Clough to State Department, May 19, 1962, No. 793. 00/5 – 1962, in USSD 1960 ~ 1963 Foreign, reel 6; Clough to State Department, May 22, 1962, No. 793. 00/5 – 2262, ibid; Clough to Dean Rusk, May 23, 1962, No. 793. 00/5 – 2362, ibid; Clough to Rusk, June 2, 1962, No. 793. 00/6 – 262, ibid.

系雪上加霜，加深蒋介石对华府的疑惧，甚而大胆冒进，片面采取对中国大陆的军事行动。为此，华府决定对蒋介石的反攻方案给予“适度”回应，其策略是，同意提供台湾希望获得的 C－130 运输机，并配备最先进的 ECM 电子侦测装备，以此来换取蒋介石同意与先和美方共同研究磋商反攻计划之可行性与适切性，借此先行捆住蒋介石，推迟其发动军事反攻行动的时日。①

根据美国中央情报局解密档案所示，华府决策阶层在 3 月初，将如上讯息透过中央情报局驻台北站站长克莱恩（Ray S. Cline），转达给蒋介石与蒋经国，蒋氏父子两人对美方提议的初步反应颇为正面，认为肯尼迪总统已在考虑美方共同参与台湾的“反攻大陆”计划。② 然而接着前来台北访问的哈里曼、希斯曼等人，发觉蒋介石并无意愿推迟军事反攻计划，且其发动反攻的态度与决心依然坚强，华府因而认定必须采取更强硬与明确的手段，迫使蒋介石屈服。4 月 17 日，克莱恩再度奉命向蒋氏父子传达来自白宫的最新立场如下：美方希望台湾发起反攻行动的日期，从 6 月底延至 10 月 1 日，如此台北与华府之间将有半年时间，可以共同研究磋商中国大陆情势，共同讨论反攻军事方案的细节，以及国民党部队未来在中国大陆上的行动，如此方可确保此一计划获致成功。此外，肯尼迪也透过克莱恩向蒋介石明白表示，国民党部队是否真正如期在 10 月 1 日执行空降华南 5 省行动，届时还必须由华府与台北双方进一步共同商榷。最后，肯尼迪正告蒋父子，鉴于国民党“反攻大陆”方案在国际社会所可能引发的高度敏感性，美国政府目前并无法明确向台北做出任何具体协助的承诺，更无法与台北达成任何文字协议，肯尼迪只愿意承诺，未来台美双方应不断进行最高阶层的意见交换，以确保双方密切、友好的互信关系。据克莱恩报

① CIA classified message, Subject: Substance of Response to Chiang Kai－shek's Request for High Level Strategy Talks, February 28, 1962, CIA Electronic FOIA Reading Room, Document No. 0000605041.

② CIA classified message, Information for W. Averell Harriman (in Manila) and McGeorge Bundy (White House), eyes only, March 7, 1962, CIA Electronic FOIA Reading Room, Document No. 0000608236.

告，蒋介石父子听闻此讯息后，立即陷入“绝望”的境地，最后勉强同意华府所提各点，并将台湾的反攻行动，从6月底推迟至10月初。①

华府对台北的施压力道，此后有增无减。5月初，蒋介石宣布开征“国防临时特别捐”，准备筹措更多军费，但因事先未与美方磋商，引发美方极度不快与“震惊”，除了要求“行政院”立即公开此一“特别捐”的经费使用项目等细节之外，并采取报复措施，其中包括中止一项对台商业贷款，停止另一项已在进行当中的经援计划谈判，并且暂缓出口由台湾利用自身经费向美方购买的一批军事装备，迫使“参谋总长”马纪壮不得不亲自出面向美方解释此“特别捐”之各项细节。② 另一方面，美政府于4月间突然宣布召回向来对国民党当局持友善态度的驻台“大使”庄莱德（Everette F. Drumright），改派遣专研两栖作战的美国前海军上将柯克（Alan G. Kirk）来台，事后证明，肯尼迪总统此一人事任命用意，在于利用柯克将军对于海军作战的专业背景，劝退蒋介石发动反攻登陆作战。肯尼迪总统的国安团队甚至一度建议，由美国联邦政府支助一新计划，向美国一般民众广为宣传台湾欲发动“反攻大陆”作战的高度危险性，利用美国民意来支持肯尼迪对台湾采取较为强硬的立场，同时避免台海紧张局势引发美国民主、共和两党之间不必要的政策对抗。③

台湾海峡另一端，对于蒋介石决心停止推动“国光计划”，扮演起临门一脚的角色。1962年6月19日，台美双方同时侦测到解放军部队正大量进驻福州军区，至6月底为止，整个福建省境内已集结约40万地面部队、100艘海军各式船舰以及近300架战机。④ 此举显示大陆已透特殊管

---

① Message from Taipei to White House Situation Room, Attn: McGeorge Bundy, top secret, April 19, 1962, CIA Electronic FOIA Reading Room, Document No. 0000608252.

② State Department memorandum from Joseph A. Yager to W. Averell Harriman, September 19, 1962, No. 793.13/9 - 1962, in USSD 1960 ~ 1963 Internal, reel 10; Clough to State Department, October 12, 1962, No. 611.93/10 - 1262, in USSD 1960 ~ 1963 Foreign, reel 3.

③ Memorandum from Chester Bowles to President Kennedy, Subject: "GRC Operations against the Mainland," June 8, 1962, in USSD 1960 ~ 1963 Internal, reel 6.

④ Clough to Rusk, June 21, 1962, No. 793.00/6 - 2162, in USSD 1960 ~ 1963 Internal, reel 6; Clough to Rusk, June 22, 1962, No. 793.00/6 - 2262, ibid.

道，掌握蒋介石原本计划6月底发动反攻行动的机密讯息，而做出必要的反制部署。台北与华府对于中共增兵福建意图的解读，颇有出入；当时蒋介石因前列腺手术引起发烧不退而住院，有数周时间未出现在公开场合，引发各界揣测，因此当解放军增援福建的消息传开后，国民党当局力持镇静，宣称不认为两岸情势已发生明显变化，且力持此军队调动乃“中共转移大陆百姓注意力”之举。① 蒋经国所主导的情报单位内部研判中共此举实为“攻势防御”，亦即利用政治攻势达成军事防御，其未来可能之动向，为发动对金门、马祖等外岛小规模炮击或空袭，以保持台海地区紧张局势，用以对外施展政治攻势。值得注意的是，台北情报高层私下并不认为中共将会对台湾本岛采取军事行动，因此力主在不破坏台美关系前提下，适时发动对中国大陆的政治、文宣与心理战，促使大陆内部出现对国民党有利之转变，间接达到“光复大陆”之最终目标。②

对于中共突然大举增兵福建，美国政府最初的反应，乃是认定解放军有意再度进犯金、马外岛，重新制造有如1950年代两次外岛危机之场景。高度担忧美国将再次被台海军事冲突牵连，华府于6月19日当天立即透过其驻台北“大使馆”正告国民党当局，务必谨慎节制，不能替解放军对外岛可能采取的行动，提供任何借口。③ 美方情报还显示，解放军此次的部队调动，极为迅速隐秘，显然事前早有精密规划，不但增援部队的数量远远超过防卫性质，且多大量集中在金门与马祖的对岸，而非在国民党准备空降与进行反攻登陆的地点，肯尼迪总统的幕僚因而认定解放军准备对金、马外岛发动奇袭，这一研判也让白宫、国务院与五角大楼坐立难安。④

面对台海地区恐怕再次军事冲突，华府随后于短短数日内，采取一连串重大的反应与防护措施；6月22日，主管东亚事务的助理国务卿哈里

---

① Clough to Rusk, June 21, 1962, No. 793.00/6 - 2162, in USSD 1960 ~ 1963 Internal, reel 6; Clough to Rusk, June 22, 1962, No. 793.00/6 - 2262, ibid.

② “台海情势与反攻问题”（1962年7月17日），《蒋经国“总统”文物》，《文件/忠勤档案/敌后工作》，典藏号 00501010000102005。

③ George Ball to US Embassy in Taipei, June 19, 1962, No. 793.00/6 - 1962, in USSD 1960 ~ 1963 Internal, reel 6.

④ The President's Intelligence Checklist, June 19, 1962, in JFKOF, reel 5: 4.

曼，约见苏联驻美大使杜布里宁（Anatoly F. Dobrynin），坦诚讨论台海危机，哈里曼希望透过苏联，了解中共此刻增兵福建的真正用意，他同时欲透过杜布里宁传话给赫鲁晓夫，美方绝对无意在当前情况下，支持与鼓励蒋介石发动对中国大陆的军事行动，美方也相信苏联此刻绝对不愿因为海峡两岸之间可能爆发的军事冲突，而遭受牵连。[①] 隔日，美国驻波兰大使卡伯特（John M. Cabot）利用华沙大使级会谈管道，传话给中国驻波兰大使王炳南，在华府充分授权下，卡伯特郑重声明美国无意在当前情况下，支持蒋介石“反攻大陆”计划，他并重申未经美方同意，蒋介石不能够单方面发动军事反攻。王炳南闻后质疑，若无美方背后支持，蒋又如何敢动用美援武器装备，来进行反攻准备？卡伯特对此没有明白答复，仅强调美方绝无意支持台湾对大陆发动军事行动，也不相信蒋介石真敢如此做，他继而表示美方愿意尽一切可能，来维护台湾海峡和平，他询问北京方面是否也能做出同样保证？此时王炳南停顿良久，最后回答称，“解放军武力侵犯台湾”此一问题，根本不存在，因为整个问题的源起，在于蒋介石想要发动军事反攻。华沙会谈结束前，王炳南再次重申，中共方面并不存在以武力解决台海争端这个问题。[②]

美国在远东各地的使领馆与华府的外交与军事情报部门，立即针对王炳南在华府的谈话与其所释放的讯息，进行分析研判，最后结论认定中共此次增兵福建地区，乃属“防御”性质，易言之，在可见的未来，若台湾方面同样能够在军事上采取节制，则毛泽东并不打算动用武力。[③] 华府透过华沙会谈取得北京方面不会主动采取军事行动的承诺后，仿佛吃下一颗定心丸，同时对于阻止蒋介石发起任何反攻军事行动，也更加坚定。华沙会谈结束后第二天，美国务院官员向台湾驻华府“外交官”进行简报时，

---

① Memorandum of Conversation, June 22, 1962, in JFKOF, reel 5: 4.

② John M. Cabot to Rusk, June 23, 1962, No. 611.93/6 – 2362, in USSD 1960 ~ 1963 Foreign, reel 3; Memorandum for President Kennedy, June 24, 1962, in JFKOF, reel 5: 4.

③ State Department memorandum by Roger Hilsman, Subject: “Cabot – Wang Conversation of June 23, 1962,” July 18, 1962, No. 611.93/7 – 1762, in USSD 1960 ~ 1963 Foreign, reel 3; Clough to Rusk, June 26, 1962, No. 793.00/6 – 2662, in USSD 1960 ~ 1963 Internal, reel 7.

竟然刻意隐瞒卡伯特曾向王炳南传达美方不支持蒋介石“反攻大陆”的立场，美国驻台北“大使馆”官员向国民党当局“外交部”简报时，同样未透露此段关键细节。① 美国一方面不愿直接向台北承认在华沙曾有此段秘密保证，另一方面又听任中共单方面向国际舆论流通卡伯特对王炳南一番“美国不支持蒋介石”的内幕谈话，不做任何澄清与反驳，徒留台北高层一阵心急焦虑，猜不透华府心意与华沙实情，究竟为何。②

国民党“挽回颜面”之举

自1962年7月起，台湾有关发动“反攻大陆”的宣传与媒体报道，突然沉寂了下来，国民党的宣传机构不再大声疾呼把握当前大好形势“反攻复国”，而改为强调应先在政治、军事与经济上进行充分准备，以等待“适切时机的到来”，政府高层人士也改变口吻，表示反攻军事行动不可草率发动，也没有一个明确的时间表。③ 更甚者，随着华沙会谈美方承诺不支持蒋介石采取行动的消息不胫而走，都让台北政坛开始弥漫一股浓厚的悲观情绪，认定华府与北京之间已私下达成默契，果真如此，将是对台湾民心士气造成莫大伤害，美国驻台北“大使馆”的情报还显示，当时负责执行蒋介石“国光计划”的部分国民党军事将领，信心已开始动摇。④“大使”柯克的观察更是一针见血：蒋介石过去一年多以来不断灌输“反攻大陆”的时机已经成熟，这已让许多国民党当局内的党、政、军要员产生不

① George Ball to U. S. Embassy in Taipei, June 23, 1962, No. 793. 5/6 – 2362, in USSD 1960 ~ 1963 Internal, reel 7; Clough to State Department, June 27, 1962, No. 793. 00/6 – 2762, in USSD 1960 ~ 1963 Foreign, reel 3.

② Alan G. Kirk to Dean Rusk, August 4, 1962, No. 793. 00/8 – 462, in USSD 1960 ~ 1963 Foreign, reel 3.

③ Kirk to Rusk, July 13, 1962, No. 793. 00/7 – 1362, in USSD 1960 ~ 1963 Internal reel 7; Kirk to Rusk, July 6, 1962, No. 793. 00 (W)/7 – 662, ibid, reel 9; Kirk to Rusk, July 11, 1962, No. 793. 00/7 – 1162, ibid, reel 7.

④ Kirk to Rusk, July 17, 1962, No. 793. 00/7 – 1762, in USSD 1960 ~ 1963 Internal reel 7; Clough to State Department, October 12, 1962, No. 611. 93/10 – 1262, in USSD 1960 ~ 1963 Foreign, reel 3.

切实际的期待，如今美国的压力迫使蒋介石必须收回成命，颜面丧失，领导威信也将受到损害，这恐将很难令他服气，柯克认定蒋介石势必设法另谋出路，以确保“反攻大陆”的能量继续维持下去。[①]

为顾及蒋介石颜面、维持台湾民心士气以及台美关系，1962年8月8日，肯尼迪总统批准授权柯克向台北提一新方案，在此方案里，美方虽然无法承诺协助台湾发动军事反攻，却也不排除未来国民党当局在中国大陆扮演关键角色之可能性；美方也同意尽速向台湾拨交2架足以载运200名兵力的C－123运输机，以此暗示华府默许蒋介石发动小规模、非正规作战之敌后空投；此外，美方在新方案里还建议台美之间成立一临时任务编组，研究国民党部队两栖作战能力，并在军事情报领域加强合作；美方最后承诺将协助国民党在大陆地区建立新的敌后游击力量，并协助推动宣传与心战业务。[②]

华府此一新方案，给了当时颜面尽失、余怒未消的蒋介石，一个可以勉强接受的下台阶，同时换来蒋同意正式取消在1962年内发动“国光计划”；10月1日，台海之间风平浪静，国民党部队未如预期般发动空投任务，反之，蒋介石于10月10日的“国庆日”文告中，以务实态度表达欲将台湾的军事反攻与大陆内部出现的抗暴运动相结合的期望，不再强调台湾片面发动军事行动。[③] 另一方面，1962年8月的新方案里，因华府并未完全反对台湾执行大陆敌后活动，这让对“反攻大陆”念兹在兹的蒋介石，在心理与实际行动上，找到了一个宣泄出口，亦即大量派遣特工与敌后人员，潜入华南地区进行一连串恐怖破坏行动，以取代“国光计划”被迫搁置的遗憾。

1962年8月底，国民党首先派遣一组敌后人员，利用小型机帆船，装载炸药与军火，自台湾南端出发航行至澳门，登岸后于澳门、广东省边境

---

① Kirk to Rusk, July 11, 1962, No. 793.00/7－1162, in USSD 1960～1963 Internal reel 7; Kirk to Rusk, July 17, 1962, No. 793.00/7－1762, ibid.

② Memorandum by W. Averell Harriman for President Kennedy, August 8, 1962, in JFKOF, reel 3: 23.

③ Clough to Rusk, October 19, 1962, No. 793.00/10－1962, in USSD 1960～1963 Internal reel 8.

引发一连串爆炸事件，造成当地民众的惊恐与部分百姓伤亡。[①] 9月间，另外几组国民党敌后与特工人员，以香港为基地，在广东与新界交界地区，先后发动6起爆炸事件，这些恐怖活动引来港澳殖民政府的不满，与中共方面的愤怒。[②] 国民党当局显然欲利用这些爆炸事件，来向全世界证明中国大陆内部确已民心思变，“反共抗暴”运动层出不穷，同时向外界证明蒋介石对大陆政局的判断，并无错误。[③]

尽管华府透过外交管道，向台北传达不乐见其继续在华南地区发动此类恐怖敌后破坏行动之立场，甚至斥责此类粗糙行动实属“愚蠢”，然而国民党当局并未因此而松手。9月间，台湾报章媒体开始“披露”国民党已发动英勇且成功的敌后任务，称一支游击队已顺利空降广西境内，并成功建立反共游击根据地，另一支游击队则走海路，成功占领广东汕头附近的一个岛屿，建立起新的反攻大陆滩头堡。北京方面不甘示弱，于12月底公开向外界宣布，已在过去两个月内，消灭来自台湾的9股武装特务集团，人数共计172人，并缴获大批军火与无线电台装备。[④] 国民党当局为了延续这股敌后反攻的气势，立即进行反宣传；1963年1月初，台湾新闻媒体进一步“披露”国民党已经在全中国大陆35个行省地区，分别建立敌后基地，而台湾军队对中国大陆的心战与宣传品空投，更远达东北的黑龙江省，这些行动已造成中共“信心的动摇与恐慌”。[⑤]

台湾方面的恐怖敌后行动，自1963年起大幅减少，然而蒋介石希望恢

---

① Kirk to Rusk, September 11, 1962, No. 793.00/9 - 1162, in USSD 1960 ~ 1963 Internal reel 7; Richard N. Kirby (U.S. Consul in Hong Kong) to State Department, September 14, 1962, No. 793.00/9 - 1462, ibid.

② Kirby to State Department, September 15, 1962, no, 793.00/9 - 1562, in USSD 1960 ~ 1963 Internal reel 7.

③ Kirk to Rusk, September 15, 1962, No. 793.00/9 - 1562, in USSD 1960 ~ 1963 Internal reel 7; Kirk to State Department, September 1, 1962, No. 793.00 (W)/9 - 162, ibid, reel 9.

④ Kirk to Rusk, December 31, 1962, No. 793.00/12 - 3162, in USSD 1960 ~ 1963 Internal reel 8; Kirk to Rusk, January 2, 1963, No. 793.00/1 - 263, ibid; Kirk to Rusk, January 4, 1963, No. 793.00 (W)/1 - 463, ibid, reel 9.

⑤ Kirk to Rusk, January 10, 1963, No. 793.00/1 - 1063, in USSD 1960 ~ 1963 Internal reel 11; Kirk to Rusk, January 11, 1963, No. 793.00 (W)/1 - 1163, ibid, reel 9.

复启动“国光计划”的企图心，却依然畅旺；1963 年春天，他曾亲自向军方幕僚提出开战指导原则，指示国民党部队应如何在金门、马祖等外岛前线，主动炮击对岸，诱发解放军开炮反击，台北再趁机向全世界宣布中共对外岛挑衅，以作为台湾发动大规模军事行动之借口。[①] 该年秋天，他又派蒋经国前往华府，向肯尼迪总统与美国军、政高层推销“反攻大陆”构想，不放弃争取美方的支持与认可。即便中共于 1964 年 10 月成功试爆首枚原子弹，跻身国际核武强权之林，蒋介石依然未能全然放弃以武力“反攻大陆”的构想。1965 年 8 月 6 日，国民党海军两艘军舰“剑门”、“章江”在东山岛外海执行侦察任务时遭解放军击沉，阵亡官兵达两百人；该年 11 月 14 日，另外两艘军舰“山海”、“临淮”在乌坵外海与解放军快艇激战后受到重创，蒋介石才真正体认到台湾两栖作战能力的严重不足，此后“国光计划”停摆不前，蒋介石独力发动军事“反攻大陆”的构想，才真正被束之高阁。[②]

---

① 彭大年编，《尘封的作战计划：国光计划——口述历史》，页 201。

② 彭大年编，《尘封的作战计划：国光计划——口述历史》，页 15—16；243—247。

第六章　冷战与两岸密使

1949年冬，国共内战态势已大致底定，蒋介石父子于仓促中自成都飞抵台湾，此后数十年内，海峡两岸的国民党与共产党，在蒋介石与毛泽东领导下，各自与美、苏两大强权结盟，彼此有如仇敌一般，在军事、外交与政治上，进行着一次又一次激烈的对抗。然而1950年代至1970年代全球冷战最高峰时期，海峡两岸之间究竟有无密使交流，国共双方是否曾经进行秘密接触或谈判，一直是海峡两岸与海外广大华人社会高度关心与感兴趣的话题，过去十余年来，两岸三地陆续出现当年曾经参与国共秘密接触交流的相关资料，特别是曾任中央社战地特派员、抗战时期与蒋经国维持着亦师亦友关系、1949年后定居香港、并与周恩来等中共高层往来颇深的记者兼作家曹聚仁，以及他生前在两岸秘密接触过程中所扮演的角色，让冷战时期国共往来的秘密经历，逐渐揭开其面纱。

本章主要以蒋介石私人日记、数年前刚解密的美国国务院与美国中央情报局机密分析报告为主，辅以其他海峡两岸已公开或者出版之官方档案与文史资料，对于1949年以后两岸之间的密使往来与交流对话，进行一深入且有系统的阐述分析，希望能够在冷战时期海峡两岸尖锐对峙关系之外，提供读者另外一个鲜为人知的国共接触史，以及这些接触幕后所蕴藏之深刻政治与外交意涵。

万隆会议前后中共“和平解放台湾”策略

1954年9月初，解放军炮击金门，开启第一次台海危机，战事并扩展至浙江沿海的一江山、大陈岛等仍由国民党所控制的岛屿，1955年初，解放军攻下一江山之后，美政府协助国民党部队自大陈岛撤退，国会参众两院并通过一“福尔摩沙决议案”（Formosa Resolution），授权艾森豪威尔总统于必要时，使用武装部队协防台湾、澎湖与其他外岛地区，一时之间，美国颇有直接介入台海争议之势。[①] 3月间，周恩来总理在全国人大常委会上首次表明，愿意以和平方式解决国共问题；4月间，周恩来率团出席于印尼万隆召开之首届亚非高峰会议时称，台海危机乃美国所造成，他重申中共愿意以和平方式来解决台湾问题，并且愿意与美方展开直接谈判。周恩来此番有关降低台海紧张局势的表态，美国自然表示欢迎，该年8月起，中、美双方代表开始在日内瓦（后移至华沙）展开大使级会谈。[②]

北京与华府之间紧张关系的降低，与台海之间军事对立气氛的和缓，都让中共领导人更有信心展开对台北的和平策略；台湾著名记者杨渡等，根据历史口述访谈资料指出，1956年春，蒋介石曾收到一封来自北京中共中央的信函，此函由著名民主派政治与教育家、曾任1949年国共和谈国民党代表、时任中共政协委员的章士钊，亲自携往香港，透过国民党当局驻港某人士，转交台北高层，此函内容主要提议由国共双方进行第三次合作，以完成统一大业，台湾政务，除外交交由北京中央接管之外，其他军政大权与人事安排仍由蒋介石继续管理，此信函结尾处还特别写道：“奉化之墓庐依然，溪口之花草无恙”，对蒋介石发动温情攻势。[③] 美国中央情报局一份完成于1971年12月间，并于2007年才获得解密的分析文件则揭露，早于1955年8月至12月间，与蒋经国有私谊、当时旅居香港的新闻

---

① Accinelli, Crisis and Commitment, pp. 157 – 234.

② Chen Jian, Mao's China and the Cold War (Chapel Hill: The University of North Carolina Press, 2001), pp. 167 – 171.

③ 杨渡，《穿梭两岸的密使》（台北：平氏出版有限公司，1995年），页123—125。

界要人曹聚仁，即曾写了三封密函给蒋经国，在信函里他邀请小蒋派人前往香港，由曹本人向台湾方面简报中共对台和平政策之最新讯息，以解决国共之间争议，美情报部门还注意到，此乃1949年国共内战结束后两岸领导人之间的首次信函往来，然而台北国民党高层却视曹与中共中央的信函为“统战”，置之不理。①

然而蒋介石、蒋经国父子真如美方情报人员所称，对中共方面来信完全置之不理吗？根据曹聚仁家属的回忆，蒋介石于1956年春收到北京来信后不久，即秘密派人前往香港会见曹聚仁，表达蒋氏父子不排除与北京沟通的想法，并要曹本人亲自前往大陆一趟，搞清楚北京方面的真实意图。曹立即去函其老师、1949年国共和谈时另一位国民党代表、时任中国国民党革命委员会和平解放台湾委员会第一副主任委员的邵力子，由邵向中共中央汇报。周恩来在了解整个情况后，迅速安排曹聚仁于该年7月间在北京晤面。

细查1956年春夏之际蒋介石私人日记内容所载，可以间接证实当时台北层峰似乎确曾有一些颇不寻常举动；蒋在5月6日曾写道：“香港游离与中立份子之组织，使之从事大陆情报工作或进入大陆潜伏。”② 而在6月14日的日记里，他则记载了当天与蒋经国见面，并且“指示经儿派员进入匪区之各种具体计划。”③ 到了6月29日，在曹聚仁北京之行显然已经安排妥当之际，蒋介石透过情报掌握周恩来在人大常委会中发言，表示希望两岸能够和平谈判解决争端，他在当天日记里写道：“闻周匪在其伪人民代会中宣布其要求与台湾言和之诳诞，只有置之不理，但为对内对外心理关系而又不能不研究对策也。”④ 7月10日，曹与周恩来在北京会晤前夕，蒋又在日记里记下如此一段颇耐人寻味的话语：“研究派人进入大陆生根

---

① CIA Intelligence Report, “Peking – Taipei Contacts: The Question of a Possible ‘Chinese Solution’”, RSS No. 0055/71, December 1971, CIA Electronic FOIA Reading Room, （以下简称“Peking – Taipei Contacts”）, pp. 2 – 4.

② 《蒋介石日记》，1956年5月6日。

③ 《蒋介石日记》，1956年6月14日。

④ 《蒋介石日记》，1956年6月29日。

之计划，实为发动大陆反共革命运动之基本条件。”[①] 他此番记载，当然有可能是指台湾派遣敌后人员潜伏大陆活动的构想，但亦不排除暗指派遣包括曹聚仁在内的“密使”，前往中国大陆活动并一探中共高层虚实。

无独有偶，就在曹聚仁在北京准备与中共高层晤面之际，前国民党名将、1949 年后加入中共阵营的张治中，也在 1956 年 7 月初，分别致函陈诚与蒋经国。在给蒋经国的私函里，张以“贤侄”称呼之，除表明国共应当顾全大局，携手合作之外，还特别提到毛泽东与周恩来对小蒋“期望甚大”，相信小蒋在未来两岸大局中，必能充分发展抱负，较为特别的是，张治中在函中还透露毛泽东欢迎蒋介石随时回到中国大陆，北京可住，浙江可住，任何地方均可住，一定受到安全保证与礼貌待遇，国家并将给予蒋先生崇高之政治地位，自不待言，而为了国共双方能够再次合作，毛泽东至盼终有一天，能与蒋介石在北京“握手言欢”。此外，张治中在私函里也期盼蒋经国能与陈诚双方真诚合作，一同向蒋介石委婉进言，希望台北最高阶层能够排除一切顾虑，早下决心，毅然采取行动，以实现两岸合作与谈判。[②]

1956 年 7 月 16 日中午，周恩来于北京颐和园内宴请曹聚仁，时任国务院副总理的陈毅亦作陪，周要曹向台北传话：北京对台湾绝非招降，而是彼此商谈，只要政权统一，其他一切议题皆可坐下来共同商量安排。带着周恩来的许诺，曹聚仁离开北京回到香港，随即于 8 月 14 日在其所供职的香港《南洋商报》上，将此次会面详细内容，以《颐和园一夕谈——周恩来会见记》为题，加以报道，借以向台湾方面传递国共之间开启第三次合作的重要讯息，一时间引起海内外极大关注。[③] 在台北，蒋介石父子当然收到了曹聚仁所欲传达的讯息，然而从蒋介石当时日记所载可知，他对北京提出国共合作，初步反应似乎颇为负面；他在 8 月 21 日写道：

---

① 《蒋介石日记》，1956 年 7 月 10 日。

② CIA Intelligence Report, “Peking – Taipei Contacts,” pp. 9 – 10.

③ 毛磊、范小方主编，《国共两党谈判通史》（兰州：兰州大学出版社，1996 年），页 652—653。

> “共匪”斗争最高原则是在阴性的、弹性的，不固定，无痕迹，使人不知不觉的受其愚弄和利用或挑拨离间，而尚不知自悟。不择手段，以及无孔不入、无微不至、无所不为的策略运用，必使之无隙可乘、无懈可击、无时无地彻底隔绝，极端封锁。①

然而微妙的是，蒋介石此刻似乎又并未完全指示断绝对曹聚仁的工作与接触；一星期后的8月29日当他主持国民党中常会时，特别对当时负责大陆敌后业务的叶翔之与所属部门，详加指示国民党在香港地区的统战工作，包括曹聚仁在内。②

曹聚仁角色再探究

据美国中央情报局解密文件显示，1956年9月间，天津市政协副秘书长黄逖非，曾写一私函给时任台北“行政院副院长”的胞兄黄少谷，除邀请国民党派员前往中国大陆考察交流外，还向其胞兄透露，曹聚仁只是北京的一个工作对象，层级并非最高，毛泽东当时对台的整体战略目标，实际上已超越曹聚仁的规格与层次。③ 只不过此刻蒋介石似乎认为，让两岸秘密接触的对象与层级暂时局限在曹聚仁，似乎是一个较为稳妥的安排，也许基于此一理由，该年10月初，曹聚仁再次前往北京，并获得毛泽东亲自接见，毛告诉曹，若台湾回归祖国，一切照旧，台湾可以实行三民主义，只要蒋介石与美国断绝关系，台湾方面还可以派代表回到中国大陆参加全国人民代表大会和政协全国委员会。而当曹聚仁询问未来一旦台湾回归，中共中央该如何安排蒋介石时，毛回答称，蒋当然不会做地方长官，要在中央来安排，而蒋经国则可以安排在人大或政协，陪同会见的周恩来则补充说，若陈诚愿意回到北京，其职位将不下于时任水利部长的前国民

① 《蒋介石日记》，1956年8月21日。

② 《蒋介石日记》，1956年8月29日。

③ CIA Intelligence Report, “Peking – Taipei Contacts,” pp. 7 – 9.

党将领傅作义。[①]

晚年曹聚仁

现今有关曹聚仁的相关出版品指出，这次北京晤谈后，台湾方面曾提出要求，让曹聚仁回到浙江奉化，看看蒋氏祖坟是否完好，因此在1957年的5、6月间，曹在访问北京后，专程前往奉化溪口镇，住进了当年蒋介石寓居的丰镐房，并代表蒋氏父子向蒋介石母亲王太夫人的墓园“慈庵”扫墓祭拜，所到之处，曹都一一拍摄照片保存，并且在他回到香港后，把所有情况与照片透过管道转交台北层峰。[②] 细查1957年春天蒋介石私人日记所载，蒋对于奉化故乡情况之关心与思念之情，确实言溢于表；他在当年2月10日曾写道：“今晨经儿来谈香港匪报登载故乡近情颇详，余急取观之，感慨无已。”[③] 蒋氏父子是否因此而表达希望由曹聚仁亲访奉化溪口，

---

① 毛磊、范小方主编，《国共两党谈判通史》，页653—654；李伟，《曹聚仁传》（南京：南京大学出版社，1991年），页353—355。

② 毛磊、范小方主编，《国共两党谈判通史》，页655—656；李伟，《曹聚仁传》，页359—360。

③ 《蒋介石日记》，1957年2月10日。

APPROVED FOR RELEASE
DATE: MAY 2007

Secret

EO 12958 3.3(b)(1)>25Yrs
EO 12958 3.3(b)(6)>25Yrs
EO 12958 6.2(c)

DIRECTORATE OF
INTELLIGENCE

Intelligence Report

Peking-Taipei Contacts: The Question of a Possible "Chinese Solution"

(Reference Title: POLO XLVI)

Secret
RSS No. 0055/71
December 1971

美中央情报局有关两岸密使机密报告

诚属可能。

此刻，有关两岸之间确有密使在进行穿梭交流，并推动国共秘密谈判的消息，也开始在西方报章媒体上广为流传，引起包括英国在内欧洲国家的好奇，以及台湾最重要盟邦美国舆论界之严重关切。① 对此，蒋介石在日记里坚称此乃中共方面所制造的和平谣言，其目的在于对美国进行挑拨性之宣传，他认为中共此计，可谓“无所不用其极矣”。② 蒋并将北京这波离间台美关系的“和谣”攻势，与1944年抗战时期有关他出现婚外情的

① FO 371/127450 FCN1015/1, British Consul in Tamsui (J. B. Wright) to Foreign Office, December 31, 1957.

② 《蒋介石日记》，1957年2月10日。

传闻，作一比拟，蒋认为两者不同之处在于“当时国际与社会上皆可为其谎诞谣言攻势纷动摇”，但他不相信今日“稍有常识”与熟识中共“惯技者”，能为其所动摇。[①] 蒋甚至认为中共似乎因为“内部破绽百出，无法掩饰其崩溃立待之形势，所以他只有制造对我之和谣以安定大陆人心与维系其伪政权之一法，余将如何处之，勿使之再得拯救之命运，是为至要”。[②] 仿佛此刻北京对台北的和平试探，完全是中共内部发生严重问题下之产物。

然而相当微妙的是，当蒋介石在日记里屡次批评中共“和谣”伎俩的同时，他却也暗自不断反复思索，如何善用此波两岸秘密接触交流的“传闻”，转化成为台湾对美国的一种“外交”姿态运用，让华府因为担忧国共之间可能进行秘密和谈，而强化美方对台湾的支持力道。譬如他在 2 月 9 日当天的日记里即写道，中共方面“和谣益烈，美国舆论已引起重大注意，是否能促成美国对我反攻必要之同情耶?”[③] 数日后，他又思考中共所发出的和平试探，“对于美国之心理与作用如何，应加研究，是否以此为促进我反攻大陆理由之一种?”[④] 综观整个 1957 年 2 月间蒋介石日记，可窥知他几乎每天都在研究“反攻与和谣”之间的关联与应用，谋思如何利用海峡两岸正在进行暗中接触的态势，让艾森豪威尔总统对台湾未来对中国大陆的可能反攻行动，能够不加阻挠。[⑤] 相较之下，华府的军事情报单位初步研判这些来自香港、有关两岸秘密接触的报道，实乃曹聚仁单方面故意向外界主动披露，在美方看来，曹聚仁作为蒋经国过去亦师亦友的特殊身份地位，其用意在于打击蒋经国，让他在未来台湾领导圈子里的接班过程中，蒙受尴尬与难堪，同时减损美方对小蒋的信任与评价。[⑥]

根据多方面史料所揭示，此时海峡两岸的秘密接触，应不只是北京单

---

① 《蒋介石日记》，1957 年 2 月 16 日。
② 《蒋介石日记》，1957 年 2 月 28 日。
③ 《蒋介石日记》，1957 年 2 月 9 日。
④ 《蒋介石日记》，1957 年 2 月 13 日。
⑤ 此类想法，参见：《蒋介石日记》，1957 年 2 月 16 日、23 日。
⑥ CIA Intelligence Report, “Peking – Taipei Contacts,” pp. 4 – 5.

方面的行动；曹聚仁于1957年3月7日写给黄少谷的私函里，有着“去秋，王兄返港，知我兄垂注弟个人生活，至为感谢”这么一段话语，可见台北方面确实曾透过某位王姓人士，居间向曹传话，而在此函里，曹也转告黄少谷，中共方面已同意如下条件：（一）基于国共两党的对等地位，择地商谈；（二）双方停止军事行动；（三）台湾自治，台方党军政原盘不动，一切听由蒋介石做主，如由蒋经国担负台湾全责，则陈诚将前往北京任职；（四）中共与美国可建立新的友好关系；（五）国共双方商谈就绪后，台方派遣代表驻北京，并推选代表参加各种政治机构；（六）北京方面，担负台湾军政经费，如美援之额数。曹聚仁因而建议台湾方面，为了知彼知己，不妨先派人去中国大陆进行一番考察，再决定下一步该如何走，他又在信上称，北京本来已经同意由黄少谷或蒋经国代表台湾，与中共会谈，然而为了诸多政治现实与顾忌，曹改建议台北派遣前“中央社”秘书梁乃贤，取道香港前往北京与其他各地游历，较不引人注目。此私函最后，曹聚仁除强调其在信中所言，全系事实，还要黄少谷不必公开谈论，除了蒋介石父子之外，也勿向任何人提及，他并转达邵力子与张治中对黄的问候。①

1957年春，就在蒋介石不断苦思如何运用“和谣”之际，他曾暗中指示时任国民党在香港机关报《香港时报》董事长兼社长许孝炎，从海外地区推荐一合适人选，前往中国大陆考察，以进一步掌握北京真实意图，许孝炎随后向台北推荐了三位候选人，分别是前立法院长童冠贤、前立法院秘书长陈克文以及1949年后定居香港的国民党“立法委员”宋宜山，蒋介石最后从三人之中选定了宋宜山，一来宋在1949年以前曾任国民党中央组织部人事处长要职，较为台北层峰所信赖，二来宋的胞弟为前国民党将领宋希濂，宋希濂于1949年被中共俘虏后，仍关押于北京战犯管理所，宋宜山若以“探亲”名义前往北京，较不会引起外界注意。宋于1957年4月前往北京，与包括国务院总理周恩来、统战部长李维汉在内的中共高层

---

① CIA Intelligence Report, “Peking - Taipei Contacts,” pp. 10 - 11；毛磊、范小方主编，《国共两党谈判通史》，页657—661。

人士晤面，李维汉曾向宋宜山阐述中共处理台湾问题的几大原则，其内容与稍早3月间曹聚仁致黄少谷私函内所提各点，几无二致。①

5月间，宋宜山回到香港后，向许孝炎汇报其大陆之行，他除了报告与中共高层的晤谈经过之外，还对当时中国农村土地改革、工业发展与市场状况等，进行详细叙述，宋的本意是想让台北层峰尽可能掌握中国大陆实情，不料其报告经由许孝炎转达台北后，却惹来蒋介石不悦，认为宋一趟大陆之行，已经被中共“统战”了，因而要他以后不必回台湾，但其“立法委员”薪水仍将按月自台北汇往香港。② 或许因中共方面此时所提出的谈判原则，颇有“矮化”国民党与蒋介石父子之意，或许当时中国大陆的政治氛围，因“反右运动”的展开而出现微妙变化，抑或此刻台北高层颇不愿见到国际间，特别是美国，对于两岸秘密接触谈判出现更多臆测，不论如何，敏感的台北“外交圈”发觉，自1957年5月以后，国共之间的接触似乎也暂时停摆了下来。③

1958年台海危机与两岸秘密接触

1958年夏天起，台海局势转趋紧张，该年7月间，中东局势紧张，美、英等国于中东地区部署兵力，战火似乎一触即发，此外，当时中、苏共之间关系也发生裂痕，苏联有意缓和与美国关系，令北京感到愤怒，加以台湾方面不断对中国大陆沿海省份与西南滇缅边区进行敌后空投与游击骚扰工作，令毛泽东颇为恼怒，在各种因素考量之下，中共领导人决定炮轰金门外岛，一来牵制美国在中东地区力量，二来阻挠美苏和解，三来试探美国对台政策与离间台美关系，四来作为对台湾敌后游击工作的反击。④

---

① 杨渡，《穿梭两岸的密使》，页125—128。

② 杨渡，《穿梭两岸的密使》，页130—132；毛磊、范小方主编，《国共两党谈判通史》，页642—643。

③ FO 371/133354 FCN1022, British Consul in Tamsui（J. B. Wright）to Foreign Office, March 10, 1958.

④ Chen Jian, Mao's China and the Cold War, pp. 175 - 178.

然而在毛泽东决定于8月23日傍晚开始炮击金门前夕，他依然透过秘密管道，知会台北；根据曹聚仁之子曹景行的回忆，炮战发生前几天，毛泽东在北京紧急召见曹聚仁，要他把中共准备炮击金门的行动，转知台北，也因此在8月23日当天早晨所发行的香港《南洋商报》里，赫然出现一则“金门即将发生炮战”的新闻，时任国务院副秘书长兼总理办公室主任的童小鹏在其回忆录里证实，把此一军事机密透露给曹聚仁对外发表的，正是毛泽东本人。[①]

1958年金门炮战前夕蒋介石与美军顾问团合影

解放军于8月23日傍晚起大规模炮轰金门，造成岛上国民党军惨重伤亡，美国第七舰队开始协助台湾海军，对金门进行运补，而中共则以舰艇与岸轰，力图维持封锁。9月10日，金门炮战进行至第19天，周恩来急召曹聚仁北上，要他秘密转告台北，中共准备停止炮轰金门7天，让国民

① 童小鹏，《风雨四十年》（北京：中央文献出版社，1996年），第二部，页275。

党军能够对金门进行运补，但前提是美军舰艇不得协助护航。① 曹回到香港后，于9月25日起，分别致函蒋经国、台湾“国防部长”俞大维、当时转任“外交部长”的黄少谷以及曾任奉化武岭学校教务长、蒋介石旧属、时任嘉义农专校长的张恺，传达北京方面此一重要讯息，在给黄少谷的私函里，曹保证只要台湾脱去依赖美国军力虚荣心理，北京绝不向台北用兵，他接着称，从十月六日起，只要不由美舰护航，一星期内无论运送什么物资往金门马祖，无论多少船只，中共方面决不轰炸阻拦。曹也进一步代转北京讯息称，台湾在金门与马祖驻军可自由撤退，共军不会拦阻截，更重要的是，北京赞同蒋介石保留这一份军事力量，并无歼除之意。曹建议台湾方面应尽速组一私人访问团，前往中国大陆考察，之后再决定大计，此一访问团可以不与中共政府接触，仅作游历性质，曹并保证中共方面会给予一切便利，决不会有任何危险。

值得注意的是，曹聚仁也透过其私人函件，向台北传达北京希望与国民党进行和谈的五项步骤，其大意如下：

一、台方军政大计，仍由蒋介石全权决定，中共希望陈诚与蒋经国能密切合作，共同建设台湾。

二、计划江西庐山以南及鄱阳湖地区为蒋介石休息林园，毛主席专电欢迎国民党总裁归庐山，并将奉为国宾。

三、台方如同意国共和谈公开化，曹聚仁将向北京建议，华沙会谈将移回日内瓦，台湾则派叶公超或谢寿康（时任台湾当局驻教廷“大使”）参加，届时曹聚仁亦将陪同出席。

四、金门、马祖国民党驻军撤退后，金门将辟为国共双方经济交流市场，中共将同意人民币与新台币兑换率为一对八，并自和约签订日起，担负台方的军政经济，以美援额准。而台北、基隆、高雄与上海、福州、厦门、汕头之间也将正式通航。

五、台湾将依照新疆、西藏之前例，在商定期限内划为自由区，台方

① 中共中央文献研究室编，《周恩来年谱（一九四九——一九七六）》（北京：中央文献出版社，1997年），中卷，页168。

派代表团驻北京，并参加政治协商会议及人民代表大会，中共将同意国民党为台湾独立政党，不与民革合流。

曹聚仁并且表示，他将建议由北京派驻一个正式代表团于台北，由宋庆龄任团长，其他代表团人选还可包括张治中、邵力子、屈武等前国民党要员，而台湾驻大陆代表团员则可包括梁乃贤、张恺等蒋介石父子所信任之士，在信函最末，曹希望黄少谷能够复一电，上用“可”字，让他能够向北京报告并要求中共践约。①

毛泽东一方面透过曹聚仁向蒋介石传达金门暂时停火的讯息，另一方面却也善用此一机会，在国际间进行对北京有利的宣传与心理战。9 月 29 日，就在黄少谷将此函呈交蒋介石过目之后第二天，即出现一则发自伦敦的法新社电讯，内容叙述台湾与中共之间的秘密和谈，已经进行许久，直到金门发生炮战之前，双方仍不断有所接触。② 此则电讯的突然出现，与曹聚仁来函要求国共和谈，两者在时间上的巧合，不禁令蒋介石感叹中共对于“离间台美关系”之举措相当精准高明，令他“寒心极矣。”③

美国学者陶涵（Jay Taylor）在其所撰之蒋经国传记里，引用曾任中共中央政治局常委、全国人大常委会前委员长乔石于 1995 年 11 月 28 日的口述访谈称，金门炮战期间，蒋介石曾经透过秘密管道转告北京，若中共持续炮击金门，美国势将要求国民党部队撤出金、马等外岛，如此将造成中国永久分裂之势，蒋介石此番讯息，因而成为毛泽东决定暂停炮轰金门之关键因素。④ 细究如上曹聚仁 9 月 25 日致黄少谷函大意，乔石此一说法，似乎并非空穴来风，而蒋介石在金门炮战高度紧张的 9 月 27 日当天日记

---

① CIA Intelligence Report, “Peking - Taipei Contacts,” pp. 15 - 16；李伟，《曹聚仁传》（南京：南京大学出版社，1991 年），页 360—361。有关中共对台和平解放策略之讨论，另见松田康博，《中国の对台湾政策—‘解放’时期を中心に—》，《新防卫论集》，23：3（东京），页 32—48。

② CIA Intelligence Report, “Peking - Taipei Contacts,” pp. 15 - 17；另见“央祕叁（47）第 1461 号文件”，该份文件附于蒋介石 1958 年 9 月 30 日当天日记里。

③ 《蒋介石日记》，1957 年 9 月 30 日。

④ Jay Taylor, The Generalissimo’s Son: Chiang Ching - kuo and the Revolutions in China and Taiwan (Cambridge, MA: Harvard University Press, 2000), pp. 247 - 248.

里，也有如下一段看似无头绪，却颇耐人寻味的话语："中国事只有中国人才能真正了解，尤其是中共的行动，中共的心理，以及其大陆的真相内容与民心，更是只有中国人才能了解。"① 也许此刻的蒋介石，同时面对外岛军事冲突危机与来自美国以及国际社会要求台湾军队撤出外岛等强大压力，有感于海峡两岸国共领导人，对于将金门视为台湾与中国大陆联系枢纽此一理解上，彼此应有一定之默契与心领神会，因而出现此番感想。

10 月 5 日午夜，国防部长彭德怀果然于广播中，声称基于人道立场，中共决定自 6 日起停止炮击金门 7 天。蒋介石因事前对曹聚仁私函内容已有所掌握，因而对于北京的停火声明，并未全然在状况之外，尽管如此，细察其日记所言，仍可感受到蒋对于北京高层果真信守秘密承诺宣布停火，感到有些意外与措手不及：

> 朝课时经儿来报，昨午夜"彭匪"广播停止炮击七日之消息，乃在意料之中，惟对其"共匪"达一事先预告之作用及随其宣传之行动与方式如何未能先作进一步之研究与准备，是为对"匪"认识不足之缺点，须知"共匪"的每一宣传与示意，其必有一行动随之而发也。②

蒋介石因事前并未准备好该如何回应来自北京的片面停火声明，因此当天上午他在"总统府"内，匆忙召见陈诚、张群、黄少谷等人，研究彭德怀广播之影响、国民党对内对外之表示以及台北对中共此后之工作准备。而北京宣布停火后第 3 天，曹聚仁再度匆忙自香港北上，于 13 日与毛泽东、周恩来等人见面，并获毛亲口告知，中共将于停轰期限结束后，继续对金门停火两周，毛还向曹表示，如果蒋介石自金门、马祖撤退，则大势已去，人心动摇，很可能会垮台，因此只要蒋台湾与美国勾结，北京是赞成蒋保住金、马外岛。此次晤谈后，周恩来又分别于 10 月 15 日与 17

---

① 《蒋介石日记》，1957 年 9 月 27 日。

② 《蒋介石日记》，1958 年 10 月 6 日。

日，两度会面曹聚仁，面授对台交涉机宜。[①]

第二次台海危机确实也引来国际社会对于国民党重兵驻守外岛的不安与高度争议，甚至有主张在联合国内解决金马外岛地位之提议，为此，美国务卿杜勒斯于10月21日飞抵台北，与蒋介石讨论外岛危机之解决方案，为了抗议杜勒斯此刻前往台湾，以及美国军舰不顾中共方面事前警告，参与国民党军的运补作业，中共于10月20日宣布停火无效，恢复对金门之炮击。[②] 10月23日，此时已自中国内地返回香港的曹聚仁，火速致一私函给黄少谷，内称毛泽东决定恢复炮轰，其实在外交上有着看似相反而实相成的作用，易言之，毛认为蒋介石此刻正与杜勒斯进行艰苦的谈判，而中共恢复对金门炮轰后，蒋介石尽可对美方表示强硬态度，借此需索美方的军经援助，在北京看来，“对台湾的援助和对北京的援助是相同的，只要美方肯拿出钱来。”毛泽东也透过曹聚仁再度向台北提议，一旦金门停火之后，推动两岸与国共关系发展的三个实施步骤如下：

一、国共双方就地停战，金马台澎仍由蒋“总统”领导政权，“国民政府”名义仍旧，迄蒋“总统”任期满为止。如蒋“总统”精神健实，愿继任三任“总统”（罗斯福也曾三任总统，非无前例），台方可修改宪法，再行推选蒋“总统”连任。如蒋“总统”意在传贤，则陈“院长”自可当仁不让。双方停战，结束了三十年内战，中共建设大陆，台方建设台澎及离岛地区，双方在建国大道上争先。辟金马为双方物资交换地区，人民自由往来，金马驻军是否留守，或撤退，完全由蒋“总统”决定，中共不予干涉。假定第一步骤为一年，双方除停止军事攻击外，并停止政治性攻击，重建新的友谊。

二、蒋“总统”如认为中共政权尚未稳定，内部会有叛乱情事，台方可先派军事代表团，由聚仁陪同前往考察，待该团作报告后，再作一切决定。如蒋“总统”对中共的建议，如不合理想，台方自可另提方案，以三

---

① 中共中央文献研究室编，《周恩来年谱（一九四九——一九七六）》，中卷，页181—182。

② Michael Szonyi，Cold War Island：Quemoy on the Front Line（Cambridge：Cambridge University Press，2008），pp. 64 – 80.

民主义为根据，在台湾做试验，中共政府决不加以干涉。

三、休战一年后，双方彼此谅解，再进行改善国际外交步骤，一切放在圆桌上去研究。[①]

北京为了展现推动国共谈判的决心，立即派遣章士钊赶赴香港，准备随时与来自台湾方面的代表进行接触与谈判，曹聚仁与章士钊皆以过去与章士钊颇有私人交情的张群与吴忠信为对象，积极联系，动之以情，希望一举促成国共双方代表在香港进行晤谈。[②] 另一方面，此时美国的外交与情报部门显然已掌握这段期间国共秘密往来的讯息；根据曹聚仁家属的回忆，以及美国中央情报局解密文件揭示，美方确曾就两岸之间可能进行和谈一事，向国民党高层施压，最后蒋经国不仅把这些年来他与曹聚仁之间的接触，向美方和盘托出，更把曹的多封来函，交给美方过目，甚至还告诉美方，他的父亲蒋介石将抱着“宁为玉碎，不为瓦全”的坚定态度，绝对坚守在国际反共的民主阵营里，不会与对岸谋和。[③] 当时在美方的压力、猜忌与反对态度下，蒋介石甚至要求当时担任台湾特使，准备于11月初动身经香港前往罗马参加新教宗若望廿三世（John XXIII）就职典礼的“外交部长”黄少谷，临时改变行程，避开香港，以免遭受国际间有关台湾即将与章士钊秘密接触的传闻所波及。[④]

奉毛泽东之命，于10月21日前来香港进行“和平运动”的章士钊，在抵达香港后翌日，即派人与前国民党“复兴社”要员、与黄少谷往来密切、时任《香港时报》总主笔的雷啸岑接触，并向雷传达北京讯息称：只要台湾脱离与美国关系，不但金门马祖可保无恙，即便是大陈列岛亦可交还台湾，且毛泽东决不过问台湾内部之事。章的这名私人代表也向雷透露，毛泽东准备从三方面着手对台湾的和谈工作：蒋介石方面，毛要章士

① CIA Intelligence Report, “Peking – Taipei Contacts,” pp. 15 – 16；李伟，《曹聚仁传》，页361—362；松田康博，“蒋介石と‘大陆反攻’——1960年代の对共产党军事闘争の展开と终焉－”，收录于山田辰雄、松重充浩编，《蒋介石研究》（东京：东方书店，2013年），页339—340。

② CIA Intelligence Report, “Peking – Taipei Contacts,” pp. 17 – 18.

③ CIA Intelligence Report, “Peking – Taipei Contacts,” pp. 16 – 17.

④ 《蒋介石日记》，1958年10月31日。

钊以友谊关系找陈光甫，再由陈通过吴忠信，将和谈内容转报给蒋；陈诚方面，毛要章士钊透过雷啸岑与黄少谷搭上线，借此直接联系上陈诚；蒋经国方面，毛泽东打算继续运用曹聚仁的管道，毛甚至认为曹的工作，迄今“甚有眉目矣”。章的这名代表还暗示雷啸岑，除了台面上几位积极从事“和平运动”的人物之外，尚有其他幕后人士，一直与海内外国民党要员保持畅通管道，他举例言，多年来担任国民政府前行政院长宋子文私人秘书的郭增恺，1949 年后即留在香港，近年来更积极往来于香港与北京之间，成为周恩来与当时已旅居美国的宋子文之间，最重要的沟通管道。[①]

1958 年秋第二次台海危机的爆发，虽然给海峡两岸带来新一波军事冲突，却也造就国共双方之间又一次的密使交流与暗中接触，甚至一度出现在香港展开和谈的迹象，只不过面对北京和、战两手策略，蒋介石最后仍选择向美国靠拢、妥协与输诚。10 月间，经过一番角力与折冲，杜勒斯与蒋介石在台北发表联合公报，美方认定金门、马祖等外岛，与台湾、澎湖在防卫上确有密切关联，但同时也迫使蒋介石在公报中允诺，未来国民党当局将改以“政治”手段取代“军事”手段，来实现“光复大陆”，在美国不愿提供装备与后勤支援下，蒋介石希望以正规作战武力“反攻大陆”的可能性，自此可说几已根本断绝。为了进一步向外界澄清谣言，11 月间，陈诚还曾大动作召开记者会，公开澄清国民党当局毫无与对岸谈判接触的意向，他甚至安排中央社记者对他进行专访，借机向国际社会承认过去一段时间内，台北高层确实收到中共来函进行“统战”，要求国共举行谈判，但已为国民党方面所严拒。[②] 陈诚此番其向美国交心表态之用意，不言而喻。

两岸密使与蒋氏父子、陈诚之间权斗

如前一章所述，自 1959 年起，有关蒋介石是否出马竞选第三任“总

---

① CIA Intelligence Report, “Peking - Taipei Contacts,” pp. 17 - 18.

② Ibid, pp. 19 - 20.

统”，即成为台湾岛内一个微妙的议题，蒋介石希望透过修改“宪法”来连任，却遭到海内外自由派学、政界人士的挑战，同时也牵动蒋经国与陈诚两人以及彼此支持派系之间，在国民党内的权力接班布局与政治斗争，国民党内的权力竞逐，自此也开始成为中共对台“和平运动”以及两岸秘密接触过程中一个重要因素。1959 年 4 月 25 日，曹聚仁写一私函给蒋经国，首先称章士钊因久候国民党派代表前来香港会晤未果，已提前于 4 月 12 日回去北京，曹本人也将在 5 月间前往北京，他还向蒋经国报告称，当时正在召开的全国人大会议与人事改组，对于中共高层日后权力结构，将不会有太大变动，决策权仍将是集中在毛泽东、周恩来与陈毅三人手中，他分析此一局面对蒋经国甚为有利，并保证未来 10 个月内，中共对台湾绝对不会有任何军事动作，而此一台海地区相对和平之局面，将可作为蒋经国从容安排之机会。然而曹也继称，明年情况如何，他没有把握，但他愿意尽一切可能之力，以协助小蒋，颇有暗示北京可以暗助蒋经国巩固其在国民党内权力之意。曹在信函也提醒蒋经国称，美国方面对于他出面主持台政，不曾同意，然而北京方面则坚持非小蒋与陈诚同主台政不可。① 这些讯息似乎都透露出当时蒋经国与陈诚之间在国民党内的微妙竞争关系，以及北京方面颇思利用此一局面，进一步发挥其对台湾内部政治局势发展的影响力。

中共当然也不忘适时向陈诚传达讯息与示好。1960 年年初，当蒋介石与陈诚正因“总统”连任与“修宪”问题关系闹僵之际，陈诚夫人谭祥的一位侄儿（美中央情报局文件内称该人名为“谭德”），自中国大陆前往日本，并从东京辗转将他本人与傅作义的两封私函，转达给陈诚，其侄儿在私函里称，周恩来欲传递三项讯息给陈诚：台湾方面应当继续反对任何有关“两个中国”的阴谋伎俩；北京绝不会同意放弃台湾，来换取金门马祖等外岛；若台湾方面遇到任何困难或者有任何需要，陈诚只需透过其侄儿转告北京，则大陆方面有力人士一定尽全力协助，这最后一项讯息颇有北

---

① Ibid，pp. 20 – 21. 蒋介石于 4 月 30 日得知此函，但并未有所表示，仅在当天日记里记下“晚课据报曹奸又致经函”，见《蒋介石日记》，1959 年 4 月 30 日。

京愿意增进与陈诚派系关系之暗示。而当时对此密函已有掌握的美军事情报单位，显然认定中共正努力激化陈诚与蒋氏父子之间的紧张与对立关系，并再次挑起美国对于金、马外岛政治地位之疑虑。[①] 至于傅作义致陈诚的信函，除了希望他继续反对外国势力干涉台湾与两岸事务之外，也呼应陈诚一贯坚持之立场，以推动台湾内部经济建设为施政优先，而非如蒋介石一般，一味希望以军事手段"反攻大陆"。[②]

1960 年 3 月，蒋介石透过动员国民党籍民意代表上书吁请竞选连任，以及党籍"国大代表"进行"修宪"等方式，顺利连任"总统"，陈诚希望主掌台湾政局的机会也随之破灭。蒋介石当选连任后，根据美方情报，认定中共准备在 5 月 20 日"总统"就职典礼前夕，对金门甚至澎湖发动新一波军事攻势，对此他感到忧心忡忡。[③] 4 月底，曹聚仁向蒋经国与嘉义农专校长张恺分别寄出私函，曹要蒋经国宽心，他保证北京绝对不会在近期内，对金门外岛或者澎湖发起军事行动，他甚至透露，中共若真要拿下台湾，必定是从闽东与海南岛攻取台中与台南，而金门与马祖等外岛根本不在北京的考量之内。曹亦告知去（1959）年夏天他在北京待了 4 个多月，得知中共中央对于台湾问题议决了大原则，准备交由张治中、邵力子、屈武、与时任职于周恩来总理办公室的罗青长与童小鹏等人来执行，这些人都主张对台不用兵，且都力持应把台湾全部政权，交由蒋经国来主持。[④]

陈诚未能在 1960 年春天这场与蒋氏父子之间的权力竞争中胜出，这似乎也让北京认定蒋经国将成为未来政治接班之不二人选。在曹聚仁给张恺的信函里，他希望张恺能够劝服小蒋接受国共双方正式停战或休战，把金门开放成为一个"自由市"，交由张恺主持，曹还特别强调，这一切打算，都是为了蒋经国未来的政治生涯，若张恺日后出任金门市长，曹保证届时他一定帮忙搭桥，促进两岸关系。曹也吁请张恺能够商请蒋经国同意，由

---

① CIA Intelligence Report, "Peking – Taipei Contacts," pp. 22 – 23.

② Ibid, p. 23.

③ 《蒋介石日记》，1960 年 4 月 16 日、4 月 23 日、5 月 5 日。

④ CIA Intelligence Report, "Peking – Taipei Contacts," p. 23；李伟，《曹聚仁传》，页 368 – 369。

张恺本人，或者蒋经国的堂妹夫、前桂系将领韦永成，经由香港进入中国大陆旅游，进一步掌握实况。[1]

根据美国中央情报局解密文件揭示，没有证据显示台北高层对于这些来自海峡对岸的信函诉求，有任何具体的回应。然而当时任职于周恩来总理办公室的童小鹏在其回忆录里却透露，1960 年 7 月间，当《香港时报》总主笔雷啸岑自台北公差回到香港后，周恩来曾要章士钊前往香港与雷接触，把北京的讯息转达台北："蒋介石目前的关键问题是名与利，如两岸和谈，只要台湾回归祖国，北京是可以对台湾大力补助的。"而当章士钊询问是否可改以时任台北"总统府秘书长"的张群为接触对象时，周恩来则表示张群对两岸秘密往来一事，根本未有接触，目前还不适宜。童的回忆录也指出，除了雷啸岑之外，追随陈立夫的国民党"中央俱乐部"（C. C. 派）大员、时任台湾"立法委员"的吴铸人，也是国共交流的密使之一。[2] 换句话说，此一时期两岸的秘密接触，似乎一直未曾中断过。

1962 年台海危机前后的两岸秘密接触

本书前一章提到自 1961 年起，美国总统肯尼迪有意改变对华政策，让蒋介石倍感压力，因而着手认真推动"国光计划"，准备发动军事反攻大陆，然而台湾积极备战，却引来美国空前巨大的压力与阻挠，自 1962 年春天起，华府接连派出军、政与情报系统要员前来台北劝阻蒋介石，甚至威胁中止对台贷款与暂缓向台输出军事装备，6 月间，解放军大量增援福州军区，美方为了化解一场台海之间可能发生的军事冲突，透过华沙大使级会谈管道向北京私下传话，表示美国无意支持蒋介石的"反攻大陆"计划，美方向台北隐瞒曾向中共传达不支持蒋介石的事实，同时又听任北京将此消息向国际媒体广为流通，让国民党当局高层一阵焦虑不安，军心士

---

① CIA Intelligence Report, "Peking - Taipei Contacts," pp. 23 - 24.

② 童小鹏，《风雨四十年》，第二部，页 276。

气亦随之溃散，台海之间原本剑拔弩张的局势，也随之和缓下来。[①]

可以想见，1962 年夏天，美国背着台湾私下向北京传达不支持蒋介石的消息在国际间广泛流布，这对于蒋介石的声望，肯定是一个不小的打击。就在此刻，英国伦敦的《观察报》（Observer）突然刊登一篇由记者布鲁德沃斯（Dennis Bloodworth）所撰写的报道，称蒋介石的“某位家属成员”已经和中共方面，就台湾未来前途达成秘密协议，该报道称，过去 3 个月来，国共双方的密使曾在香港晤面，就各相关议题进行密集与广泛地磋商。根据美国中央情报局的分析，布鲁德沃斯曾在香港对曹聚仁进行访谈，而他这篇报道的部分内幕消息，则有可能出自于陈诚派系人马，用意在于打击蒋经国声望。美方中央情报局当时研判认为，陈诚向来颇不赞成蒋介石贸然发动军事“反攻大陆”行动，事后证明台湾最重要的美国盟邦，也与陈诚站在同一立场，这些事态演变都让陈诚与其支持者，站在一个政治道德上的有利点，加上 1962 年 6 月间，蒋介石曾经动了一个前列腺手术，健康状况不佳，这让陈诚的支持者认为一旦蒋介石因健康因素而离开“总统”职位，则位居“副总统”的陈诚，仍有机会与蒋经国一较长短，争取大位。[②]

然而中央情报局并非不清楚，陈诚本人同样也是海峡对岸欲积极接触与下功夫的重要对象，华府对于陈诚与中共方面可能有所接触的疑虑，从来也没有化解。1961 年 7 月间，当蒋介石决定派遣陈诚前往美国，与肯尼迪总统等美方要员商讨双方歧见之际，傅作义曾再度致一私函给陈诚，发动和平攻势，希望两岸合作，共同对抗美国，中央情报局驻台北站长克莱恩（Ray S. Cline）不但掌握此一讯息，更于 7 月 25 日拜会陈诚讨论其访美行程的场合里，公开提出来，并要求陈诚将傅作义函交其过目研究，只不过美方此一要求，遭到陈诚婉拒，陈诚仅愿意把傅作义来函内容重点，向克莱恩口头说明，称该函“多断章取义，曾忆及马歇尔调处时本人（指

① 林正义，《蒋介石、毛泽东、甘迺迪与 1962 年台海危机》，《远景基金会季刊》（台北），13：4（2012），页 63—124；林孝庭、赵相科，“1962 年台海危机背景探因”，《当代中国史研究》，2013（4），页 63—75。

② CIA Intelligence Report, “Peking - Taipei Contacts,” pp. 26 - 27.

陈诚）告周恩来，谈是我们，打也是我们，如果打，牺牲是我们，而胜利者则为俄国人。”[①] 不论如何，到了 1962 年夏天，陈诚与蒋经国关系的不睦，不但确属事实，甚至连蒋介石本人亦感到痛苦莫名，他在 7 月 22 日的日记里即写道：“昨发热至卅九度二时，乃觉生死莫卜，对国对民未尽职责，最感不安外，对政府之处理，甚望辞修与经国能为我之容忍，彼此互谅互助，彻底合作，亦能为我与他二人者，则余之反攻复国事业，仍可继续完成也。”[②]

1962 年 7 月中旬，当台海战云因美国不支持蒋介石而逐渐消散之际，曹聚仁曾致蒋经国一私函，他写道：“国际间有利害而无信义，事实俱在，章章明矣。”曹认为台海之间不应当再发生战事，并保证北京对台和平政策，自 1958 年金门炮战后，即未曾改变，他也再度敦促蒋经国应派员考察中国大陆，并相信只要小蒋表态接近北京，则美、日两国“必闻之战栗束手”，他甚至建议小蒋可以向媒体放出风声，称上海越剧团即将访问台北，则华府必定疑惧万状。[③] 该年 11 月 26 日，正值古巴导弹危机平安落幕，曹聚仁又致蒋经国一函，向台北确认中共对台决策方针，并未因国际局势紧张而有所改变，北京处理台湾问题，也和当时发生在欧洲的柏林危机与中南半岛上的越战问题毫不相干，曹衷心盼望国共双方“各自为政”，处理好内部事务，致力于缓和台海情势，并将金门与厦门打造成为远东地区经贸新枢纽，以便日后取香港地区、新加坡而代之。[④]

美方解密资料显示，1962 年 8 月至 11 月间，国共双方代表在香港有相当多工作阶层的接触，美方无法知悉这些互动往来，是否分别获得台北与北京最高当局的充分授权，然而华府研判，若蒋介石确实决定增加与中共方面的秘密接触，则一方面必与陈诚、蒋经国之间的权斗有关，另一方面也在于平衡美国与中共之间因华沙大使级会谈接触后所可能出现的发

---

① “‘副总统’陈诚接见克莱恩谈话纪要”（1961 年 7 月 25 日），《忠勤档案/中美关系（二）》，《蒋经国“总统”文物》，典藏号：005010100056006。

② 《蒋介石日记》，1962 年 7 月 22 日。

③ CIA Intelligence Report, “Peking – Taipei Contacts,” p. 27；李伟，《曹聚仁传》，页 370—371。

④ CIA Intelligence Report, “Peking – Taipei Contacts,” pp. 27 – 28.

展，同时颇有报复6月间美国未将华沙会谈内幕充分知会台北之用意。①童小鹏则回忆称，此一时期，台北方面透过各种名义与各种关系，派了许多人前往中国大陆，有一次甚至一口气派了4个人，1个驻香港，3个到了北京，毛泽东与周恩来也会见了其中一些人，童称尽管中共一时之间也分不清这些所谓的国民党“密使”是真是假，所携讯息是否正确，但北京愿意“以假当真，假戏真做，最后弄假成真”。②

1963年以后的与两岸秘密接触

根据美国中央情报局文件披露，1963年1月底，当中、苏共关系已成恶化之势，时任中共水利电力部长的傅作义，曾向陈诚发出一封密函，内称现在全世界都已看清中共并非苏联的附庸，而是独立自主的个体，北京也希望台湾能够断绝与美国关系，脱离美帝国主义的掌控，让国共之间尽速展开谈判，以谋求两岸统一之大业，据美方称，陈诚阅读之后，在信函写下“决不”两字，表示其反对国共第三次合作之意。③ 美外交与情报单位皆认定，1963年初傅作义这封给陈诚的私函，也是中共自1955—1956年起，开始对国民党发动“和平攻势”的尾声，此后两岸之间似乎再无类似之信函往来与秘密接触，蒋经国也未再曾主动向美方提供对岸来函。华府虽然研判北京已决定停止对台湾的和平试探，然而也不排除蒋经国似乎有意向美方隐瞒他与中共之间的秘密接触，以报复美方长久以来对他的不信任。④

蒋介石私人日记里则透露出此段时期傅作义与台湾方面联系过程中，不为人知的另一面。就在傅作义于1963年1月底向陈诚发出私函后不久，3月23日，蒋在其日记里的“上星期反省录”里，有如下一段不寻常的记

① Ibid, pp. 28 - 29.

② 童小鹏，《风雨四十年》，第二部，页277—278。

③ CIA Intelligence Report, “Peking - Taipei Contacts,” pp. 29 - 30.

④ Ibid, pp. 30 - 31; CIA National Intelligence Estimate, “Prospect for the Government of the Republic of China”, No. 43 - 64, March 11, 1964, CIA Electronic FOIA Reading Room.

载："傅逆作义特以专人带来其亲书'悉贡所能'四字，密告于余，但其并未具名，其字却是真笔，可知匪共内部已至其崩溃在即，有不可想像之势，否则此种投机份子决不敢出此也。"① 当时中、苏共之间因意识形态与路线之争，而闹得不可开交，中共内部亦经历了批判右倾"机会主义"与"修正主义"的风潮，因此蒋介石认定傅作义似乎有意透过与台湾之间的秘密接触，为其日后政治生涯发展预作盘算。不论如何，傅作义与国民党高层之间的神秘联系，一直延续至该年夏天；8 月间，蒋氏父子仍不断思索如何处理来自傅作义的讯息，譬如 8 月 3 日蒋在日记里"本星期预定工作目标"里曾写道："伪水利部长问题。"② 一星期后的 8 月 9 日与 10 日，他又在日记里分别提到："经儿来见，对傅作义事之研究"，与"傅作义问题之进行"。③ 此刻傅作义与蒋氏父子之间究竟在讨论什么议题，在谋划些什么，仍有待未来更多资料的发掘来找寻答案。只不过此一时期国共之间的接触，似乎也不免再度引发美方的高度关注；1963 年 11 月间于台北召开的国民党第九次全国代表大会上，党秘书长唐纵还特别针对过去数年来曹聚仁、章士钊等人士对台湾方面传递和谈讯息一事，提出公开说明与澄清，并表达国民党方面不接受此类和谈提议之严正立场，颇有向外界匡正视听之用意。④

根据与曹聚仁相关之出版资料所载，1965 年夏天，海峡两岸之间似乎又恢复了密切且不寻常的接触交流，据称该年 7 月 18 日，时任台湾"国防部长"的蒋经国，曾亲自搭乘一轮船，至香港附近水域与曹聚仁会面，并将曹接往台湾，于 7 月 20 日与蒋介石在日月潭的涵碧楼内晤面，曹向蒋介石出示一份中共中央的信函，信中还附有毛泽东写给蒋介石《临江仙》词，其中"明月依然在，何处彩云归"，道出了毛泽东希望蒋介石回到中

---

① 《蒋介石日记》，1963 年 3 月 23 日。
② 《蒋介石日记》，1963 年 8 月 3 日。
③ 《蒋介石日记》，1963 年 8 月 9 日、10 日。
④ 唐纵，《中国国民党第九次全国代表大会党务工作报告》（1963 年 11 月 12 日），转引自松田康博，"蒋介石と'大陆反攻'——1960 年代の対共产党军事闘争の展开と终焉—"，《蒋介石研究》，页 340—341。

国大陆的诚意。这些出版资料声称，在此次日月潭的密晤当中，国共双方达成了所谓的“六项协议”，主要内容包括：一、蒋介石偕旧部回到中国大陆，可以居住在浙江以外任何一个省区，仍任国民党总裁，中共将拨出江西庐山地区作为蒋居住与办公的汤沐邑（封地）；二、蒋经国任台湾省长，除军事与外交权外，其他政务由台湾省政府全权处理；三、台湾不得接受美国军事经济援助，若台湾财政有困难，北京将根据美国支援数额照拨补助；四、台湾海空军并入北京控制，陆军缩编为 4 个师，其中 3 个师驻守台湾本岛，1 个师驻守金门与厦门地区；五、金门与厦门合并为一自由市，作为台北与北京之间缓冲联络地区，该市市长由台北征求北京同意后任命；六、台湾现任文武百官官阶与待遇照旧不变，人民生活水准只可提高，不能降低。

1965 年 7 月 18 日，正是前国民政府代总统李宗仁重新踏上中国大陆的日子，自 1949 年以来，李宗仁在海外的动向，一直为蒋介石所密切关注，台北国民党当局更是竭尽所能，阻止李回到中国。据此，如上一番有关当时曹聚仁前往台湾密晤蒋介石父子的传言，确实似有一些时机上的巧合与关联，然而吾人爬梳蒋介石 1965 年夏天日记里逐日所载，却又找不到任何蛛丝马迹。该年 7 月份蒋介石有 9 天不在台北，他于 7 月 6 日至 10 日前往金门与澎湖视察，20 与 21 日带着两个孙子蒋孝武与蒋孝勇，前往慈湖度假，27 日与 28 日两天，又带着蒋孝勇前往高雄西子湾度假，除此之外，整个 7 月份并无日月潭之行。更甚者，7 月 20 日当天，他先在慈湖的行馆接受西班牙记者“毕南”专访，之后前往桃园大湳听取战备计划，当晚留宿慈湖一夜，直到隔日下午回到台北木栅的草庐行馆后，才与蒋经国见面。细查这段时日蒋的作息可知，其心思都放在如何修订其致美国总统约翰逊（Lyndon B. Johnson）的函稿上，并无任何与曹聚仁有关的记载。[1]

至于 1965 年的 8 月间，蒋介石确曾在 8 月 23 日至 29 日，带着蒋孝武前往日月潭度假，当时台湾在军事上刚遭遇“八六海战”失利，造成两百余名海军官兵丧生或失踪，他是抱着一颗极度烦闷与悲伤的心情，前往日

---

① 见《蒋介石日记》，1963 年 7 月份逐日所载。

月潭沉淀与思考，细查其整个月份日记所载，只有在 8 月 26 日当天与蒋经国在日月潭碰过面，接见由小蒋陪同前来的美军太平洋总部司令夏普（Admiral Ulysses S. G. Sharp），在此情况下，两蒋父子似乎极不可能与曹聚仁有所会晤，遑论讨论两岸和谈条件之可能性。①

1973 年 3 月间，当时台湾当局代表已经被逐出联合国达一年半之久，而美国总统尼克松（Richard Nixon）也已自历史性的中国大陆破冰之旅访问归来一年余，北京与华府之间的关系正常化，已是双方既定的目标，再无回头路。此时蒋介石已垂垂老矣，几不过问政事，位居“行政院长”之职的蒋经国，也几已全面主导台湾党、政、军大局，鉴于台湾日趋孤立的国际地位，美国中央情报局一度掌握讯息，称蒋经国有可能再次重启与北京之间的秘密往来联系，甚至一度传出他实际上已经秘密访问过北京的谣言。在华府看来，蒋经国面对美国与中共积极发展关系并与台湾渐行渐远的残酷现实，他仅剩下两个选择，一是台湾与苏联发展关系，另一则是国民党与“台湾独立运动”力量达成和解，然而这两个选择皆不为蒋经国所喜，因此再度重启与北京之间的交流接触，似乎成了蒋经国可以接受的选项。②

当时正值毛泽东有意透过安排章士钊前往香港，再度开启国共之间和谈，因此美国中央情报局会有一预测，殊非意外。③ 只不过美方的预言并未成真；章士钊于该年 5 月间抵达香港后不久，即因过度劳累而病亡，迄今也没有具体资料或证据，显示 20 世纪 70 年代台湾在“外交”上最脆弱时刻，国共之间曾有高阶层的往来接触。1975 至 1976 年短短两年之间，蒋介石、周恩来与毛泽东相继离开人世，即便如此，国际间有关海峡两岸间密使交流的传闻，一直未曾止歇；1976 年 11 月间，毛泽东甫去世不久，美、日重要报章如《华盛顿邮报》（The Washington Post）与《朝日新闻》

---

① 见《蒋介石日记》，1963 年 8 月份逐日所载。

② CIA Intelligence Information Cable, Subject: Comments of [deleted] on the Return of American POWs, Problems in the United States, and Taiwan, March 28, 1973, CIA Electronic FOIA Reading Room.

③ 毛磊、范小方主编，《国共两党谈判通史》，页 666—668。

等即先后传出时任台湾“行政院长”的蒋经国，曾密派三人为特使前往北京，与中共寻求妥协，台方曾提出三项要求：一、台湾在政治上将不变动；二、台方以“自治权”姿态为政；三、两岸军事形势不变，然此第三点不为北京所接受。当时甚至传闻此一和谈试探，乃是蒋经国与美国国务卿基辛格双方之间所达成的协议，一说蒋与基两人皆曾秘密前往北京，一说仅有基辛格前往北京，并由他代表当时与华府仍有正式“外交关系”的国民党当局，来与北京进行接触。①

蒋经国主政下的台湾，经历了20世纪70年代后半期与80年代“不接触、不谈判、不妥协”的“三不”政策，海峡两岸之间更进一步的密使往来与交流，事实上要到20世纪90年代李登辉与江泽民主政时期，才又具体展开。然而吾人今日回顾这段历史，冷战时期海峡两岸与美国三方互动关系，绝非过去所认知的一般，以一条线即可截然划分，这段关系，实要比吾人所能理解的，要来得更加复杂与诡谲。

---

① CIA Intelligence Assessment, Political Evolution on Taiwan: Implications for the United States, January 1986, CIA Electronic FOIA Reading Room.

第七章　冷战与西藏问题

1949 年蒋介石因国共内战失利而败退台湾，这也标志着其在中国大陆的统治，画下了一个句号，此后半个多世纪以来，位于台北的国民党政府，实际统辖范围仅涵盖台湾、澎湖以及福建沿海的金门、马祖等外岛，而在官方层次上，依然坚持其代表全中国之唯一合法政府，1948 年于南京国民大会上所通过的“中华民国宪法”，仍是 1949 年以后台北国民党当局面对国家主权议题时所奉行的圭臬。在 20 世纪 70 年代以前冷战对峙严峻的国际政治大环境下，国民党当局所持此一领土主权立场，获得包括美国在内的盟友的支持，而在联合国等重要国际组织里，国民党也继续保有代表权与席位，与当时中华人民共和国相比，更获得世界上较多数国家的外交承认。毋庸置疑，在冷战的最高峰时期，台美之间因彼此强烈的反共意识型态与美国实行“围堵”中共此一战略地缘因素，而建立起极为坚实的同盟，然而此一看似牢固的同盟关系，却也可能因为受到某些超乎预期的、本来应该被视为是台美之间“非核心利益”的边缘事件，而蒙受阴影，1949 年以后的西藏问题，即是一例。

严格而论，1912 年至 1949 年间的中华民国时期，不论北洋政府、南京或者重庆时期的国民政府，其对西藏边陲地区的实质控制与影响，皆处于薄弱状态，民国时期的西藏，仍保有其极为特殊的政教合一制度，独立的武装力量，以及独特的文化、民俗、社会与宗教风貌。1930 年代起，国民政府在拉萨设有办事处，派遣内地官员前往联络关系，然而整体而言，直到 1951 年解放军进驻西藏为止，中央政府力量并未能够真正掌控这块土地。另一方面，1945 年对日抗战胜利结束后，外蒙古在苏联强大影响下，经由“公民投票”而获得法理独立地位，西藏、新疆与内蒙古等其他边疆少数民族地区，则继续留在战后中华民国的领土与政治版图之中，此一事实并获得国际尊重与承认。战后蒋介石虽曾一度允诺未来给予西藏“高度自治”地位，然而随着国共内战急转直下，此一政治承诺从未能够获得国民党政府的具体实践。①

美国对西藏之兴趣与关注，始于二次大战期间。1942 年 12 月，两名美国军官携带罗斯福总统赠送的礼物与亲笔信函，自印度抵达拉萨，会见了当时年仅 7 岁的十四世达赖与其他西藏噶厦政府官员，这是近代史上美国与西藏之间首次的高阶层接触，两位美国军官前往拉萨的主要目的，在于考察西藏的地理位置与战略价值，取得该地区政治、社会、风俗民情等第一手资料，并且评估在西藏境内设立一座无线电台，作为战后美国在欧亚内陆高原与喜马拉雅山麓地区情报据点之可行性。② 然而华府真正积极插手西藏事务，并将西藏问题视为其全球冷战格局下战略目标的一环，则是要到 1956 年以后，当时华府的军事情报单位决定秘密训练援助康巴族反共游击势力，用来围堵与对抗全球共产主义。1959 年 3 月拉萨发生大规模叛乱后，美国打“西藏牌”、向流亡印度的达赖集团伸出援手，更是从幕后走向台前，从地下走向公开，直到今日，依然成为影响中美两国关系核心问题之一。

冷战时期，当美国决定大打“西藏牌”作为对抗共产主义之外交、宣传与战略目标时，身为美国盟友，同样站在反共阵营的一方，然而在法理上却仍坚持对西藏拥有领土主权的蒋介石，该如何自处？1959 年拉萨叛乱后，美国政府更加大胆地直接插手达赖与西藏流亡势力相关业务，并将西藏问题“国际化”与“去中国化”，蒋介石的反应又是如何？美国政府对西藏政治地位立场之逐渐转变，又对冷战时期的台美关系，带来何种微妙

① Hsiao-ting Lin, Tibet and Nationalist China's Frontier: Intrigues and Ethnopolitics, 1928 - 49 (Vancouver: University of British Columbia Press, 2006), pp. 157 - 181.

② Goldstein, A History of Modern Tibet, pp. 391 - 397.

影响？这些都是本章想要分析与讨论的。

西藏问题的“内政化”与“国际化”

1949 年 7 月初，国民党在大陆的军事逆转已不可免，拉萨噶厦政府借口凡是国民党军政人员居留之处，都将成为共产党进攻目标，为了保持西藏的“超然地位”，噶厦要求当时国民政府驻藏办事处官员以及服务于拉萨中文学校、电台、医院等机构的所有汉人，一律限期离境。8 月 13 日起，国民党驻藏人员百余人，分批离开拉萨，大多数取道印度，前往台湾。此一拉萨“驱汉事件”发生之际，国民政府已自南京迁往广州，时任行政院长的阎锡山，曾发表严正声明，指责藏方的荒谬行动，然而面对解放军步步进逼，国民党已力犹未逮，遑论顾及遥远的西藏事务，中国大陆时期国民党政府与西藏的关系，至此可算是划下了句点。①

在拉萨当局眼中，此刻国民党与共产党同样不可信任，二次世界大战结束后成为全球霸权之一的美国，因此成了部分藏人心目中可以依托的对象。本书第一章曾提及，1950 年 4 月底，美国前驻迪化副领事马克南与中央情报局派往内蒙古工作的贝赛克等一行，由青海进入藏北高原时，马克南遭当地藏兵以“不明人士企图越界”为由，枪杀身亡，贝赛克随后安抵拉萨，与包括达赖喇嘛在内的藏方要员晤谈，他曾建议藏人应利用国民党所留下来的电台设备，与美国位于日本与伊拉克境内的军事情报单位接通，并保持沟通管道，他也告诉藏人，回美后将建议华府密派一位经济或军事专家，以学生、传教士、医生或新闻记者身份，常驻拉萨，以利美方掌握有关西藏局势之最新状况。②

向来对藏局极为关注的美国驻印度大使韩德森（Loy Henderson），面

---

① Lin, Tibet and Nationalist China's Frontier, pp. 199 – 200.

② NARA, RG 59, Statement by Frank Bessac describing the relation between Mr. Bessac and the Tibetan Foreign Bureau, September 8, 1950, enclosed in U. S. Embassy in India to State Department, September 21, 1950; 611. 93B/10 – 550, State Department Office Memorandum, top secret, October 5, 1950.

对解放军即将进入中国西南地区，也在1950年6月于新德里秘晤噶厦政府孜本（财政官）夏格巴，韩德森坦承当前美方无法采取任何具体行动，来协助西藏对抗中共。值得一提的，是夏格巴当时曾转达藏东康巴族地方势力欲与美国建立关系的讯息，并代为探询美方是否可能提供援助。[①] 此一询问，也成了美方与康巴族反共势力接触之始。然而此刻军事力量不堪一击的噶厦政府，终究无法独自对抗解放军，利用藏东地方势力来阻止新中国力量伸入西藏的想法，也不过是一厢情愿。1950年10月，解放军攻下藏东军事要地昌都，十四世达赖闻讯后，率员逃往中印边界的亚东，并开始向联合国寻求援助，11月14日，中美洲国家萨尔瓦多驻联合国代表团，向联合国秘书长赖伊（Trygve Lie）正式提案，称解放军进入西藏乃一“外国入侵”行为，当时萨国的举动，不无美英等西方国家背后暗助，然而在深入评估该项提案无法获得联合国多数表决同意后，美英等国决定改变其支持态度，此案最后在联合国总务委员会遭到搁置命运，未能排入大会正式议程。[②]

尽管萨尔瓦多提案无疾而终，然而此举却也成为西藏问题在联合国内“国际化”的滥觞，影响所及，意外引发当时撤往台湾不到一年时间的国民党当局内部一阵骚动。在获悉西藏议题即将被提交联合国讨论后，台北高层立即进行讨论，“国防部”官员认为当局虽然在军事上无能为力，然而在政治、“外交”与宣传上，仍应有所作为，因此建议“行政院长”陈诚，在保持威信与尊严的前提下，给予当时人在亚东的达赖喇嘛某种程度之鼓励，但在国际宣传上，仍应强调十四世达赖系由国民政府所正式册封，任何外国势力企图干涉藏局，国民党当局均无法承认。[③] “外交部”则坚持西藏问题为一“内政问题”，联合国无权管辖，如西藏为外来力量所

---

① NARA, RG 59, 611. 93B/6 - 1850, Loy Henderson (U. S. Ambassador to India) to State Department, June 18, 1950; 611. 93B/8 - 1450, Henderson to State Department, August 14, 1950.

② Shakya, The Dragon in the Land of Snows, pp. 52 - 91.

③ “‘国防部’第二厅呈陈诚签呈”（1950年11月13日），《“匪军”犯藏后我方在联合国之因应案》，《“外交部”档案》，档号019. 4/0035。

侵犯，则在程序上仍应由台北向联合国提出，而非萨尔瓦多。[①]

然而台北国民党官员的严正立场，却无法完全说服处在第一线的“外交”官员；“驻联合国代表”蒋廷黻即主张，应在联合国里公开声明“中华民国”对西藏仅拥有“宗主权”，而非“主权”，如此方能取得同情西藏处境之国际友谊与支持，蒋还担心，西藏问题既然已被列入联合国总务委员会议程，“届时我方既不便为中共张目，又难重视丧权辱国，失大陆民心，似宜欲留地步。”只不过蒋廷黻此番“务实”见解，立即遭到台北“外交部”反驳，认为西藏经南京制宪国民大会通过明定为中国领土，享有主权，“现若建议我只享宗主权，虽在政治上另有见地，然鉴于上述事实，万难予以考虑”。[②]

当时台北面对解放军自藏东地区向拉萨进击态势所采取的策略，在于向国际间强调“中共接受苏联大量援助之事实，而中共力量一旦进入藏境，无异于苏联在西藏势力之延伸”，因此“西藏议题”应被纳入当时国民党在联合国所积极推动之“控苏案”的一部分，而不应单独成案，以免西藏问题质变成为“国际化”。[③] 也因此当联合国最后决定搁置萨尔瓦多提案，这在一定程度上，实替国民党当局解除一个外交与内政上的困境。尽管如此，蒋廷黻依然向台北力陈，面对西藏问题，如台北的态度与北京一致，则国际间毫无选择，势必阻碍台湾“邦交”，且若台湾在联合国里单独反对讨论西藏案，甚或与苏联同声反对，更必招致国际反感与批评。[④]

此一见解，虽不无道理，但仍再次受到台北军事与“外交”部门一致反对，一时之间，此一越洋争论颇有升高迹象，迫使蒋介石于 1950 年 12 月 6 日指示陈诚转达台湾“驻联合国代表团”三点原则如下：第一、台湾不反对在联合国讨论西藏问题；第二、应坚持中共“入侵”西藏乃受苏联

---

① “关于中共军入侵西藏事之因应方案”（1950 年 11 月 13 日），同上。

② “‘外交部’致蒋廷黻”（1950 年 11 月 14 日）；“蒋廷黻呈‘外交部’”（1950 年 11 月 16 日），同上。

③ “关于中共军入侵西藏事之因应方案”（1950 年 11 月 13 日）；“讨论关于匪军入侵西藏问题会议”（1950 年 11 月 17 日），同上。

④ “蒋廷黻呈‘外交部’”（1950 年 11 月 29 日）；“蒋廷黻呈叶公超”（1950 年 12 月 2 日），同上。

指使，故本质上为一“国际侵略”问题；第三、应说明西藏为中国领土之一部，主权属于中国，但西藏应享有高度“自治权”。在此三点原则下，蒋同意由蒋廷黻于联合国内“酌情因应”。[①] 随着西藏代表团于翌年2月前往北京与中共展开谈判，萨尔瓦多有关西藏的提案，并未再次成为联合国内的焦点，然而西藏问题的“国际化”与“内政化”之争，以及1949年以前国民政府处理藏政所遗留的历史遗绪，自此成为国民党当局处理对外关系上的一颗“未爆弹”。

台美双方培植西藏“代理人”与秘密管道之建立

1951年2月，当西藏噶伦（内阁部长）阿沛·阿旺晋美所率领的代表团，自昌都启程前往北京，准备与新中国政府进行谈判之际，华府亦着手拟定一份美国未来对西藏政治地位之政策文件，这份被国务院标示为“最高机密”的文件，充分显示当时美政府面对西藏议题的微妙态度与潜在矛盾：国务院官员最初力持在外交层次上，美方应避免在重要国际场合里主动提出西藏此一棘手问题，然而另一方面，美政府仍应暗中支持鼓动联合国其他会员国，趁机提出西藏问题相关提案，让此一争议继续保持热度，更重要者，美方应寻求各种途径，让西藏境内的反共力量发展与茁壮。[②]

5月间，阿沛·阿旺晋美与中共之间有关《和平协议》的签署，已进入最后紧锣密鼓阶段，当时仍停留在亚东的达赖喇嘛，于5月11日密派主持噶厦“外交局”之僧官札萨柳霞，前往中印边境的加林磅（Kalimpong），与美国驻印度大使馆官员会晤并传达如下讯息：第一、达赖希望与美国发展密切关系，并且希望未来西藏能够取得真正“独立”地位；第二、达赖希望美方不要因为目前藏方与北京之间的谈判，或者藏方可能被迫向中共作出让步，而失去对西藏的信心；第三、羊毛出口向来为西藏财

① “蒋介石致陈诚”（1950年12月6日）；“‘外交部’致蒋廷黻”（1950年12月6日），同上。

② NARA, RG 59, 611.93B/2-251, “Policy Review Paper - Tibet,” enclosed in State Department Office Memorandum, top secret, February 2, 1951.

政收入来源与贸易命脉，藏方担心美政府当时有关禁止中共统治地区物品输往美国的规定，将严重阻碍未来西藏羊毛输往美国市场，因此请求美方协助；第四、达赖吁请美方能协助藏方代购黄金，并尽速研拟办法，阻止西藏境内重要战略矿产物资，流入中共手里。美外交官则向札萨柳霞探询藏东地区潘达昌家族等动态，以及达赖与康巴族之间关系，札萨柳霞向美方表示，潘达昌家族足可代表达赖与噶厦政府立场。① 美方此一探询，也预示着华府不排除与康区亲达赖势力进行某种形式的合作，此一构想在 1956 年后获得实现。

5 月 23 日，阿沛·阿旺晋美一行在北京与中共签署《十七点和平协议》，中华人民共和国在西藏的主权，有了法理上的基础。本书第一章已提到，当时美国曾透过其驻印度人员，努力说服达赖公开诋毁该协议，并流亡海外，然而达赖最后因种种因素，仍决定返回拉萨，此举也意味着他暂时愿意与北京携手合作。尽管如此，回到拉萨后的达赖与美国之间的秘密沟通管道，并未因此而中断；《十七点协议》签署后不久，达赖长兄当才（土登计美诺布）即仓促离开西藏前往印度，并于 7 月 4 日自加尔各答飞抵美国，担负起美国与西藏之间沟通桥梁之角色。② 美国务院解密档案显示，该年 9 月间，美方不但协助达赖家属将一笔总额达 11700 美元的资产转汇纽约，作为当才在美开销所用，还曾透过长年旅居西康之英国传教士派特森，与潘达昌家族私下接触，商讨未来康区反共势力如何进一步援助当才在海外之活动，并且计划以潘达昌家族所经营的羊毛出口贸易所得，设法为拉萨政府代购其所需之黄金。③ 1952 年初，华府国务院与财政部官员还进行协商，设法协助美国贸易商能够政策性采购西藏羊毛，为了规避当时美国法律禁止共产国家（西藏已被视为中共控制下的一部分）物

① NARA, RG 59, 611.93B/5 - 2451, Memorandum of Conversation between Embassy officer and Dzasa Liushahr (Tibetan Foreign Secretary), May 11, 1951, enclosed in U.S. Embassy in India to State Department, May 24, 1951.

② Knaus, Orphans of the Cold War, pp. 92 - 93.

③ NARA, RG 59, 611.93B231/9 - 1751, U.S. Consulate - General in Calcutta to State Department, September 17, 1951.

品出口至美国之规定，国务院竟然低调地将西藏羊毛划归为来自印度的商品，尽可能协助拉萨出口羊毛以赚取外汇。[①]

1952 年 2 月，当才在美国务院的一场闭门听证会里表示，达赖喇嘛希望美国能够体谅他不得不回去拉萨的苦衷，他代表达赖向美方传话称，达赖仍衷心期待未来待西藏政局有所转变，而美国对藏人的支持与承诺，将是此一期盼能否实现之关键。[②] 为此，中央情报局曾与当才进一步讨论美方协助达赖之可能作法，当时双方曾有一初步共识，华府准备采取两手策略，一方面由白宫或国务院发表一公开声明，支持藏人推动“民族自决”，另一方面由主管东亚事务之助理国务卿艾立生（John M. Allison）具名，向当才致一信函，承诺美方对达赖与噶厦政府支持立场，美方并运作在适当时向媒体公开此函，借此以增强藏人的信心。然而当才却在最后一刻改变心意，不愿美方采取如上两手策略，其主要原因为担忧美方举措恐将对远在西藏的达赖与其家人等，带来不必要的压力与困扰，当才的退缩，一度让美方颇不谅解。[③]

事实上，早在当才 1951 年 5 月经印度转赴美国之前，达赖的另一位胞兄，1949 年以前曾在南京中央政治学校求学，与国民党政府颇为亲近的嘉乐顿珠，即在 1950 年初离开拉萨前往印度，该年 4 月间，台湾“驻菲律宾大使馆”突然接获嘉乐顿珠来自印度加尔各答一封电报，内称他与妻女共三人，将取道马尼拉前往台北，并请“大使馆”核发入台签证。[④] 台北高层获悉此事后，甚表欢迎，并认定嘉乐顿珠与其家属的台湾之行，为一个在国际间宣传其代表“全中国之唯一合法政府”、汉藏关系友好以及国民党当局对西藏继续拥有主权与影响力之极佳机会。4 月 24 日，当嘉乐顿珠

---

① Dean Acheson to John W. Snyder（Secretary of the Treasury），January 3，1952，in United States Department of State，Records of the Office of Chinese Affairs 1945 – 1955（Wilmington，DE：Scholarly Resources Inc.，1989），microfilm，reel 17.

② NARA，RG 59，611.93B/2 – 1352，Memorandum of the Substance of a Conversation，by William O. Anderson（Office of Chinese Affairs），top secret，February 13，1952.

③ NARA，RG 59，611.93B/2 – 252，supplement to the State Department Office Memorandum，February 1952.

④ “周书楷致沈昌焕”（1950 年 4 月 24 日），《西藏近情》，《“外交部”档案》，档号 019.4/0011。

抵达马尼拉后，蒋介石不但指示“驻菲律宾大使”陈质平代表他本人向他致意，还要求国民党中央组织部动员当地旅菲侨胞高调迎接，当蒋介石得知嘉乐顿珠有意在离开菲律宾后，先前往香港再转赴台北，为避免节外生枝，他指示台湾驻菲人员务必全力量加以劝阻。①

嘉乐顿珠一行于 5 月初抵达台北后，获得蒋介石夫妇极为隆重款待与礼遇，他告诉蒋介石，希望于台湾停留一段时日后，于该年秋天前往美国加州的斯坦福大学进修，然而蒋氏夫妇却希望他能长期定居台湾，成为台北与拉萨之间关系的一个象征性枢纽，这令达赖胞兄颇感为难。该年 10 月 12 日，美国“驻台大使馆”核发嘉乐顿珠一行赴美签证，然而台湾方面却不打算放行，迟迟拒发其“出境许可证”。直到翌年 5 月间，《十七点协议》于北京签署，且达赖已决定返回拉萨，华府为了积极培植任何一切与达赖之间的可能联系管道，因而向台北施压，要求尽速让嘉乐顿珠离台赴美，蒋介石只有答允。②

1951 年 9 月间，从台湾抵达华府的嘉乐顿珠曾与美政府官员进行一场闭门会谈，国务院中国科官员安德森（William O. Anderson）坦率告诉他，美官方向来所持立场，乃是承认“中华民国”对西藏名义上的“宗主权”，以及西藏实质上的“自治权”，而美国今后对西藏的立场，将取决于美国是否继续在外交上承认台北的国民党当局而定，安德森并将一封由他署名的亲笔慰问与鼓励信函，请嘉乐顿珠设法转交达赖，此函在隔年 5 月间，辗转经由曾任昌都地区总管以及藏军总司令的宇妥札萨，交到达赖手中。达赖收到此函之后，透过其在印度的亲友，传达如下讯息给美方：“拉萨方面感谢美方对西藏局势的关心，真诚希望美方能给予西藏实质与道义上的援助，广大藏民并未因为《十七点协议》的签订，而转变成为一个‘亲汉’的民族，达赖并热切期盼很快收到来自美方有关援助西藏、‘白纸黑

① “陶希圣致‘外交部’”（1950 年 4 月 25 日）；“陈质平呈‘外交部’”（1950 年 4 月 27 日），同上。

② “美国大使馆致‘外交部’”（1951 年 5 月 22 日）；“‘外交部’致‘蒙藏委员会’”（1951 年 5 月 30 日）；“‘行政院’秘书处致‘外交部’”（1951 年 7 月 11 日）；“‘外交部’致美国大使馆”（1951 年 7 月 14 日），同上。

字’的具体讯息”。[①]

由此可见，1951—1952 年之际，台北与华府皆希望透过接济运用达赖两位胞兄的策略，与拉萨建立起较为可靠的联络管道，在这方面，美方显然更胜一筹。然而自 1952 年下半年起，随着达赖回到拉萨并与中共合作，以及西藏噶厦政府与北京之间“蜜月期”的开展，美方与达赖两位胞兄之间关于协助西藏对抗中共力量的筹划，也陷入停顿；嘉乐顿珠于 1952 年 2 月间即离开美国，经由印度返回拉萨，在西藏停留数月后，定居在中印边界的加林磅。[②] 当才则于该年 10 月间离开美国，前往日本学习藏传佛教，并在随后数年间，游历于印度、英国、日本、美国与香港地区各地。[③]《十七点协议》签署后的西藏局势，逐渐平静下来，西藏问题也暂时不再成为台北或华府各自的外交与内政焦点。

“拉萨暴动”前夕台美之间的西藏议题

1951 年秋，嘉乐顿珠在蒋介石不情愿的情况下离台赴美，台北与拉萨之间也失去了直接联系的管道，然而 1949 年退台后国民党的情报部门，与中国大陆西南边疆少数民族反共游击残余势力之间，仍保持一定之关系，此关系也成为日后蒋介石向全世界宣称其不断与西藏保有关系之证明。根据 1959 年台湾“国防部情报局”所出示之相关资料显示，1950 年秋，当解放军自四川挺进藏东之际，由索南旺多、结柏桑等人在该地区所领导的“汉藏反共同盟”游击势力，曾与当时仍留在中国西南的国民党胡宗南残存旧部有所联系，并在川康交界的松潘、拉桑、曲青等地，掩护补给这些

---

① NARA, RG 59, 793B. 00/11 - 157, Research Project No. 403, “United States Policy concerning the Legal Status of Tibet, 1942 - 1956,” top secret, Historical Division of the State Department, November 1, 1957.

② Knaus, Orphans of the Cold War, pp. 116 - 140.

③ 1952 年 10 月当才自美国抵达日本后，曾在东京与台北“驻日大使”董显光进行三次晤谈，董力邀当才前往台湾访问，但当才并未接受，仅表示对蒋介石“总统”对他的关心，以及其先前对嘉乐顿珠的照顾，表示感谢之意。见“董显光致‘外交部’”（1952 年 10 月 24 日），《西藏近情》，《“外交部”档案》，档号 019. 4/0011。

转入敌后的国民党游击部队长达4年之久。① 1952年2月底，台北“国防部”主管大陆敌后业务的第二厅，曾向蒋介石呈报一份秘密空投援助青、康、川、藏等地区反共游击队方案，准备补给拉萨以北约200公里的黑水（那曲）土司苏永和，川康交界阿坝土司华尔功成烈，前拉卜楞寺保安司令黄正清，以及1949年以后活动于甘南、川青交境的国民党青海省第7区保安司令部副司令马元祥等势力，根据这份档案所载，当时中国西部边疆地区如上四股反共势力，仍统有近8万游击兵力，台北军方显然认为透过空投补给，以及由蒋介石任命授予如上游击队领导人物军、政官衔等方式，可以将中国大陆回族与藏族地区的反共力量，有效维持与发展。②

1952年4月间，台湾空军展开首次针对大陆西部藏、回族地区的秘密空投任务，然而此次行动却因空投地点发生严重错误，导致台湾与各反共游击势力之间重要情报文件落入中共手里。③ 一个月后，在美国中央情报局外围组织西方公司的协助下，台湾空军对西藏黑水土司苏永和所领导的游击部队进行第二次空投，此次空投物资包括大批械弹与通讯器材与150两黄金，以赞助当地敌后反共力量之发展。在台湾秘密援助下，苏永和势力曾积极协助前国民党军将领、时任“川康青边区人民反共突击军”司令官的傅秉勋，联络甘青边境由马良所领导的回族武装部队2000余人，并准备在甘、青、藏地区发动大规模反共游击作战。④ 1953年初，中共中央下定决心弭平这些边区反共游击势力；3月间，解放军西北与西南军区采取联合行动，歼灭马良、马元祥、苏永和与傅秉勋等部，马元祥与傅秉勋甚至因而丧命，这股由台北军方秘密空投支援的敌后游击活动，以失败而暂告一段落。

1956年年初，中共中央开始在西藏以外的广大藏族地区推动土地改

① “支援西藏反共抗暴专案小组第三次会议议程”（1959年7月），《西藏抗暴》，《“外交部”档案》，档号019.4/0002。

② “毛人凤呈蒋介石”（1952年2月29日），《特交档案/军事/金马及边区作战（四）》，《蒋中正“总统”文物》，第103册，文件编号：58121。

③ “毛人凤呈蒋介石”（1952年4月12日），同上，文件编号：58129。

④ “苏永和呈蒋介石”（1952年4月6日），同上，文件编号：58130；“毛人凤呈蒋介石”（1952年5月7日），同上，文件编号：58123。

革，引发当地贵族的反抗，2 月起，四川的甘孜、德格、昌都、理塘等地，先后发生暴乱，7 月间，四川藏区参与者，已达十万人之谱。[①] 值得注意的是，根据现存之美方外交档案内容研判，四川藏区发生叛乱后，因对外讯息极端封闭，包括美国在内等西方国家，对此一状况似乎并不知情，5 月 14 日，英国报章媒体透过越界前往尼泊尔藏民的描述，开始向外界陆续披露藏东地区叛乱情形，这其中有些属实，却也有些无法获得证实，譬如有情报称此次藏区骚动乃潜伏该地的国民党地下残余势力煽动而引发，另一则报告竟指称解放军曾使用毒气瓦斯对付藏人，事后证明这些皆属谣言。[②]

国民党方面是否涉入 1956 年四川藏区叛乱，仍有待未来进一步检视。另一方面，当此波藏族叛乱逐渐蔓延至昌都一带时，居住在印藏边境加林磅的嘉乐顿珠，决定重启与美方之间的联系管道，并向国际社会寻求援助。[③] 但过去外界较不知悉的是，此刻这位达赖胞兄不但重启与美方之间的秘密联系，他也与台湾的情报部门展开接触；1956 年夏天，由蒋经国主持的“国家安全局”附属之“西北工作组”派驻印度的干员，曾三度在加林磅与嘉乐顿珠密晤，进行意见交换。[④] 此次双方接触，也让台湾的情报部门，将中国大陆西部藏族区域，重新纳入其整个敌后工作之一环；1957 年 5 月 10 日于台北“总统府”内召开的国安会议上，蒋经国即曾指示“国防部军事情报局”，应在西藏不脱离“中华民国”领土版图此一原则下，由台湾空军加紧准备藏东地区暴动之空投支援行动。[⑤]

---

① A. Tom Grunfeld, The Making of Modern Tibet（New York：M. E. Sharpe，1996），pp. 131 – 134.

② NARA，RG 59，793B. 00/5 – 1456，U. S. Embassy in London to State Department，May 14，1956；793B. 00/10 – 2356，U. S. Consulate – General in Calcutta to State Department，October 23，1956；793B. 00/7 – 1157，William T. Turner（U. S. Consul – General in Bombay）to State Department，July 11，1957.

③ George N. Patterson，Tibet in Revolt（London：Faber and Faber Ltd.，1960），pp. 120 – 122；Knaus，Orphans of the Cold War，pp. 138 – 139.

④ “川甘青康藏抗暴运动联系支援概况表”，附于“‘国家安全局长’郑介民呈蒋介石”（1959 年 4 月 7 日），《党政军文卷/国家安全与秩序/情报/对中共情蒐策反工作》，《蒋经国“总统”文物》，典藏号 0050120600051005。

⑤ “蒋经国副秘书长 46 年训话记录”（1957 年 5 月 10 日），《党政军文卷/国家安全与秩序/情报/民国四十六年各项会报指示》，《蒋经国“总统”文物》，典藏号 00501020600001005。

1956年11月间，达赖喇嘛应邀前往印度参加佛诞2500周年庆典，当时藏东地区的暴动以及川藏地区不安的局势，曾令他一度犹疑，是否应当就此留在印度，不再回去拉萨；几经考虑后，达赖仍决定回到西藏，并于隔年4月1日返抵拉萨。就在达赖自印度返回拉萨这段期间，美方与嘉乐顿珠的秘密联系讨论，也有一具体的结果：中央情报局决定先为西藏培训几名特工人员，以便日后建立直接联系管道，为此，嘉乐顿珠在印度挑选了6名来自藏东地区的康巴族青年，由美方秘密接往太平洋的塞班岛，进行5个月的专业训练，当时在塞班岛协助照料这6名康巴青年并提供语言翻译的，正是达赖另一名胞兄当才。[①] 此一塞班岛特训计划于1957年秋天告一段落之后，中央情报局逐渐把美国秘密援助西藏方案，移至科罗拉多州的海尔营（Camp Hale），这段期间，除了华府仅有极少数人知悉详情，包括国务院在内绝大多数官员，都被蒙在鼓里。

就在嘉乐顿珠挑选出第一批康巴族青年，准备送往塞班岛受训之际，他亦透过台湾派驻在印度的情报人员传递讯息给蒋介石，表达愿意与国民党合作，共同推动藏区内的反共运动，1957年12月至1958年1月间，嘉乐顿珠又两度致函台北高层，请求商洽台湾支援之细节，为此，台湾的情报部门曾于1957年12月底，派员前往加林磅，密晤嘉乐顿珠以及达赖亲信鲁康娃等人，商妥国民党支援之初步方案，包括台北军方负责派员运交相关药物与器材，并编制两个敌后空降小组与空降纵队，俟西藏境内反叛力量与台湾方面取得联系后，即由台湾空军启动空降支援任务。[②] 另根据台湾方面解密档案披露，1956年初四川藏区叛乱后，当地也开始出现多股藏族反共武装势力，台湾当时曾与其中数股力量有所接触，包括以西藏三大寺为中心、领有13000名游击兵力的“米茫”组织领导人阿勒钦曾，以

---

① Mikel Dunham, Buddha's Warriors: The Story of the CIA - backed Tibetan Freedom Fighters, the Chinese Invasion, and the Ultimate Fall of Tibet (New York: Jeremy P. Tarcher/Penguin, 2004), pp. 197 - 224; Roger E. McCarthy, Tears of the Lotus: Accounts of Tibetan Resistance to the Chinese Invasion, 1950 - 1962 (Jefferson, NC: McFarland & Company, 1997), pp. 235 - 245.

② “川甘青康藏抗暴运动联系支援概况表”，附于“‘国家安全局长’郑介民呈蒋介石”（1959年4月7日），《党政军文卷/国家安全与秩序/情报/对中共情蒐策反工作》，《蒋经国“总统”文物》，典藏号005012060005 1005。

藏南地区措那宗为根据地的“西藏抗暴军”总司令阿珠桑，理塘地区领导7000余游击兵力的甲都昌登珠，以及日后领导“四水六岗”组织的康巴族领袖贡保扎西等。国民党与这几股势力的接触，大多透过台湾驻印度特务居间联系，会谈内容，多为藏族势力要求台北提供械弹、医药与装备等。[①]只不过至今尚未有史料证据显示，此一时期台美之间曾就援助西藏一事，进行直接的联系与协调。

1957年10月间，当6名康巴族青年结束塞班岛特训后，美方安排一架B－17型轰炸机，经由冲绳美军基地载往印度，准备以两次空投行动将其送回到藏区，进行敌后游击任务。第一批空投的两名组员为阿塔诺布与嘉赛洛泽，他们两人带着两台发报机、密码本、银元与各式械弹，于10月20日被空投到距离拉萨南方约60公里处的桑耶寺，其他4名组员则在11月初被空投至理塘附近。[②]阿塔诺布与嘉赛洛泽潜入西藏后，立即向位于华府的中央情报局总部发报，不久后收到来自华府回电，双方开始建立起直接连系，此后数个月内，两人在拉萨进行地下行动，并希望亲自会见达赖喇嘛，向他传递美方的疑问：究竟西藏政府目前有无一个与中共展开武力对抗的全盘计划？然而诡异的是，此两人希望求见达赖的要求，屡屡遭到达赖身旁人士的阻挠，随着拉萨情势愈加不安，1958年5月间，阿塔诺布与嘉赛洛泽决定前往山南地区暂避风头。一个月之后，贡保扎西于山南成立“四水六岗卫教志愿军”，开始接受美国中央情报局空投援助并进行反共游击运动，此两人的中心任务，也转为代训“四水六岗”游击队成员，并在日后达赖自拉萨逃亡印度过程中，扮演关键角色。[③]

随着中共在藏区持续推动土地改革与阶级斗争，该地区局势也变得更加动荡不安；1958年4月间，青海循化发生叛乱，并且迅速蔓延至其他藏

---

① “川甘青康藏抗暴运动联系支援概况表”，附于“‘国家安全局长’郑介民呈蒋介石”（1959年4月7日），《党政军文卷/国家安全与秩序/情报/对中共情蒐策反工作》，《蒋经国“总统”文物》，典藏号005012060005l005。

② Kenneth Conboy and James Morrison, The CIA’s Secret War in Tibet (Lawrence, KS: University Press of Kansas, 2011), pp. 59－65.

③ 李江琳，《1959拉萨！达赖喇嘛如何出走》（台北：联经出版社，2010年），页155—158。

逃往印度途中的达赖喇嘛

族地区，6 月底，中共官方承认青海叛乱波及 6 个自治州、24 个县、240 个部落、307 座寺庙，反叛人数达 10 万人之谱，7 月间，解放军在甘、青边界的海南自治州地区，一举歼灭近 7000 叛徒。[①] 尽管此刻蒋介石对于美国中央情报局于塞班岛及科罗拉多州秘密训练藏族游击队计划，仍毫无所悉，然而台北与华府之间，确实已就青、康、藏地区日益升高的叛乱运动，建立起前所未有的联系。1958 年夏天，中央情报局驻台北站长克莱恩

① McCarthy, Tears of the Lotus, pp. 177－191.

(Ray S. Cline) 与台湾军事情报单位签署一份协议，双方成立一“中美联合情报中心”，在8月28日的情报会议中，台方主动提出将西藏工作作为未来合作重点，并以黑水地区由苏永和所领导的游击势力进行空投，具体作法，拟先组编一“黑水小组”，以黑水为中心，建立无线电台，与台北进行通联。空投任务所需之运输机，则由美方提供，为了任务安全与成功起见，台美双方暂定以该年11月藏东地区雨季过后为任务时间点，空降地点则以黄河以东，贵德以南，夏河以西整片地区为主要目标，且空降人员将携带中共制枪械，以作为掩护。[①]

此一“黑水小组”方案后，台北又向美方提出另一“循化——夏河小组”空投方案，该小组成员包括由台湾情报单位自行训练的17名敌后人员，以及来自甘南夏河地区的藏族反共游击队，预定执行空降任务的机种，也提议由P2V7型运输机，改为B-17型轰炸机。1958年10月底，国民党方面针对如上两套方案，进一步修订为一系列的“长征计划”，希望能够大规模、有系统地培训敌后情报与游击人员。[②] 1959年2月5日，“国家安全局”又拟定一份“加强川甘青藏少数民族工作方案”，准备提交“中美联合情报中心”讨论，根据该方案，蒋介石曾有意于1959年内，在美方协助下，空降6至8组人马至中国大陆藏族地区，筹建电台6至8座，同时强化藏族地区的心战与宣传工作。[③] 此方案经由台美双方讨论后，决定以如下三大步骤着手强化藏区的叛乱运动：

> 一、台、美双方秘密派遣若干小组赴该区域，进行敌后任务，以掌握该区域抗暴运动之实际情况；
>
> 二、由如上敌后小组所取得之情报，研判并决定以空投或其他方

---

① 杨瑞春，《国特风云——中国国民党大陆工作秘档（1950—1990）》（台北：稻田出版社，2010年），页411—413。

② 杨瑞春，《国特风云——中国国民党大陆工作秘档（1950—1990）》（台北：稻田出版社，2010年），页413—414。

③ “加强川甘青康藏少数民族工作方案”（1959年2月5日），《党政军文卷/国家安全与秩序/情报/对中共情蒐策反工作》，《蒋经国“总统”文物》，典藏号00501020600052004。

NLE MR Case No. 94-350
Document No 5

Please review the bracketed portions.
The remainder of the document was
previously declassified under
NLE 78-219#3
CIA 12/30/80; NSC 1/26/81

Message received April 2, 1959

The Dalai Lama and his officials arrived safely at the India border March 31. They will arrive at Tawang on April 3. [redacted] will return from the Indian border to Tsona Dzong, 1 April. Now days the Chinese Communists are firing about 2,000 artillery shells per day. They have fired big guns and done very bad damage at the Potalla, Norbelingka, (the "Jewel Palace" - the Dalai Lama's summer palace), Jho Kang (Sacred Temple in Lhasa), the big three monasteries Sera, Drepung and Ganden. Many Tibetan Monks and lay people were killed. Please inform the world about the suffering of the Tibetan people. To make us free from the misery of the Chinese Communist operations. You must help us soon as possible and send us weapons for 30,000 men by airplane. All Tibetans and Khambas are suffering from the Chinese Communists.

1.5(c)
3.4(b)(1)
(CONF)

中央情报局有关达赖抵达印度边境的密电

> 式援助一个或多个抗暴团体，以巩固抗暴力量并更有效达成吾人所设定之目的；
>
> 三、根据所取得之情报与抗暴实况，着手对台、美双方共同之目标，采取周密之行动，并在可能地区内建立可使西藏抗暴军有效活动的基地，并建立一良好忠贞之政治核心。①

然而美方对于与台湾方面合作进行藏区空投计划，始终颇为顾忌，且犹豫不决，直到 1959 年 3 月间拉萨发生叛乱运动之前，双方也未曾真正展开任何具体行动，反之，美方以琉球群岛为基地，曾独自在 1958 年 10、11 月间，向西藏山南地区的“四水六岗”游击队，进行两次空投。② 根据国民党中二组机密资料揭示，直到拉萨出现叛乱后，美方终于同意台北所提之“长征计划”，将台湾首批敌后人员空投至目标区。③ 西方学者既有之研究成果则指出，美方曾在拉萨叛乱发生后的 4 月中旬、5 月中旬与 6 月间，对大西藏地区进行三次空投，台湾军方与情报部门对于这些行动，应当有所参与。④ 只不过蒋介石对于美国与台湾联手对藏区进行空投任务之犹疑不决，感到相当的气愤，在他 1959 年 3 月 21 日的日记里曾写道：“西藏反共革命已蔓延到拉萨城内，其情势严重，应该设法支持，积极援助，惟美国态度消极不定，两年以来为其贻误不小也。”⑤

“拉萨暴动”与台美之间的政策歧异

1959 年 3 月 10 日，达赖喇嘛受邀前往解放军驻拉萨军区看戏，他本欲应邀出席，然而当时西藏民众却谣传中共打算乘机“绑架”达赖，当天

---

① “美方根据我方所提之工作方案于本年二月十八日所提之修正案”（译件）（1959 年 2 月 18 日），同上，典藏号 00501020600052005。

② Conboy and Morrison, The CIA's Secret War in Tibet, pp. 74 – 79.

③ 杨瑞春，《国特风云——中国国民党大陆工作秘档（1950—1990）》，页 415。

④ Conboy and Morrison, The CIA's Secret War in Tibet, pp. 80 – 105.

⑤ 《蒋介石日记》，1959 年 3 月 21 日。

上午，上万名藏人开始包围达赖居住的行宫罗布林卡，欲阻止他前往中共军区，事态逐渐扩大与失控，激动的藏民喊出把“汉人赶出西藏”的口号，并处死几名与中共合作的藏族“叛徒”，整个拉萨地区开始陷入严重的叛乱。14 日，解放军增援部队开拔前往拉萨，做好战斗部署，兰州、成都与昆明三大军区亦开始动员，形成一包围拉萨之势，17 日夜晚，面对无法收拾的局面，达赖喇嘛决定离开拉萨，在随从的保护下，一行人连夜往南，朝印藏边境出奔。20 日凌晨起，解放军开始以武力镇压拉萨叛乱，局势于当晚解放军攻占罗布林卡行宫之后，逐渐恢复平息。①

3 月 22 日，阿塔诺布与嘉赛洛泽携带著无线电通话器，赶来与达赖喇嘛一行会合，并立即向华府中央情报局汇报，这也让逃亡第五天的达赖，首次得以和外界取得联系。26 日，达赖一行人抵达藏南地区的隆子宗，宣布成立“西藏临时政府”，并透过阿塔诺布的无线电，向美国政府紧急请求与印度政府协商，允许达赖进入印度境内，此一请求于28 日获得印度总理尼赫鲁同意。② 31 日，达赖一行抵达中印边境，此时阿塔诺布向中央情报局拍发最后一封电报，告知达赖已安抵边界，即将进入印度国境。③ 由于阿塔诺布与嘉赛洛泽两人沿途追随达赖一行，并向华府拍发一系列电报，让美政府决策人士能够在第一时间内掌握整个达赖行踪与西藏局势的最新发展，并成为美国日后得以主导流亡印度西藏团体议题之最重要因素。

3 月 21 日，解放军以优势武力平息拉萨叛乱次日，美国《纽约时报》以头版篇幅报道此一震惊全球的新闻，然而当拉萨事件一夕间成为举世瞩目焦点的同时，却也标志着台湾美国之间关系因西藏问题的出现，而走向分歧与不合。在蒋介石看来，拉萨发生叛乱后，“此一反共形势，将导发我反攻复国之机运”。④ 然而美方的反应，却让台北心寒；3 月 26 日，美国

---

① 李江琳，《1959 拉萨！达赖喇嘛如何出走》，页 159—313；Grunfeld，The Making of Modern Tibet，pp. 134－139.

② Knaus，Orphans of the Cold War，pp. 168－169.

③ CIA message received on April 2，1959，CIA Electronic FOIA Reading Room，Document No. 0000260331.

④ 《蒋介石日记》，1959 年 3 月 21 日。

驻台北“大使馆”奉命传话给蒋介石，称美国理解西藏战略地位之重要性，也对西藏反共运动表示高度同情，然而对于国民党当局提出双方合作援助西藏的要求，华府仍在考虑之中，尚难具体决定，美方此一含糊冷淡态度，让蒋介石体认到“美国政策前后不一，随时变化，是为合作最危险而不可靠者”。[①] 4月4日，甫自华府述职返回台北的中央情报局台北站长克莱恩，面见蒋氏父子，坦言过去数年间，美国中央情报局已开始秘密训练藏族游击队，并曾独自空投支援藏人“抗暴”运动，甚至坦白并告知达赖一行自拉萨逃亡印度过程中，获得美方情报人员协助等详细过程，最后克莱恩奉命向蒋表示，“西藏反共运动今后仍由其（美国）单独进行，不必与我合作”。[②] 蒋闻后愤怒异常，在当天日记里写下“美国必要独占西藏，不许他人插足之政策拙劣已极。”[③] 他甚至悲观地认为，“今后达赖在印，而对我国革命再不能发生作用”，而且“从此援藏反共以及我发动军事反攻，惟有自力进行，对美国默认反攻之想念，可以根本断绝矣”。[④]

吾人从蒋介石如上日记里所记载可察觉，早在1959年4月间，他对于美国表明将独占未来西藏问题发言权后，台湾所能扮演之有限角色，似已了然于胸，不抱太大期望，然而为了捍卫其在国际上坚持“代表全中国唯一合法政府之严正立场”，蒋介石面对达赖集团流亡印度以及其所衍生之诸多问题，一如九年前联合国处理萨尔瓦多提出处理西藏案一般，仍无从回避。3月26日，蒋介石发表“告西藏同胞书”，声称一俟中共政权被“消灭”后，“西藏人民能够自由表示其意志时，其政府当本民族自决原则，达成其愿望”。翌日，“副总统兼行政院长”陈诚召开中外记者会，极力宣传台湾过去数年间支援西藏反共“抗暴”运动过程中所扮演之重要角色，陈宣称台湾自1957年以来，即和甘、青、康、川等地的藏族反共势力保持密切联系，并在国民党的指导下，发起多次“抗暴”运动，陈诚还公

① 《蒋介石日记》，1959年3月26日。

② 《蒋介石日记》，1959年4月4日。值得注意的是，蒋介石在当天日记里也写道美方“对我与西藏反共运动之关系，则并不知情也”。

③ 《蒋介石日记》，1959年4月8日。

④ 《蒋介石日记》，1959年4月11日。

开揭露过去数年间，曾对藏区发动三次空投，并直接促成 1958 年 4 月至 7 月间青海循化与海南等地的暴动。[①]

台北高层人士一连串公开宣示，却换来达赖喇嘛与国际社会相当冷淡的回应。美国"驻台大使馆"在其拍发回华府的电报里即指出，国民党高层很清楚，台湾并不具备真正援助西藏反共"抗暴"运动的真正实力，蒋介石对藏人的宣言与陈诚在记者会上的说辞，只是政治与"外交"宣传，以期符合海内外广大侨胞与民情舆论之期待，并无太多意义，美国"大使"庄莱德（Everett F. Drumright）还报告国务院，连台北"外交部"官员私下都坦承台湾根本缺乏单独援助达赖集团的能耐。[②] 英国驻淡水"领事馆"拍发回伦敦的报告里，同样指称台湾在处理西藏议题上，遭到达赖喇嘛冷淡以待，有如"热脸贴在冷屁股上"，因而只能力保不致颜面尽失。[③] 英国与加拿大等西方国家所关心的，是陈诚在记者会上宣称台湾曾秘密空投武器弹药等物资援助藏族游击队，究竟是否属实，并纷纷向美方探询真相。[④]

对蒋介石而言，其最大的挫折，也许并非来自于国际社会对于台湾援助西藏能力的质疑，而是来自于达赖与流亡印度藏人团体对台北极端冷漠的态度。1959 年 4 月初，达赖一行安抵印度境内后，台北立即密派国民党主管敌后情报之中二组驻印联络员蔡定中，"国家安全局"联络室主任王庆芳，以及"军事情报局"所辖"广东反共救国军第十六路军"司令程一鸣等三人，携带蒋介石私人信函、亲笔签名照片与慰问金 1000 美元，前往印度会晤嘉乐顿珠，传达国民党当局慰问之意，同时磋商未来台北进一步

---

① NARA, RG 59, 793B. 00/3 – 2759, Everett F. Drumright (U. S. Ambassador in Taipei) to State Department, March 27, 1959. 陈诚并未指明这三次空投的时间与地点，也未对具体内容多做陈述。

② NARA, RG 59, 793B. 00/4 – 459, Drumright to State Department, April 4, 1959.

③ "Annual Review for Formosa, 1959," enclosed in British Consulate in Tamsui to Foreign Office, February 10, 1960, in Robert L. Jarman ed., Taiwan Political and Economic Reports 1861 – 1960 (Slough, England: Archive Editions, 1997), Vol. 10, pp. 746 – 747.

④ NARA, RG 59, 793B. 00/4 – 759, Memorandum of Conversation, Subject: UK Thinking on Significance and Exploitation of Tibetan Uprising, April 7, 1959; 793B. 00/4 – 959, Memorandum of Conversation, Subject: United Nations Considerations of Tibetan Situation, April 9, 1959.

支援达赖与合作事宜。[①] 然而根据蒋介石日记所载，“西藏嘉乐对我派往印度联络员之谈话，几乎是拒绝往来之态度”，蒋认为这是受到印度总理尼赫鲁的压力，不希望达赖与台湾有任何往来，蒋表示此虽在意料之中，“不料嘉乐等西藏政府，其愚蠢卑怯至此耳”。[②]

4 月 9 日，达赖长兄当才于美国纽约接受“中央社”记者访问时，竟称藏民“不承认中华民国为祖国”，且“反共亦反国民党”，态度对台北相当不友善。[③] 4 月 18 日，抵达印度将近三个星期的达赖，首度向国际社会发表声明，称将努力恢复 1959 年前，西藏所享有的“自由与独立地位”。言谈过程中，达赖还向美国以及提供庇护的印度政府表达热忱感谢，却只字不提台湾与蒋介石，颇令国民党当局感到失望。[④]

此刻令蒋介石感到更愤怒的，是美国对于台湾处理西藏问题所持之不友善态度。尽管华府已透过克莱恩向台北传话，表示未来美方将单独援藏，且婉拒台美就此进行合作，然而即便是台湾欲以民间、非官方力量，自行推动援助流亡印度藏民方案，也遭到美方横加阻挠。4 月 3 日，美国“驻台大使馆”向华府回报，台北的“中国大陆灾胞救济总会”将提拨 50000 美元，用于协助 2900 名流亡于中印边界加林磅的藏民，安置于泰国、老挝、缅甸边区的“反共自由村”里，鉴于台湾与印度之间没有邦交关系，台北方面对美国提出的唯一请求，是希望美方代为协助将这些西藏“难民”移出印度境外。[⑤] 华府接获台北此一请求后，极表关切，代理国务卿赫特（Christian Herter）要庄莱德“大使”转告蒋介石，美政府不但无

① “郑介民呈蒋介石关于川甘青康藏抗暴运动联系支援情形”（1959 年 4 月 7 日），《党政军文卷/国家安全与秩序/情报/对中共情蒐策反工作》，《蒋经国“总统”文物》，典藏号 005010206000051005。

② 《蒋介石日记》，1959 年 5 月 31 日。

③ “叶公超呈‘外交部’”（1959 年 4 月 9 日）；“‘外交部’致叶公超、蒋廷黻”（1959 年 4 月 19 日），《西藏问题案》，《“外交部”档案》，档号 019.4/0028。

④ “黄少谷呈蒋介石”（1959 年 4 月 18 日）；“陈雪屏致黄少谷”（1959 年 4 月），《西藏抗暴案》，《“外交部”档案》，档号 019.4/0002；NARA，RG 59，793B.00/4 – 2059，Drumright to State Department，April 20，1959.

⑤ NARA，RG 59，793B.00/4 – 359，Drumright to State Department，April 3，1959；793B.00/4 – 759，Drumright to State Department，April 7，1959.

法接受此一方案，同时认为国民党当局在不属于其领土管辖范围内进行安置西藏“难民”计划，恐将引发严重国际争议，即便此举在于进行政治与“外交”宣传，美国都将坚决反对。美方强硬态度，迫使国民党当局不得不取消此一境外安置藏民计划。①

蒋介石对美方的不满，于5月初主管远东事务之助理国务卿帮办巴生（Graham Parsons）来台访问与他会晤时，表露无遗。谈到西藏叛乱时，蒋介石情绪明显激动，对华府有极大怨言，他坚称拉萨叛乱可以点燃全中国大陆反共之火，也坚信西藏地区的地下游击势力依然效忠于他，只有国民党当局有能耐并有足够的人才专家，让此波“抗暴”运动继续不断延续下去，然而美方却拒绝让台湾参与。蒋也抱怨，台湾参与援助此波西藏“抗暴”运动，并未违反1954年台美之间协防条约规定与1958年10月的《杜勒斯公报》内容规范，他无法理解为何美国如此反对台湾扮演一定之角色。此外，蒋介石对于美国支持“藏独”立场，也颇有戒心，他甚至当场告诉巴生，很希望能够将达赖喇嘛接来台湾长住。对此，巴生以美国乐见台北提出任何有关大陆游击与敌后行动方案之提议，以为搪塞。② 拉萨事件后台美双方有最高阶层的意见交换，在没有任何交集与共识的情况下告终。

西藏议题与台美之间的“冷战外交”

拉萨叛乱与达赖出奔所衍生的诸多议题，又再一次让宣称“代表全中国唯一合法政府”的台北国民党当局，面临西藏问题“国际化”此难题与

---

① NARA, RG 59, 793B. 00/4 - 359, Christian Herter (Acting Secretary of State) to Drumright, April 3, 1959; 793B. 00/4 - 859, Drumright to State Department, April 8, 1959; 793B. 00/4 - 1059, Drumright to State Department, April 10, 1959; 793B. 00/4 - 1159, Drumright to State Department, April 11, 1959.

② NARA, RG 59, 611. 93/5 - 459, Memorandum of Conversation between President Chiang Kai - shek and Mr. Parsons, May 2, 1959, enclosed in Drumright to State Department, May 4, 1959. 蒋介石在日记里有关与巴生会谈的部分如下：“美既单独接济西藏政府发动此次反共运动，而偏要阻绝我对大陆反共民众之空投接济，实为妨碍我对大陆发动反共革命与反正规军游击战，乃违反我不借武力（正规战争）光复大陆拯救同胞联合声明的精神。”参见《蒋介石日记》，1959年5月3日。

挑战。1959年4月中旬，韩国李承晚高度关切西藏局势，透过台湾“驻韩大使”王东原向蒋介石传话，希望由双方共同出面呼吁东南亚各国支持西藏反抗中共，此一来自友邦元首的热忱与善意，令蒋介石感到尴尬，“外交部”经过一番研究后，指示王东原向韩方转达，西藏向为“中华民国”领土，大韩民国并非当事国，似不便由李大统领出面发言。[①] 不料李承晚不死心，不但不就此罢手，反而进一步敦促由蒋介石本人出面致函亚洲各友邦，呼吁及时援助藏人，李并建议由他本人与蒋介石先草拟一“简短、动人”的公开信，经过修改后，另邀南越、泰国等元首参加，李承晚坚持机不可失，认为此举必有助于台湾争取国际友谊。韩国政府对西藏议题的过度热情反应，让台北高层相当困扰，蒋介石忧心西藏问题“国际化”，更胜于维系台韩“外交邦谊”，最后在蒋介石坚持不愿随李承晚起舞，并指示由王东原委婉向韩方转告台北的苦衷与谢意后，风波方告平息。[②]

对蒋介石而言，西藏问题质变为“国际化”的最大挑战与压力，正是其最重要盟邦美国。4月23日，美东亚助理国务卿罗伯逊（Walter S. Robertson）告诉来见的台湾“驻美大使”叶公超，达赖喇嘛既然已在印度公开宣称“宗主权”是“汉人强加在藏人的发明，并已誓言恢复西藏过去所享有之自由独立地位”，他因此力劝国民党当局应适时宣布“放弃”其对西藏之“宗主权”，改承认西藏政治“独立”地位，他相信此举对西藏境内反共运动将带来极大鼓舞。叶公超当场搬出“中华民国宪法”的大纛，称在目前情况下，此举实无实现之可能，只有待日后国民党“光复大陆”进行“修宪”后，才有可能，罗伯逊立即反驳称，美国既已承认“国民党政府代表全中国”，台北应能采取必要之弹性措施，不必等到“光复大陆”后，否则此类自我限制的谨慎举措，恐将严重弱化台北宣称“代表全中

---

① “王东原呈‘外交部’”（1959年4月13日）；“‘外交部’亚太司签呈”（1959年4月14日）；“‘外交部’呈‘行政院’”（1959年4月21日）；“‘外交部’致王东原”（1959年4月22日），《西藏抗暴案》，《“外交部”档案》，档号019.4/0008。

② “王东原呈‘外交部’”（1959年4月24日）；“顾毓瑞呈周书楷”（1959年4月24日）；“黄少谷呈陈雪屏”（1959年4月29日）；“王东原呈‘外交部’”（1959年4月30日）；“黄少谷致王东原”（1959年5月11日）；“王东原呈‘外交部’”（1959年5月13日），同上。

国”之立场。在美方看来，台北唯有承认西藏“独立”，方能区隔其与北京之不同立场，并让台湾在西藏问题上，继续拥有发言余地。①

此时恐怕连蒋介石本人也无从理解的，美国政府根本不打算以取得台北的支持与合作态度，作为其大力推动西藏问题“国际化”的前提要件。4 月 29 日，美国务院内部完成一份机密备忘录，决心再次推动将西藏议题提交该年度的联合国大会上来讨论，并由美政府鼓励促成亚洲地区国家提案，控诉中共“暴行”，借以打击国际共产主义集团，即便该案引发共产国家提出中国代表权问题，损害台北权益，亦在所不惜。② 同一天，当罗伯逊与叶公超再次晤面时，美方试探一旦达赖在印度宣布成立一西藏“临时政府”，台北将如何反应？叶回答台北将承认该“政府”为“中华民国宪法”第 120 条所载明之“西藏自治政府”，并要求美国政府能够配合台北立场。罗伯逊接着又提问，华府若届时决定承认达赖所领导的“临时政府”为一“独立政府”，台北是否会感到不悦？叶当场反问，为何美方无法仅简单宣布承认该“临时政府”为“西藏政府”即可？罗伯逊回称，若不使用“独立”此一字眼，美政府又如何争取广大国际社会对西藏人民的支持？会谈结束前，罗伯逊向叶公超暗示，美方将极乐见达赖能够公开宣布西藏“独立”。③ 随后，当叶公超与美中央情报局长杜勒斯（Allen Dulles）会谈时，后者更加露骨地告诉叶称，美国情报单位将尽最大努力，让西藏境内的反共“抗暴”运动能够蔓延下去，即便让达赖适时宣布西藏“独立”，美方都会表示欢迎，对此，蒋介石与蒋经国父子恼怒异常，更无法理解华府领导人何以如此不顾及台北之立场与困难。④

---

① “叶公超呈‘外交部’”（1959 年 4 月 24 日），《西藏问题案》，《“外交部”档案》，档号 019.4/0028；NARA，RG 59，793B.00/4 - 2359，Memorandum of Conversation，Subject：Tibetan Situation，April 23，1959.

② NARA，RG 59，693B.00/4 - 2959，Memorandum by James F. Green（AF），Subject：Tibet，April 29，1959.

③ NARA，RG 59，693.93B/4 - 2959，Memorandum of Conversation，Subject：Attitude of GRC toward Independent Tibet，April 29，1959；“叶公超呈‘外交部’”（1959 年 4 月 29 日），《西藏问题案》，《“外交部”档案》档号 019.4/0028。

④ “叶公超呈‘外交部’”（1959 年 4 月 29 日），同上；“黄少谷致叶公超”（1959 年 4 月 30 日），《忠勤档案/中美关系（一）》，《蒋经国“总统”文物》，典藏号 00501010000055005。

很显然地，已有相当多位于第一线处理西藏问题的国民党“外交”人员，体认到美国将不惜一切代价，促成西藏议题高度“国际化”，作为东西方冷战对抗下，打击共产主义之一大利器，为此，国民党当局内部也开始出现决策上的分歧。1959 年 5 月间，时任“行政院”第三组组长、1949 年以前曾任西南军政长官公署办公厅主任的李昆岗，向陈诚建议除应派遣敌后人员进入藏区组织与领导该地区敌后反共运动之外，还应积极争取达赖早日自印来台，这除了可以让达赖摆脱印度政府的支配外，还有助于解决日后达赖的“转世”问题。① 然而“外交部”官员对此却极力反对，除了考量国际现实环境，美国与印度各方立场，以及达赖本人对台湾态度极端冷淡之外，一旦达赖离开印度，势必也将逐渐失去其对西藏境内事务的影响力，甚至认为国民党当局贸然争取达赖来台，双方既存的芥蒂，反而有可能扩大。②

几在同时，国民党官方人士与达赖长兄当才，也在日本进行接触。5 月 15 日，当才日本佛教团体邀请前往东京出席会议，当才虽对中共大加批评，却也对国民党没有好感，曾对日本媒体表示无意前往台湾，并重申西藏“独立”于中国的立场，尽管当才发表这番不友好谈话，台北“驻日本大使馆”依然把握机会，安排 1949 年以前大陆时期曾与达赖家属有交情的“行政院蒙藏委员会”藏事处长熊耀文，专程前来东京与当才会晤，此刻国民党有意以 5 千美元致赠当才，对其接济笼络，当才虽婉拒接受此一金钱馈赠，但同意收下熊耀文自台北携来之电报密码簿，作为日后双方秘密联络所用。③ 熊耀文与台湾“驻日公使”吴世英在与当才晤谈后，深感达赖集团获得美国背后支持后，对台湾方面任何形式的关怀，皆已不感兴趣，甚至视台北国民党当局的存在为推动西藏“独立”之一大阻力，两人

---

① “李昆岗拟呈对西藏问题措施之注意事项”（1959 年 5 月 12 日），《西藏问题案》，《“外交部”档案》，档号 019.4/0028。

② “‘外交部’签呈”（1959 年 5 月 25 日），同上。

③ “驻日“大使馆”呈‘外交部’”（1959 年 5 月 15 日）；“熊耀文致‘外交部’”（1959 年 5 月 18 日）；“吴世英呈‘外交部’”（1959 年 5 月 19 日）；“‘外交部’亚西司签呈”（1959 年 5 月 20 日）；“吴世英呈‘外交部’”（1959 年 5 月 22 日），《西藏抗暴案》，《“外交部”档案》，档号 019.4/0008。

在随后呈台北的报告里，开始力持应以更务实的态度来面对西藏问题，熊耀文甚至向“外交部长”黄少谷建议，今后台湾支援西藏“抗暴”运动，“似宜积极变消极，谋求适当之收场办法，否则吃力不讨好，徒损国家威信”。①

然而此刻台湾即便有意在西藏问题撒手不管，当时整个国际局势走向，似乎也由不得台北临时抽腿。6 月 17 日，达赖喇嘛透过中央情报局向美国总统艾森豪威尔与国务卿赫特转交私函，除表明他将领导海内外藏人对抗中共之外，还建议美政府能够考虑将西藏“独立”问题与中共加入联合国议题两者挂钩，作为向北京施压的手段。② 不论美方是否曾经考虑接受达赖此议，华府积极运作西藏问题提交该年底联合国大会里公开讨论，已是一既定政策，然而美方此举，却引发台北高层一阵精神紧绷，而该提案是否将涉及西藏地位与“中华民国”主权领土变更，更令蒋介石坐立难安。

9 月 7 日，达赖正式致函联合国秘书长哈玛舍尔德（Dag Hammarskjld），请求在联合国大会上讨论西藏问题。③ 达赖的信函同时也引爆冷战时期台美之间一场看似无烟硝味却又针锋相对的宣传大战；美国国务院首先通令美国驻亚洲各驻外使领馆，务必全力动员各国支持达赖诉求，对于印度等因微妙政治因素而无法公开支持达赖诉求的国家，美方也希望其至少做到不要在联合国里对西藏问题横加阻挠。④ 副国务卿迪伦（C. Douglas Dillon）除指示美国驻联合国代表团务必在 9 月 15 日联合国大会开议之前，争取到最多数国家提案或连署支持西藏案，更电令“驻台湾大使”庄莱德

① “熊耀文致‘外交部’”（1959 年 5 月 21 日）；“‘外交部’致吴世英、熊耀文”（1959 年 5 月 22 日）；“熊耀文致‘外交部’”（1959 年 5 月 26 日），同上。

② Memorandum from Allen Dulles to A. J. Goodpaster（White House Staff Secretary），Subject：Message from the Dalai Lama to the President and the Secretary of State，June 17，1959，CIA Electronic FOIA Reading Room，Document No. 0000481771.

③ NARA，RG 59，793B. 00/9 –959，Henry C. Lodge（U. S. Ambassador to United Nations）to State Department September 9，1959.

④ NARA，RG 59，793B. 00/9 – 859，C. Douglas Dillon（Under Secretary of State）to American embassies in Tokyo，Manila，Karachi，Ankara，Bangkok，New Delhi，London，Djakarta，Kuala Lumpur，Rangoon，September 8，1959.

向台北“示警”称，此刻台湾方面出现任何有关西藏地位的老调重弹，都将对台湾的国际地位与台美关系，产生相当负面的影响，也都将被国际社会解读为和北京站在同一阵营。① 10月2日，国务卿赫特甚至向艾森豪威尔总统大胆建议，应立即排除万难，让达赖亲自前来纽约出席联合国大会，并且在全球媒体镁光灯之前，与艾森豪威尔公开晤面，借以壮大达赖集团与西藏“独立”的声势。②

美政府动员其欧亚地区盟邦全力支持达赖在联合国提案，也带给国民党当局“外交”人员空前的压力，驻美“大使”叶公超即向台北抱怨，台北既无法与北京同流，又必须支持达赖“抗暴”，在法统上更不能不顾及“宪法”规定以及西藏与中国传统关系，面对台湾各友邦政府的质疑与询问，实在有苦难言，他因此私下建议蒋介石，应以较为务实的立场，设法利用藏局来对付北京，而不必对达赖有关西藏地位的说辞，过于计较，只不过叶公超的看法，并无法说服台北高层。③ 几在达赖致函联合国秘书长哈玛舍尔德的同时，蒋介石密令国民党在香港的机关报《香港时报》社长许孝炎，以私人身份，与当时结束马尼拉访问行程，准备经香港返回印度的嘉乐顿珠会面，传达台湾无法接受达赖于时刻推动西藏“独立”的做法，同时婉言劝告达赖，台湾并不反对于联合国内讨论西藏问题，但若该案涉及西藏地位变更，则台湾将被迫采取必要的反击措施。④ 9月9日，许孝炎与嘉乐顿珠在香港晤面，许如实转达蒋介石诸项讯息，嘉乐顿珠闻后除了仍希望台湾能鼎力支持达赖与西藏“独立”之外，还对台湾过去半年来接连派遣情报人员前往印度流亡藏人团体内大肆活动，提出抱怨，希望

① NARA, RG 59, 793B. 00/9 - 1259, Dillon to U. S. Mission to the United Nations, September 12, 1959; 793B. 00/9 - 1559, Dillon to Drumright, September 15, 1959.

② NARA, RG 59, 793B. 00/10 - 259, Memorandum from Christian Herter to President Eisenhower, October 2, 1959.

③ “叶公超呈‘外交部’”（1959年9月12日）；“叶公超呈‘外交部’”（1959年9月13日），《西藏问题案》，《“外交部”档案》，档号019.4/0028。蒋介石则在其私人日记里写道：“叶公超急于表达西藏独立问题之宗旨，认为不当也。”见《蒋介石日记》，1959年9月14日。

④ “黄少谷致许孝炎”（1959年9月7日）；“黄少谷致罗明元”（1959年9月7日），《西藏问题案》，《“外交部”档案》，档号019.4/0028。

国民党当局适可而止，双方会谈下来，并无任何交集。①

9月13日，经蒋介石拍板同意后，“外交部”拟妥因应对策，决定一方面支持达赖联合国相关提案中，“谴责中共在西藏暴行”的部分，另一方面刻意忽视其有关西藏“独立”之说词。② 不仅如此，面对美政府积极运作联合国各会员国提案或连署西藏问题案，台北也决定加以反击，9月中旬起，“外交部”通电台湾驻亚太地区各国“使领馆”与纽约的“驻联合国代表团”，除向各国政府解释台湾立场外，并私下游说各国政府不要对西藏案进行提案或连署。③ 当台北获悉9年前曾经在联合国主动提出西藏问题案的萨尔瓦多政府，有意再度领衔提案后，立即倾全力加以劝阻，并在最后一刻成功说服该国打消领衔提案之念头。④

当时各国政府对于是否在联合国里提案或连署西藏问题，皆有其自身现实利益考量，未必真正考虑台湾立场，然而无可否认地，台北在“外交”上的“反游说”努力，确实发挥了一定的效果。在9月26日联合国的总务委员会上，只有西欧爱尔兰一国领衔提出西藏问题案，附议连署者为马来亚联邦，这与美政府原本期盼出现大批国家参与提案或者连署，大相径庭，颇失颜面。⑤ 10月9日，总务委员会审查西藏问题案，台湾当局与美国的代表皆曾发言，也都支持该案提交联合国大会讨论，然而对于西藏政治地位一点，各国代表各说各话，莫衷一是：蒋廷黻强调西藏为中国领土之一部分，英国代表坚称西藏地位至今仍无明确答案，南非代表则认

---

① “许孝炎致黄少谷”（1959年9月9日）；“黄少谷呈蒋介石有关香港时报社长许孝炎与嘉乐顿珠先生晤谈记录”（1959年9月18日），同上。

② “黄少谷致叶公超”（1959年9月13日）；“黄少谷致叶公超”（1959年9月14日）；“黄少谷致叶公超、蒋廷黻”（1959年9月17日），同上；《蒋介石日记》，1959年9月11日、13日。

③ 根据台湾官方档案显示，当时日本、老挝、菲律宾、马来亚、泰国、伊朗与澳洲等国，皆向台北表示同意不在联合国内对西藏议题主动“提案”，至多仅参与“附署”，也对台北立场表示同情，参见：“‘外交部’电令驻永珍‘领事馆’”（1959年9月16日）；“‘外交部’致蒋廷黻”（1959年9月16日）；“蒋廷黻呈‘外交部’”（1959年9月15日）；“‘外交部’致叶公超、蒋廷黻”（1959年9月18日），《西藏问题案》，《“外交部”档案》，档号019.4/0028。

④ “‘外交部’电令驻萨尔瓦多‘公使’刘增华”（1959年9月20日）；“刘增华呈‘外交部’”（1959年9月22日），同上。

⑤ “蒋廷黻呈‘外交部’”（1959年9月26日）；“蒋廷黻呈‘外交部’”（1959年9月29日），同上。

为中国对西藏所主张者，仅限于“宗主权”，而非“主权”。[①] 10 月 21 日，联合国大会正式讨论西藏案，各国代表相继发言，对西藏政治地位与其所面临问题，依然各抒己见，毫无共识，最后大会通过一项“第 1353 号决议案”，重申“西藏人民与其他世界所有民族一样，享有自由从事宗教或政治议题权益等基本人权与自由，联合国也注意到西藏人民独特的文化传统与宗教遗产，以及藏民在传统上享有的自治权利”。[②] 至此，西藏问题在联合国的“国际化”，已成一定局，然而因该项决议案并未明确涉及西藏“独立”与政治地位等问题，这对蒋介石与台北的国民党当局而言，或许可算是一个不满意但能被接受的结果。

台美同盟关系下的裂缝

1959 年秋天，代表达赖前往纽约参加联合国大会的嘉乐顿珠，在“第 1353 号决议案”获得通过之后，先后向美政府官员与台湾“驻联合国代表团”表示感谢之意，夹在台美之间针对西藏问题持歧异立场的这位达赖胞兄，在面对台、美两方官员时，也各有一套说辞：他告诉台湾驻联合国“代表”蒋廷黻，回到印度后，将建议达赖迅速派遣代表前往台湾，以增进双方之密切关系与谅解。[③] 而在与美助理国务卿墨斐（Robert D. Murphy）会谈时，嘉乐顿珠除了再次表示希望继续获得美国支持西藏“独立”与推进藏人的“抗暴”运动外，还敦促华府能够向藏族游击队提供更多军火，并希望美方能考虑答允达赖提议，将西藏问题与中共加入联合国两个议题，紧密联结起来。[④]

---

① “蒋廷黻呈‘外交部’”（1959 年 10 月 9 日），同上。

② Warren W. Smith Jr. , Tibetan Nation: A History of Tibetan Nationalism and Sino - Tibetan Relations (Boulder, CO: Westview Press, 1996), pp. 492 - 506.

③ “蒋廷黻呈‘外交部’”（1959 年 11 月 4 日），《西藏问题案》，《“外交部”档案》，档号 019. 4/0028。

④ NARA, RG 59, 793B. 00/10 - 2959, Memorandum of Conversation, Subject: Tibet, October 29, 1959; 793B. 00/10 - 3159, Memorandum of Conversation, Subject: Tibet, October 31, 1959; 793B. 00/11 - 259, Gyalo Thondup to Robert D. Murphy (Assistant Secretary of State), November 2, 1959.

该年的联合国大会落幕之后，台美之间在处理西藏问题立场上的歧见，不但未能化解，反而更进一步扩大，双方可谓渐行渐远，分道扬镳。蒋介石体认到美国政府不可能在援助藏人此一议题上与台湾合作，因而决定在国民党内设立一新的“中央边疆工作指导小组”，统筹台湾对于“流亡印度”藏人团体之政策制定，以及处理有关援助中国大陆西南藏族地区游击“抗暴”运动之相关事宜。1960 年年初起，台北进一步决定增派驻印度之情报人员，积极争取“流亡印度”之藏族各领域重要人物前来台湾访问，消弭双方隔膜，同时鼓励策动来自川、康、青、藏各地藏民，于当地组织“亲台同乡会”，由国民党施予经费补助，争取并接济流印优秀藏族青年前来台湾就学，以培植亲台势力。蒋介石也指示在印度就近遴选储训藏籍人士，准备派遣进入中国大陆，以推进联络“抗暴”力量，此一国民党对藏工作之大方针，一直延续至 20 世纪 80 年代。① 毫无疑问地，国民党当局希盼透过如上努力，能够平衡西藏“独立”声浪，并反制西藏问题“国际化”。

面对西藏问题，华府则选择了一条与台北背道而驰之路。1959 年 11 月初，国务院官员奉命告知台湾驻美“大使”叶公超，为了继续保持西藏问题在国际间的热度，美方已决定改变既存之传统立场，准备承认西藏为一个“在中国宗主权下的自主国”（an autonomous country under the suzerainty of China），白宫也将在适当时机公开声明支持藏人推动“民族自决”，虽然国务院强调此一立场与蒋介石在“告西藏同胞书”里的声明，并无二致，然而许多观察家却认为美国政府最终立场，将走向承认西藏“主权独立”，而非蒋介石所坚持的，中国对西藏拥有领土主权此一原则。②

在实际行动上，自 1960 年起，美国中央情报局也加紧对贡保扎西所领导的“四水六岗”游击势力的空投补给援助，同时秘密协助康巴族反共游击队，于尼泊尔与中国交界的木斯塘（Mustang）建立一根据地，作为其

---

① 杨瑞春，《国特风云——中国国民党大陆工作秘档（1950—1990）》，页 307—311。

② NARA，RG 59，793B. 00/10 - 2959，Memorandum of Conversation，Subject：U. S. Attitude toward Tibet，November 3，1959；793B. 00/10 - 3159，Memorandum of Conversation，Subject：Proposed Statement on United States Position regarding Tibetan Self - Determination，November 20，1959.

向西藏渗透推进的前哨站。① 最初来自台湾军事情报系统的岳正武、范中权等人，经过美方密集训练后，曾于 1960 年 2 月被美军机空降于青、川、甘边界，进行敌后游击任务，策动组织当地藏民进行反共运动，并与解放军周旋达半年之久。此外，1960 年以后，在科罗拉多州海尔营的藏人游击队培训计划，也不断加紧推动，短短数年间，美政府花费数百万美元经费，训练出 700 余名康巴族与藏族敌后人员，这些特务在 1962 年中、印边界战争爆发后美国与印度军事情报关系，以及双方合作渗透西藏等重要任务上，皆发挥着关键的作用。②

接受美国秘密训练的藏族游击队

尤有甚者，1959 年后，当美国着手调整其对西藏地位之立场，其对当时台北国民党当局同样坚持拥有主权另一块边疆领土外蒙古的态度，也开

① Knaus, Orphans of the Cold War, pp. 236 - 269; Dunham, Buddha's Warriors, pp. 351 - 394.

② Eric S. Margolis, War at the Top of the World: The Struggle for Afghanistan, Kashmir, and Tibet (New York: Routledge, 2001), pp. 196 - 197; Shakya, The Dragon in the Land of Snow, pp. 282 - 286.

始发生微妙转变。1961 年年初，美国务院内部悄悄着手评估承认蒙古人民共和国独立，并且与之建交互设使馆的利弊得失，此时国务院内部主流意见皆认为承认外蒙并在该地区建立外交据点，将可同时监控中共与苏联，并有助于冷战格局下的美国外交与战略利益。① 而经过西藏问题的意见分歧后，虽然华府也曾将台北方面可能出现的负面反应，纳入其通盘考量，然而直到该年 6 月间，国务院仍向肯尼迪总统力持美国应以更务实态度，来推动美、蒙建交。② 此一意见，直到 8 月间台湾“副总统”陈诚应邀访问白宫与肯尼迪经过一番恳谈后，有关美国积极考虑承认外蒙古独立并与之建交一案，才被国务院搁置，这也让蒋介石与国民党当局，暂时勿须为另一片早已不在其有效管辖内的遥远边疆领土，再次与美国发生龃龉不合。

① NARA, RG 59, 793C. 02/3 - 161, Memorandum from Foy D. Kohler to Chester Bowles (Acting Secretary of State), Subject: Proposal for U. S. Recognition of the MPR, March 1, 1961; 793C. 02/3 - 2761, Memorandum from J. Graham Parsons to Bowles, Subject: Proposal for U. S. Recognition of the MPR, March 1, 1961.

② NARA, RG 59, 793C. 00/6 - 1761, Memorandum from Walter P. McConaughy to Dean Rusk, June 17, 1961.

第八章　冷战与台湾、印度之间的“密使外交”

2006 年 2 月 2 日，在两岸三地与东南亚华人世界传播、出版与新闻界享有崇高地位的张国兴，病逝于香港，享年八十九岁。张国兴原籍海南岛，早年随父亲前往北婆罗洲（今日之东马来西亚）生活与成长，对日抗战初期，他在友人协助下，前往云南昆明就读于西南联大政治系，随后他以在南洋生活所造就的英语能力，获得国民政府委任，休学一段时间，前往印度，担任战时同盟国驻印联军英语翻译工作。1945 年，张国兴自西南联大毕业后，加入重庆的中央通讯社担任记者，一年后获得美国合众国际社（United International Press）罗致，成为该新闻机构驻中国特派员，对于国共内战期间国民党贪污腐化情形，有极为尖锐的评论与报道，一度得罪蒋介石等国民党高层，甚至怀疑他是中国共产党的“同路人”。1949 年后，张国兴前往香港发展，1952 年，获得美国福特基金会（Ford Foundation）赞助支持，创立“亚洲出版社”，出版各类书籍，翌年又进军电影制作事业，成立“亚洲影业有限公司”，旗下不少电影成为当时脍炙人口的作品。除了传播与出版事业以外，张国兴还于 1968 年回到新闻界老本行，兼任香港《南华早报》编辑顾问，同时任教于香港浸会学校（现已改制大学）的传播理论学系，1978 年升任系主任，育才无数。1985 年，张获邀前往美国俄亥俄州立大学担任访问教授，3 年后，他以 74 岁高龄荣退，深获全体香港浸会大学师生之爱戴与感念。

如此一位在香港地区传播与出版事业以及新闻教育专业领域备受尊崇的学者型人物，却曾经在 1960 年代亚洲冷战高峰时期，扮演一个迄今鲜为人知的角色，衔命担任台北国民党当局“非官方”密使，于1963年1月间，前往印度访问，从事秘密“外交”活动。2006年2月，在香港浸会大学为张国兴所举办的追思会上，有关他生平介绍里，对于这段历史插曲，仅简短带过，称1962年秋天中印爆发边界战争后，张获得蒋介石委以重任，秘密“出使”印度，设法游说印度政府放弃北京，转与台北“建交”，但任务最后以失败告终。至于该次密访的具体过程与细节，以及任务最后失败的原因，却为之阙如。如今吾人从美国国务院解密档案文件中，得以还原当时张国兴在印度活动的整个面貌，吾人知悉，张于印度首都新德里停留两个月期间内，不但见到了包括印度总统拉达克里希南（Sarvepalli Radhakrishnan）、总理尼赫鲁与外交部长德赛（M. J. Desai）在内的印度政府重要官员，台湾当局与印度还甚至具体讨论到未来双方军事情报与政治宣传合作等相关细节，在相当程度上，从美国官方解密档案中，吾人也得以窥知张国兴此次替台湾从事“秘密外交任务”，最后失败的主要原因。

国民党当局的印度“密使”张国兴

中印边界战争与印度拉拢台湾

近代史上印度与中国之间的关系，渊源颇深；二次世界大战期间，蒋介石夫妇曾亲自前往印度访问，为了确保印度人不与日本合谋，蒋介石于访印期间，不惜开罪战时盟邦英国，与反抗英国殖民统治的印度国大党领袖甘地（Mohandas Gandhi）、尼赫鲁等人晤面，并公开呼吁英属印度殖民政府尽早给予印度人民实际政治权力。[①] 1946年9月，印度临时政府成立后，国民政府立即将战时中国驻印专员公署，升格为大使馆，成为国际间

① 杨天石，《蒋介石与尼赫鲁》，《找寻真实的蒋介石——蒋介石日记解读（二）》，页300—331。

最早承认印度新政府的国家之一。而抗战时期蒋介石对印度独立运动的同情与支持，也让时任印度首任总理的尼赫鲁铭感在心，并告诉蒋介石称，印度人民在任何情况下，必将坚守友谊，“因为中国获得自由后，印度使可获得自由，设中国不能获得自由，则吾人之自由蒙受威胁，而殊少价值可言”。①

抗战时期的蒋介石夫妇与尼赫鲁

然而尼赫鲁对蒋介石这番感人肺腑的谈话，终究敌不过国际政治现实考验；1949 年国民党在内战中节节败退，江河日下，10 月 1 日，新中国于北京宣布建立后，尼赫鲁即暗示将检讨印度的中国政策，该年 12 月 30 日，印度政府宣布承认中华人民共和国，并与国民党当局断绝“外交”关系，成为全亚洲最早承认北京的国家之一，当天，国民党当局驻印度“大使”

① 吴俊才，《印度史》（台北：三民书局，1990 年），页 587。

罗家伦立即降旗撤馆，双方关系也告中断。① 尼赫鲁此举，令曾经协助印度脱离英国统治的蒋介石感到悲愤不已，他在 12 月 30 日当天的日记里写道：“据报印度今日已承认北京‘伪组织政权’此为中印两国永久之遗憾，尼赫鲁终为英国之傀儡也。”② 这也是蒋介石最后一次在日记里写下“尼赫鲁”三个字，在往后的岁月里，他改以“泥黑路”此一带有强烈贬抑的字眼，来称呼这位他视为背信忘义、且令他鄙视痛恨的印度总理。

然而印度与新中国的关系，却也并非一帆风顺，中印两国之间绵延长达两千英里的国界，自清末民初以来，一直存在着许多未能妥善厘清与解决的争端，这也成了两国发展外交关系过程中的一个不稳定因素。1959 年 3 月，拉萨发生叛乱，十四世达赖率众逃往印度境内，此后，北京为了加强中印边防控制，不断与印度武装部队发生多次冲突，双方关系转趋紧张。8 月间，尼赫鲁公开宣称中国“侵犯”其领土，并发表《中印关系白皮书》，调动印度陆军与伞兵部队前往边境地区，一时颇有诉诸武力之意。③ 隔年，北京与新德里双方曾召开边界会议，试图化解彼此歧见，然而成果极为有限。在中印关系紧张的情况下，北京决定先解决中国与巴基斯坦之间的边界问题，巩固关系，使北京未来在面对印度时，无后顾之忧；1962 年春，中巴双方展开谈判并达成具体共识，北京以务实态度，承认巴国对其在克什米尔地区“实际控制”地区拥有主权，中巴未定边界，至此获得勘定。④

与此同时，中印双方对于边界争议，立场皆转趋强硬；1962 年 6 月间，尼赫鲁发表声明，认为中国不应当独自“占领”西藏，此后不久，印度部队向中国边防军开枪攻击，造成中方死伤数十人，北京立即向新德里表达严重抗议，而印度也开始在中方所坚持的主权领土范围内，设立新的

---

① 罗家伦，《罗家伦先生文存》（台北：国民党党史委员会，1988 年），第 7 册，页 283—287。

② 《蒋介石日记》，1949 年 12 月 30 日。

③ 孙子和，《中共与印度边界冲突之研究》，收录于氏著，《西藏研究论集》（台北：台湾商务印书馆，1989 年），页 281—286。

④ 刘海藩主编，《中华人民共和国国史全鉴——外交卷》（北京：中央文献出版社，2005），页 150—151；林良光、叶正佳、韩华著，《当代中国与南亚国家关系》（北京：社会科学文献出版社，2001），页 134—138。

哨所与据点，双方剑拔弩张，情势几已一发不可收拾。[①] 10 月 20 日，印度声称中国军队已“入侵”其领土，双方随即引燃战火，驻扎西藏的解放军部队，收复了被印度占领的藏南与达旺地区，驻扎新疆的解放军部队，则驱逐了边界上数十处印度军事据点。10 月 24 日，北京提议双方从开战前的边境线，各自后撤 20 公里，遭到印方拒绝，尼赫鲁除了宣布印北地区进入紧急状态之外，并派兵增援中印边界，准备回击。11 月 14 日起，印度军队向中方发动攻势，但是遭到解放军强力反击，21 日，解放军同时在东西两端击退印军，印度朝野因战事失利，大受震动，除了要求美国介入并提供军事援助之外，甚至提议请美国出面，寻求国际调停。隔日，北京下令解放军停火，12 月 1 日起，更主动后撤至 1959 年以前中印双方实际控制的“麦克马洪线”之内，以隔离双方军事接触，尽管此后中印双方未再发生大规模军事冲突，但彼此争议并未因而平息，北京与新德里之间关系也进入冬眠期。[②]

中印关系恶化，提供了印度与台北蒋介石国民党当局一个重新发展关系的契机。1962 年 12 月间，印度驻香港专员（相当于总领事）山干尼（Kotda Sangani）与当时担任负责“亚洲出版社”业务的张国兴，进行首次接触，关于此次接触的源起，究竟是新德里方面的主动倡议，还是台北方面先向印度招手，仍有待进一步厘清；根据张国兴日后在新德里告诉当地美国外交人员的说辞，他此行是受到山干尼与其他印度驻香港专署外交官员之强烈鼓励，因而前来试探双方加强合作之可能性。[③] 然而此一“破

---

① Ramachandra Guha, India After Gandhi: The History of the World's Largest Democracy (New York: Harper Collins, 2007), pp. 177 - 182.

② “麦克马洪线”是一条由英国探险家为印度测量时划的一条位于英属印度和西藏的边界，其走向起自不丹和西藏交界处，大致沿分水岭和山脊线至云南独龙江东南的伊素拉希山口，将传统上中国约 9 万平方公里领土都划进印度去。1913 年 10 月，英国和民国政府与西藏地区代表在印度西姆拉（Simla）举行会议，西藏要求承认和保证其完全完整的“独立”地位，民国政府则坚持西藏是中国领土不可分割之一部分，英国则提出划分“外藏”和“内藏”，进行调解，三方据此达成一临时协议，但民国政府最终拒绝在该协议上签字，对于英国与西藏地区代表协议以此“麦克马洪线”将部分领土划归印度，也严加否认。尽管如此，英属印度政府与独立后的印度政府皆宣称此“麦克马洪线”即是中印之间的正式疆界。

③ U. S. Embassy in India to State Department, February 7, 1963, no. POL CHINAT - INDIA, in USSD 1963 ~ 1966, reel 16.

冰”的任务，为何由一位旅居香港，且从事出版与影艺事业的张国兴来担负呢？张国兴本人的说法，1949 年以后他在香港定居发展，让蒋介石相信他与中共并未有所牵连，因此可以委以重任，加上抗战时期张本人在印度丰富的新闻与翻译工作经验，以及 1959 年与 1961 年他两次获邀加入国民党当局代表团，前往新德里参加国际会议的经历，都让张成为此一“密使”任务之最合适人选。① 张国兴日后也曾向美国驻台北“大使馆”临时代办高立夫（Ralph N. Clough）透露，他是由时任“副总统兼行政院长”的陈诚，从五位可能的人选中钦点，担起推动台湾当局与印度关系之任务，对此，张国兴还向美方表示，陈诚向来把他视为是蒋经国的人马，他对于自己能够受到陈诚青睐而屏雀中选，感到相当意外。②

从如上线索似可窥知，张国兴印度之行似乎是由台北主动、配合印度驻港外交人士鼓舞下的产物，然而爬梳蒋介石本人日记所载，却似又明显感受到当时台北层峰对于拓展台印关系，并非如此热衷，相反地，在蒋介石看起来，张国兴秘密访问印度，更像是尼赫鲁单方面一头热，是整个国际政治与外交情势发展，迫使印度政府不得不主动和台北接触。蒋在 1963 年 3 月 16 日的日记里，即有如下一段话：“印度‘泥黑路’近二月来对我方派印之记者托其对我问候，而其情报局长又托其约经国择地双方密会矣。‘印丑’毫无情理可言，其乃势逼处此乎？”③

台印间“非正式外交”接触经纬

不论具体实情如何，当张国兴于 1963 年 1 月 8 日自香港启程，再度踏上印度国土之后，他确实感受到印度政府对他这位代表台湾当局的“非官方”密使，一股极为正面、友善的态度。受到中印边界战争的影响，当张国兴抵达新德里机场后，他首先被印度海关人员视为是来自中国大陆的中

---

① Ibid.

② Ralph N. Clough（U. S. Chargé d'affaires ad interim）to State Department, March 28, 1963, no. POL CHINAT – INDIA, ibid, reel 16.

③ 《蒋介石日记》，1963 年 3 月 16 日。

国人，而遭到冷漠与严厉盘问，当张表明他乃来自“蒋介石的中国”时，突然间一切都变得极为顺畅，印度移民局官员不但向他亲切问候，并且对先前的盘问表示歉意，而他所携带的行李也获得礼遇，完全不需接受安全检查，这是他之前几次代表台湾当局前来印度出席国际会议所不可想像的。① 在新德里安顿后，张国兴先前往与台湾当局关系密切的南越总领事馆拜会总领事杜万里，杜万里不但向张国兴提供他对印度政府内部高层人士的观察情报，建议他应当接触的对象，还慨允提供南越总领事馆内的电报与邮袋等外交豁免设施，让张国兴能够在新德里与台北直接建立起安全且秘密之联系管道。②

根据美国驻印度大使馆官员拍发回华府的情报显示，张国兴停留新德里的第一个月内，曾广泛与印度官方与民间重要人士接触，充分交换意见，他所会晤的民间人士，包括曾经积极参与印度独立运动、当时推动印度社会与政治进步运动的纳拉扬（Jaya Prakash Narayan）、印度最具影响力报纸《印度斯坦时报》资深编辑穆高恩卡（Shri Mulgaonkar）、曾任印度国大党党魁、当时已隶属印度社会党的知名政治家克里帕拉尼（J. B. Kripalani）等等，至于张所会晤的政府要员，则包括印度外交部中国司长梅农（N. B. Menon）、内阁法务部长森恩（A. K. Sen）、国防部长查凡（Y. B. Chavan）、与财政部长德赛（Morarji R. Desai）等。在这些晤面过程中，张屡次强调中印发生军事冲突，让台湾当局与印度有了共同的敌人，双方应当携手合作来对抗中共；印度朝野人士则趁机提出许多新的构想，譬如“印度广播电台”提出希望与台湾进行技术合作，由台湾提供华语广播服务，以及节目企划，来进一步影响印度境内的华人社团，而脑筋转得极快的张国兴，立即要求印方必须首先同意由台湾当局派员常驻新德里指导一切，否则此类技术合作将很难顺利推展。③

尽管印度认为有必要与台湾当局发展关系，然而张国兴在新德里的拜

---

① U. S. Embassy in India to State Department, February 7, 1963, no. POL CHINAT – INDIA, in USSD 1963 ~ 1966, reel 16.

② Ibid.

③ Ibid.

会活动，却也并非完全顺利，毫无尴尬与芥蒂；在与印度财政部长德赛会晤时，张国兴依例首先代表国民党当局，向印方表达其遭受到“中共军事侵略”之同情立场，德赛立即反问，如果台湾当局真的同情印度遭遇，为什么在中印边界战争爆发后不久，台北的“外交部”即重申不承认“麦克马洪线”的立场？张国兴反应迅速地表示，台湾当局当时曾受到外界压力，不得不发表此一声明，但他也表示，在未来情况允许之下，台北是可以再发表另外新的声明，张国兴并再次向德赛强调，有关中印两国边界争议的声明，双方是可以再沟通讨论的，此番谈话让德赛释怀不少，谈话气氛也缓和了下来。① 然而国民党当局不承认“麦克马洪线”的官方立场，乃延续自 1913 年北洋时期的民国政府，此后即未曾改变，张国兴究竟获得台北授权而提出这样的回应，实不无疑问。

经过初步接触交流之后，张国兴体认到台印关系若要有所突破，只有一个人能够真正拍板决策，那就是尼赫鲁总理，他设法透过与尼赫鲁交情匪浅的纳拉扬协助安排，顺利在 1 月 31 日见到尼赫鲁，双方进行了半小时的晤会。虽然张国兴自香港动身前来印度之前，并未前往台北面谒蒋介石，然而会面之始，张即代表蒋介石向尼赫鲁表达诚挚问候之意，继而表达国民党当局对于中印发生军事冲突之同情立场，最后对台北“外交部”必须重申不承认“麦克马洪线”的立场，表示遗憾之意，他接着指出，台湾与印度目前正面对着共同的敌人，应当有一些可以合作的领域，特别是军事情报与宣传工作，他告诉尼赫鲁，国民党已在中国大陆建立起广阔、坚强与可靠的敌后情报系统，可以向印度政府提供中国大陆内部情势发展、中共领导人之动态等重要情报讯息。此次会面，张国兴显然是有备而来，他向尼赫鲁递交了一份长达 11 页的备忘录，内容包括他对中国大陆未来发展的评估与对共产主义的看法，他对于推动台印双方合作关系的意见，更重要的是，他也提出台湾当局在印度建立“外交”据点的四种可能型式：依循印度在未建立“邦交”关系之德意志民主共和国（东德）设立贸易代表处的模式；依循台湾在未建立邦交关系的英国伦敦设立新闻办事

① Ibid.

处的模式；双方建立正式联络办事处；台湾当局在印度设立不具名之“地下代表处”。[1]

尼赫鲁则首先要张国兴转达他对“蒋总统”的诚挚问候，张特别注意到，在整个晤谈过程中，尼赫鲁都称呼蒋介石为“总统”，其语气与态度皆充满敬意，甚至还曾向张国兴礼貌探询是否能够取得一张蒋介石的照片，作为留念。[2] 印度总理接着询问张国兴，为什么蒋介石当时一心一意积极希望发动军事“反攻大陆”行动，对此，张回答称，这是国民党当局的“基本国策”，此一政策除了提供1949年后迁居台湾的外省籍人士心理上的慰藉与情感上的连接之外，也对中国大陆数以亿计的百姓，在政治上提供另一种可能选项，不过张也不忘向尼赫鲁强调，蒋介石未必真的打算发动一场大规模军事行动，毕竟此类行动与整个国际情势密不可分，台北必须谨慎行事。尼赫鲁接又询问张国兴，究竟中共发动对印作战的真正动机为何，张答称中共此次发动战事的目的，实在于内政与地方性因素，毕竟从理论上而言，北京是无法真正能够动员400万人，跨越喜马拉雅山来侵略印度。谈话至此，尼赫鲁表示他将仔细研读张国兴所提交之备忘录，至于台北在印度设立代表机构一案，他也将指示印度外长德赛尽快安排时间，与张另外沟通讨论，1949年12月30日国民党当局与印度“断交”以来双方最重要的“非正式”交流，至此结束。[3]

印度方面对于张国兴的提案内容，在一周之后有了具体回应。2月6日，张与印度外长德赛晤面，谈话一小时，有关台北在印设处一事，德赛告知尼赫鲁总理决定接受他备忘录里所提出的第四点，即台湾当局在印度设立不具名之非官方“地下代表处”，为了向台当局显示印方善意，德赛进而表示印度政府将同意台湾当局同时在新德里、加尔各答、孟买等其他

---

① Ibid.

② Lynn H. Olson（U. S. Consul in Hong Kong） to State Department, March 16, 1963, no. POL CHINAT - INDIA, ibid, reel 16.

③ U. S. Embassy in India to State Department, February 7, 1963, no. POL CHINAT - INDIA, ibid; John K. Galbraith（U. S. Ambassador to India） to State Department, February 10, 1963, no. POL CHINAT - INDIA, ibid.

城市派驻代表，也表达希望张国兴本人能够担任未来台湾在印新设代表处之首任代表。这段时期内，张国兴是否与台北维持沟通管道，目前无从查证，然而张本人显然有他自己主观的看法；他回答德赛称，台北所拟筹设派驻在新德里的，将是一个规模极小的代表处，大概只会有三位成员，驻加尔各答则将只有一人，至于孟买，他认为需等到双方贸易关系发展至一定规模之后，再行考虑。至于张本人未来所扮演的角色，他告诉德赛称，事前已经答陈诚，愿意充任台湾首任“驻印代表”6 个月的时间，之后则交由台北高层来决定继任人选。①

谈话至此，德赛提出一个微妙的问题，即台湾当局如何有办法在印度设处，而不至于引来北京方面的压力与抗议，言下之意，他暗示张国兴未来能够以低调与“节制”的态度，来推动台湾新设代表处之业务，且认为未来此一“地下代表处”与印度政府之间的接触，应当是非官方与非正式的，印方将透过印度国防部或者其他外交敏感度较低的政府部门，与台方代表处打交道。至于未来此一“地下代表处”的地位，德赛表示，未避免出现台北与北京同时反对的“两个中国”局面，并考量通讯之机密与安全，印方倾向于不给予台湾代表处属于官方层级的“外交豁免权”，而是建议台方未来利用美国、泰国或者南越驻印度之外交管道，保持与台北之间的联系，尽管如此，德赛也表示印度政府将考虑给予张国兴本人部份的外交礼遇，以示尊重。此次晤面结束前，两人还达成初步共识，台印双方合作关系，将从情报与宣传两大领域着手，逐步推广至农业技术合作与贸易关系发展等项目。②

国民党当局“非官方”密使张国兴于 3 月 8 日结束在印访问前的最后一项重头戏，则是于 2 月 16 日前往印度总统官邸，拜会拉达克里希南总统，此一会晤只有短短 15 分钟，却饶富趣味。当张国兴被引领进入拉达克里希南的书房时，他看见印度总统正双腿盘绕坐在床上，腿上覆盖着毛

① U. S. Embassy in India to State Department, February 7, 1963, no. POL CHINAT－INDIA, ibid.

② Galbraith to State Department, February 10, 1963, no. POL CHINAT－INDIA, ibid; Olson to State Department, March 16, 1963, no. POL CHINAT－INDIA, ibid.

毯，张以为总统生病了，身体虚弱，因此立即表示慰问之意，不料拉达克里希南闻后，赶紧澄清他的健康没有问题，他刚静坐完毕，这是他静坐冥想沉思的正常姿势，张恍然大悟，连忙转达蒋介石对他问候之意，并再度表达台北同情印度遭受中共“侵略”之意。此次会面时，张国兴与印度外长德赛之间，已经就台北在印度设立“地下代表处”一事达成初步共识，张特别提出表示感谢印度政府同意此项安排，没想到拉达克里希南谦虚却不失坦率地表示，他只是印度的虚位国家元首，并无实权来决定此事，但他猜测若台北果真成功在印度设处，则张国兴本人将成为其首任代表，他期待并预祝此事顺利圆满成功，张连忙称谢，在告辞前并承诺当他不久之后回到新德里履任时，必定携带一副宋美龄本人的山水画作品，作为呈献给印度总统的礼物。①

高调“密使”惹尘埃

张国兴停留印度期间与朝野各界重要人士晤面，范围之广，层级之高，可说是创下 1949 年底国民党当局与印度“断交”以来之例，但同时却也必然引来印度左派势力与社会主义国家之注意。事实上，早在 1963 年 2 月初，张在印度的活动就已被苏联驻新德里大使馆盯上；某天，当他刚结束对印度教大会党总裁德希潘迪（V. G. Deshpande）的拜会行程后不久，苏联驻印度大使馆的一位外交官，即前往该政党总部，询问张国兴究竟前来印度干什么，向来对蒋介石与国民党当局持同情立场的德希潘迪，立即将此讯息转告张国兴，并称苏联方面显然认定张的来访，乃美国幕后所指使，乃美帝国主义之一大阴谋。② 数日后，印度陆军情报部门的情报显示，捷克驻印度大使馆的一名馆员，还曾为了张国兴在新德里的秘密活动，而前往苏联大使馆与苏方进行讨论，印方在 2 月 9 日把此情报转达给张国兴，

① U. S. Embassy in India to State Department, February 27, 1963, no. POL CHINAT - INDIA, ibid; Olson to State Department, March 16, 1963, no. POL CHINAT - INDIA, ibid.

② U. S. Embassy in India to State Department, February 27, 1963, no. POL CHINAT - INDIA, ibid.

并告诫他务必谨慎低调。不料到了隔日，张在印度活动的消息就在媒体上曝了光；当地一份左派刊物大幅报道一位“来自福尔摩沙的中国人”，正在印度境内大肆活动，欲推动台印建立关系，该报道并宣称，由于印度政府坚持“一个中国”政策，使得该名密使的任务未竟其功云云。①

尽管以苏联为首的社会主义成员国与印度左派势力皆已盯上张国兴在印度的动向，但是张本人却似乎毫不以为意，特别是2月6日以后，当他取得印度外长同意台湾在新德里等地设立“代表处”的承诺之后，张国兴似乎迫不及待地想把这个“好消息”，与各方分享。2月25日，美国《巴尔的摩太阳报》驻新德里特派员基特（Jim Keat）即向美国驻印度大使馆官员透露，数周前他已透过管道知悉，一位台湾国民党当局派来的密使，正在新德里活动，寻求建立“外交”关系，随后他出差前往巴基斯坦采访，数日前刚回到新德里，又进一步自此间媒体界探知印度政府已经同意台北设处要求，当基特向印度外交部求证此事时，却遭到印度官方郑重否认，然而有趣的是，张国兴本人却向新德里的众多记者们高谈阔论，大方承认确有其事，这让印度外交部倍感困窘。不久后基特再度询问印度外交部，此时外交部只有尴尬坦承。经过此一风波，印度政府官员对于张国兴的高调不谨慎，开始出现怨言，同时也埋下日后双方关系破局之伏笔。②

不论如何，此时印度政府方面似乎并未因为张国兴在印活动曝光而打退堂鼓。2月20日，张拜访印度外交部中国司长梅农，询问日后一旦他再度回到新德里时，其入境签证该如何申请，梅农答称他已经去电印度驻香港专员山干尼，届时将由他来协助核发国民党当局“外交官”的印度入境签证。③ 另一方面，张国兴也善用此一造访印度的机会，与流亡印度的达赖喇嘛集团进行秘密接触。本书前一章曾提及，1959年3月拉萨发生叛乱后，台北国民党高层虽然积极伸出援手，然而达赖的反应却相当冷淡，令蒋介石颇感挫折。根据美国务院解密档案揭示，张停留印度期间，曾与达

① Ibid.
② Ibid.
③ Ibid.

赖胞兄嘉乐顿珠以及西藏“流亡政府”几位要员见面，传达台北的善意，口头邀请嘉乐顿珠与“流亡政府”的“财政部长”等人前往台湾访问，并答允替“流亡政府”寻找资金投资台湾之管道与机会。[①] 虽然时任“总统府国防会议副秘书长”的蒋经国，颇为反对此刻邀请具有“藏独”意识的嘉乐顿珠访台，但最后在蒋介石拍板同意下，这位达赖胞兄还是在 1963 年 4 月初前来台北访问，并与蒋介石晤面。就此点而言，张国兴不但努力推动台印关系破冰，还联系起台北与流亡印度达赖集团之间极为冷淡疏远的关系。

讽刺的是，当张国兴于 1963 年 3 月 8 日动身返回香港前夕，他以台湾“密使”身份在印度的活动，已搞得众人皆知，许多国际重要报章媒体也开始出现相关报道，譬如美国著名的《华盛顿邮报》即曾刊出一篇深度追踪报道，把张在印度的活动经过，甚至台印双方未来可能的军事情报与宣传等合作项目，都描述得巨细靡遗。虽然直到张离开印度为止，中共始终默不作声，然而原本应当是极为低调的秘密访问行程，最后却发展到人尽皆知，这足以让印度政府感到难堪了。[②] 然而另一方面，美国政府对于此次台印接触，则是持相当肯定的态度；美国驻印大使加尔布雷斯（John K. Galbraith）在其拍发回华府国务院的分析报告中即指出，张国兴访印乃是尼赫鲁重新评估其亚洲政策，发展与对抗中共势力“向周边地区扩张”的一个明显指标，美方应当给予鼓励，况且印方将可在军事情报与宣传领域中，从国民党当局取得益处。美大使也评估认为，未来中共若决定断绝与印度之间的外交关系，则张国兴此番密访，将只是北京决定与新德里断交的一个借口，而非真正理由，据此，他建议华府应敦促当时对于印度外交政策仍有一定影响力的英国政府，不要贸然反对台印之间的合作接触。对此一分析看法，美国务卿腊斯克深表赞同，并且相信印度政府充分理解其与台湾当局进行接触之重要政治意涵，认为尼赫鲁一定会慎重其事。[③]

---

① Clough to State Department, March 28, 1963, no. POL CHINAT – INDIA, ibid.

② Galbraith to Dean Rusk (U. S. Secretary of State), March 6, 1963, no. POL CHINAT – INDIA, in China 1963 ~ 1966, reel 16.

③ Ibid.; Dean Rusk to Galbraith, March 7, 1963, Ibid.

只不过此刻美国政府对于台印强化交往之乐观期待，显得太不成熟了。

台北、香港与新德里：台印“外交”折冲内幕

由于华府对于台湾当局派遣张国兴前往印度活动展现出高度兴趣，因此当张国兴结束任务于3月8日返回香港后不久，美国驻香港总领事馆官员即对他进行约访，以掌握他在印度活动的相关情形。此时张国兴显得志得意满，乐观自信，话匣子一打开后，即毫无避讳。3月13日，他告诉美国驻香港领事奥森（Lynn H. Olson）称，他对此次印度之行感到高度满意，一切发展都很成功，他还称若能够更早一些时日出发前往新德里，也许任务可以更加顺利，他还提到印度对于拓展与台湾之间的经贸关系，有相当高的期待，希望向台湾采购水泥，张也向美方透露，他数日后即将动身前往台北，预料将会晤所有国民党当局高层人士，他乐观期待着未来台印之间新关系的快速发展。张最后还告诉美国领事，此次印度之行，让他比预期中还要享受外交官生涯，因此未来他若能够顺利出任台湾首任“驻印代表”，也许他会考虑在新德里待上比原来向陈诚承诺的6个月更长的时间，或许两年也说不定。高度乐观与自信的张国兴，为了专注投入于未来代表台湾当局出使印度的任务，还毅然辞去当时担任香港港岛东区扶轮社主席职务，一时之间让众多社员感到错愕与不解。①

3月17日，张国兴自香港飞抵台北，向包括蒋介石在内的台北高层报告一切。与此同时，蒋介石对于台印之间发展战略与情报关系以牵制中共，似乎颇有期待，譬如在3月22日，蒋于召见张国兴的前夕，他对于日后台北顺利在新德里开设据点之后的工作目标曾写道，未来台湾驻印人员至少必须有能力将中共在西藏的兵力部署与番号，查明清楚。② 到了第二天，当蒋介石接见张国兴并掌握整个密访印度过程之后，他对于印方急切希望与台湾建立情报合作关系，却又只同意台湾在新德里设立一个见不得

---

① Olson to State Department, March 16, 1963, ibid.

② 《蒋介石日记》，1963年3月22日。

人的“地下代表处”，而非全然放弃北京并转与台北“建交”，不禁感到相当失望。蒋在日记里，对于与张国兴晤谈过程，有如此记载：

> 十时入府约见澳门记者与张国兴自印度回来详报其在印度两月工作之经过，“泥黑路”首先托其对蒋“总统”问候也，至其情报局长与外交部长及其总统皆表示急欲与我方合作，并称其总统托其转告我夫人，如邀“泥黑路”之妹潘迪夫人来华访问，则必愿来之意，盖彼等急欲转表态度言极，但其又不愿与我公开行动耳，此乃印度人之投机惯性也。①

根据张国兴日后向美国驻台北“大使馆代办”高立夫（Ralph N. Clough）透露，蒋介石在召见他并听取其访印报告过程中表示，台北高层尚未决定是否邀请印度重要人士前来台湾访问，此乃因为蒋介石本人对于尼赫鲁的怒气仍未完全消散，不过蒋介石也表示，愿意与蒋夫人宋美龄磋商下一步计划。此次谈话中，张国兴不但与蒋介石确认由国民党当局邀请达赖胞兄嘉乐顿珠来台访问，还谈到台北与达赖集团之间未来关系之发展，张曾向蒋直陈，过去国民党所犯的一个错误，是专门接济那些反对达赖的康巴族势力，然而那些康巴族势力其实对广大藏人并无真正影响力，蒋闻后似乎颇表赞同，张并进一步向蒋介石献策称，目前旅居印度的西藏“流亡”青年学生，皆已被分批送往瑞士、丹麦与美国等地求学，他建议台湾也应比照办理，争取将一部分藏族学生送来台湾，初步先以20名为目标，逐渐增加名额，此提议也立即获得蒋之认可，表示将指示交办推动。②

蒋介石心中或许仍对尼赫鲁心存不快，也对印度政府不让台湾未来驻印机构曝光表示不满，然而考量当时整个亚洲地区冷战与反共之战略目标，蒋此刻似乎不愿就此放弃对印度之秘密“外交”布局，在会见张国兴

---

① 《蒋介石日记》，1963年3月23日。

② Clough to State Department, March 28, 1963, no. POL CHINAT – INDIA, in USSD 1963 ~ 1966, reel 16.

次日，他立即把蒋经国找来商量“对印度派员之准备”。[①] 而接下来数周里，张国兴在台北继续与国民党高层密集磋商赴印设处之准备，以及拓展台、印双方合作之具体规划，同时协助国民党接待来台访问的嘉乐顿珠。4月6日，达赖胞兄前往“总统府”会见蒋介石，此番双方晤谈，不但是1951年嘉乐顿珠离台赴美后的首次，也是1959年拉萨叛乱后，国民党当局与流亡印度达赖集团之间的初次接触，据嘉乐顿珠事后告诉张国兴所言，蒋介石亲切地与他交谈，并且表示国民党当局未来将同意“西藏独立”，嘉乐则告诉蒋介石，不久之后达赖将派遣一位代表，常驻台北，以增进双方友好关系。张国兴闻后不相信蒋介石会当面提出台北同意“西藏独立”，蒋充其量应当只是重申未来国民党“光复大陆”后，允许藏人“高度自治”罢了。[②] 有趣的是，蒋介石对于和嘉乐顿珠之间的会晤，评价极差，他在当天的日记里写道：“下午……见嘉乐顿珠，此其油滑如昔，余以中国文化与凡事全靠自己之理勉之。”[③] 其在日记里丝毫未曾提西藏“自治”或“独立”之语，对于达赖可能派员驻台，也没有特别感到兴趣。

停留台北期间，张国兴除了拜会蒋介石之外，还分别与陈诚、蒋经国等国民党高层人士晤谈，大家对于张国兴此次印度“破冰”之旅，皆高度赞赏，津津乐道，然而此刻对于台北而言，拓展与印度之间的军事情报合作交流，似乎才是最紧要的，其余包括发展双边经贸关系与推动技术合作等议题，国民党方面似乎并不热衷。4月15日，张国兴即曾向美国驻台“大使馆代办”高立夫抱怨称，他热心向国民党高层提出两个有关未来驻印度“代表处”组织架构意见，一是比照台湾各驻外“大使馆”，直接向“外交部”报告，二是该“代表处”向“行政院”所辖之一临时专案委员会来负责，然而这两个提案都遭到回绝，台北高层既不认为此“地下代表处”有必要直接与“外交部”发生关联，也认定其若直属“行政院”，于法无据，徒增困扰。经过一番折腾，最后各方决定由“行政院新闻局”来

① 《蒋介石日记》，1963年3月24日。

② Clough to State Department, April 16, 1963, no. POL CHINAT – INDIA, in USSD 1963 ~ 1966, reel 16.

③ 《蒋介石日记》，1963年4月6日。

负责，由局长沈剑虹组一跨部会委员会，协调联系“外交部”、“国防部”、“国家安全局”等相关单位共同讨论参与，易言之，未来台湾与印度之间的关系，就由该委员会来处理，而张国兴也将成为首任驻印“代表”。[①]

正当台北紧锣密鼓筹组未来驻印“代表处”各项细节之际，过去数个月以来沉默不作声的中共，终于展开反击。4 月 10 日，美国驻香港总领事葛林（Marshall Green）报告国务院，此间中共人员不但大肆打探张国兴背景底细与他稍早之前在印度活动情形，中共官方传媒也开始高调批评“国民党蒋帮”与尼赫鲁之间进行“邪恶阴谋”，相互勾搭，围堵中国，同时质疑美国幕后所扮演的角色，认为美方居中穿针引线，居心叵测。[②] 然而此刻令台印高层更加不安的，是中共官方即是引述美国《华盛顿邮报》稍早对张国兴在印度活动的相关内容报道，高分贝抨击台湾国民党当局准备向印方提供军事情报、指导尼赫鲁利用特务与间谍从事破坏旅印华人之正常生活、并且向印度输出反情报与反宣传伎俩，来围堵与对抗中共。[③] 印度驻香港专署的外交官也向美方透露，印度政坛的左派人士，准备利用张国兴停留印度时的高调作风与不谨慎，来质疑尼赫鲁政府内阁、困扰印度执政国大党、并且破坏台印建立关系之目的。美方官员同时还探知，即便是在印度政府内部，特别是外交部，也已有不少人对张国兴本人的行事风格，感到强烈不满，咸认为此一作风势将无法担任日后台湾驻印“代表”职务，因而准备加以杯葛阻挠。[④]

面对中共方面开始加强批判力道，张国兴本人似乎不为所动，4 月 15 日，他告诉美国“驻台大使馆代办”高立夫称，他在印度向当地媒体揭露其秘密活动，其实是获得台北高层默许认可的，用意在于试探尼赫鲁以及印度政府面对来自中共外交压力时的底线，张还坚称，北京迟早会知道他

---

① Clough to State Department, April 16, 1963, no. POL CHINAT - INDIA, in USSD 1963 ~ 1966, reel 16.

② Marshall Green (U. S. Consul - general in Hong Kong) to State Department, April 10, 1963, no. POL CHINAT - INDIA, ibid.

③ Ibid.

④ Ibid.

在印度的活动与台湾在印设立据点的消息，若印度方面态度软弱不坚定，无法抗拒压力，那么最好在台湾派员前往设处之前，就能先清楚掌握，否则等到此一新的“代表处”因中共因素而被迫撤离，则届时情况将更加不堪。张也向美方强调，目前印度政府对于发展与台湾关系，并未有任何决策上的转变，台北计划派员前往设处，仍按部就班，未有改变。然而张国兴此番解释，并不为美方所相信，认为这只是张国兴面对自己高调惹出状况后的合理化说辞。①

美国的支持与印度驻港官员的阻挠

不论张国兴所言是否属实，直到 1963 年 4 月 30 日他自台返港为止，国民党当局有关赴印设处一案，确实仍持续进行中，并未停止。5 月 2 日，张国兴在香港与美国领事傅瑞曼（Jack Friedman）晤谈时，透露台北“行政院”已决定未来“驻印代表处”人事任命案，由张本人出任“代表”，由当时任职“外交部礼宾司”的欧阳中庸担任“副代表”，此外，军方与情报部门也都将各派一人，以“秘书”名义前往工作，除此之外，不打算另在加尔各答或孟买另设办事处。张国兴希望美方能够推荐一名美国驻新德里大使馆内的合适馆员，作为其日后工作接触对象。② 鉴于台、印之间进一步发展关系，符合美国在亚洲的冷战目标，华府对此一请求，欣然同意，并于 6 月初透过美国驻香港总领事馆转达张国兴，其未来在新德里的美国大使馆接触对象，将是一位名叫杰克布森（Harold Jacobson）的外交官。③

美方对于国民党当局发展与印度关系的热忱态度，还展现在其他地

① Clough to State Department, April 16, 1963, no. POL CHINAT – INDIA, ibid.

② Memorandum of Conversation between Jack Friedman and Mr. Chang Kuo – hsing, May 2, 1963, enclosed in Olson to State Department, May 24, 1963, no. POL CHINAT – INDIA, ibid.

③ U. S. Embassy in India to State Department, June 6, 1963, no. POL CHINAT – INDIA; Memorandum of Conversation between Friedman and Mr. Chang, June 18, enclosed in Olson to State Department, June 21, 1963, ibid.

方。据张国兴称，4月间当他停留台北时，他意外发现几乎所有美国驻台人员，都已知悉他印度之行，而且皆展现出高度兴趣与支持态度，尤其是美中央情报局驻台北外围机构“美国海军辅助通讯中心”人员，特别积极与他接触，借以取得第一手消息，美国“驻台大使馆”甚至向台北“外交部”提出要求，盼能获得与所有张国兴活动相关报告之副本，只不过台湾方面仅同意与美方分享部分讯息，不愿和盘托出，而未来主导张国兴“驻印代表处”业务的“行政院新闻局长”沈剑虹，甚至一度刻意阻止张参加美国在台“外交”人员所举办的社交活动，以确保任何有关台印之间发展关系的情报，不至于对外泄露。①

然而就在4月底张国兴准备离台返港之际，整个台印之间秘密“外交”关系的发展，开始出现颇不寻常的气息；此时印度驻香港专员山干尼正好离开香港返回印度参加使节会议，驻港专署的业务由帕朗吉普（V. V. Paranjpe）暂代，这位代理专员趁着山干尼离开一阵子期间，前往美国驻香港总领事馆拜会，要求美方提供一切有关张国兴之相关背景资料，他告诉美方称，他需要这些资料来撰写一份评估报告，提供印度外交部参考，美方不疑有他，因此慨允提供。日后美方发现，帕朗吉普在该份关键报告里，对张国兴有极为负面的批评，称他处事为人过于高调，不够谨慎，四处乱说话，搞得全香港众人皆知其特殊任务与使命，此一报告的结论强烈建议印度政府，无论如何都不能接受台湾派遣张国兴前往印度履任。②

1963年5月中旬，当山干尼返回香港后不久，即安排与张国兴会面，此时山干尼表面上对张依然礼貌有加，然而当张进一步询及他何时可以动身启程前往印度履新时，山干尼却支吾其词，无法提供确切答案。美国驻香港总领事馆也注意到，自从山干尼回去一趟印度后，他开始私底下向美方批评张国兴。③ 正当美方不解其中转折过程原因之际，一位立场右倾反

---

① Olson to State Department, March 16, 1963, no. POL CHINAT – INDIA, ibid.

② Olson to State Department, June 4, 1963, no. POL CHINAT – INDIA, ibid.

③ Olson to State Department, June 21, 1963, no. POL CHINAT – INDIA, ibid.

共，曾多次参与由台北发起之“亚洲人民反共联盟”（简称“亚盟”）活动，并与张国兴熟识的印度记者史瓦卢普（Rama Swarup），利用一张印有“亚盟”标志的空白信纸，于5月28日写了两封密函，准备呈交“亚盟”主席谷正纲并提供当时印度政府内部有关与台湾发展关系的最新情报。为了避开印度政府内部邮件检查，史瓦卢普特别派一专人，携带信函，由新德里飞往香港，并于6月初亲手交给张国兴，准备让张自香港传递台北。在信函里，史瓦卢普透露尼赫鲁对于是否应当继续推动与国民党当局之间的关系，态度已十分犹疑，因为他已感受到来自苏联、捷克、南斯拉夫、波兰等东欧社会主义国家的外交压力，苏联政府更透过旅居莫斯科的印裔人士，向尼赫鲁施压，以阻止他与蒋介石发展关系。更令尼赫鲁吃惊的，是连最初与张国兴接触、鼓励他代表台湾前往印度密访的印度驻香港专署，都向新德里提出报告（即帕朗吉普所撰报告），反对张国兴担任台湾代表。有鉴于此，印度外交部准备咨询印度军事情报部门，仔细评估磋商张国兴先前在新德里所提出之台印合作项目，是否仍属必要。①

在收到史瓦卢普托人专门携来的密函之后，张国兴一方面向台北“行政院新闻局长”沈剑虹报告，并转呈相关信函供陈诚、蒋经国等人参考，另一方面他也向美国驻香港总领事馆告知事件发展，张告诉美国领事奥森，史瓦卢普是他的旧识，与台湾友好，也和印度军事情报单位关系密切，但并非印度的情报人员，张表示不论如何他都要全力说服台北向华府寻求协助，让台印之间的交往，不受到外界压力而停顿下来，张并坚称尽管台北对尼赫鲁本人观感不佳，他努力推动台印“外交”依然获得包括蒋介石在内国民党高层人士之坚定支持。此番晤面后，美国驻香港总领事馆对于帕朗吉普先前的小动作，终于恍然大悟，同时也研判今后台湾对于推动对印关系持何种态度，端视其如何反应与解读史瓦卢普所传来的两封密函。②

6月17日，当国民党当局还来不及对此两封密函做出具体反应，山干

---

① Olson to State Department, June 21, 1963, no. POL CHINAT – INDIA, ibid.

② Ibid; Olson to State Department, June 4, 1963, ibid.

尼主动邀请张国兴一晤，转达印度外交部中国司长梅农讯息称，尼赫鲁仍然热诚欢迎张能够前往新德里履任，然而目前最大的考量是时机问题，鉴于当时舆论媒体对于台印“密使外交”批评相当猛烈，因此印方认为应等到北京方面的外交压力与宣传攻击稍为停歇下来后，张再前往赴任，较为适宜。张闻后反驳称，若中共理解媒体宣传攻势能够发生巨大作用，则其宣传攻势将永远不会停下来，尼赫鲁的犹疑不决，已让台北高层深表关切，他要求印度方面应尽早做出决定，对此，山干尼答允将尽早向梅农转达。[①] 台印之间的关系，似乎已走到了一个关键时刻。

台印关系胎死腹中

眼见印度政府对于是否同意台湾在新德里设立“代表处”以拓展双边关系，迟迟未能做出最后决策，张国兴决定采取一大胆行动，逼迫印方表态。6 月 21 日，他突然出现在印度驻香港专署办公处，以一般香港居民身份，申请前往印度的入境签证，借以试探印方反应，印度驻港专署官员见到张国兴后，大吃一惊，随后表示将审查并办理其申请，并请他先行返回，耐心等候。一星期后的 6 月 28 日，张国兴在其住处突然接获通知，称印度外交部长德赛已经飞抵香港，准备与他晤面，当天稍后，张与德赛两人在山干尼的办公室里进行一番长谈，德赛恳请张国兴不要再回到印度，他认为以中共与左派传媒目前对张从事台印秘密“外交”的严词批评，若张在此情况下贸然回到新德里，很可能受到印度左派份子的谩骂攻击。同时，德赛进一步表示，张国兴“驻印代表”的职务也不宜由其他国民党当局官员来取代，因为目前印度朝野各界已出现反对声浪，不愿意来自台湾的官员，与印度官方或民间机构、新闻界、学政界人物进行接触。尽管如此，德赛仍表示印方希望台湾能够提供某些专业技术人员，以应聘方式前往印度工作，担任训练机构或者侨校的教职员，但前提是这些人士必须保

---

① Memorandum of Conversation between Friedman and Mr. Chang, June 18, 1963, enclosed in Olson to State Department, June 21, 1963, no. POL CHINAT – INDIA, ibid.

持秘密与低调，且不能涉足与本身业务不相干之其他事务，也不得与印度政府官员往来。德赛亦告诉张国兴，印方仍期待台湾能够在军事情报领域加以协助，只不过因为政治与外交上的敏感性，未来此类合作与联系，将在香港、东京或者曼谷等地来进行，而且一旦事迹败露，印方将不负任何责任。①

张国兴立即把此次与德赛会面之详细内容，透过台湾“新闻局”驻香港人员，转呈给包括“军事情报局”在内的台北相关部门参考。② 综观此番晤谈，德赛有关印度朝野已不希望与台湾合作的讯息，究竟有几分准确性，仍有待商榷，然而对国民党当局而言，印度政府很明显地只打算从台湾取得对其有利之部分，却不愿让台湾享有同等互惠。7 月 1 日张国兴向美驻香港外交官报告他与德赛会谈经过，此刻他似乎已预期到台印双方关系将走入死胡同，无法有所突破，他亦理解到他已不再受到印方的欢迎，因而向美方自嘲称，他已卸下开启台印交流之重责大任，顿时感到轻松无比，他也毋须担心未来果真成为台湾“驻印度代表”之后，成为各方箭靶，甚至落得遭尼赫鲁内阁背弃与驱逐的难堪下场，从现在起，他打算安分地当一个香港公民，不再涉入政治活动。③

另一方面，台北高层收到来自史瓦卢普的两封密函，以及张国兴与印度外长德赛晤谈报告后，其反应可想而知。7 月 3 日，张告诉美国驻香港总领事葛林，蒋介石对于尼赫鲁不愿让台湾在印度公开设立“外交代表处”，且仍想继续与北京保持关系，感到相当愤怒，因此决定取消台印之间一切可能的合作方案，包括蒋向来重视的军事情报合作交流。据张所言，过去数周以来，印度此番回应与处理，让年事已高的蒋介石颜面尽失，更重要的是，国民党当局理解到，即使中印发生边界战争，关系紧张，尼赫鲁“反对中共侵略”并非全然等同于“反共”，他终究无法完全

① Olson to State Department, July 2, 1963, no. POL CHINAT - INDIA, ibid. China 1963 ~ 1966, reel 16.

② 杨瑞春，《国特风云——中国国民党大陆工作秘档（1950—1990）》，页 447—448。

③ Olson to State Department, July 2, 1963, no. POL CHINAT - INDIA, in USSD 1963 ~ 1966, reel 16.

断绝与北京之间的联系，在“一个中国”的大原则下，印度想要同时维持北京与台北的“外交”关系，无异缘木求鱼。[①]

尽管如此，尼赫鲁内阁显然感受到华府对于台印之间拓展关系有着热切的期待，因此有必要向美方进行一番说明与解释。7 月 9 日，印度外交部中国司长梅农在新德里的一个外交场合中，主动向美国外交官提及张国兴议题，梅农特别向美方表示，印度政府对于张在新德里活动时所表现出来的“拙劣不机灵”与“多话”，感到无法容忍，极不愿此类人物前来担任台湾的“驻印代表”，梅农虽未提及台湾在印设立“外交”据点的必要性，美方却认定此刻印度政府决定冷却台印关系发展，担任双方“密使”的张国兴，其颇具争议的行事风格，似乎成了最关键原因，只不过美国政府也体悟到，印度方面一旦把双方关系发展给搁置下来后，未来恐怕无以为继了。[②]

张国兴出使印度一案，于 1963 年在 7 月间，显然已经无疾而终，然而奇妙的是，此一“密使外交”余波，仍然在香港继续荡漾着，挥之不去。7 月 22 日，台北“行政院新闻局”驻香港办事处的一位陈姓官员，突然告知美国驻港总领事馆称，印度驻香港副专署帕朗吉普于数日前曾主动向他接触，密告尼赫鲁总理依然强烈希望台湾能够派遣情报与宣传人员，秘密常驻新德里，甚至愿意甘冒印度国内左派势力与东欧社会主义国家的强大外交压力，接受国民党当局所任命的“非官方”与“地下”代表，一旦印度反对党质疑这些台湾人士身份时，尼赫鲁将以此为印度政府的“聘雇人员”来替台湾人士挺身辩护，坚持到底。[③]

这位台湾“新闻局”驻香港陈姓人员并且告诉美方，他不清楚帕朗吉普究竟是否真正获得尼赫鲁授权来向他传递这些讯息，但是台北高层已指示他向印方提供如下答复：国民党当局已决定不在印度设处，与印度之间可能的合作项目与提案都暂告停顿，张国兴的权责也已完全停止，未来这

---

① Green to Dean Rusk, July 5, 1963, no. POL CHINAT – INDIA; Olson to State Department, July 9, 1963, ibid.

② Galbraith to Dean Rusk, July 10, 1963, no. POL CHINAT – INDIA, ibid.

③ Olson to State Department, July 23, 1963, no. POL CHINAT – INDIA, ibid.

位陈姓人士将取代张国兴，成为印度与台湾接触的对象。台北方面研判后认为真实情况可能是，印度驻香港专署原本被要求负责促成台湾协助印度的情报与宣传工作，如今蒋介石断然拒绝合作，驻港印度官员不无希望亡羊补牢，因而假尼赫鲁之口向台湾传话，试探是否有可能实现一部分的合作，只不过台北很清楚，印度绝无可能试图平息蒋介石的怒气，而慨允台湾方面所希望的交往条件与要求。①

根据现今解密档案显示，1963 年间“台、印密使案”发生短短一年之后，在美国情报单位努力撮合下，台湾与印度之间曾经推动过有限度的情报交流合作；1964 年 8 月间，台北方面一项代号名为“后门小组”的情报侦搜据点，于印度东部奥瑞沙省（Orissa）卡达克市（Cuttack）西郊约 15 英里处的一座印度军事情报局专用机场内秘密成立，美国中央情报局当时援助印度情报局的物资，均在该处卸货，来自台湾的情报人员共有 11 名，每年轮调一次；1965 年 5 月间，此一“后门小组”围墙外天线被强风吹倒，维修人员抵达时，该小组成员赫然发现除了美方技术人员之外，竟然还有四、五名中国人，经探悉才获知当时美、印合作推动的藏族反共游击队训练营，亦设在该机场内。② 到了 1970 年，印度政府又恢复与国民党当局的秘密接触，希望发展情报合作关系；该年 5 月 2 日，印度驻泰国大使馆官员曾与台湾“驻泰国大使馆”领事沈克勤晤面，声称印方亟需了解当时中国大陆、特别是西藏内部近况，希望台北够提供相关情报线索。当时主持台湾情报大权的蒋经国，在接获讯息后认为台湾与印度的合作，应以换取印方协助台湾在印度建立工作据点为条件，如果只是单纯的情报交换，不但没有太大裨益，反而将涉及许多复杂问题，后果不得不顾虑，最后决定不予推动。③ 台湾方面此一思维，仍不脱 7 年前张国兴事件的决策情境。

1978 年春，印度政府为了培训该国境内的藏族反共敌后人员，一度以

---

① Ibid; Dean Rusk to U. S. Embassy in India, July 25, 1963, ibid.

② “‘国防部’情报局长叶翔之呈‘国防部长’蒋经国”（1965 年 10 月 7 日），《忠勤档案/敌后工作（一）》，《蒋经国“总统”文物》，典藏号：00501010000103008。

③ 杨瑞春，《国特风云——中国国民党大陆工作秘档（1950—1990）》，页 448—449。

强硬且极不友善的姿态，强邀国民党当局派驻印度工作人员，协助参与其秘密培训藏人计划。根据国民党中央第二组机密档案揭示，此刻印度政府希望借重国民党与中共过去的斗争经验，协助其在中印边界地区培植反共游击势力，成为其日后影响藏局与牵制中共之一股力量。台北情报部门经过一番评估后，认为情势微妙复杂，同时考量到国民党当局对于西藏领土主权之基本立场之后，再度否决印方此一合作要求。① 回顾历史，1963 年张国兴密赴印度推展关系后的 20 年内，北京与新德里关系未见融洽，台印之间较大规模且正式的合作交流，停滞不前，一直到了冷战结束后的 20 世纪 90 年代，台印关系才有较为明显的突破。张国兴的一段“密使外交”案，或许可作为 1949 年以后蒋介石与国民党当局推动对外关系下，一段未曾实现之冷战“外交”历史注脚。

① 杨瑞春，《国特风云——中国国民党大陆工作秘档（1950—1990）》，页 449—451。

第九章　冷战与台湾在东南亚各国的秘密活动

自1949年蒋介石兵败大陆来台后，直到1975年4月溘然长逝，其所领导的台湾国民党当局，始终将“反攻大陆”与“光复大陆”视为念兹在兹的最高目标，然而过去较不为人所知悉的是，整个国际东西方对抗的冷战高峰时期，蒋介石还曾经在东南亚各国扮演一个反共意识形态与反共经验“输出者”的角色，以实际行动来策划、参与、甚至介入该地区国家的军事冲突，具体做法则是琳琅满目，包罗万象，从利用1949年以后自中国大陆撤出境外之残存游击势力参与敌后与反共作战，到台湾秘密向外提供军事武器装备援助给予友好势力，到直接派遣军事人员介入该地区的军事对抗，乃至与其他国家建立各种军事情报合作网路等。

本章以近年来大量解密与开放之中、英文第一手史料为基础，聚焦于蒋介石与国民党当局在整个东南亚地区的秘密军事与“外交”行动，大致依照事件发生之先后顺序，有系统地揭示冷战时期台湾参与东南亚区域性冷战对抗之历史内幕，除了发掘台湾在过去亚洲冷战战场上所曾扮演的角色之外，并将阐述这些历史事件与经验，究竟对蒋介石与国民党当局，带来何种意涵。

国共内战与国际冷战的相遇：滇缅游击队

本书第三章曾提到李弥与其所领导之国民党游击队盘踞活动于滇缅地区之由来，以及朝鲜战争停火前后，美国中央情报局不再支持李弥、与该游击队撤回台湾的经过。1954 年 9 月间，负责协调李弥部队撤退事宜的台、美、缅、泰“四国军事委员会”解散后，台北秘密授予不愿撤离滇缅地区的残存游击势力新的“云南人民反共志愿军”番号，继续按月补助泰币 25 万铢经费，并由李弥旧部柳元麟领导，继续从事该地区的反共游击任务。缅甸政府当然知道此一情况，并视这支不被国民党当局公开承认的“志愿军”，如芒刺在后，亟欲除之而后快。缅政府经过一番部署后，于 1955 年 1 月底，率先发动清剿柳部之军事行动，然而 4 个月的清剿期间内，缅甸政府军先盛后衰，不但未能一举把当时主要盘踞缅东的国民党游击队消灭，到了 5 月 31 日，更因兵疲马困，派机空投传单于柳部所在地，要求进行和谈，协调双方未来“和平相处”办法。柳元麟最初无意与缅方展开谈判，随后在征得蒋介石同意并指示谈判原则后，始于 12 月间派员与缅政府代表接触谈判，双方经过长达半年的交涉，于 1956 年 5 月 31 日达成新的协议，缅甸政府同意柳部居栖留于景栋地区，并保持武装，以换取柳部同意不攻击缅政府军与干涉缅甸内政，柳部则答允协助缅军保护景栋公路交通，以换取缅军保证不妨碍柳部向当地居民购粮及对外交通。[①] 蒋介石在亚洲大陆上仅存的一支武装力量，因此得以暂时保留下来。

国民党游击队与缅甸政府军虽然暂时达成协议，和平相处，然而柳部把缅、泰、老挝边境地区作为其活动根据地，穿梭来去自如，却也引发其他邻国之高度不安，并成为台湾介入老挝复杂内政之滥觞。1954 年春，法殖民当局于越南北部奠边府一役遭胡志明重挫，黯然退出中南半岛，该年 7 月 20 日所签署的《日内瓦协议》，将越南分隔为南、北两部分，老挝与柬埔寨则实施“中立化”，所有外国军队必须撤离，而且两国皆同意不参加西方国家所倡导的任何联盟，也禁止西方国家在两国境内建立任何军事基地。[②] 1955 年春，当时柳元麟部为了对抗缅政府军的清剿行动，曾数度跨越划分缅甸与老挝国境的湄公河，进入老挝西北部丰沙里省（Phongsaly）

---

① 覃怡辉，《金三角国军血泪史 1950—1981》，页 192—205。

② Robert J. McMahon, The Limits of Empire: The United States and Southeast Asia since World War II (New York: Columbia University Press, 1999), pp. 63 – 68.

柳元麟部队位于缅甸北部的游击根据地

境内的猛信（Muong Sing）、南他（Nan Tha）等战略要地，引发老挝境内共产党组织“巴特寮”（Pathet Lao）的强烈抗议，并作为其指控美帝国主义幕后支持国民党介入老挝内政之重要依据。[①] 1956 年年初，柳部游击队成员多次往来活动湄公河两岸，进行采买交易与运补，如入无人之地，“巴特寮”与左派势力借机大做文章，宣称国民党游击队的一名指挥官，曾在美国驻永珍大使馆官员引介下，密晤老挝总理沙苏瑞斯（Katay D. Sasorith）亲王，双方还已拟妥草约，准备引进这批游击部队作为投入扫

① FO 371/117165 F1071/261, Report from Leon Maynard (The Commissioner, Canadian Delegation, International Commission for Supervision and Control in Laos), Subject: Chinese Nationalist Remnants in Northern Lao, May 7, 1955.

荡丰沙里地区“巴特寮”部队所用。[①] 国际间则普遍关注柳元麟军事力量一旦进入老挝境内，其政府军恐怕没有力量与之抗衡，而老挝内部各方势力则有可能炒作此议题，以该国西北边境安全出现威胁为题，来争取更多美国援助。[②]

面对“巴特寮”指控美国暗助柳元麟部队进入老挝，华府不但极力撇清，更公开质疑当时盘踞于缅东地区的国民党游击队，面对缅政府军一轮清剿后，是否还有能力进入老挝境内并与“巴特寮”部队作战。[③] 台湾国民党当局也公开宣称台北和残存于泰、缅、老挝三国边境地区的游击队之间，早已无任何瓜葛，“外交部长”叶公超于该年 6 月间访问曼谷并与当地英国及缅甸外交人员晤谈时，连缅甸官员都一度相信台北此刻不再对援助游击队，感到兴趣。[④] 只不过此刻包括缅甸在内的国际社会，都低估蒋介石欲善用各种机会、资源与方法，推动台湾在东南亚冷战战场上的反共目标与决心，此一目标与决心，不久后更转化成为国民党领导人视为与其政权之存亡息息相关之一部分。

台湾的“国家安全”与“反共”输出

1956 年春，蒋介石眼见美、苏两大强权关系颇有缓和，美国与中共的大使级会谈（先在日内瓦、后移至华沙）也持续进行当中，亚洲地区许多原本坚持反共立场的国家，也呼应中共于 1955 年万隆会议后所提倡之和平共处五原则，纷纷采取较为“中立”的弹性外交政策，不排斥与社会主义国家建立联系。蒋介石担忧之余，致函美国艾森豪威尔总统，提醒华府不要轻信苏联所发动的和平伎俩，同时也敦促美国应当以更积极的作为，鼓

---

① FO 371/123524 F1822/3, British Embassy in Vientiane to Foreign Office, February 8, 1956; FO 371/123524 F1822/4, British Embassy in Peking to Foreign Office, February 2, 1956.

② FO 371/123524 F1822/1, British Embassy in Vientiane to Foreign Office, January 4, 1956.

③ FO 371/123524 F1822/5, British Embassy in Washington D. C. to Foreign Office, February 13, 1956.

④ FO 371/123328 DB1041/5, British Embassy in Bangkok to Foreign Office, June 30, 1956.

舞亚洲盟邦对抗共产主义的信心，他并吁请艾森豪威尔，应更加明确支持国民党当局发动对中国大陆的军事反攻行动。然而蒋介石除了收到一封由美国务院代拟的礼貌回函之外，其所提论点，根本未受到华府高层太多的重视。[①] 该年 12 月间，蒋介石又利用专函祝贺艾森豪威尔竞选连任美国总统的机会，向华府阐述他对国际间“姑息”气氛浓厚之高度担忧，他以该年 10 月间所发生苏联镇压匈牙利事件为例，希望美国政府明察秋毫，不要被国际社会所谓“中立”与“姑息”主义所蒙蔽，让“自由世界蒙受共产主义的威胁”，蒋也再度吁请美国能够让台湾在国际冷战与东西对抗过程中，扮演更重要的角色，特别是协助国民党有机会“帮助中国大陆上的数亿百姓，推翻毛泽东统治”。[②] 然而蒋此番肺腑之言，再度遭受华府的冷落。

面对国际间当时一股浓郁的和平姑息气氛，蒋介石心中的不安，可想而知，毕竟若其所领导的国民党当局，失去了以“反共”为至高无上的信仰与号召，则其政权在台湾乃至整个国际社会立足的正当性，也将受到极为不利的影响。1957 年 6 月间，于朝鲜战争爆发前后担任蒋介石私人军事顾问，甚受蒋信赖的前美国海军第七舰队司令柯克（Charles M. Cooke）上将，向台北“国防部”提出一份备忘录，阐述他对于当时台湾在亚洲整个战略价值的看法。在柯克看来，国民党当局对金门与马祖等外岛的控制，不仅攸关台湾与澎湖的安危，其与东南亚地区是否得以继续留在西方世界阵营里，尤其重要，而防止共产党势力进入东南亚地区，更与台湾本身的安危存亡密不可分，据柯克所言，如果整个东南亚地区进入了共产党之影响范围，则台湾与金、马外岛的长期安全，也将立即面临严重威胁，如此一来，蒋介石以军事力量反攻“收复”中国大陆的可能性，也将更加渺茫。柯克的备忘录受到蒋介石高度重视，他不但下令“国防部”大量印行并发交国民党各军总司令部切实研究，还要求所属军事部门，依据柯克备

① Letter from Chiang Kai - shek to President Dwight D. Eisenhower, April 16, 1956, in Eisenhower, reel 6; President Eisenhower to Chiang, May 17, 1956, ibid.

② Letter from Chiang Kai - shek to President Eisenhower, December 11, 1956, ibid.

忘录来拟定各项因应计划。[①]

柯克这番把“台湾安危”与“东南亚各国遭受共产党威胁”两者作一紧密联结的看法，在当时亚洲各国纷纷以“中立主义”外交政策之名，与社会主义阵营打交道的大氛围下，显然深深地打入蒋介石的心坎。在随后台北“国防部”一份标示着“绝对机密”的政策文件里，国民党决定高层认定美国领导所谓“自由世界”，虽然对解决中东危机行动相当积极，但是在亚太地区，菲律宾、越南、马来亚、泰国等国当时所持反共立场，仍不足以抵抗来自中共或者苏联的“侵略”，而且当时日本对苏联示好，反共态度暧昧，这对于整个亚洲反共国家的团结，都带来不利的影响。易言之，促进亚太地区反共阵容的建立，团结亚洲反共力量，扩大整个“外交”与政治声势，打击与分化中、苏共两大强权，成了当时蒋介石心目中最重要的国策与目标。[②]

在此一较大的背景环境因素影响下，在1956之际，积极向邻近东南亚各国“输出”反共政策与援助，促进该地区国家内部之反共力量与声势，成了与国民党当局在台湾统治正当性，以及台、澎与金、马外岛安危直接关联之重大议题。根据现已解密之中文档案所揭示，自1956年起，台北的军事情报部门开始积极向外拓展情报据点与人员之布建，该年度台湾在港、澳与日、韩、菲律宾、马来亚、印尼、泰国、缅甸、越南、印度与巴基斯坦等国家地区，总共有情报工作单位58处，工作人员408名，搜集情报总计达6432件，以蒋经国为首的情报系统，除与美国之间存在着情报合作关系外，还积极推动与菲律宾、泰国、韩国等国政府间的情报交换计划。[③] 此一情报交换计划，到了1958年时，更进一步扩展至越南、日本、英国与西德。而从台北国安部门高层对于国际局势动态进行大量研析来

---

① “蒋介石致彭孟缉”（1957年6月27日），《特交档案——军事/中央军事报告及建议（六）》，《蒋介石“总统”文物》，档号：56871。

② “国防部反攻军事战略判断”（1957年9月），《特交档案——分类资料/军事作战计划及设防（三）》，《蒋介石“总统”文物》，档号：56958。

③ “四十五年国家安全工作总检讨报告书”（1957年），《文件——党政军文卷/国家安全与秩序/国家安全会议（三）》，《蒋经国“总统”文物》，典藏号：00501020600016001。

看，蒋介石、蒋经国父子在冷战格局下，当时欲让台湾扮演更积极的反共先锋要角，存在着相当之期待与企图心。①

国民党当局除了紧锣密鼓地展开与各国之间的反共军事情报合作之外，更密筹以具体行动，进一步强化在亚洲冷战战场上与共产主义的对抗，秘密援助滇缅游击队发动反攻中国西南地区的“安西计划”，即是一例。1957年10月间，蒋介石向柳元麟下达一项“安西计划”执行令，准备以3000兵力，于翌（1958）年春天完成战斗准备，待命向滇南地区发动突袭，摧毁当地解放军的基层组织，并配合当时中国西南藏族地区，以诱导更大规模的叛乱运动。② 然而此一计划因柳部作业不及，延至1958年9月初才向滇缅边境采取行动，在筹备期间，台湾空军曾9次向柳部进行弹药与物资的空投，而当突击行动正式开始后，游击部队兵分四路，向滇南各县推进，并与解放军边防部队与公安发生激战，整个突击行动过程中，双方互有伤亡，战事延续至10月底，以柳部游击队自滇南撤回缅北基地而告终。③ 由于此“安西计划”的实行，在时间上与该年8月间国共双方金门炮战相近，因此尽管柳部的滇南突袭行动，并未能够真正诱发中国西南大规模反共运动，也谈不上取得重大成功，然对台北而言，却也得到一些政治上的及时宣传效果，这让蒋介石准备进一步扩大援助柳元麟，决心将滇缅地区打造成为国民党当局的“陆上第一反攻基地”。④

在蒋介石努力寻求向东南亚输出反共力量此一政策指导原则下，台湾还秘密参与了1958年春天“印尼革命军”武装反抗印尼中央政府此一事

① “郑介民呈蒋经国“国家安全局”47年1至3月份重要工作概况报告”（1958年5月21日），《文件——党政军文卷/国家安全与秩序/国家安全会议（二）》，同上，典藏号：00501020600015002；“第142次星五会谈记录”（1958年7月25日），同上，典藏号：00501020600051003。

② “八全大会滇缅边区来台代表座谈会指示事项”（1957年10月24日），《文件——党政军文卷/国家安全与秩序/民国四十六年各项会报指示》，同上，典藏号：00501020600001005。

③ FO 371/136059 DS1821/6, “KMT Situation in North Thailand,” from British Embassy in Thailand to Foreign Office, July 7, 1958; CIA Office of Current Intelligence memorandum, Subject: Chinese Nationalist Irregulars in the Thai - Laotian - Burmese Border Area, May 17, 1963, CIA Electronic FOIA Reading Room, Document No. 0000414805.

④ 覃怡辉，《金三角国军血泪史1950—1981》，页215—230。

件。印尼政局自 1956 年年底起，开始出现较为剧烈的变化，当时印尼内部军方势力鉴于印尼共产党力量日益茁壮，总统苏加诺（Achmed Sukarno）不但给予宽大包容，甚至暗助扶持，因而感到焦虑不安，隔（1957）年所举行的地方选举，印尼共产党在席次上大有斩获，左派力量全面抬头，在外交上，苏加诺与原殖民母国荷兰因双方争夺西新几内亚（West New Guinea）主权，以及印尼政府没收荷兰在印资产等事件而交恶，转而与苏联东欧社会主义国家亲善，双方关系在军事、外交与财经合作等各领域，皆有大幅度发展，此一趋势都让印尼内部反共势力与华府的中央情报局深感忧心。[①] 1957 年年初，苏门答腊与西里伯斯（现称为苏拉威西）两个岛上的反共军事领导人物因不满苏加诺左倾，发动数场政变，建立起地方性政权，并开始与印尼中央政府唱反调，苏加诺虽然努力与两岛的地方性政权进行谈判，然成果有限。11 月间，苏加诺遭印尼狂热分子暗杀未遂，对他心理打击甚大，12 月 20 日，他决定把政权暂时交给国会议长，并宣布将在 1958 年年初至外国访问休养，这一决定让两个岛上的反共势力决定进一步反抗印尼中央政府。[②]

与此同时，美中央情报局也采取具体行动，来支持苏门答腊与西里伯斯两岛的右派军人，对抗立场日益左倾的苏加诺政府，1957 年 11 月间，华府批准了一笔金额 1000 万美元的秘密援助方案，用来接济反苏加诺势力。[③] 有了美方背后撑腰，以胡赛因中校（Lt. Col. Achmad Hussein）为首的印尼反对势力，于 1958 年 2 月 10 日向雅加达发出最后通牒，要求苏加诺承诺遵守宪法角色，总理朱安达（Djuanda Kartawidjaja）下台，并由前副总统哈塔（Mohammad Hatta）改组内阁，当印尼政府拒绝这些要求后，叛军于 2 月 15 日在苏门答腊的武吉丁宜（Bukittingi）宣布另成立一印尼共

---

① U. S. State Department Bureau of Intelligence and Research, Intelligence Report, No. 7831, "The Communist Offensive in Indonesia," October 8, 1958, in Supplement, reel 2.

② U. S. State Department Bureau of Intelligence and Research, Intelligence Report, No. 7902, "Rebellion in Indonesia," December 18, 1958, in Supplement, reel 2.

③ Evan Thomas, The Very Best Men: The Daring Early Years of the CIA (New York: Simon and Schuster, 2006), p. 158.

和国“革命政府”，由曾任苏加诺财政部次长的加福鲁丁（Sjafruddin Prawiranegara）出任“总理”，雅加达随即展开军事动员，双方战事一触即发。①

几在印尼“革命政府”成立之际，台北的军事情报与国安高层即已决定对其提供军事援助，这一决策与当时美中央情报局暗中默许与鼓动，不无关联。蒋介石甚至一度考虑派遣“志愿军”，前往协助“印尼革命军”作战，然此构想遭到华府情报高层的劝阻；他 1958 年 3 月 14 日的日记里透露：“杜勒斯（美国务卿）说明其在苏门答腊反共革命军已有武器与金钱充分之接济一点，甚为安慰，但其对我派志愿军之主张，表示恐有害无益之意。”② 虽然台湾派兵支援印尼反共军人之举未能实现，然而其对“印尼革命军”的武器装备援助，却相当迅速；1958 年 2 月 23 日，台北“国防部参谋本部”议决提供 7 个营的装备，包括 75 无后座力炮 14 门、81 迫击炮 28 门、60 迫击炮 63 门、79 重机枪 20 挺、88 式 75 高炮 2 门、25 机炮 12 门、30 重机枪 56 挺、30 轻机枪 260 挺、45 冲锋枪 1204 支、卡宾枪 2480 支、英制步枪 500 支、手枪 61 支、手榴弹 10100 枚、炸弹 100 枚、照明弹 10 枚等，这些武器装备由台湾的海、空军，以海上运补与空投方式，于 4 月 21 日前，分批交到“印尼革命军”手里。③

印尼“革命政府”原本自恃有当地民意支持，以及其对苏门答腊岛与西里伯斯两岛油田的控制，因此该政权乐观期待能够在美台等的武器装备暗助之下，大有一番作为。然而当印尼中央政府军开始采取平乱行动后，战况急转直下；3 月 17 日，北苏门答腊回到中央军控制，4 月 18 日，位于苏门答腊中部的苏省首府巴东（Padang）也重回中央军手中，到了 5 月初，整个“印尼革命军”势力被迫退出苏门答腊岛，而“革命政府”总部

① M. C. Ricklefs, A History of Modern Indonesia, c. 1300 to the Present（Stanford: Stanford University Press, 1993）, pp. 262 – 264.

② 《蒋介石日记》，1958 年 3 月 13 日。

③ “王叔铭呈蒋介石”（1958 年 6 月 7 日），《研究支援印尼革命军作战有关事项》，《“国防部”史政档案》，档号：00014382。

也迁往西里伯斯岛上的万雅佬（Menado）。[①]

也许受到柯克备忘录论点的影响，此刻蒋介石对于印尼局势，保持高度关注，他甚至无法排除印尼内战最终恐将导致解放军武力犯台。在3月27日的日记里，蒋即写道：

> 印尼政府革命军兴起以后，苏俄及爱克皆公开以军火物资接济苏卡洛，而独“共匪”未敢作声援，应特注意，此乃“共匪”待我以志愿军援助印尼革命军时，即以此为其侵犯台湾之口实而实施其攻台乎？[②]

另一方面，在“印尼革命军”战事节节败退之际，屋漏偏逢连夜雨，一位中央情报局雇用之美籍飞行员波普（Allen Pope），于5月18日协助“革命军”执行轰炸任务时，竟被印尼中央军俘虏，引发美印外交关系的轩然大波，这也让蒋介石对印尼情势更加忧心。由于波普被俘，美国中央情报局已无法继续援助“印尼革命军”，该势力因而向台湾寻求更直接的协助；5月下旬，十余位“革命军”要员联袂前往台北，向国民党政府购买C－54运输机与B－26轰炸机各一架，并央请台湾空军飞行员协助代为执行轰炸任务，蒋经国决定由曾任蒋介石座机驾驶、时任台湾“空军总部情报署署长”衣复恩，与台湾空军第34中队飞行员张闻骍两人，担负此次秘密支援重任。根据衣复恩回忆，该年6月中旬，此两架飞机自台湾南端先飞抵菲律宾最南端的大威岛（Tawi－Tawi），在菲国军方人士与美中央情报局派驻当地人员进行燃料补充后，继续飞往西里伯斯岛，并对岛上的印尼政府军进行5次轰炸，直到所携炸弹用尽为止。[③] 此一任务也成为1949年蒋介石撤退迁台以来，国民党空军首次境外作战。

除了派遣空军介入印尼内战之外，蒋介石更指示向“印尼革命军”另

---

① U. S. State Department Bureau of Intelligence and Research，Intelligence Report，No. 7902，“Rebellion in Indonesia，” December 18，1958，in Supplement，reel 2.

② 《蒋介石日记》，1958年3月27日。

③ 衣复恩，《我的回忆》（台北：立青文教基金会，2011年），页364—365。

行增加运交3个营的武器装备，这批军火包括75无后座力炮9门、81迫击炮12门、60迫击炮27门、57战防炮4门、25机炮5门、79重机枪12挺、30轻机枪111挺、90冲锋枪513支、手枪24支等。[①] 该批武器装备经由台湾海军于6月8日运往西里伯斯附近海域时，因印尼政府军此刻已控制万雅佬的外港，让来自台湾的运输船无法靠岸，不得不折返，尽管如此，台湾空军仍于6月20日至7月14日之间，对西里伯斯岛上做困兽之争的“印尼革命军”残部，进行4次空投，提供各类轻武器与弹药120000发，直到该“革命军”放弃抵抗为止。[②]

台湾当局公然介入印尼地方叛乱，不但引发雅加达当局强烈抗议，甚至成为不久后印尼政府大举排华与清算当地华人侨社之最直接原因。[③] 此外，印尼内战期间，雅加达当地媒体一度传闻中共也将派遣自愿军前来协助苏加诺平定叛乱，台北军方立即公开表示，倘若解放军部队出现于南海之任何区域，台湾将采取一切必要措施，予以拦截。面对中共可能参加印尼内战，蒋介石的军事幕僚们甚至着手规划，派遣海军陆战队4个加强营的兵力，用来拦阻解放军，并拟对北西里伯斯岛进行突袭登陆，以支援岛上的“革命军”进行防御作战。[④] 北京最后并无任何军事动作，而当万雅佬的“革命政府”于6月26日垮台后，还由台湾空军派遣一架C－54运输机，将该政权重要成员紧急载往台湾安置，以免成为苏加诺政府的阶下囚。[⑤]

---

① “王叔铭呈蒋介石”（1958年6月7日），《研究支援印尼革命军作战有关事项》，《“国防部”史政档案》，档号：00014382。

② “王叔铭呈蒋介石”（1958年7月26日），同上；U. S. State Department Bureau of Intelligence and Research, Intelligence Report, No. 7902, “Rebellion in Indonesia,” December 18, 1958, in Supplement, reel 2.

③ 陈鸿瑜，《中华民国与东南亚各国外交关系史（1912～2000）》（台北：鼎文书局，2004年），页449—450。

④ FO 371/141369 FCN1011/1, “Annual Review for Formosa for the Year 1958,” enclosed in A. Veitch (British Consul in Tamsui) to Foreign Office, March 23, 1959；“王叔铭呈蒋介石”（1958年6月7日）；“蒋介石致王叔铭”（1958年6月27日），《研究支援印尼革命军作战有关事项》，《“国防部”史政档案》，档号：00014382。

⑤ 衣复恩，《我的回忆》，页365—366。

国民党在东南亚的秘密冷战：缅甸与老挝

“印尼革命军”行动的失败，以及伴随而来的印尼内部排华运动，并不影响蒋介石“输出”反共经验并援助东南亚反共势力的总体战略目标。此事件发生后不久的1959年夏天，当老挝内部政局因北越与越共支持“巴特寮”发动内战而转趋恶化时，蒋介石立即把注意力投向该国。8月间，台湾驻永珍“领事”丁于正向台北汇报“巴特寮”已获得越共与中共暗助武器装备，以3000余兵力，在全国各地积极扩张地盘。① 几在同时，国民党“中统”特务背景出身，与蒋经国关系密切的蔡孟坚，奉蒋介石之命于美欧考察游历返台前夕，特地绕道东南亚，前往老挝密访，与该国陆军参谋总长欧温（Ouane Ratrikoun）晤面，欧温表达对蒋介石的崇仰，并欲借镜国民党过去的反共经验来对抗“巴特寮”，同时希望能够前来台湾访问。蔡孟坚回到台北后，立即向“参谋总长”彭孟缉与蒋介石报告，除了建议应尽速邀请欧温来台访问外，还力持以派遣农业技术人员前往老挝服务作为掩护，来向永珍派遣台湾军事人员担任该国的“反共顾问”，作为吓阻“巴特寮”发展之目的，蔡孟坚还认为，当时柳元麟部队正在滇缅地区积极经营活动，此时若台湾能够增进与老挝之间关系，则对于滇缅游击队的生存与维护，以及日后推进中国大陆之工作，皆有可利。②

蔡孟坚此番构想，着实打动了蒋介石的心弦，不久后他并获得蒋亲自召见与慰勉。③ 盖此时国民党当局正紧锣密鼓推动另一“兴华计划”，准备将柳元麟部所驻守的滇缅边区，打造成为“陆上第一反共基地”，其具体作为，包括在柳部基地孟八寮（Mong Pa Liao）翻修与兴建一足以提供C－

① “丁于正呈‘外交部’”（1959年8月10日），《“巴特寮”武装叛乱情形》，《“国防部”史政档案》，档号：00041457。

② “蔡孟坚呈彭孟缉”（1959年8月）；“彭孟缉呈蒋介石”（1959年8月12日）；“张群致彭孟缉”（1959年8月27日），同上。

③ “彭孟缉呈蒋介石”（1959年8月17日），同上。

46 型运输机起降的新机场，作为日后来自台湾空投运补装备与人员所用，该机场于 1960 年初修建完毕，并于 2 月 17 日迎接来自台湾的首架运输机。与此同时，柳元麟不但在缅甸境内扩大招募吉仁族与掸族游击队员，台北也先后空投近千名特种部队，加入当地游击队阵容，准备伺机再度对云南发动反攻，而包括蒋经国在内的台北国安高层，也都曾亲自前往缅北视察部队训练与相关作业。①

台湾在滇缅边区的大动作，必然引发北京与仰光的警觉与反击。1960 年 6 月起，中缅双两方展开联合戡界行动，同时积极准备对柳元麟部队采取武装清剿行动。该年 11 月中旬起，缅甸政府军与获准进入缅境的解放军部队，开始对柳部发起攻击行动，位于缅北江拉（Keng Lap）总部的柳元麟，亦与台北军方高层不断反复磋商，拟定各种作战方案，这场所谓的“江拉基地保卫站”，持续进行至 1961 年 2 月初，最后以解放军部队撤回云南而暂告一段落。在与缅政府军的交战上，柳部还能略胜一筹，然而面对解放军，则毫无招架之力。1961 年 1 月 25 日，由柳元麟指挥、固守孟八寮机场一带近 700 人游击队，因抵挡不过解放军优势攻击，紧急跨越湄公河，进入老挝境内，准备先暂时避风头，待日后作重回缅甸之打算，而另一部驻扎泰、缅边境的游击势力，暂时交由柳元麟的副手段希文来指挥。②

美国中央情报局解密文件显示，柳元麟部队进入老挝后，当时由右派反共力量所掌控的老挝中央政府，甚持欢迎立场，认为可以将该支兵力投入政府军与“巴特寮”之间的作战，或者协助政府进行重建工作，而华府

---

① Memorandum from Everett F. Drumright（U. S. Ambassador in Taipei）to State Department, Subject: Chinese Nationalist Resupply Activity in the Burma Border Area, June 2, 1960, No. 793. 5/6 – 360, in USSD 1960 ~ 1963 Internal, reel 11; CIA Office of Current Intelligence memorandum, Subject: Chinese Nationalist Irregulars in the Thai – Laotian – Burmese Border Area, May 17, 1963, CIA Electronic FOIA Reading Room, Document No. 0000414805.

② George M. Barbis（U. S. Consul in Chiengmai）to State Department, December 23, 1960, No. 793. 00/12 – 2360, USSD 1960 ~ 1963 Internal, reel 2；覃怡辉，《金三角国军血泪史 1950—1981》，页 259—261。

高层也一度评估由美方情报单位对柳部进行秘密装备、训练与利用之可行性。[①] 若当时老挝政府与华府双方愿意坚持此一构想，也许柳部乃至国民党当局将很可能在东南亚冷战战场上，继续扮演一定之角色，然而一场意外的发生，也排除了此一可能性。如同本书第四章所述，1961 年 2 月 15 日，台湾空军派遣一架 PB4Y 型运补机飞往泰、缅边区，对段希文领导的游击队进行空投运补，却意外被缅甸空军击落，机上来自台湾的大量美援装备也遭缅政府缴获，此一事件立即引发成为一场严重的外交风暴，缅甸各大城市皆发生大规模反美示威，仰光也拟再次向联合国控诉台湾当局侵犯缅甸领土主权。[②]

在美国总统肯尼迪的要求下，蒋介石于 3 月 2 日再度下令滇缅游击队撤退来台，在美方压力下，蒋也命令将所有游击队番号撤销，解散江拉、孟八寮等基地编组，由段希文领导的游击队第 5 军约 2000 人，拒绝解散前往台湾，辗转前往泰国北部地区活动，此刻台北“国防部情报局”曾派人前往秘密转达段希文部队不要撤退与继续留在滇、缅、泰边区的指令，然而此案攸关整个台、美“外交”关系，为了避免美国政府不满，蒋介石此后并未对段部给予特别的补助支援，而是任其自食其力。[③] 这支残存武装势力在此后相当一段时间里，成了泰国、美国与台湾当局之间的一个难题。

值得注意的是，老挝内部政局的发展，也牵动着蒋介石如何处理滇缅地区的国民党游击队，与台湾对整个东南亚地区的“反共输出”。1960 年 8 月，以老挝皇家政府部队伞兵营上尉孔黎（Kong Le）为首的一批军人发动政变，控制首都永珍，这批军人以“中立”政治立场自居，呼吁各方不

---

① CIA Special National Intelligence Estimate Number 58 - 61, “Probable Communist Reactions to Certain U. S. Courses of Action with respect to Laos,” top secret, February 21, 1961, CIA Electronic FOIA Reading Room, Document No. 0000208796; CIA National Intelligence Estimate Number 50 - 61, “Outlook in Mainland Southeast Asia,” March 28, 1961, ibid, Document No. 0000008866.

② William P. Snow (U. S. Ambassador to Burma) to State Department, January 16, 1961, No. 793. 551/1 - 1661, in USSD 1960 ~ 1963 Internal, reel 13; Snow to State Department, February 15, 1961, No. 793. 551/2 - 1561, ibid.

③ U. S. Embassy in Bangkok to State Department, November 1, 1963, No. POL 27 - 11 CHICOM - CHINAT, in USSD 1963 ~ 1966, reel 12; 覃怡辉，《金三角国军血泪史 1950—1981》，页 275—282。

欧谟与来自台湾的空军人员

要打内战，并要求美国等外国势力完全退出老挝。孔黎的吁求受到“巴特寮”与北越胡志明的支持，但不被美、泰等国家所接受，东西方之间的冷战对抗，在老挝这块土地上急遽升温。12 月间，暗中接受苏联援助的老挝总理佛玛亲王（Prince Souvanna Phouma），遭到由美、泰幕后支持的反共右派军人佛米（Phoumi Nosavan）发动政变罢黜，逃往邻国柬埔寨，老挝中央政府则由佛米所扶持的欧谟亲王（Prince Boun Oum）主持出任总理职务，佛米本人则担任副总理。①

根据美官方档案揭示，1961 年 2 月间，佛米曾向美方透露，台北正与他秘密接触，要求老挝政府能够协助当时刚撤入老挝境内的 700 名柳元麟部队，重新整编起来，参与老挝境内的反共作战，佛米认为柳部进入老挝，恐将引发北京借口干预其内政，因此向美方承诺将不会对柳部提供武器装备，然而佛米又不愿意保证将把柳部逐出境外，而是打算将这支部队

① Timothy Castle, At War in the Shadow of Vietnam: United States Military Aid to the Royal Lao Government, 1955 - 1975 (New York: Columbia University Press, 1993), pp. 19 - 27.

打散后，重新编成小单位组织，安置在老挝各地区。当美方询问永珍当局究竟是否有意利用这些国民党残部来对付“巴特寮”时，佛米承认不少老挝军方人士确有此意，甚至透露约有近500名更早进入老挝的国民党游击队员，早已被吸收编入于政府军内，且几与当地人融为一体。[①]

1961年初起，孔黎势力与“巴特寮”联手，与美国所支持的老挝右翼中央政府，展开一连串军事对抗，老挝内战加剧，当时盘踞滇、缅、泰边区的柳元麟部队，确实有可能扮演一个更关键角色。然而到了3月间，华府要求台北撤出滇缅游击队，4月间，鉴于佛米所领导政府表现不佳，以及受到古巴“猪湾事件”失利的阴影，肯尼迪总统突然转变原本军事援助佛米的立场，改为积极促成老挝各方势力进行和谈。5月间，有关老挝中立化的高峰会于日内瓦展开，“巴特寮”代表也受邀参加，其政治地位首次获得国际认可。[②]

面对如上一连串事件的演变，蒋介石不但对华府愈加失望，甚至对甫上任不久的肯尼迪究竟是否坚持反共立场，开始有所怀疑。[③] 然而爬梳美方史料，1961年春，当蒋介石正着手撤退滇缅游击队来台之际，台北与永珍双方依然未放弃寻求军事上进行反共合作的可能性；3月24日，甫自曼谷协调处理游击队撤台事宜的台湾“副参谋总长”赖名汤，曾向美国“大使”庄莱德（Everett F. Drumright）透露，当他在永珍与佛米晤面时，后者仍不放弃设法将部分游击队员纳入老挝政府军。[④] 4月初，美国驻老挝大使布朗（Winthrop G. Brown）分别与佛米以及台北驻永珍“领事”廖德珍会

---

① State Department to U. S. Embassies in Laos and Thailand, February 16, 1961, No. 793. 551/2 - 1661, in USSD 1960 ~ 1963 Internal, reel 13; U. S. Embassy in Laos to State Department, February 21, 1961, No. 793. 551/2 - 211, ibid.

② Martin Stuart - Fox, A History of Laos (Cambridge: Cambridge University Press, 1997), pp. 99 - 135; Robert Dallek, An Unfinished Life: John F. Kennedy 1917 - 1963 (New York: Little, Brown and Company, 2003), pp. 305 - 306.

③ State Department memorandum of Conversation, Subject: Problems Related to China, February 3, 1961, No. 793. 00/2 - 361, in USSD 1960 ~ 1963 Internal, reel 3; U. S. Embassy in Taipei to State Department, Subject: Political Review: April - July 1961, dated August 7, 1961, No. 793. 00/8 - 761, ibid, reel 4.

④ Drumright to State Department, March 24, 1961, No. 793. 551/3 - 2461, ibid, reel 14.

晤，欲进一步厘清游击队议题，佛米向美方保证，将努力劝告所有留在老挝境内的国民党部队撤离回到台湾，而廖德珍则告诉美大使，蒋介石虽然已下达游击队撤退回台的命令，但仍有不少队员设法脱逃，决心留在老挝，因此他建议美国不但不应该把游击队逐出去，反而更应设法运用该支武力来消灭中南半岛上的共产党势力。[①]

1961 年 7 月初，佛米所掌控的老挝政府国会副议长翁萨纳尼康（Ngone Sananikone）秘密致函台湾“参谋总长”彭孟缉，提出军事援助要求，他称该国政局已陷入混沌不明，各方势力能否达成和解，共组联合政府，仍在未定之天，若和解成功，“巴特寮”势力进入中央政府，情况将更加恶化，因此请求台湾能够鼎力协助。翁萨纳尼康称他准备筹组一支强大的游击队，作为反共之后盾，并希望台湾提供各项武器装备。彭孟缉将此函转呈蒋介石，并研判此乃佛米所授意，然有鉴于此刻老挝内部政局实未明朗，彭建议台湾暂缓做出任何援助承诺，让当时刚在老挝开办空运业务的中华航空公司当地人员，与翁萨纳尼康等右派人士保持密切联系，此议获得蒋介石首肯。[②]

此刻柳元麟所部虽已撤离滇缅地区，然而高度关注中南半岛局势的蒋介石，仍不放弃利用未撤回台的段希文部队，秘密投入老挝内战以对抗“巴特寮”之构想。7 月中旬，美国驻泰国大使杨格（Kenneth T. Young）向华府密报，在台北暗中授意下，已有约 400 名段希文所属旧部，加入老挝政府军，并驻扎在皇都銮勃拉邦（Luang Prabang）与班会赛（Ban Houei Sai）之间，该批兵力由一位李姓军官来指挥，而美国驻清迈领事馆也据报称，尚有另外约 500 名段部游击队员，正从泰、缅边境缓慢移向老挝境内，准备投入佛米阵营。[③] 8 月间，美国“驻台大使馆”向华府回报，国民党

① U. S. Embassy in Laos to State Department, April 11, 1961, No. 793. 551/4 – 1161, ibid.

② “彭孟缉呈蒋介石”（1961 年 7 月 24 日）；“蒋介石致彭孟缉”（1961 年 7 月 27 日），《“巴特寮”武装叛乱情形》，《“国防部”史政档案》，档号：00041457。

③ U. S. Embassy in Thailand to State Department, July 14, 1961, No. 793. 551/7 – 1461, in USSD 1960 ~ 1963 Internal, reel 14; U. S. Consulate in Chiengmai to State Department, July 25, 1961, No. 793. 551/7 – 2561, ibid.

高层私下仍不断向美方游说，声称若美国不愿再投入资源协助佛米等老挝境内反共势力，则当时仍盘踞在缅、泰边界的段希文游击部队，应当扮演更重要之角色。[①] 微妙的是，此后不久，段希文即分别致函美国驻泰国大使馆，以及美国前陆军参谋长、日后出任美国驻南越大使的泰勒将军（General Maxwell B. Taylor），希望美国对他伸出援手，他所领导的3500名游击队员，愿意为美国在中南半岛上的战略目标而效劳。[②] 与此同时，蒋介石也迫不及待，先向佛米提供非作战目的之军事后勤装备；10000套由台湾联勤兵工厂所制造的军服，先于1961年夏天由台湾两架次C－46运输机运往老挝，10月初，在欧谟与佛米的要求下，台湾再向永珍提供1500套额外军服。[③]

在肯尼迪总统不愿再对其大力支援，同时又坚持老挝各方势力筹组一新的联合政府情况下，欧谟与佛米所主持的右派中央政府，面对"巴特寮"在各地的武装攻势，其声势已是四面楚歌，摇摇欲坠，这看在蒋介石眼里，焦虑异常。1962年2月，老挝政府军对西北方战略地区的控制，已是岌岌可危，此时佛米透过管道向蒋介石表示欲亲自前往台北访问，当面争取军援，然而国民党当局顾忌美方态度，只有婉拒，佛米另派两位特使前往台北会见蒋介石，然其希望蒋能够提供包括运输机在内之重要军事装备之请求，仍遭台北婉拒，据闻蒋只同意台湾加强对老挝政府军"非战斗类"物品与装备之援助。[④]

尽管如此，台北与佛米所掌握的永珍当局之间的"外交"关系，依然不断提升，1962年2月间，台湾驻永珍的"领事馆"升格成为"总领事

---

① U. S. Embassy in Taipei to State Department, Subject: Political Review: April – July 1961, dated August 7, 1961, No. 793.00/8 –761, ibid,, reel 4.

② U. S. Embassy in Bangkok to State Department, Subject: Letter from Tuan Hsi – wen Requesting U. S. Assistance, October 30, 1961, No. 793.00/10 –3061, USSD 1960 ~ 1963 Internal, reel 4.

③ "彭孟缉呈蒋介石"（1961年10月21日）；"陈诚呈蒋介石"（1961年10月24日）；"张群致陈诚"（1961年10月27日）；"沈昌焕呈陈诚"（1961年11月15日），《"巴特寮"武装叛乱情形》，《"国防部"史政档案》，档号：00041457。

④ U. S. Embassy in Taipei to State Department, February 17, 1962, No. 793.551/2 – 1762, in USSD 1960 ~ 1963 Internal, reel 14; U. S. Embassy in Taipei to State Department, February 23, 1962, No. 793.00 (W)/2 –2362, ibid, reel 9.

馆”，5月11日，欧谟亲王与佛米赶在新一轮日内瓦有关老挝中立化高峰会召开前夕，联袂前往台北访问，并宣布双方建立“外交”关系，台北驻永珍的“总领事馆”也立即升格为“大使馆”。① 然而台湾在老挝的“外交”胜利，只是昙花一现；6月23日，日内瓦会议达成协议，由佛玛亲王重新出马主持新的联合政府，欧谟亲王则于当天辞去总理一职，蒋介石对于是否能够继续维持与老挝邦交，开始感到悲观。果不其然，9月7日，佛玛所主持的联合政府宣布与北京建交，台北立即宣布降旗撤馆，双方的“外交关系”，仅维持3个多月。②

老挝联合政府经由国际协议宣告成立后，也标志着蒋介石在该国的冷战参与，逐渐进入尾声；根据1962年7月日内瓦高峰会上所达成的协议，全体外国军队与军事顾问等，都必须在当年10月7日以前撤离，不得留在老挝境内，由加拿大、波兰与印度所组成的“国际监察委员会”将严格监督此项规范，担任联合政府总理的佛玛亲王，担心一旦“巴特寮”发现老挝境内仍有残存国民党游击势力，以各种形式维持下来，并以此为借口而撕毁日内瓦协议，则后果将不堪设想，因而积极向美、泰两国寻求解决办法。③ 在佛玛强势介入运作与美、泰等国的支持下，该年11月间，200余名秘密被吸收且服务于老挝政府军的柳元麟旧部，被迫脱下军袍，离开前往泰北与缅东地区。④ 国民党游击队争议与其所扮演之角色，此后不再成为影响老挝内部政局之一项变数。尽管如此，直到1975年底“巴特寮”全面掌控老挝政局之前，台北与永珍之间某种程度的军事与情报合作关

---

① U. S. Embassy in Taipei to State Department, May 6, 1962, No. 793. 00 (W)/5 - 662, ibid; U. S. Embassy in Taipei to State Department, June 18, 1962, No. 793. 00 (W)/6 - 182, ibid.

② U. S. Embassy in Taipei to State Department, July 21, 1962, No. 793. 00 (W)/7 - 2162, ibid; 陈鸿瑜，《中华民国与东南亚各国外交关系史（1912 ~ 2000）》，页524—525。

③ U. S. Embassy in Laos to State Department, October 26, 1962, No. 793. 551/10 - 2662, in USSD 1960 ~ 1963 Internal, reel 14; Dean Rusk to U. S. Embassy in Laos, October 26, 1926, No. 793. 511/10 - 2662, ibid.

④ U. S. Embassy in Laos to State Department, November 17, 1962, No. 793. 551/11 - 1762, ibid.

系，从未间断。[①]

唇齿相依般的台湾、南越关系

整个东西方冷战对抗期间，与台湾国民党当局有着如唇齿相依般密切关系的东南亚国家，恐怕要算是南越了。1954 年 5 月 8 日，由胡志明所领导的“越盟”于奠边府一役击败法军，也敲起法国势力退出中南半岛的丧钟，在该年夏天举行的日内瓦会议中，各国议决以北纬 17 度，将越南划分为二，北方由胡志明领导，称为“越南民主共和国”，南方归由保大皇帝所领导的“越南国”管辖，保大并且任命吴廷琰为新总理，翌（1955）年 10 月，吴廷琰举行公民投票，废除保大国家元首地位，改制共和，由他本人担任首任总统，台北国民党当局鉴于双方所共享的反共意识形态，于 10 月 26 日吴廷琰就任总统当天，即宣布承认其所领导的“越南共和国”新政府，同年 12 月，台、越双方宣布“建交”，互设“公使馆”，1957 年 7 月，双方并将“公使馆”升格为“大使馆”，高层互访频繁。[②] 1959 年，胡志明所主持的越共中央委员会决议以武力统一越南全境，翌年 12 月，在越共中央委员会支持下，越南南方民族解放阵线（简称“越共”）于南越境内宣布成立，并开启长达 15 年之久的游击战。吴廷琰面对来自北越可能的军事威胁，以及处理越共在南越境内乡村地区的发展，同时又必须整合南越政府军内部的派系问题，颇感心焦力竭，责任重大，近在咫尺、拥有丰富对抗共产党经验的蒋介石，成了他寻求支援的首要对象。

1960 年 1 月，吴廷琰首度前往台北进行官式访问，停留期间他曾向蒋介石、蒋经国父子提出要求，由台湾派遣一军方重要人士前往南越进行考

---

① 譬如 1967 年 3 月间，国民党当局“情报局”派驻永珍干员回报台北称，由于美国政府已知悉台湾与老挝秘密合作事宜，因此永珍当局不得不将台方人员暂时调离，台方研判此举“似有避开我方或有与中美两方做双重运用之意图”，参见“‘国防部’情报局长叶翔之呈‘国防部长’蒋经国”（1967 年 3 月 10 日），《忠勤档案/敌后工作（一）》，《蒋经国“总统”文物》，典藏号：00501010000103005。

② 陈鸿瑜，《中华民国与东南亚各国外交关系史（1912～2000）》，页 282—288。

察，协助其推动南越的反共作战，蒋介石指派与蒋经国关系极为密切、时任“国防部”政工干部学校校长的王升，担负此一任务。[①] 王升于该年5月前往南越进行初步考察，停留3个月后回到台湾，该年秋天，越南伞兵司令阮正诗发动政变，包围总统府，企图逼迫吴廷琰改组政府，虽然政变很快被弭平，然而此一事件对南越的民心士气与国际声誉，都受到很大的打击，吴廷琰因而决心仿效1949年后蒋经国在台湾国民党军队里设置政工人员的作法，于南越政府军内大力推动政治作战制度，而当时协助南越此一任务的最佳人选，非王升莫属，此乃其所领导创建之“奎山军官团”于西贡（今胡志明市）成立运作之始。[②]

1961年1月2日，由蒋介石核准、王升率领的7人“奎山军官团”抵达西贡，其所拟定的五大任务为：建立越南反共理论体系、建立越南军中政治作战制度、举办干部训练、改进作战方法、肃清潜伏越共。该军官团于驻越一年当中，有几项较为具体的成果，包括协助越方成立一心战训练中心，开办南越政治作战研究班与政治作战初级班，协助编写教材教案，开班授课与巡回演讲座谈等，这些项目也让过去主要接受法国军事训练的南越军官，开始接纳国民党政治作战的概念。而配合此一向南越军方大举输出反共意识形态的计划，台湾军方也开始秘密提供南越政府小额军火物资，同时并讨论进一步输出技术来协助越方制造轻武器弹药之可行性。[③]

来自台湾的“奎山军官团”于1962年1月结束工作返台后不久，西贡又向台北提出派遣一名“心战顾问”前往协助之要求，此时吴廷琰希望台湾能够秘密协助南越建立一座能够发挥心战效果的广播电台，全天候播放中、越双语节目，用来强化对越共的政治心理与宣传攻势。[④] 台北批准

---

① 陈祖耀，《西贡往事知多少——揭橥“中华民国驻越军事顾问团”的秘辛》（台北：黎明文化，2000年），页32—33。

② 同上，页68—70；“越南吴总统与蒋经国副秘书长谈话记录”（1960年12月14日），《忠勤档案/中越关系（一）》，《蒋经国“总统”文物》，典藏号：00501010000083001。

③ 陈祖耀，《西贡往事知多少》，页71—120；“驻越南“大使馆”武官李筱尧呈彭孟缉”（1961年11月13日），《协助越南制造械弹案》，《“国防部”史政档案》，档号：0045977。

④ “李筱尧呈‘国防部’”（1962年5月16日）；“‘国防部’总政治作战部签呈”（1962年7月24日），《越南函件》，《王升档案》。

由“奎山军官团”成员之一的刘戈仑前往南越担任此一“心战顾问”，在一年多的时间里，刘戈仑除了推动南越政府军的心战业务外，并积极促成南越中、高阶军官前往台湾受训，同时与还协助西贡拟定新的政战法规与训练课程，指导南越政府“安宁署”推动情报安全网络、实施内线运用、与处置南越军中嫌疑份子等重要业务。[①] 其工作表现，甚得吴廷琰总统的赞赏与信任。

此外，台湾与南越之间的军事情报合作，也大部步迈开；1961 年肯尼迪总统上任后，美国中央情报局鉴于来自北方的越共人员积极不断地向南越渗透，而当时美国法律明文禁止美国政府直接对南越提供情报拦截支援，吴廷琰因而转向台湾寻求援助，双方决定由台湾的军事情报单位协助代训南越军方情报拦截与解码的专家，到后来甚至直接由台湾派专家技术人员前往西贡，担任截取越共情报之重要业务。[②] 1962 年起，在蒋经国的主持下，台湾空军启动一项代号名为“南星”的机密任务，由台湾提供 23 名空、地勤人员、1 架 DC－4 民航机与数架 C－46 运输机，前往进驻西贡，负责训练南越特种部队跳伞，协助空投南越情报人员至北越境内，以及秘密载运南越山地部队与物资至各战略据点，此“南星”计划持续十数年之久，直到 1975 年春越战结束前夕才停止运作。[③]

1963 年 11 月 1 日，南越军方发动政变，将吴廷琰与其胞弟吴廷瑈杀害，震惊全世界。吴廷琰遇害后，由发起政变的总统府军事顾问杨文明出任国家元首，领导一个由 12 名将领所组成的军事执政团，然而短短不到 3 个月时间，此一军事执政团就被阮庆、陈善谦与阮文绍三位将领所推翻，然而新成立的政府严重缺乏统治基础与正当性，军方内部亦派系林立，彼此钩心斗角，南越政局日益败坏。[④] 1964 年 8 月 2 日，一艘美国军舰“马

---

① “王升呈蒋经国”（1962 年 11 月 24 日）；“王升呈蒋经国”（1963 年 2 月），同上。

② Matthew M. Aid, The Secret Sentry: The Untold History of the National Security Agency (New York: Bloomsbury Press, 2009), pp. 58－59.

③ 衣复恩，《我的回忆》，页 337—338；翁台生，《CIA 在台活动秘辛》，页 251—266。

④ Robert Shaplen, The Lost Revolution: Vietnam 1945－1965 (London: André Deutsch, 1966), pp. 332－333; A. J. Langguth, Our Vietnam: The War, 1954－1975 (New York: Simon and Schuster, 2002), pp. 276－280.

多斯号”（USS Maddox）自台湾的基隆港出发，于东京湾一带进行侦查巡逻任务时，声称遭到3 艘北越 P－4 鱼雷艇攻击而展开还击，当时在附近巡弋的美军航空母舰闻讯后，派遣战斗机增援，并击沉北越一艘鱼雷艇，重伤另一艘。8 月 4 日，“马多斯号”与另一艘美国军舰再次前往北越沿海进行巡哨活动，当晚两艘舰上军官根据雷达显示，向华府声称再次受到北越攻击，同时又加以还击。现今解密文件显示，这一系列所谓“东京湾事件”，实为美方在错误情报引导下，演变成为“北越攻击美国”此一夸大不实的虚构情节，然而当时在真相未明的情况下，美国国会参众两院随后一致通过《东京湾决议案》，授权约翰逊（Lyndon B. Johnson）总统对北越采取包括军事手段在内的一切必要举措。翌（1965）年 2 月起，美军开始对北越展开大规模战略轰炸，自此越战全面升级，进入一个新的阶段。①

美方通过《东京湾决议案》后，蒋介石体认到越战情势已发生重大转折，因而于 8 月 21 日再度派遣王升前往西贡访问，讨论双方进一步合作，此次造访，王升还特别向美国驻越军援司令魏摩兰将军（William Westmoreland）进行简报，介绍国民党的政治作战制度，此次简报后，美军方认同此套政战制度将有利于南越的反共作战，台、美双方立即决定台湾从速派遣一正式“军事顾问团”，长期驻留西贡。② 1964 年 10 月 8 日，台湾驻南越“军事顾问团”一行抵达西贡展开运作，此后，随着越战局势日益升高，此一“军事顾问团”也逐步扩编，到了 1966 年春，顾问团已从最初的 15 人增加至 31 人，团员们除了被派驻在南越的政战总局以及所属各部门担任“顾问”外，也开始被分发至南越各战术区司令部与海、空军司令部内服务。③ 几在同时，台北的情报部门也着手强化与南越的情报合作，在美中央情报局允可下，蒋介石一度希望台湾当局与南越双方共同派遣情

① Robert S. McNamara，In Retrospect：The Tragedy and Lessons of Vietnam（New York：Vintage Books，1995），pp. 127－144.

② “驻越军援团越南政治作战简报”（1967 年 12 月），《忠勤档案/中越关系（二）》，《蒋经国“总统”文物》，典藏号：00501010000023002；Jerald Wright（U. S. Ambassador in Taipei）to State Department，August 21，1961，No. POL 1 CHINAT－US，in USSD 1963～1966，reel 38.

③ 陈祖耀，《西贡往事知多少》，页 230。

报人员，跨越北纬17度线渗透至北越，来进行颠覆策反活动，后因南越方面无法提出合适人选而作罢，不过双方在美方海军协助下，以海路渗透北越的合作计划，则于1965年秋天展开，只不过美方事后评估，其效果远不如预期。①

1965年9月间，台湾还曾秘密提供南越数艘“非战斗”性质之两栖登陆舰，作为南越政府投入近海运输所用，鉴于南越方面缺乏驾驶此类登陆舰人才，蒋介石另外派遣台湾海军官兵，以“私人身份”前往协助。② 1967年2月起，台湾在西贡的顾问团改名为“驻越军援团”，“团长”亦改称为“司令”，与美、韩、菲、澳、纽、泰等国在南越的军援团地位平等，此时台湾除了继续协助推动南越军队里的政治作战业务外，还派遣200名各领域专业技术人员，前来协助南越的农业技术、公共工程、医疗服务、交通与电力等建设，总经费达上百万美元之谱。③ 在越战情势最高峰的1960年代中、晚期，台湾对南越的“反共输出”与各项实质援助，是极为可观的。

冷战、越战与国共内战

蒋介石对于南越政府投入如此大的心力与资源，除了双方共同享有的意识形态与反共立场外，还有进一步深意，易言之，随着亚洲冷战对抗局势因越南战局恶化而快速升温，蒋介石也尝试把其“反攻大陆”的国策，与越战做一紧密连接。本书第四章曾提及，20世纪60年代初期，蒋介石曾因美国对华政策逐渐改变，以及中国大陆因“大跃进”与“人民公社”所造成的险峻局面，发动一项名为“国光计划”的反攻行动，然而因为肯

---

① 杨瑞春，《国特风云——中国国民党大陆工作秘档（1950—1990）》，页470；Christopher Andrew，For the President's Eyes Only：Secret Intelligence and the American Presidency from Washington to Bush（New York：HarperPerennial，1995），pp. 315 – 316.

② Clough to State Department，August 12，1965；Arthur W，Hummel Jr.（U. S. Charge d'Affaires in Taipei）to State Department，September 14，1965，in LBJ 1963 ~ 1969，reel 3.

③ State Department Memorandum，Subject：The Republic of China and Vietnam，May 4，1967，ibid，reel 6.

尼迪总统的强烈反对阻挠，该计划最后也无疾而终。蒋介石深知华府不可能同意台湾对中国大陆发动武力反攻，也理解若无美方支持，台湾任何单方面的军事行动，也都无法成功，因而苦思寻求其他可能的方案，让“光复大陆”此一凝聚台湾军民士气与维系国民党统治正当性的目标，能够继续保持不坠，越战局势的升高与台湾所扮演的角色与积极参与，让蒋介石找到了这样一个着力点。1964 年 2 月间，华府军方曾私下向蒋介石探询，在必要时，台湾有无意愿派遣地面部队投入越战，蒋当即表示愿意认真考虑。[①] 蒋认定美方似乎已考虑让台湾在越战中扮演更重要角色，因而决定把握机会，化被动为主动，3 月 24 日，他透过美国中央情报局前驻台北站长、时任中央情报局副局长的克莱恩，向华府传达讯息称，台湾愿意以“非正规”手段，代为协助美国与南越政府进行摧毁北越与越共军事基地设施等敌后行动，并保证台湾的参与，将是秘密性质的，不会破坏美国的国际声誉，更不会引发另一场世界大战。[②]

1964 年 8 月“东京湾事件”后，眼见美国大幅介入越战已不可避免，蒋介石进一步强化其论述，声称美国若要打赢越战，必须先切断中共对北越胡志明的补给线，而台湾在此方面可以代为效劳，与美方共同为中南半岛上军事与政治目标来携手合作。为了日后台湾扩大投入越战，蒋介石还下令于东沙岛上扩建 6 千尺机场跑道与其他基础设施，此举让台湾空军面对中国西南省份与中南半岛，足足缩短了 250 英里以上的空中距离。[③] 1965 年 2 月，美军在越南中部波来古（Pleiku）的军事基地遭到北越攻击后，华府下令向北越发动首次报复性轰炸，4 月下旬，约翰逊总统的越南事务特使洛奇（Henry C. Lodge）前往台北，听取蒋介石对越战局势看法，蒋重申越南问题的根源在北京，并表明台湾部队愿意代为效劳，切断中共对北越的军事补给线，而时任“国防部长”的蒋经国，更探询美方对海南

① Jerald Wright to Dean Rusk, February 24, 1964, No. POL1 CHINAT - US, in China 1963 ~ 1966, reel 38; CINCPAC to US Joint Chiefs of Staff, top secret, February 25, 1964, in LBJ 1963 ~ 1969 Supplement, reel 1.

② Wright to Dean Rusk, March 27, 1964, ibid.

③ Wright to Dean Rusk, August 21, 1964, No. POL1 CHINAT - US, in USSD 1963 ~ 1966, reel 38.

岛的看法，他急切希望华府是否已将海南岛视为美军扩大参与越战的一大地缘战略威胁，以及由台湾军方发动反攻海南岛的可能性。[①]

1965 年 7 月 24 日，一架美军 F－4C 战斗机被北越击落，愤怒异常的约翰逊总统立即下令提高驻越美军人数至 125000 人，两天后，他致函蒋介石，解释美方立场，并邀请台湾扩大协助南越政府。[②] 蒋介石认定时机已接近成熟，决定派遣蒋经国亲赴美国，推销一套代号名为“大火炬五号”反攻中国大陆西南五省的计划。9 月 22 日，蒋经国抵达华府，展开一连串拜会，他向约翰逊总统传达蒋介石的讯息，希望台、美双方能够寻求对抗中共之“共同战略目标”与“谅解”，暗示台北方面有新的方案，此刻正为越战问题心烦意乱的约翰逊，显然没有耐心与时间与小蒋进一步晤谈。[③]

当蒋经国随后与美国防部长麦克玛拉（Robert McNamara）进行长达两小时的会晤时，他开始详细介绍“大火炬五号”内容，称中国华南与西南的粤、桂、滇、贵、川等五省，是中国大陆与中南半岛之间的缓冲地带，若台湾能够拿下此五省，整个中南半岛乃至全东南亚地区也将可获得安全保障，美国在越战的困境也将可迎刃而解。小蒋坚称美军不需要直接介入，只需提供台湾必要的后勤与海、空军运输支援，协助国民党特种部队空降并占领西南五省要地即可，此后一切行动，台湾方面都已有妥善规划与准备，包括策动当地百姓“起义”，推翻中共统治。为了博得美方信任，蒋经国甚至动之以情，坦言也许在他有生之年，国民党当局都可能无法实现“光复大陆”的目标，他父亲与他所唯一希盼的，是能够在美国协助下，把握住每一次摧毁中共“企图心”的机会，而现在正是采取行动的大好时刻。麦克玛拉听完蒋经国说明后反问，有何证据显示只要国民党部队空降登陆中国西南地区后，当地百姓即会揭竿而起？蒋经国只笼统地答

① U. S. Embassy Taipei to State Department, April 23, 1965, No. POL 2－1 CHINAT, ibid, reel 33; Memorandum of Conversation, Subject: U. S. Policy toward Vietnam, April 23, in LBJ 1963～1969 Supplement, reel 1.

② President Lyndon Johnson to President Chiang Kai－shek, July 26, 1965, in LBJ 1963～1969, reel 6.

③ Dean Rusk to U. S. Embassy in Taipei, September 25, 1965, No. POL 7 CHINAT, in USSD 1963～1966, reel 33.

称，西南五省的反共力量最强，蒋介石所享的威望最高，而且中共在当地的军事力量最为薄弱，麦克玛拉闻后未置可否，但答允将对此计划进行全面评估。[①]

事实上，当时美国驻外单位与中央情报局不但掌握情报，证实中共确实以广西为基地，不断向北越输出装备物资与技术人员，甚至不排除中共确实有可能以各种形式介入越战，或者派遣地面部队与美军作战的可能性。[②] 然而此时美方对于越战的基本原则，仍在于设法避免与中共直接发生军事冲突，因此对于台北所提空降中国西南五省的构想，根本不可能接受。[③] 1966年1月24日，华府经过数周的研究评估后，指示美国“驻台湾大使馆代理馆长”恒安石（Arthur W. Hummel Jr.）向蒋经国转达美方无法支持“大火炬五号”的讯息，根据恒安石报告称，蒋经国闻后难掩心中的愤怒与失望，但仍极力克制其情绪并保持镇静，他称台湾向美方坦诚交心，提出具有建设性的方案，以求根本解决越南问题，然而美方却不愿考虑此方案的重要价值与可行性，

蒋经国与麦克玛拉

---

① CIA Intelligence Information Cable, Subject: Chiang Ching－kuo's Desire to Discuss GRC/U. S. Strategy against Communist China, September 22, 1965, in LBJ 1963～1969 Supplement, reel 1.

② Edward E. Rice (U. S. Consul-general in Hong Kong) to Dean Rusk, June 6, 1965, in LBJ 1963～1969, reel 3; CIA Intelligence Memorandum, "The Chinese Position in North Vietnam," OCI No. 1688/66, August 5, 1966, ibid, reel 4; CIA Report, Subject: [deleted] Comments on War Preparations in China in 1965 and [deleted] Opinions on the Chinese Communist Attitude towards the War in Vietnam, CS－311/11832－66, August 30, 1966, ibid; CIA Intelligence Information Cable, Subject: Alleged Chinese Preparations for Use of 15 Infantry Battalions in South Vietnam, April 28, 1965, in LBJ 1963～1969 Supplement, reel 1.

③ George Ball to U. S. Embassy Taipei, January 10, 1966, No. POL CHINAT－US; Dean Rusk to U. S. Embassy in Taipei, January 23, 1966, No. POL CHINAT－US, in USSD 1963～1966, reel 38.

严重损害台湾的民心士气，蒋还告诉恒安石，未来此一“大火炬五号”仍有派上用场的一天，而且届时美方一定会因为没有支持台湾发动此计划而悔不当初。恒安石向蒋经国强调华府仍愿意扩大与台北之间的协商与对话，讨论台湾所提出之任何战略构想，蒋闻后终于忍不住其愤怒情绪，回答表示现在已无此必要性，恒安石接着提出台、美双方可以进一步合作来收集、交换并分析中国大陆情报，作为确切掌握西南五省民心归向，蒋经国一口回拒，宣称若无外来力量的煽动，中国大陆内部将很难发生大规模“抗暴”运动，唯有大量国民党部队空降登陆并占领西南五省后，该地区才会出现反共热潮。①

回顾历史，此“大火炬五号”成为1949年蒋介石败退来台后，向美国正式提出的最后一份军事反攻大陆方案，该案遭到华府拒绝后，台北政坛上下开始弥漫着一股悲观的气氛，蒋氏父子对于无法把台湾“光复大陆”的基本政策与越南战争作一连结，让台湾的军事、“外交”与“国家安全”，与美国在越战乃至整个亚太地区冷战战场上的战略利益与目标紧密结合，而陷入深刻的挫折感之中。② 也因此当“文化大革命”于该年夏天起开始在中国大陆各地如火如荼展开时，海峡另一端的蒋氏父子，眼见大陆各地出现乱局，却因为美国此刻深陷越战泥沼，不愿支持台湾任何军事反攻构想，只能作壁上观，无法有任何作为。③ 回顾历史，越南战争不但拖垮了美国，也让蒋介石的“反攻大陆”梦想，至此几已破碎。

中美关系正常化过程中的蒋介石与亚洲冷战

1968年3月31日，美国总统约翰逊跌破众人眼镜，宣布不再竞选连

---

① Arthur Hummel Jr. to Dean Rusk, January 25, 1966, No. POL27 CHINAT - US, ibid.

② CIA Intelligence Memorandum, "Growing Pessimism among Nationalist Chinese Leaders," OVI No. 0820/66, May 17, 1966, in LBJ 1963 ~ 1969, reel 4.

③ CIA Intelligence Information Cable, Subject: Situation Appraisal: The Reactions of the Government of the Republic of China to Current Developments in Communist China, September 12, 1966, in LBJ 1963 ~ 1969 Supplement, reel 1.

任，并准备大幅减缓美国投入越战的规模，约翰逊为了寻求个人历史评价，并转移美国国内因越战而引发的严重社会对立冲突，也开始积极寻求设法努力改善与中共关系，同时希望透过华府与北京关系的缓和，逐步改善美国与北越之间的敌对态势。约翰逊宣布不再竞选连任，以及美国的越战政策发生根本性转变，让蒋介石感到震惊与疑虑，他曾当面告诉美国“驻台大使”马康卫（Walter P. McConaughy），除了约翰逊一人，他实在想不出来还有其他哪些美国政治人物，能够有效面对并处理越战局势。①

面对华府逐步转变整个亚太地区的战略目标，台北国民党当局积极向东南亚地区“输出反共”的努力，依然未曾停止。1966 年起，随着泰国北部地区共产党势力的快速崛起，当时盘踞在泰北边境、自食其力的前国民党游击队残部，也成了泰国政府当局眼中一支可以运用的武力，提供其北方屏障安全，阻止泰国共产党继续向南部发展，多年来对游击队鲜少与闻的台北当局，以“反共”为前提而与曼谷之间进行整顿与补给泰北地区游击势力，成了蒋介石一个新的努力重点。② 1967 年春，美国中央情报局掌握讯息，知悉台湾与泰国之间已达成秘密协议，将在军事情报领域进行合作，共同对抗中南半岛的左倾势力，蒋介石还承诺将大力协助泰方扫荡其境内之共产党份子。然而美方所关切的，仍是游击队议题，华府虽不反对国民党当局利用当时于泰北地区活动的游击队来收集情报，但坚决反对台湾重新武装游击队并提供装备援助，以免激怒缅甸、老挝等邻国，再度引发外交风波。③

在美方压力阴影下，1969 年秋天起，台北、曼谷与泰北游击队三方，曾就游击队的补给、归属与管辖权等议题，展开一系列磋商与谈判，此刻领导游击队的段希文与李文焕等人，皆不愿离开泰北根据地而前往台湾，

---

① McConaughy to Dean Rusk，April 4，1968，ibid，reel 2.

② CIA National Intelligence Estimate No. 52 – 66，“Communist Insurgency in Thailand”，July 1，1966，CIA Electronic FOIA Reading Room，Document No. 0000012498.

③ CIA Intelligence Information Cable，Subject：GRC – Thailand Agreement on Proposal for Military and Intelligence Cooperation，April 18，1967，CIA Electronic FOIA Reading Room，Document No. 0000098086；Memorandum for the President，Subject：Chinese Nationalist Irregulars in Southeast Asia，May 4，1967，in LBJ 1963 ~ 1969，reel 6.

国民党则以此为理由，不愿意重新恢复对该游击队势力的补给与指挥管理，然泰国政府又希望利用游击队来对付境内的泰国共产党，几番折腾后，在1970年10月间，三方达成协议，由泰国政府通过一项新法案，准许前国民党游击队员以“难民”身份，继续留在泰北，并且编列预算补给游击队，以换取其协助清剿泰共，台北国民党当局自此切断了与东南亚游击队的关联。①

1969年阮文绍访问台北受到蒋介石夫妇盛大欢迎

另一方面，中南半岛上的局势发展，也令蒋介石深感忧心。1968年11月初，约翰逊总统宣布全面停止美国对北越的轰炸行动，以鼓励南、北越在巴黎进行和谈，然而美方此决定却遭到南越总统阮文绍严厉拒绝，阮文绍不愿妥协的态度，则受到华府指控其蓄意破坏美方与北越之间的和平进

① 覃怡辉，《金三角国军血泪史1950—1981》，页288—296。

展，为此，阮文绍特地向蒋介石解释其立场，并寻求台湾的支持。[①] 眼见南越政府军心士气因美国准备改变越南政策而受到严重打击，蒋介石于该年12月间，再度派遣王升访问西贡，向阮文绍献策，提醒他要注意整个局势的变化，同时应把注意力集中在对付南越境内的越共游击势力，阮文绍则告诉王升，他对约翰逊总统于离任前夕，为了争取个人和平英雄之荣衔，而迁就河内，出卖西贡，感到愤恨至极，他希望蒋介石能够积极推动并实现其数年来所不断倡导的“亚洲反共联盟”，让亚太地区的反共力量，能够继续维持下去。[②]

然而阮文绍的想法，终究抵不过国际现实的考验。1969年初，美国新总统尼克松上台后，倡言“尼克松主义”，让亚洲事务留给亚洲人自行解决，他同时全力推动“越战越南化”，以“谈判”代替“对抗”，让美国“体面地”退出越南战场，把越战问题留给越南人民自己解决，其具体作法，一方面努力打开与北越当局的沟通大门，由双方代表于巴黎进行停战谈判，另一方面则下令秘密轰炸柬埔寨境内的北越军事基地，逼迫河内当局让步与妥协。[③] 与此同时，为了缓和美、苏冷战紧张对立关系，并向苏联进行外交施压，尼克松与他的国家安全事务助理基辛格（Henry Kissinger），决心大胆转变美国对华政策，致力于打开与中共的交往之门；1971年夏，基辛格自巴基斯坦密访北京，与周恩来总理晤面，并安排尼克松于翌年访问中国，此消息震惊全世界。该年10月间，国民党当局在联合国的席次由北京所取代，1972年2月，尼克松踏上中国领土，与毛泽东进行历史性晤面，双方关系走向正常化，已是既定的方向。随着美国对华政策出现战略性的转变，以及台湾国际地位一落千丈，未来台、美关系如何演变，亚太地区局势如何发展，都让蒋介石、蒋经国父子深感忧心与不安。

---

① “为越南驻华大使馆来略陈述越南最近发展情况请查照转陈由”（1968年11月26日），《忠勤档案/中越关系（三）》，《蒋经国“总统”文物》，典藏号：005010100000085006。

② “阮文绍总统与王升将军会谈笔录”（1968年12月5日），《忠勤档案/中越关系（三）》，《蒋经国“总统”文物》，典藏号：005010100000084024；“王升访越报告”（1968年12月8日），同前，典藏号：005010100000084025。

③ Henry Kissinger, Diplomacy (New York: Simon and Schuster, 1994), pp. 674－683.

在美国准备“抛弃”台湾国民党当局此一巨大阴影下，台北对于尼克松总统上台后美国在中南半岛上所推动的各项措施，依然尽全力配合。1970 年 3 月间，柬埔寨国家元首西哈努克亲王前往法国与苏联访问，总理龙诺、国会主席郑兴、与皇族马达克亲王发动政变，推翻西哈努克政权，改制共和，称为“高棉共和国”，在外交上采取亲西方与反共政策，并宣布与中国、北越、北朝鲜等国家断交。[①] 龙诺右翼新政权的成立，因有助于美国强化其对河内的压力，很快就获得华府的支持，对台北而言，中南半岛上突然出现一个反共的新高棉，自然为其所乐见，因此在龙诺发动政变后不久，蒋介石即密派台湾驻泰国“公使”董宗山前往金边访问，讨论建立外交关系与推动双边合作等事宜。[②]

然而美国对于台北与金边之间准备建立“外交”关系一事，却持极为反对立场，华府认为龙诺政权才刚起步，根基尚未稳固，国际社会是否愿意对其加以接纳与承认，仍然未定，若台北与金边此刻建立“邦交”，则国际间恐将视龙诺政权已放弃过去西哈努克所采取的“中立”不结盟外交立场，成为美国所支持的一个傀儡政权，甚至引发中共的军事干涉。[③] 对于此一说词，蒋介石根本无法接受，并坚信台湾对龙诺的“外交承认”与援助，将大有助于稳固其地位，然而在害怕失去美国支持的情况下，台北决定妥协，双方仅决定互设一“代表团”，强化经贸与技术方面的合作交流，但未建立起正式“外交”关系。

龙诺

尽管台北因屈服华府压力下，而无法与金边的反共新政权建立“邦交”，然在军事层面

① Ben Kiernan, How Pol Pot Came to Power: Colonialism, Nationalism, and Communism in Cambodia, 1930 – 1975 (New Haven: Yale University Press, 2004), pp. 298 – 310.

② 陈鸿瑜，《中华民国与东南亚各国外交关系史（1912 ~ 2000）》，页 514。

③ McConaughy to State Department, May 28, 1970, Reproduced in DDRS, No. CK3100698563; State Department to U. S. Embassy Taipei, May 29, 1970, ibid, No. CK3100691793.

上，蒋介石坚信龙诺政权的长久稳固，有助于越南局势的稳定，为了避免中南半岛进一步“赤化”，蒋决心扮演自己的角色。1970 年夏天，金边向台北要求提供军火弹药的研制技术，以利其自行生产，为此，蒋介石批示派遣台湾军方技术人员前往金边考察，并提供协助，同时下令与美方研究，如何在不违反台、美之间协防条约前提下，由台湾提供高棉军火物资。[①] 1971 年春起，国民党当局以“惠远演习”为代号，提供龙诺政权 81 迫炮 50 门，机关枪 50 挺，两个营的通信装备，以及 12000 人份的军服、军鞋、子弹袋等装备用品，蒋介石并允诺派员进驻金边，协助高棉军方修复其军事通讯装备。为了保密起见，所有提供龙诺政权的军备物资，其上头的“国军”字样，都被涂掉，并由台湾空军 C－119 运输机，秘密运往金边。[②] 此一“惠远演习”似乎并未事先征得美国同意，因为几乎在此同时，美国军方也向台湾要求调拨 75 山炮 10 门，用来紧急援助高棉部队与越共作战，若华府得知台湾已秘密军援龙诺政权，则其是否同意由台湾进一步提供军火，不无疑问。不论如何，对于美方此一请求，蒋介石欣然同意批准。[③] 自 1972 年 9 月起，台湾更循南越模式，派遣一“军事顾问团”进驻金边，甚至由台湾自行编列经费与预算，义务协助高棉部队建立政治作战制度，而主其事者，正是王升。[④]

台湾以意识形态与地缘战略为考量，对中南半岛输出其反共经验并提供装备援助，却抵不过这些反共政权本身内部权力倾轧所导致的脆弱性，以及美国政府决心自中南半岛抽身此一大方向所引发之不利影响。早在

---

① U. S. Embassy Taipei to State Department, July 23, 1970, ibid, No. CK3100688936；“‘参谋本部’签呈”（1970 年 7 月 30 日）；“驻高棉‘代表团’致‘外交部’”（1970 年 7 月 30 日）；“赖名汤呈蒋经国”（1970 年 8 月 3 日），《军援高棉共和国案（惠远演习）》，《“国防部”史政档案》，档号：00034437。

② “‘国家安全局长’周中峰致赖名汤”（1971 年 2 月 5 日）；“‘参谋本部’签呈”（1971 年 2 月 9 日）；“‘参谋本部’签呈”（1971 年 8 月 7 日），同上；“赖名汤呈蒋介石”（1971 年 7 月 16 日），《我国军援高棉案》，《“国防部”史政档案》，档号：00046060。

③ “赖名汤呈蒋介石”（1971 年 7 月 21 日）；“蒋介石致赖名汤”（1971 年 7 月 30 日），同上。

④ “赖名汤呈蒋介石”（1972 年 8 月 8 日）；“‘总统府’第二局局长张立夫致‘国防部’总政战部”（1972 年 8 月 10 日），《派遣军事顾问团协助高棉建立政战制度》，《“国防部”史政档案》，档号：00049640。

1970年秋，台北高层即从其驻金边“代表团”获知，龙诺与其他两位发动政变的要角郑兴、马达克亲王之间，相互猜疑，甚至将南越政局也牵连进来。盖因南越阮文绍总统与阮高祺副总统彼此不睦，当时与阮高祺交好的龙诺，怀疑马达克亲王有意串通美国中央情报局、阮文绍以及当时驻扎在高棉境内的南越军队，联手发动政变，推翻龙诺领导的政府。[①] 1972年7月间，王升前往高棉访问庆贺龙诺当选高棉共和国首任总统时，也曾亲眼目睹金边政局的动荡与混乱，当时高棉一心一意想要引进台湾的政治作战制度，然而王升亲访金边后却坦言，此套制度是否能够成功地推动，仍取决于高棉军队与政府官员能否携手真诚合作而定，言下之意，实无乐观之情。[②]

1973年1月23日，美国与北越代表于巴黎谈判达成停火协议，并签订一《巴黎和约》，内容规定美国与其他各国的军队与军事人员，必须于3月底之前，全部撤出南越，台湾驻越“军援团”也于3月12日结束长达9年的援越工作，返回台北。面对各国相继撤离，南越陷入孤立无援的艰困局面，阮文绍于4月12日前往台北访问，切盼台湾能够继续提供援助，此时蒋介石的健康状况已每况愈下，无法与外国元首晤面，担任“行政院长”的蒋经国，实际上已经主导台湾党、政、军大权，阮文绍告诉蒋经国，他对整个亚太地区的前景，感到极度悲观，认为各国普遍误解“尼克森主义”的真实涵意，误认美国已彻底改变其对亚洲政策，导致各国普遍丧失对抗共产主义的信心，他恳求台湾协助重建南越，提供技术与人才援助，蒋经国对此表示同意。[③]

在西贡的南越政权于1975年春天崩溃之前的最后两年时间里，台湾当局成为全世界愿意对其继续援助的极少数政权之一。1973年5月初，国民

① “驻高棉‘代表团’呈‘外交部’”（1970年11月28日），《军援高棉共和国案（惠远演习）》，《“国防部”史政档案》，档号：00034437。

② “军事访问团访问高棉共和国报告书”（1972年7月12日），《访问高棉资料》，《王升档案》；陈祖耀，《西贡往事知多少》，页255—262。

③ “蒋院长拜会阮文绍总统会谈记录”（1973年4月13日），《忠勤档案/中越关系（三）》，《蒋经国“总统”文物》，典藏号：00501010000085005。

党当局以“驻越建设顾问团”名义，派遣35名军事顾问，由10年前担任南越“心战顾问”的刘戈仑率领，前往西贡，协助南越政府部队加强政治作战、心战、安宁与社会工作，各团员也一如以往，被分派至南越境内各个战术区里，与南越部队共同生活在战地里，协助推展基层政战业务。[①] 离谱的是，即便在如此艰困的局面下，阮文绍竟然还于1974年1月间，派遣自美国接收而来的数艘海军舰艇，企图占领西沙群岛，北京下令解放军南海舰队前往进行保卫战，并于1月19日与南越海军在西沙群岛所属永乐群岛海域附近开战，战事持续两天后，南越眼见无法对抗解放军，只得撤出先前所占之各小岛，此后解放军牢牢掌控西沙群岛与周边海域。根据当今美方国安解密档案所揭示，当时有一位名为柯许（Gerald Kosh）的美国公民，曾以工程师身份，随同南越海军舰队前往西沙群岛，协助勘察在西沙兴建机场跑道的可行性，然而当南越海军眼见敌不过解放军南海舰队强大优势而急忙自永乐群岛撤离时，这位美国工程师却来不及随同越军撤离，而遭中共俘虏，为此，美国驻西贡大使馆急忙致电白宫国家安全会议，请求华府设法私下与北京交涉，释放该名美国公民。[②]

美国白宫国家安全会议分析此时北京选择与南越在西沙群岛交战，是为了阻止河内当局日后解放全越南后，将顺势占领南海内极具战略价值的重要岛礁。[③] 而为了节省宝贵时间支援南海舰队与南越海军在西沙作战，毛泽东还曾下令东海舰队在不绕经太平洋与巴士海峡的情况下，直接通过台湾海峡，赶赴海南驰援，而东海舰队所属的三艘舰队，最后确实安然通过台湾海峡，没有遭受台湾海军的袭击，因而有传闻蒋介石与蒋经国父子在1974年初发生的西沙海战过程中，曾经暗助北京对付其反共盟友南越，只不过目前尚无任何史料足以证实此一“台湾协助中共对付南越”的传

① 陈祖耀，《西贡往事知多少》，页308—311；曾琼叶编，《越战忆往口述历史》（台北：“国防部”史政编译室，2008年），页118—120。

② Graham Martin（U. S. Ambassador to Vietnam）to General Brent Scowcroft（Deputy Assistant to the President for National Security Affairs），January 20，1974，Reproduced in DDRS，No. CK3100498914.

③ Memorandum from Thomas J. Barnes（Staff member of the National Security Council）to Brent Scowcroft，January 20，1974，Reproduced in DDRS，No. CK3100517133.

闻，是否属实。然时任台湾“参谋总长”的赖名汤在其回忆录里明白证实，当时解放军驱逐舰确曾通过台海，而美国第七舰队当时没有阻拦解放军东海舰队，则是个不争的事实。①

随着南越局势不断恶化，台湾“驻越建设顾问团”的工作推展，也益加困难。1975 年 1 月间，北越向北纬 17 度以南发动大规模攻击，占领南越数省，3 月间，北越部队占领中部高原重镇邦美蜀，台湾派驻该地区的顾问团成员，被迫与当地百姓一同逃难，而派驻在岘港的顾问，几乎无法脱逃，情况异常危急。眼见越共即将迫进西贡，顾问团决定撤离，并于 4 月 5 日与 18 日分两批返回台湾。此后不到两星期时间，南越政权即告崩解，邻近的高棉龙诺政权，也在 4 月 17 日沦入“赤棉”手中，台湾驻金边的“代表团”与“军事顾问团”，于仓皇之中撤离。曾经让蒋介石担心焦虑且欲积极介入内政事务的老挝，则于同年 12 月间，由“巴特寮”全面掌控。② 伴随着中南半岛局势快速变化的，则是蒋介石于 4 月 5 日于台北溘然长逝，蒋的逝世，也让 20 余年来他在东南亚地区的冷战参与以及其“反共输出者”之角色扮演，划下了一个休止符。

---

① 赖名汤坦言不但解放军军舰通过台湾海峡，苏联的战舰与运输舰亦曾于前一年（1973）的 5 月与 8 月间，先后通过台湾海峡。见赖名汤口述，赖暋访录，《赖名汤先生访谈录》（台北：“国史馆”，2011 年），下册，页 562。

② 陈祖耀，《西贡往事知多少》，页 311—313；陈鸿瑜，《中华民国与东南亚各国外交关系史（1912～2000）》，页 516。

第十章　台湾研发核武秘辛

1964年10月16日下午3时，中国首枚原子弹于新疆罗布泊成功试爆，举世震惊。这一试爆，也让中国继美、苏、英、法之后，跻身世界核俱乐部会员之一，台北的国民党当局高层，对于中共核试爆成功的初步反应，普遍夹杂着震惊、不解与悲观。10月29日，蒋介石向美国“大使”赖特（Jerauld Wright）坦言，他曾预估中共尚需3至5年时间，才有可能成功研发首枚原子弹，在不久之前的10月5日，他还将此番预测，与当时来访的美国《时代》杂志创办人亨利·鲁斯（Henry Luce）分享。① 赖特在拍发回华府的台湾政情观察报告里，直言中国核试爆成功对台北当局领导人带来巨大心理阴影，他担忧中共拥有核武此一事实，将为台湾甚至整个亚太地区的权力平衡与安全，带来新的挑战与冲击。据赖特称，当时甚至有部分国民党中央常务委员如陶希圣等，公然批评美国，认为美国过去数年来对中共核武能力“错误”的情报研判，才会让其盟方对于中共成功试爆原子弹此一消息，感到如此惊惶失措。②

面对中共拥有核武器此一事实，蒋介石在震惊之余，也开始冷静谋思研发台湾自身的核武能力，根据近年来公开的蒋介石私人日记，与美国解

---

① Jerauld Wright（U. S. Ambassador in Taipei）to State Department，October 29，1964，NSA，Collection：Nuclear Non – Proliferation，Document No. NP01030.

② Wright to State Department，October 19，1964，NSA，Collection：Nuclear Non – Proliferation，Document No. NP01008；Wright to State Department，December 9，1964，ibid，Document No. NP01066.

密的外交、军事与情报文件显示，台北层峰亟思在核武研发技术上有所突破，几乎在中共成功试爆首枚原子弹之际，就已开始酝酿。而国民党当局致力于研发核武技术，更成为20世纪70年代台美之间风雨飘摇、藕断丝连的同盟关系中，最严峻也最具争议的议题之一。

中共发展核武与台、美反应

1958年8、9月间，正值第二次台海危机发生之时，当时美国总统艾森豪威尔与国务卿杜勒斯曾一度考虑使用核武器来对付中共。[①] 当年10月间，杜勒斯前来台北与蒋介石会晤，讨论台海局势，他曾探询蒋介石对于使用核武器对抗中共的看法，蒋介石此刻曾向美方提议，似可使用“战术性核武器”；在10月23日的日记里，蒋写下当时他向美方提出的两种方案，“予我以原子重炮，毁灭其炮兵阵地，否则由我空军轰炸其运输线也。”[②] 另一方面，艾森豪威尔总统为了吓阻解放军，确实也将配有核弹头的“屠牛士”导弹，悄悄运抵台湾，此后直至20世纪70年代初期，此类导弹一直部署于台湾岛上。然而在1958年外岛危机期间，台美双方考量到使用核武器不但恐将引发苏联军事介入，而且也将同时造成中国大陆与金门地区超过二十万居民丧生，因此最后并未以此作为选项。[③]

美国在1958年台海危机时曾考虑以核武器对付中共，这也让过去数年间刚着手研发核武的北京高层，更加体认到此计划的迫切性。1959年6月，中共正式启动代号为“596”的原子弹研制计划，以位于北京的“核武器研究所”为大本营，从理论设计、中子物理、放射化学、结构设计与

---

① Garver, The Sino - American Alliance, pp. 137 - 139; Chen, Mao's China and the Cold War, pp. 189 - 190.

② 《蒋介石日记》，1958年10月23日。

③ Memorandum by Philip E. Barringer (Office of the Assistant Secretary of Defense for International Security Affairs), top secret, October 8, 1968, NSA, Electronic Briefing Book: How Many and Where Were the Nukes? What the U. S. Government No Longer Wants You to Know about Nuclear Weapons During the Cold War, Document 7, pp. 64 - 66；杨天石，《寻找真实的蒋介石——蒋介石日记解读（二）》，页497—498。

引爆控制系统等各方面，加紧进行研发工作。[①] 与此同时，美国的军事与情报部门也不断关注中共此一进程；1961 年 2 月间，肯尼迪总统上任不到一个月之内，美国空军参谋本部即向他提出一份有关中共核武能力的机密备忘录，该备忘录指出，中共有可能在未来 3 至 5 年内，成功进行首次核试爆，并在未来 10 年内，成功研发并拥有核子武器。值得注意的是，为了反制中共核武进程，此时华府军方决策官员曾建议肯尼迪总统，应“鼓励”美国在亚洲地区主要“盟邦”如台湾地区、日本、韩国与菲律宾等，发展其自身核武防卫机制，并且在美方协助下，于亚太地区建构一有效之“核飞弹系统”，以因应中国大陆军事力量之崛起。[②]

事实上，自 1950 年代中期起，美方对于台湾发展“非军事目的”与“研究”用途的核能科技发展，是持肯定与支持的态度。1955 年 7 月，台湾驻美“大使”顾维钧与美政府签订一“民用原子能合作协定”，由美国官方原子能委员会协助台湾设计与建造一“研究型”核反应炉，并租借浓缩铀 -235，作为未来此一核子反应炉运转补充之燃料。1961 年 12 月，在美方技术与资金协助下，位于台湾新竹清华大学的原子科学研究所，完成了全台湾、也是当时全亚洲第一座核子（轻水）反应炉，此装置利用百分之二十的浓缩铀 -235，于 1965 年 5 月起，开始生产 14 种同位素，供医学与农工等研究使用。此外，1964 年 4 月间，来自美国与台湾本地的专家学者也曾集会于台北，宣布筹组一“中美科学合作会”，由双方合作共同推动台湾的核能研究，时任“中央研究院”院长的王世杰，则兼任该组织“主任委员”一职。[③]

---

① 贾俊明、董学斌，《倚天——共和国导弹核武器发展纪实》（北京：西苑出版社，1999 年），页 60—74。

② Memorandum from General John K. Gerhart (Deputy Chief of Staff, U. S. Air Force) to General Thomas White (Air Force Chief of Staff), February 8, 1961, NSA, Electronic Briefing Book: The United States and the Chinese Nuclear Program, 1960 – 1964, Document 1.

③ 黄钧铭主编，《原子能与清华》（新竹：台湾清华大学出版社，2011 年），页 2—5；李云汉主编，《中国国民党一百周年大事年表》（台北：中国国民党党史委员会，1994 年），第一册，页 531、552；Defense Intelligence Agency Report, ST – CS – 02 – 398 – 74, “Nuclear Energy Programs: Japan and Taiwan,” dated September 3, 1974, NSA, Electronic Briefing Book: U. S. Intelligence Eyes Chinese Research into Space – Age Weapons, Document 7.

肯尼迪总统上台后，他曾下令决策官员着手评估，一旦中共不久后果真成为核武强权，则此一局面将对台湾海峡局势带来何种冲击，对此，其幕僚曾提出一些可能的因应方案，只不过当时并未有一定论。[①] 1962 年 3 月间，中共首次成功试射东风二型导弹，未久，美国务院拟妥一新方案，决定与中央情报局及美国新闻总署等相关部门，在情报、外交与宣传等各方面密切协调，设法努力淡化中共核试爆，对整个国际冷战局势以及美国外交政策上所可能带来的不利冲击。[②]

冷战高峰的 1960 年代初期，除了华府与台北之外，当时对于中共研发核武保持高度关切的，还包括当时已与北京关系出现裂痕的苏联。1963 年初，甫经历前一年秋天古巴飞弹危机风暴的肯尼迪行政当局，有意透过与莫斯科改善关系，达到牵制与阻止中共拥有核武的目的；当时拖了近 5 年的联合国禁止核试爆谈判，将于该年夏天在莫斯科重新开启，华府颇思借由美国与英、苏达成协议并共同签署《禁止核试爆条约》，迫使北京签字，借此将中共纳入此一多边条约规范之下。[③]《禁止核试爆条约》虽然于该年 8 月 5 日在莫斯科签字，并于 10 月 10 日正式生效，然北京拒绝被纳入成为签字国之一，颇令华府感到挫折。微妙的是，当时国际间任何恐将改变台北“外交”态势的举措安排，包括把中共纳入《禁止核试爆条约》参与国，都足以令国民党高层忐忑不安。当时台湾驻美“大使”蒋廷黻即曾向蒋介石汇报，肯尼迪总统对于中、苏共之间发生争执，颇有期待，为了让此类争执更加尖锐化，美国极愿向苏联示好，另一方面，蒋也不讳言，美国朝野同样也有部分人士提出“反建议”，力倡美国应与中共妥协，共同对抗苏联，蒋廷黻因此向台北直言，整个局面对台北颇为不利，须小心努

---

① RG 59, Records of the Department of State, Assistant Secretary for Far Eastern Affairs, Subject: Personnel and Country Files, 1960 -63, Box 4, Memorandum from John Steeves (FE) to Roger Hilsman (Director of Bureau of Intelligence and Research, State Department), April 12, 1961.

② NARA, RG 59, 793.5611/9 -2462, George McGhee (Undersecretary of State) to Robert Manning (Assistant Secretary of State), September 20, 1962.

③ W. Averell Harriman (Undersecretary of State) to President John F. Kennedy, January 23, 1963, NSA, Electronic Briefing Book: The United States and the Chinese Nuclear Program, 1960 - 1964, Document 5.

力应付。①

面对中共积极研发核武，台湾与中国大陆一水之隔，其在地缘政治与战略上所具备的优势，乃当时国民党当局推动对外关系可发挥与着力之处。诚然，当国际间对于中共核武研发进程深讳莫测之际，由台湾空军U－2“黑猫中队”于1961年起所秘密执行的对中国大陆空中侦察行动，特别是对中共核武设施地点的情报搜集，屡受华府决策阶层高度重视，譬如在1963年7月10日，一份由美官方“军备控制与裁军署”拟订上呈白宫的最高机密备忘录里，由台湾“黑猫中队”高空侦察任务拍摄取得中共在西安、包头与兰州等地的核子设备照片，成为肯尼迪总统研判中共核武发展进程最直接与重要的证据来源之一。②

两个月后，时任台湾“国防会议副秘书长”的蒋经国，衔命前往美国访问，与包括肯尼迪总统在内的华府要员会晤沟通，争取美方支持蒋介石所提军事反攻大陆的构想。9月10日，蒋经国在白宫与肯尼迪总统的国家安全事务助理彭岱（McGeorge Bundy）有一番坦率的意见交换，蒋明白告诉彭岱，《禁止核试爆条约》的签署与生效，不但无法真正解决国际间的核武器扩散问题，更无法吓阻用来中共发展核武并且对世界和平所带来的“威胁”，蒋并称此刻北京政权，正处于1949年以来最为脆弱的阶段，他力持在不引爆另一场世界大战的前提下，台美之间应立即共同讨论解决中国大陆问题。蒋经国特别指出，台湾方面已经掌握中共原子弹部署与相关核子设备的确切地理位置，他愿意与美方讨论利用“适当的”手段与途径，“移除”或“破坏”中共的核武相关设备，且台湾将承担所有政治与“外交”上可能出现的责任与风险，他只要求美方提供技术上的支援。蒋最后并向彭岱强调，台湾无意升高台海之间的危机，酝酿成另一场世界大战，但中共核武发展必须能够被有效吓阻，以免其成为对西方世界之一巨大威胁。③

---

① 周谷，《外交秘闻——一九六〇年代台北华府外交秘辛》（台北：联经出版社，2006年），页232—233。

② NARA, RG 59, Executive Secretariat Country Files 1963－66, Box 2, Memorandum entitled “Summary and Appraisal of Latest Evidence on Chinese Communist Advanced Weapon Capabilities,” by Arms Control and Disarmament Agency, top secret, July 10, 1963.

③ CIA minutes of meeting, Subject: Meeting between Mr. McGeorge Bundy and General Chiang Ching-kuo, September 10, 1963, CIA Electronic FOIA Reading Room, Document No. 0000608232.

蒋经国访问白宫会晤肯尼迪

根据美方解密文件所载，蒋经国此番有关设法阻止中共发展核武的谈话，一时之间颇能打动彭岱的心坎。彭岱当时立即向蒋经国重申，华府向来把削弱中共政权力量视为美国最重要的战略目标之一，特别是中共核武研发的力量，一直都为美政府所高度关注。彭岱向蒋经国坦率表示，他虽然认为台湾发动大规模军事“反攻大陆”的时机，并未到来，但他保证美方将审慎评估台北所提出的任何方案，共谋合作来打击中共的核武发展。① 彭岱此一积极态度，让蒋经国颇受鼓舞，但在明知美国此刻不可能支持蒋介石发动军事反攻行动，蒋经国回到台北后，却向他父亲报告称，美国已主动“要求我设法破坏‘共匪’制造核子武器设备”，此一消息，让蒋介石一度误以为反攻时机即将到来，认真计划并盘算如何优先大量空投国民

① Memorandum from William E. Colby (Deputy Director of CIA) to McGeorge Bundy entitled “Visit of General Chiang Ching - kuo,” September 19, 1963, NSA, Electronic Briefing Book: The United States and the Chinese Nuclear Program, 1960 - 1964, Document 9.

党“敌后”人员进入中国大陆潜伏活动。①

台美双方高层是否就“移除”或“破坏”中共境内核武设施，展开进一步磋商，目前尚缺乏史料佐证，然而此刻华府决策圈内，对于美国是否应当与国民党当局合作，以较为“激烈”的手段来阻止中共研发核武，抑或是以较为不同的思维与态度，不必对中共即将成为国际核武俱乐部之一员，而表现得太过惊慌疑惧，仍然莫衷一是，未有定论；一般而言，以美军参谋长联席会议主席泰勒（Maxwell D. Taylor）为首的军方人士，力主以激烈手段来对付中共核武发展，而国务院外交系统，则坚持美国不必太过于惊扰，并相信北京中央领导人将会有足够的理智，来处理核武议题。②

就在蒋经国访美两个多月后，1963 年 11 月 22 日，肯尼迪总统在德州遭暗杀身亡，副总统约翰逊继任美国总统，此后将近一年时间里，华府决策阶层逐渐意识到，以武力手段阻止中共发展核武，已是不切实际，尤有甚者，部分国务院官员开始相信，即便美国与亚洲如台湾等盟友采取激烈手段，摧毁目前所知的中共核设施目标，这是否能够完全根除中共境内所有已知或未知的其他核设备，仍在未定之天，遑论此类行动所必须担出极高的外交与军事风险。因此到了 1964 年夏天，美政府面对中共不久后成为核武国家，已逐渐朝向建立一个“非核化”亚洲此一大的外交目标来努力。③ 此一关键转折，似乎也替华府从最初鼓励台湾发展与研究核能，甚至不反对逐步建立自身核武防卫机制，转变为日后全力阻止台湾研发核武，埋下一个

---

① 《蒋介石日记》，1963 年 9 月 19 日、21 日。

② NARA，RG 218，Records of the Joint Chiefs of Staff，Chairman's Files（Maxwell Taylor），Box 1，memorandum by General Maxwell Taylor entitled “Chinese Nuclear Development，” November 18，1963；Memorandum by Robert H. Johnson（Staffer of the State Department Policy Planning Council）entitled “A Chinese Communist Nuclear Detonation and Nuclear Capability：Major Conclusions and Key Issues，” October 15，1963，NSA，Electronic Briefing Book：The United States and the Chinese Nuclear Program，1960 – 1964，Document 10.

③ NARA，RG 59，Policy Planning Council Records，1963 – 64，Box 264，State Department Policy Planning Council memorandum entitled “The Chinese Communist Nuclear Capability and Some ‘Unorthodox’ Approaches to the Problem of Nuclear Proliferation，” June 1，1964；State Department Policy Planning Council memorandum entitled “Communist China and Nuclear Proliferation，” September 2，1964，ibid，Box 254.

决策上的伏笔。

中共核试爆成功与台北高层的心理折冲

1964年9月28日，美国CBS电视新闻突然显著报道中共即将进行核试爆，隔日，美国务院发言人在新闻记者会上公开证实此一消息，并且表示美国政府对此已有充分的心理准备，美国朝野顿时哗然。① 在太平洋另一端的台北，面对中共此一重大突破，蒋介石并非全然在状况外且毫无掌握，他曾在10月13日的日记里写道：

> “共匪”自九月初起其运输机向西北各省，尤其青海与新疆二省不断的运输人员与器材集结，最近且有米格战斗机廿余架飞往西北，是其防止我机侦查其原子爆炸地点与设备情形，而且据其电讯所得，要求西北各省气象站每三时报告气象情形，至十月卅日为止，是可知其原子试爆即在本月以内之计画，甚为明显，但其试爆究否成功，尚在未知之数。如其果试爆成功，则我为今后大陆人民之血汗与人类之自由世界之和平，不能不速起反攻，惟有反攻方能破坏“共匪”原子弹之战力设备完成，亦可消除我人民被“共匪”压榨与世界战争之恶运也。②

10月16日，大陆核子试爆成功的消息传遍全世界，隔天，蒋介石写下他的悲观与忧虑：

> 昨日十五时“共匪”在西北试爆其原子弹，宣传其成功，但其性能如何，则并未提及，据日本测象台报告，并未有此征象，可知其质

---

① NARA, RG 59, Records of Special Assistant to Under Secretary for Political Affairs, 1963 - 65, Box 2, State Department Transcript of Daily Press Conference, September 29, 1964.

② 《蒋介石日记》，1964年10月13日。

量之微小矣，惟其以此作为恫吓亚非国家与对所谓不结盟国家之投机者，大施宣传，自将发生重大影响，故对我联合国本届大会之不利，恐有重大变化。其实对我军事与反攻计划，并无影响，不过对我民心士气，应设法宣传，以免被“共匪”反宣传而生疑惧之心理而已。[①]

此后一段时间里，中共核子试爆对蒋介石所带来的巨大心理冲击，于其私人日记中充分表露无疑。11 月间，台北同时举行两项重要会议，一是“亚洲反共联盟”年会，二是中国国民党建党七十周年纪念与二中全会的召开，然而因为中共成功进行核试爆，当时整个台北政坛皆弥漫着一股浓厚的失败主义气氛，对此感受最为直接的，就是蒋介石本人，他在 11 月 28 日的日记里写道，为了准备这两个重要会议的讲词，他已费尽心神，“尤其在此人心萎靡与反攻失望之悲观气氛下，更使竭尽心力加以挽救颓势，振奋人心”。[②]在 12 月 24 日的日记里，他比较台湾与大陆之间的优劣之后，甚至坦承中共“优点最大者，为其对军民之组织，其次为其试爆原子后之对内对外扩大宣传其力量之优强与科学之进步”。[③]

在美国“驻台大使”赖特向华府强烈建议与要求下，约翰逊总统于 10 月 24 日派遣中央情报局副局长、曾派驻台北多年并与蒋氏父子交好的克莱恩前往台北，向蒋介石简报美国对于中共成功进行核试爆的立场，并向台湾保证美国对防卫台海的承诺，不会有所改变。根据美方档案资料，此番晤谈中，蒋介石向克莱恩表达他心中强烈的“困扰与恐惧”，认为过去数年间，华府迟迟没有接受台北提议，对中共境内核设施进行破坏，实乃一大错误，如今来自美国再多的解释与承诺，也都无法弥补对台湾乃至整个亚洲反共国家地区民心士气所遭受之强烈打击。[④] 事实上，蒋介石在会晤

① 《蒋介石日记》，1964 年 10 月 17 日。
② Chiang Kai - shek diary entry for November 28, 1964, CKSD, Box 71.
③ 《蒋介石日记》，1964 年 12 月 24 日。
④ Jerauld Wright to State Department, October 19, 1964, NSA, Collection: Nuclear Non - Proliferation, Document No. NP01008; Wright to State Department, October 24, 1964, NSA, Electronic Briefing Book: The United States and the Chinese Nuclear Program, 1960 - 1964, Document 20.

克莱恩当天的日记里，还进一步揭露他内心所担忧的另外两个重点，一是台湾若未来对大陆发动军事反攻时，解放军“心理与士气将因其宣传而增强，或其对我国军之抵抗最初亦较为增加”，二是“大陆人民对反共心理减弱，或以为国军无原子弹，不能战胜共匪，故其对我之向心力亦因之减弱”。①

美国军事与情报单位对于中共核试爆进程的严重误判，也让台北高层普遍质疑美方对中共情报的分析与掌握能力。美方所出现的两个最关键失误，一是有鉴于 1960 年起大批苏联顾问与技术专家离开中国，加以美方研判当时位于内蒙古包头附近的一座核子反应炉，最快也要在 1965 年左右，才能够制造出足量的钚元素，来供应装配原子弹，因而认定中共需待 1965 年之后，才有可能进行首次试爆，至于携带核武的导弹装置，更因中共内部技术难以克服，恐怕要迟至 20 世纪 70 年代初期，才有可能真正实现。②二是美方情报研判中共首颗原子弹，将是使用钚元素，并且将以技术上相对简单的“枪式核弹”来进行试爆，然而实际上中共所采用的，是技术更为先进与复杂的铀 -235 “内爆式核弹”，此一结果，实让美国顶尖军事与情报专家们，震惊万分。③

从台湾立场观之，当时更令其疑虑不安的，恐怕是华府今后对于台海局势所持的态度，简言之，一旦北京决定使用原子弹“解放”台湾，美国是否依然愿意信守协防承诺，不惜与中共进行核战？虽然在各种场合里，美方不断向国民党当局要员强调将继续协防台湾的决心，同时极力陈述中共“核试爆成功”与“中共已成为世界核武强权”之间的差距，然而当时包括“总统府秘书长”张群与“中央研究院长”王世杰等在内的台北党政

---

① 《蒋介石日记》，1964 年 10 月 24 日。

② CIA memorandum for the United States Intelligence Board, Subject: Communist China's Nuclear Weapons Program, December 14, 1962, CIA Electronic FOIA Reading Room, Document No. 0000628788; CIA memorandum entitled "Chinese Communist Nuclear Weapons Capabilities," top secret, July 22, 1964, ibid, Document No. 0001104420.

③ Glenn T. Seaborg (Chairman of the U. S. Atomic Energy Commission), personal diary entries for October 20 and 21, 1964, NSA, Electronic Briefing Book: The United States and the Chinese Nuclear Program, 1960 - 1964, Document 19.

高层，对美方承诺皆持保留看法。[①] 克莱恩于 1964 年 10 月 24 日于台北面见蒋介石之后隔天，亦曾亲口告诉蒋经国，美国政府将无意协助台湾“反攻大陆”，或者进行摧毁中共境内核武设备的计划，这类讯息都令台北高层深深怀疑美方未来与台湾继续推动军事合作的诚意与决心。[②]

尽管如此，面对此一严峻局势，包括张群、王世杰在内的台北高层，依然设法把握每一次可能时机，向华府抛出台、美共同筹组亚太地区反共军事同盟的构想，以期能趁势强化台湾与美国在军事、“外交”与政治等各领域的合作关系，加强围堵对抗北京。[③] 此后数年间，国民党高层对于中共拥有核武器的忧惧，一直未能被驱散；宋美龄于 1965 年 9 月间访问华府时，曾不顾外交礼仪，当面要求国务卿腊斯克应“不计代价”，立即行动以摧毁中共境内的核武设施，一时之间颇令接待她的腊斯克与在场官员，感到困窘。[④] 1966 年 12 月，腊斯克应邀访问台北，时任“国防部长”的蒋经国在官邸私宴场合中，毫不保留地表达他对于中共未来利用核武对付台湾的高度忧虑，虽然腊斯克向蒋经国再三保证美方对台湾的协防承诺，将不会因为中共拥有核武而改变，但显然蒋经国与在场的其他台湾要员，都无法被美方此番保证所信服。[⑤]

不可讳言，1964 年秋，台北层峰即是在此一充夹杂着紧张、悲观，忧心台湾未来恐遭核弹攻击，且无法获得美国坚定协防承诺此一极端沉重氛围下，决心加速研发核武能力。10 月 21 日，中共首次成功核试爆 5 天后，蒋介石视察当时规划为日后“反攻大陆”中枢指挥所在地的桃园慈湖宾馆新建筑，他在日记里写道，在听取相关简报时，“颇有新感，以原子弹投

① Jerauld Wright to State Department, October 28, 1964, NSA, Collection: Nuclear Non - Proliferation, Document No. NP01028.

② 《蒋介石日记》，1964 年 10 月 26 日。

③ Wright to State Department, November 7, 1964, NSA, Collection: Nuclear Non - Proliferation, Document No. NP01039；王世杰，《王世杰日记》（台北：中研院近代史研究所，1990 年），第七册，页 196。

④ State Department Memorandum of Conversation, Subject: China, September 20, 1965, Reproduced in DDRS, Document No. CK3100002441.

⑤ State Department Memorandum of Conversation, Subject: The Situation in Mainland China and Chicom Nuclear Development, December 8, 1966, Reproduced in DDRS, Document No. CK3100108638.

射工具知识为然”。[①] 翌日，蒋介石镇日研究思索台湾发展核武问题：“上午对原子武器投掷工具问题之研究甚切。……下午剪报，考虑原子武器甚切。晡召见［俞］大维与邓坤原［应为邓昌黎］详论原子弹之共匪制造能力与时间问题甚详”。[②] 从11月初起直到12月为止，蒋更开始研读《原子战中指挥原则》，并在日记里屡屡以摧毁中共原子基地，作为他念兹在兹的首要目标。[③]

在此一思维影响下，许多与台湾核武相关准备与研拟工作，也开始悄悄加快脚步进行。1965年5月间，中共在新疆进行第二次核试爆，此后不久，在蒋介石指示下，“中山科学研究院”（简称“中科院”）的筹备处于桃园龙潭正式成立，由时任“国防部常务次长”的唐君铂出任筹备处主任，初设核能、火箭、电子三组研究作业组。与此同时，军方高层也提出一项《科技军官十年进修计划》，准备自该年度起，每年选派50名优秀科技军官，送往美、欧、日等著名学府进修，首批军官并于1967年后，陆续学成回到台湾服务，而除了这些陆续留学归来的国防科技精英之外，蒋介石也下令相关部门开始推动征召台湾各大学理工系所相关优秀学生人才，进入“中科院”服务，这两股人才逐渐汇流，成为“中科院”1969年7月1日正式挂牌运作后，台湾研发核武的生力军。[④]

鸭子划水的“核能外交”

回顾历史，当蒋介石开始寻求发展台湾核武技术之初，于1960年代初期研制核武颇具成效的以色列，成为他积极寻求技术与经验转移的最主要国家。台湾著名传记作家王丰在其一篇文章中曾指出，1963年9月间，于

---

① 《蒋介石日记》，1964年10月21日。

② 《蒋介石日记》，1964年10月22日。邓昌黎时任美国“阿冈国家原子能研究所”（Argonne National Laboratory）加速器部主任，当时应邀返台考察。有关邓昌黎当时在台访问活动情形，参见王世杰，《王世杰日记》，第七册，页225—226。

③ 《蒋介石日记》，1964年11月2日、3日、11日、12日、22日。

④ 王丰，《以色列核弹之父秘助蒋介石发展核武内情》，《亚洲周刊》（香港），24：15（2010年4月18日），页12；《蒋介石日记》，1968年5月10日。

奥地利首都维也纳所召开的国际原子能总署年会上，当时代表台湾出席会议的唐君铂，曾与以色列政府原子能委员会主席、有以色列“核弹与原子能计划之父”美誉的柏格曼（Ernst D. Bergmann）会晤，王丰在其文章里还表示，根据唐君铂本人的回忆，此次初晤面后不久，约在1963年底左右，柏格曼即应邀前来台湾进行秘密访问，并在唐本人陪同下，于日月潭与蒋介石进行3天的促膝密谈，向蒋力陈台湾应当复制以色列发展核弹与原子能计划的经验与模式，成立专责机构，分设核能、火箭、电子三个研究单位，积极发展包括核武在内的新武器系统。[①] 然而细查1963年10月初直到隔年的2月底为止蒋介石日记逐日所载，蒋只曾在1964年2月25日当天，陪同来访的日本前首相吉田茂前往日月潭度假晤谈，且留宿一晚后，隔天即返回台北。[②] 这5个月期间，蒋介石在其私人日记里，并无任何有关柏格曼或者唐君铂的相关线索，当时蒋介石是否真的在台湾见过柏格曼，在何时何地会晤，以及谈了些什么，都成了有待进一步查证的谜团。

以色列“飞弹之父”柏格曼

即使1963年12月前后蒋介石在其日记里未曾提及柏格曼，吾人也无法完全排除柏氏当时确曾秘密前来台湾访问并与蒋晤面的可能性；该年12月31日，蒋在其日记里的年终“杂录”里，曾有如下一段颇不寻常的记载：“试爆一次核弹之需要科学技术人员人数总共计一七七五人：化学专家三二五人，物理专家一五〇人，化学工程师四〇〇人，机械工程师三五〇人，电子工程师二〇〇人，放射工程师一五〇人，冶金工程师一二五人，建筑工程师七五人。”[③] 在当时台湾核武技术尚未真正起步的情况下，此类专业知识的取

① 王丰，《以色列核弹之父秘助蒋介石发展核武内情》，页13。
② 《蒋介石日记》，1964年2月25日、26日。
③ 《蒋介石日记》，1963年12月31日。

得，似乎更有可能来自国外的顶尖核武专家。几在同时，蒋介石也曾严词批评中共的核武计划，称其乃“以压榨大陆人民之生命心血所得者则此而已”。[①] 在他看来，中共核武“不仅威胁与压迫大陆同胞，而且威胁我全亚（洲）人民与世界人类”。蒋认为此一威胁不除，“则不久亦遭贻害于我大陆人民，贻害于人类，吾人应尽一切所能在最近期间，誓必毁灭‘共匪’以及其为害人类之工具，以尽吾人之职责”。[②] 也许正是此种道德上的强烈批判心态，让蒋介石无法将当时台湾本身推动研发核武器的努力，明白地写在他的日记里。

尽管如此，根据1966年美国驻以色列大使馆拍发回华府国务院一系列机密电报显示，1963年之后的数年之间，柏格曼确曾多次应邀访台进行核能相关专业技术的指导工作，并获聘成为“中科院”的外籍顾问，备受台北礼遇。[③] 此外，在1964年的8、9月间，蒋介石突然在日记里多次提及推进国防科技的重要性与迫切性，他还特别写道武器制造系统之具体计划、机构之设置、经费预算之提出，以及雷达应用、控制系统与电子中心之建立等重点原则。[④] 这些要点，都与过去柏格曼提供蒋介石研发核武建议的相关论述，不谋而合。不仅如此，根据美方解密档案，在柏格曼的居中促成下，“中科院”筹备处所辖之“核能研究所”所长郑振华与“台电公司”电源开发处处长朱书麟，还曾于1965年12月底，联袂密赴以色列，参访位于首都特拉维夫的索瑞格核能研究中心（Soreq Nuclear Research Center），与该国顶尖核能专家交流。郑振华与朱书麟此次密访行程，连美国都被蒙在鼓里；根据该中心主任莫拉格（Mordechai Morahg）事后向前来紧急查证的美国驻以色列大使馆官员表示，郑氏等人此行极端机密，甚获柏格曼礼遇，连他本人担任该中心主任一职，也都无法完全窥知郑氏等

---

① 《蒋介石日记》，1963年12月18日。

② 《蒋介石日记》，1964年11月19日。

③ NARA, RG 59, Subject - Numeric Files, 1964 - 66, U. S. Embassy in Tel Aviv to State Department, March 19, 1966, No. AE 7/China.

④ 《蒋介石日记》，1964年8月27日、31日、9月20日。

此行目的，以及所会晤过的对象。[①]

1966 年 5 月 9 日，中共成功进行第三次核试爆，国民党在官方宣传上力持镇静，试图降低此消息对台湾民心士气所带来的不利冲击。[②] 然而不可讳言，中共核武持续不断有所进展，也让蒋介石内心的不安全感，又更加深一层，他在两天后的日记里写道，中共“此次核试爆以后，‘周匪’（恩来）对巴基斯坦记者发表其政策之四点，其第一点即为台湾问题，要求美国通过谈判方式，从台湾海峡与台湾撤退他的一部武装力量为先决条件。”[③] 亦即在蒋介石看来，中共核武力量持续增强，纵使不直接用来对付台湾，最终也恐将动摇与瓦解美国对于协防台湾的承诺与信心。在此情况下，蒋苦思如何加快台湾研发核武能力的步伐，也就不难理解了。根据蒋日记所揭示，整个 1966 年春天，他多次往返于桃园的慈湖、龙潭、石门各地视察，当然也包括位于龙潭的“中科院”筹备处与所属各单位。[④] 蒋介石对于此刻“中科院”所积极筹办之研发方案的重视与焦急情绪，可见一斑。

过去不为人所知的是，此刻台湾为了研发核武以及取得相关技术而努力争取的合作对象，除了以色列之外，尚有西德。1966 年 4 月间，美国驻西德大使馆向华府回报，称台湾正秘密与西德著名的“西门子”公司（Siemens），洽谈购买一座核子反应炉，美国在当地的外交官并获悉，西德政府内部对于来自台北此一探询，意见颇为纷歧，简言之，科技与商业部门持肯定立场，而外交部门则希望事先征询美方意见并获得华府允许。[⑤] 与此同时，美国“驻台北大使馆”掌握消息称，当国际原子能总署的数名专

---

① NARA, RG 59, Subject - Numeric Files, 1964 - 66, U. S. Embassy in Tel Aviv to State Department, March 24, 1966, No. AE 7/China.

② CIA Intelligence Memorandum entitled "World Reaction to Communist China's Third Nuclear Explosion," May 13, 1966, CIA Electronic FOIA Reading Room, Document No. 0000632168.

③ 《蒋介石日记》，1966 年 5 月 11 日。

④ 《蒋介石日记》，1966 年 3 月 9 日、17 日、20 日、31 日、4 月 8 日、5 月 4 日、15 日、25 日、31 日。

⑤ NARA, RG 59, Subject - Numeric Files, 1964 - 66, George McGhee (U. S. ambassador to West Germany) to State Department, March 25, 1966, No. AE 6/China; U. S. Mission to the European Communities to State Department, April 7, 1966, ibid, No. FSE 13/China.

家，于 1966 年 3 月间应国民党当局邀请，前来勘查台湾岛上未来两座核能发电厂最适宜的设置地点时，台电公司的朱书麟曾奉命私下请求这批专家，协助秘密勘查“第三个”可能的地点，特别在是新竹与桃园石门两地之间择一，据朱书麟向这批专家透露，此一地点未来将用来建造另一座两亿瓦规模的核子反应炉，作为一核能“先导工厂”，台电公司并且规划最迟能够在 1969 年开始运转启用。而当国际原子能总署的专家们探询此“第三座”反应炉未来具体用途时，朱书麟语焉不详，只透露此案除了涉及台湾两个核能研究学术机构之外（意指台湾大学与台湾清华大学），尚牵连“政府其他相关部门”。台电公司此一请求，最后遭到这群专家婉拒，其中一位专家在离开台湾前，还将此讯息透露给美国“驻台大使馆”，并坚称台湾的军方部门必定也牵涉其中，要美方多加注意。①

另一方面，西德政府相关部会在讨论台电欲采购西门子公司核子反应炉一案之后，取得初步共识，只要台电方面保证此反应炉将不会用于军事用途，且台湾同意与国际原子能总署签订一份《保安协定》，同时台北知会华府并获得美方同意，则西德政府将批准此一出售案。美国务院主其事者在进行审慎评估后，认为若此反应炉仅单纯作为台湾经济与民生用途，则美方很难有立场阻挠此项交易，因而电令美国驻西德大使馆转告西德政府，在台湾实现其所提三大原则之下，美国同意西德与台湾之间展开此项交易的磋商谈判。② 然而殊堪玩味的是，此时台湾内部显然有部分人士，因为掌握并强烈反对蒋介石的核武发展政策，而刻意向美国“驻台外交官”揭露当时台北高层内部的分歧；根据当时美国“驻台大使馆代办”恒安石拍发回华府的机密报告显示，时任台湾大学历史系主任的许倬云，曾明确告诉美方，在蒋介石强力主导下，国民党当局已决心秘密研发核武，

① NARA, RG 59, Subject - Numeric Files, 1964 - 66, Memorandum of Conversation, Subject: "GRC Request to IAEA Team for Advice on Location of Reactor for Possible Use by Military Research Institute," enclosed in U. S. Embassy in Taipei to State Department, April 8, 1966, No. FSE 13/China.

② NARA, RG 59, Subject - Numeric Files, 1964 - 66, U. S. Embassy in Bonn to State Department, April 15, 1966, No. AE 6/China; State Department to U. S. Embassies in Bonn and Taipei, April 23, 1966, ibid.

尽管包括中科院筹备处主任唐君铂在内的军方高层内部仍存在异议，认为此举不切实际，但蒋仍力排众议，坚持到底。许倬云还告诉恒安石，当时负责此一代号“新竹计划”的中科院，正面临着三大困难与挑战，一是台湾尚未能够自海外取得提炼核武所需的原料，二是台湾尚无法克服原子弹投射与雷达追踪所需的高科技，三是台湾本身的条件与环境，尚未能够自海外吸引足够的顶尖人才前来贡献。据恒安石本人的评论，许倬云当时的政治上“后台”是“总统府”前秘书长、时任“中央研究院”院长的王世杰，而王又是中科院筹备处的委员与“中美科学合作会”主任委员，因而对台湾秘密发展核武内幕，所知甚详。此份电文里并称，许倬云私下对国民党当局当时诸多政策，多所批评，更反对台湾发展核武，因为他坚信美国将不会支持台湾取得研制核武所需要的相关原料、技术与设备。[①]

在华府不反对台湾以发展民生用途为由，向西德采购核子反应炉的情况下，经过近一年的接触谈判后，1967 年年初，“中科院”核能所所长郑振华向美方透露，台电公司与西门子公司之间的采购案，已进入最后签约阶段，他并再次向美方保证，未来台电公司绝不会以此设备，投入发展核武，然而郑的说法并不被美国“大使馆”所全然采信，恒安石甚至向华府建议，应尽速向西德政府施压，在最后一刻封杀台湾的采购案，只不过此类意见并不为美国务院主管东亚事务的官员所接受，易言之，此刻华府对于台湾以发展核能发电之名，而行秘密研发核武之实，其立场似乎仍徘徊在“暗助”与“暗阻”之间，未有一明确立场。[②] 然而令人意外的，是尽管华府此刻似乎并无意封杀台电公司购买反应炉，然而此案最后却无疾而终；据信当时甫自美国获邀返台担任“行政院国家科学委员会”主任委员，且甚获蒋介石倚重的吴大猷，向蒋表达强烈反对台湾发展核武的立

---

① NARA, RG 59, Subject - Numeric Files, 1964 - 66, U. S. Embassy in Taipei to State Department, Subject: “Indications GRC Continues to Pursue Atomic Weaponry,” June 20, 1966, No. DEF 12 - 1/China.

② NARA, RG 59, Subject - Numeric Files, 1967 - 69, U. S. Embassy in Taipei to State Department, February 21, 1967, No. FSE 13/China; State Department to U. S. Embassies in Bonn and Taipei, March 20, 1967, ibid.

场，吴认为台湾腹地狭小，在战略上极不利于从事核战争，且发展核武计划势将为台湾带来沉重的财政负担，这对于台湾正在起步中的经济发展，必然造成极不利影响。在吴大猷以及其他重量级旅美学人如吴健雄等人的坚决反对下，国民党当局发展核武的“新竹计划”，也于1967—1968年之际，暂告搁置。①

70年代“研究用途”的核武计划

1969年1月，尼克松就任美国总统后，为了早日自越战泥沼中抽身，同时联合中共牵制苏联，因而致力于打开与北京交往之门，在此情况下，美国逐年降低对台湾的军事防卫承诺，成了华府推动与北京关系正常化的重要一环。美国外交风向的转变，以及国民党当局面对联合国代表权严峻的挑战，皆让台北最高阶层警觉，台湾必须保有自主研发核武的能力，方能增加自身面对未来情势发展的谈判筹码。此时台北层峰的目的，与其说在于真正使用核武器，不如说在于建立起某种程度的“核威慑”，希望台湾未来在面对大陆以及美、中关系走向正常化等重大变局时，仍能保有一部分优势。从更实际的角度观之，台湾当时发展经济与维持民生所需的重要能源如石油、天然气、煤炭等，几乎百分之百仰赖进口，一旦台海战事爆发，或者台湾遭遇解放军海上封锁，这些能源物资均将断炊，相较于传统能源，核能燃料易于装运与储存，实为较佳之能源选择。②

在如上考量之下，国民党当局高层决定把原本整套研发核武的“新竹计划”，化整为零，成立各自独立的计划与项目，并以“研究”为名，或以“民生用途”为包装，分别推动与执行。1969年至1972年间，这个代号名为“桃园计划”的秘密核武研发方案，颇有进展，台湾透过以色列顾

---

① David Albright and Corey Gay, “Taiwan: Nuclear Nightmare Averted,” in The Bulletin of the Atomic Scientists, 54: 1 (1998), pp. 54 – 60.

② Nancy B. Tucker, Taiwan, Hong Kong, and the United States, 1945 – 1992 (New York: Twayne Publishers, 1994), pp. 146 – 147; Joseph Yager, Nonproliferation and U. S. Foreign Policy (Washington D. C.: Brookings Institution, 1980), pp. 66 – 81.

问柏格曼的引介，先于1969年自加拿大安大略省的AECL核能公司，购进一座4千万瓦的重水反应炉，取名为“台湾研究反应器”，在国际原子能总署的保防监督下，该反应炉名义上作为“中科院”所托管的“核能研究所”研究与教学所用。台湾还与法国赛卡（CERCA）公司合作，研制该反应炉所使用的铀燃料棒与其他元件。① 几在同时，一座新的“钸燃料化学试验室”（又称为“热实验室”）也在桃园杨梅的青山悄悄动土开工，准备未来投入更复杂的核能技术研究。此外，国民党当局也继续寻求美方的技术与资金协助，来推动数项核能发电等民生项目研究计划，只不过1969年年底，当台电公司向美国通用电气公司（General Electric Company）提出希望购买一座核燃料“再处理工厂”时，此刻已决心打开与北京关系的尼克松总统，以此一采购案性质过于敏感为由，加以否决。②

在1975年4月蒋介石去世前的两年左右，台湾的核武研发能力已颇有进展。1972年9月间，核燃料“先导工厂”竣工启动，1973年初，“核能研究所”购自加拿大的重水反应炉，运转也首次达到临界点，这些都意味着台湾将逐步具备提炼高纯度浓缩铀的能力，用于原子弹的制造。③ 时任台湾“参谋总长”的赖名汤即在其回忆录里披露，1972年年初，在一场由“行政院”召开的高层会议里，军方将领对于台湾自主发展核武，持相当积极态度，认为国际间纷纷与中共交好，并非心甘情愿，而是对其拥有核武心存畏惧，因此台湾必须迫切发展核武，迎头赶上。④ 此刻台湾军方对核武研发的强烈企图心，除了针对中共之外，尚包括日本；1972年秋，台日“外交”关系终止之后，部分台湾军方高层力持发展核武，以免日本军国主义一旦复活并欲染指台湾与澎湖时，将有足够武力达成吓阻与制衡之

① State Department memorandum entitled "Nuclear Agreements with the ROC," December 22, 1978, NSA, Electronic Briefing Book: The United States and Taiwan's Nuclear Program, 1976 – 1980, Document No. 24; Ralph N. Clough, Island China (Cambridge, MA: Harvard University Press, 1978), pp. 119 – 120.

② Leonard S. Spector, Nuclear Proliferation Today (New York: Random House, 1984), pp. 342 – 344.

③ Albright and Gay, "Taiwan: Nuclear Nightmare Averted," p. 57.

④ 赖名汤口述，赖暋访录，《赖名汤先生访谈录》，下册，页449—450。

效。当时台湾军方所研拟的策略，包括全方位推进各项以研究为名的核武研发计划，并且趁着台湾与南美洲巴西与部分非洲国家仍维持正式邦交之际，尽速采购这些国家拥有丰富产量的金属铀与重铀酸铵（俗称“黄饼”），加以大量储存备用，务使在五年之内，完成首枚五公斤小型核武弹头之具体目标。①

与此同时，华府对台湾逐渐走向核武的警觉之心，也逐步升高。1972年11月，台电公司秘密与西德民间公司UHDE接触，欲采购一座数年前遭尼克松否决的核燃料“再处理工厂”，当西德政府向美方征询是否同意台湾方面此项宣称将用于“民生与研究”用途的交易案时，美国务院官员忽然惊觉事态严重：此类“再处理工厂”，不但可以使重水反应炉里的燃料产生再循环，而且还可以将反应炉里的“乏燃料”（即“核废料”）中的钚元素分离出来，从经济与成本效应的角度而言，一个国家除非有相当庞大的核武计划，否则建构一座“再处理工厂”仅用于核燃料的再循环，是极为不实际的，也因此对开发中国家而言，“再处理工厂”的存在，足以显示出该国具有发展核武器的强烈企图，此乃华府方面对台电公司此项采购案，感到如此惊讶的原因了。②

此刻美方掌握情报，获悉除了西德之外，台电公司还同时向比利时接触，欲购入其他核能相关设备。美国务院除了立即施压西德政府阻止与台电公司可能的交易案之外，华府决策圈也开始体认到，必须采取更为强硬的外交手段，来阻止台湾研发核武，否则后果将不堪设想。③ 在国务院主动提出要求下，美国中央情报局着手进行一份分析报告，评估台湾是否可

---

① NARA, RG 59, Subject - Numeric Files, 1970 - 73, Memorandum for Marshall Green (Assistant Secretary of State), dated December 14, 1972, No. AE 11 - 2/China.

② Sharon Tanzer, Steven Dolley, and Paul Leventhal eds., Nuclear Power and the Spread of Nuclear Weapons: Can We Have One without the Other? (Dulles, VA: Brassey's, Inc., 2002), pp. 185 - 225; Clough, Island China, pp. 117 - 118.

③ NARA, RG 59, Subject - Numeric Files, 1970 - 73, State Department memorandum, November 22, 1972, No. AE 11 - 2/China; Memorandum for Marshall Green, December 14, 1972, ibid, No. FSE 13/China; State Department to U. S. Embassies in Bonn, Taipei, and Brussels, January 4, 1973, ibid.

能因为美、中关系走向正常化而发展核武，该份报告于1972年11月间完成，其结论认为国民党当局确实将尽一切可能来发展核武，而且若一切进展顺利，不受外力阻挠，台湾颇有可能在1976年之际，即有能力试射首枚核弹。然而此一报告也指出，尽管台湾当局致力保有自主研发核武的权利，然有鉴于其在政治、经济、“外交”与军事防卫上对美国仍存有高度依赖，因而不认为其将不顾美方反对立场，贸然从事核弹试射或者量产核子武器。①

中央情报局对台湾研发核武动向所持的审慎乐观预测，与国务院处理眼前相关议题的焦虑，恰好形成一强烈对比；后者的当务之急，在于全力阻挠西德与台湾之间核燃料“再处理工厂”的采购交易。1973年1月15日，美国驻台湾“大使”马康卫（Walter McConaughy）奉国务卿罗吉斯（William Rogers）之命，向国民党“外交部长”沈昌焕转达美政府反对台电公司购买“再处理工厂”的立场，认为台湾此举不但无助于其国际形象，甚至恐将引发国际原子能总署的严重关切，这对台湾未来真正攸关民生用途的核能发展，将有不利影响，沈昌焕则答称他对此一具有高度专业与技术的议题，并不熟悉，但保证将转达美方意见供政府决策者参考。②罗吉斯获知沈昌焕反应后，仍不放心，此时有关台电公司已经与西德UHDE公司秘密签妥采购合约的消息，更是甚嚣尘上，罗吉斯因而再度训令马康卫，务必在最短时间内再次会晤沈昌焕，严正转告国民党当局美方明确反对之意，甚至要马康卫向台北施压，若不顺从，则美方将禁止台湾继续使用过去数年间，自美国取得之一切核能相关原料设备与协助，罗吉斯同时亦训令美驻西德大使，向波昂严正表达美方反对与关切之意。③

两星期过后，马康卫与沈昌焕再度碰面，沈表示台电公司尚未就西德

---

① CIA Special National Intelligence Estimate 43 - 1 - 72, “Taipei's Capabilities and Intentions regarding Nuclear Weapons Development,” November 16, 1972, NSA, Electronic Briefing Book: The United States and Taiwan's Nuclear Program, 1976 - 1980, Document No. 1A.

② NARA, RG 59, Subject - Numeric Files, 1970 - 73, Walter McConaughy (U. S. Ambassador in Taipei) to State Department, January 16, 1973, No. FSE 13/China.

③ NARA, RG 59, Subject - Numeric Files, 1970 - 73, State Department to U. S. Embassies in Taipei and Bonn, January 20, 1973, No. FSE 13/China.

UHDE 公司的采购案，做出最后的决定，他也再次澄清国民党当局无意发展核武，只希望研发出“可靠与适切”之铀浓缩技术，以供应台湾核能发电厂所需，然而马康卫回称，即便是发展极小规模、且由台湾自行建造的核燃料“再处理工厂”，也都将危害台湾正在起步的核能工业与经济发展。[①] 美政府同时向波昂与台北施压，最后终于奏效；1973 年 2 月 7 日，西德政府外交部照会美方，称已取消 UHDE 公司与台电公司之间的合约，翌日，沈昌焕也主动约见马康卫，告知台电公司经过“慎重考虑后”，已决定不向西德购买核燃料再处理厂，此消息传回华府后，国务院主管官员皆松了一口气，并毫不讳言心中的一块大石头，总算暂时放下来了。[②]

1972 年年底台电公司欲向西德购买一座核燃料“再处理工厂”一事曝光，成为美国政府处理台湾研发核武议题的一个重要分水岭。若说整个 20 世纪 60 年代美方对此议题的立场，在“暗助”与“暗阻”之间犹疑未决，则从 70 年代起，在美国决心改善与中共关系此一前提下，华府决策圈已下定决心，准备严厉阻挠台湾任何研发并拥有核武的可能性。当时已转任国务院亚太事务助理国务卿的恒安石即曾表示，只要台湾秘密研发核武出现风吹草动，则美方的打压行动，皆是“快速与果断”，毫不含糊。[③] 1974 年春天，华府电令美国驻台“大使馆”公使代办来天惠（William H. Gleysteen Jr.）向“行政院长”蒋经国传达如下讯息：美方将于该年底前，将部署在台南长达十数年之久的“屠牛士”飞弹，全部撤离台湾，除了核弹外，美方也向蒋经国表示将撤出驻防于台中清泉岗机场，同样可携带核炸弹的 F－4 幽灵式战斗机群。颇出乎美方意料之外的，是蒋经国当下很直率地就同意美方自台湾撤出核武的决定，他只要求希望等到美方拨

① NARA, RG 59, Subject－Numeric Files, 1970－73, McConaughy to State Department, January 31, 1973, No. FSE 13/China.

② NARA, RG 59, Subject－Numeric Files, 1970－73, U. S. Embassy in Bonn to State Department, February 7, 1973, No. FSE 13/China; McConaughy to State Department, February 8, 1973, ibid; State Department memorandum entitled “Nuclear Programs in Republic of China,” February 9, 1973, No. AE 6/China.

③ Tucker ed., China Confidential, p. 319.

交的 F－5A 战机抵达台湾后，再撤出 F－4 战机群，以免台湾空防出现不足。[1]

蒋经国会见美国“大使”安克志

美方如上决策除了履行国务卿基辛格前一年秋天访问北京时，对中共中央领导人所作出的承诺之外，同时也有宣示让台湾进一步成为一“非核区”的重要意义，只不过吊诡的是，正因为华府当时一心一意欲与北京发展关系，才让台北高层体会到须加紧研发核武能力，以增加本身面对未来时谈判筹码的急迫性与重要性。美方在台所收集的情报显示，蒋介石去世前夕，“桃园计划”持续有所进展，“核能研究所”里以“研究用途”为名的核反应炉，继续不断运转，而即将开始运作的桃园青山铈燃料化学试验室，未来甚至有能力制造出少量的钚金属。[2] 美方情报还指出，当时台

① NARA, RG 59, Records of the Department of State, Director's Files of Winston Lord, 1967－1977, Box 376, William Gleysteen to Henry Kissinger, top secret, May 1, 1974.

② NARA, RG 59, Subject－Numeric Files, 1970－73, U. S. Embassy in Taipei to State Department, Subject: "Chung Shan Nuclear Research Institute," February 24, 1973, No. FSE 13/China.

湾的国防尖端武器制造与导弹投射能力，皆已日趋成熟，重要据点分布各处，包括台北县三峡地区的导弹制造厂，南台湾屏东县内专供导弹试验的“九鹏基地”，以及位于台中水湳的战机研制基地等，这些报告不时传回华府，屡屡让白宫与国务院内部忐忑不安。①

1973 年 8 月底，时任台湾“行政院原子能委员会”主任秘书的郑振华前往华府访问，与美方洽谈双方核能合作，美国原子能委员会国际计划主任佛利曼（Abraham Friedman）与主管亚太事务之助理国务卿恒安石等，皆利用此一时机，向郑振华表达美方坚决反对台湾建造核燃料“再处理工厂”的立场，同时并严重关切台湾未来研发核武的动态，郑振华向美方解释，台湾受限于天然资源的缺乏，发展核能发电是唯一选择，在此情况下，未来台电公司对于核燃料的“再处理”，将由“英国核燃料实验室”（British Nuclear Fuel Laboratories）代为处理，只不过郑话锋一转，向美方强调，国民党当局深信若能够就近在台湾岛上进行核燃料的“再处理”，从经济成本角度观之，将更为便捷有利。郑还不忘向美方保证，台电公司必将充分与美方各相关单位磋商，寻求美方的意见与协助。然而此番说辞，不但无法说服佛利曼与恒安石等美方官员，反而引来美方更多猜疑，佛利曼甚至当场决定将在最短时间内，亲自飞往台湾视察相关核设备，对此，郑表示欢迎之意。②

当时引发华府关切台湾核能发展的另一个原因，源于美方获悉台电公司与西德之间有关核燃料再处理厂交易终止后仅短短数月时间内，台电公司又以发展核能发电之名，积极与比利时与法国的两家核能公司进行秘密接触，试图取得极敏感之核燃料再生相关技术，这让国务院认定台湾的确

① NARA, RG 59, Subject - Numeric Files, 1970 - 73, State Department memorandum entitled "ROC Nuclear Intentions," April 5, 1973, No. AE 1/China; State Department memorandum entitled "Reported ROC Nuclear Weapons Development Program," April 7, 1973, No. AE 6/China; U. S. Embassy in Taipei to State Department, April 17 and 20, 1973, No. AE 1/China.

② NARA, RG 59, Subject - Numeric Files, 1970 - 73, State Department Memorandum of Conversation, Subject: "ROC Nuclear Energy Plans," August 29, 1973, No. AE 1/China; State Department to U. S. Embassy in Taipei, September 4, 1973, NSA, Electronic Briefing Book: The United States and Taiwan's Nuclear Program, 1976 - 1980, Document No. 2A.

“别有所图”，因而认定除非华府以更强硬与直接的方式，让台北高层理解美方立场，否则未来将很难阻止台湾继续发展核武的决心。[①] 就在郑振华的华府之行两个月后，1973 年 11 月中旬，美国原子能委员会国际计划主任佛利曼与另外两名核能专家，自东京飞抵台湾，停留五天，在美国驻台“大使馆公使代办”来天惠陪同下，一行人前往新竹“中科院”、台湾清华大学核子工程研究所、桃园青山的热试验室等地实际参访。[②] 美方人士对于此次考察结果，似乎挑不到毛病；当时正值中东战争爆发，全球能源危机方兴未艾，美国实无理由阻止台湾拓展核能发电，然而在离台前夕，佛利曼等人仍不忘警告“外交部长”沈昌焕，美方有理由相信台电公司部分主其事者，甚至某些部门，仍企图把核能发电与核燃料再处理技术的取得，视为台湾秘密研发核武器的可能途径，美方将持续关注台湾未来的核能研发进展，以确保双方之间的核能合作不致遭受危害。陪同的来天惠甚至以半威胁的口吻正告沈昌焕，未来一旦发现任何不寻常的动静，美方将拉高交涉层级，直接找上蒋经国。[③]

台美脆弱关系下的核武研发争议

1974 年美国政坛因“水门事件”、尼克松总统黯然去职而闹得沸沸扬扬，副总统福特（Gerald Ford）于该年 8 月继任美国总统，并于隔（1975）年 12 月飞赴北京访问，继续推动中美关系正常化。1975 年 4 月 5 日，蒋介石于台北逝世，其副手严家淦继任“总统”，党、政、军大权则掌握在“行政院长”蒋经国手上，1976 年 11 月，美国举行总统大选，由

---

① 这两家公司分别是比利时的 Comprimé 以及法国的 Saint Gobain Nucléaire，参见 NARA，RG 59，Subject Files：Office of Republic of China Affairs，1951 – 1975，Box 14，Memorandum from Roger Sullivan to Arthur Hummel Jr.，October 29，1973.

② State Department to U. S. Embassy in Taipei，November 14，1973，NSA，Electronic Briefing Book：The United States and Taiwan's Nuclear Program，1976 – 1980，Document No. 3A；U. S. Embassy in Taipei to State Department，November 23，1973，ibid，Document No. 3B.

③ NARA，RG 59，Subject Files：Office of Republic of China Affairs，1951 – 1975，Box 14，William Gleysteen to State Department，November 23，1973.

民主党的卡特（James Carter）胜出，短短两年内，台美内部皆经历一场权力更替与转移，然而在双方"外交"关系上，已是风雨飘摇，两国邦谊最后终将因美国与中共建交而走向尽头，已是众所皆知，彼此心照不宣。尽管如此，在这段藕断丝连的脆弱邦交最后阶段，美方对于国民党当局核武研发的动态，依然持续关注，毫无松懈迹象。1976 年 7 月初，在中共进行新一轮核试爆后半年，美国驻荷兰大使馆回报称，台电公司正与荷兰的 Comprimo，以及比利时的 Belco Nucléaire 两家能源技术公司，进行秘密接触谈判，试图取得核燃料再处理的关键技术。[①] 国务卿基辛格认为此事非同小可，并严肃考虑是否拉高对台北的"关切"层级，美国驻台"大使"安克志（Leonard Unger）立即将来自华府的关切，转达时任"外交部次长"的钱复。[②]

数周后，国际原子能总署的技术人员，飞往台湾，对各项核设施进行例行性检查，停留期间，原子能总署安全部门主任罗梅奇（Rudolph Rometsch）赫然发现"核能研究所"内作为研究教学用途的重水反应炉里的 500 多克铈，竟然不翼而飞，检查人员还发现，位于桃园青山的"铈燃料化学试验室"甚至已有能力，将美国提供台电公司作为核能发电的铀燃料，以每星期约 20 至 30 公斤的速度，浓缩提炼生产钚金属。[③] 几在同时，美国《华盛顿邮报》透过某特殊管道（据信是中央情报局）掌握此消息后，该报著名专栏作家舒马特（Edward Schumacher – Matos）立即安排对罗梅奇进行专访，取得其访台视察的相关细节，并于 1976 年 8 月 29 日，以头版篇幅，报道台湾正"重新处理"可用于制造核武之铀燃料，消息一

---

① U. S. Embassy in the Netherlands to State Department, July 7, 1976, NSA, Electronic Briefing Book: The United States and Taiwan's Nuclear Program, 1976 – 1980, Document No. 4A; U. S. Embassy in Belgium to State Department, August 20, 1976, ibid, Document No. 4E.

② U. S. Embassy in Taipei to State Department, August 16, 1976, NSA, Electronic Briefing Book: The United States and Taiwan's Nuclear Program, 1976 – 1980, Document No. 4B; State Department to U. S. Embassy in Taipei, July 30, 1976, ibid, Document No. 4C.

③ U. S. Mission to International Atomic Energy Agency (Vienna) to State Department, August 19, 1976, NSA, Electronic Briefing Book: The United States and Taiwan's Nuclear Program, 1976 – 1980, Document No. 4D.

出，举世哗然。[①]

《华盛顿邮报》的新闻刊登后翌日，美国其他各重要的报章媒体如《纽约时报》与《巴尔的摩太阳报》等，亦出现后续追踪报道。在台北，气急败坏的“外交部长”沈昌焕立即召见美国“大使”安克志，郑重澄清此一指控，并称数周前国际原子能总署技术人员来台进行安全视察时，并未向台湾提出疑问，而美方员过去数年来也都与台湾主其事者保持密切沟通管道，他不能理解为何此刻竟然会出现此一严重伤害台湾声誉与台美友谊的报道，沈昌焕希望安克志能够向国务院作出澄清，并重申台湾不发展核武的坚定立场。[②] 沈昌焕此番澄清与重申，并未能够换来华府的信任；国务院随后致电安克志称，美方已决定以更严厉的态度，与国民党当局进行交涉。国务院此刻所持的理由，不外乎基于稍早前来自欧洲的情报，认为台电公司正暗中与荷兰及比利时的私人公司进行秘密接触，欲采购核燃料再处理器与获取相关技术，因而认定台湾制造核武器的强烈意图，已是“证据确凿”。[③] 9 月 11 日，安克志接获国务院指示，准备将一份措词极为强硬的照会，转交台北“外交部”，国务卿基辛格还特别电令安克志，不论台北高层对这份照会的反应如何，或者向美方提出更多承诺与保证，安克志都应避免作出任何“满意”或者其他正面的回应，因为此刻国务院对

---

① 《华盛顿邮报》当天的头版头条为“Taiwan Seen Reprocessing Nuclear Fuel,”参见 Albright and Gay，“Taiwan：Nuclear Nightmare Averted,” pp. 59 - 60. 美国学者陶涵（Jay Taylor）则认定当时刚从美国学成回台并服务于“中科院”，然而实际上已被中央情报局收买的张宪义，是华府消息来源的主要管道，参见 Jay Taylor，The Generalissimo's Son：Chiang Ching - kuo and the Revolutions in China and Taiwan（Cambridge，MA：Harvard University Press，2000），pp. 323 - 324. 当时担任台湾“外交部常务次长”并处理台美之间核武发展争议的钱复，在其回忆录里亦不否认“中科院”内确实存有美方内线情报此种可能，见钱复，《钱复回忆录》（台北：天下文化，2005 年），卷一，页 337—338、346—347。

② U. S. Embassy in Taipei to State Department，August 31，1976，NSA，Electronic Briefing Book：The United States and Taiwan's Nuclear Program，1976 - 1980，Document No. 5A；钱复，《钱复回忆录》，卷一，页 336—337。

③ State Department to U. S. Embassy in Taipei，August 31，1976，NSA，Electronic Briefing Book：The United States and Taiwan's Nuclear Program，1976 - 1980，Document No. 5B；State Department to U. S. Embassy in Taipei，September 4，1976，ibid，Document No. 6A.

台北的信任与耐心，几乎已经到了尽头。①

隔日，台北“行政院新闻局”发表正式声明，声称国民党当局今后将不再进行与核燃料再处理有关之任何行动。此刻，蒋经国显然体认到美方强烈的猜疑与不满，因此在9月14日傍晚，特地主动约见安克志，进行一番晤谈，蒋向美方再次强调，台湾的基本立场是不发展核武，他坦承目前台湾所进行的核能研究，已出现一些“进展”，但都是用于民生用途。蒋亦承认核燃料的再处理技术，确实是一大争议，但为了避免外界误解，他已经下令停止这方面的相关研究，就在此时，当进行中英文传译的蒋经国英文秘书宋楚瑜，以“实验室”（laboratory）一词，来描述核燃料“再处理工厂”（reprocessing plant）时，陪同接见的沈昌焕还当场插话，纠正宋楚瑜的翻译，并向安克志进一步解释台湾目前所具备的核能实验室规模，是无法提炼制造出足以发展核武器所需的核燃料。安克志接着质问台电公司向欧陆国家所进行的秘密探询与接触，蒋经国回答称，他确实曾指示私下探询自欧洲进口相关设备的可能性，但他发觉这些设备的效果“不显著”，安克志接着追问，美方所真正关切的，是台湾是否正暗中向欧洲国家“购买”核原料与“发展”核燃料再处理技术时，蒋立即表示，这些接触都是研究与实验性质所需，若美方认为不妥，他将下令停止此类探询。谈话最后，蒋经国甚至主动提议，国民党当局愿意接受美方派遣专家，常驻台湾，担任顾问职务，并且进驻“行政院原子能委员会”、“中科院”台湾与清华大学核子工程研究所等处，扮演监督角色，所有费用开销可由台北方面支付，安克志闻后，显然对蒋经国此番提议感到意外，并再次向蒋确认，未来美方若果真派员来台，是否将能够获准前往视察台湾岛上“所有的”核能相关设施，蒋回应表示正确，会谈至此告一段落。②

虽然有蒋经国向安克志所提出的一番保证与承诺，然而美方的猜疑依然存在。会谈结束后，安克志与华府官员皆认为蒋经国在会谈当中，似乎

① NARA, RG 59, Policy Planning Staff Files, 1969 - 1976, Box 377, State Department to U. S. Embassy in Taipei, September 11, 1976.

② Leonard Unger（U. S. Ambassador to Republic of China）to Henry Kissinger, September 15, 1976, NSA, Collection: Weapons of Mass Destruction, Document No. WM00193.

刻意模糊“核燃料再处理工厂”与“再处理实验室”之间的区别，以混淆美方，因此对台北层峰的保证，仍无法全然放心。[①] 另一方面，国务院也意外地从澳洲驻华府外交官那里，获悉北京对于台湾意图发展核武的“另类看法”；1976 年 10 月初，当澳洲驻美大使馆政治参事阿盖尔（Dennis Argall）向中国驻美联络办事处副主任韩叙提及华府正对台北施压，阻止台湾取得研发核武所需能力时，韩叙闻后感到颇不以为然，反而指控美国政府事实上正暗助台湾取得核武技术，并称长此以往，北京方面将不会坐视云云。韩叙的说法也许属于临时反应，也未必事先通过北京授权，但其批评美方的言词足以让当时一心一意欲推动与中共关系正常化的国务院官员们，感到坐立难安。[②]

1976 年秋天，华府对于蒋经国同意美方派遣核武专家常驻台湾的提议，并未立即采取行动，除了当时美国正忙于总统大选之外，国务院与驻台“大使馆”似乎也考量到，若果真派员常驻台湾，此举将意味着美方对于国际原子能总署长年来监督台湾核能发展工作的不满意与不信任。[③] 然而到了 1977 年 1 月初，美国新总统卡特就职的前夕，即将离任的国务卿基辛格突然电告驻台“大使”安克志，称美方一组核武专家将于近日内动身前来台湾，对核能设施进行突袭检查。根据已解密的美国官方文件显示，福特总统卸任前夕美方如此大费周章的原因，在于华府再度透过特殊情报管道获悉，尽管有蒋经国数月前对美方的承诺与保证，台湾方面此刻依然与荷兰暗中接触，努力尝试取得提炼铀与铈金属的技术，迫使美方不得不立即采取行动。[④] 在取得卡特新政权交接小组同意与支持下，基辛格决定

① U. S. Embassy in Taipei to State Department, September 17, 1976, NSA, Electronic Briefing Book: The United States and Taiwan's Nuclear Program, 1976 – 1980, Document No. 7B.

② NARA, RG 59, Policy Planning Staff Files, 1969 – 1976, Box 377, Memorandum for Oscar Armstrong (Deputy Assistant Secretary of State), October 12, 1976.

③ U. S. Embassy in Taipei to State Department, October 12 and November 5, 1976, NSA, Electronic Briefing Book: The United States and Taiwan's Nuclear Program, 1976 – 1980, Document No. 9A and 9C.

④ Henry Kissinger to Leonard Unger, top secret, January 8, 1977, NSA, Electronic Briefing Book: The United States and Taiwan's Nuclear Program, 1976 – 1980, Document No. 10B.

由时任国务院“中华民国科”科长的李文（Burton Levin），率领三位核能科技专家，于1月中旬前往台湾。行前，基辛格特别指示李文与台北的安克志“大使”，在避免与国民党当局要员发生正面冲突，以及不批评蒋经国先前的保证与承诺此两大前提下，以更严厉的立场质问台湾秘密发展核武计划，并向台北施压。①

1月20日，当华府正举办隆重盛宴，欢庆卡特宣誓就任美国新总统之际，李文等一行人正在台北，与国民党高层展开一连串气氛严峻的拜访晤谈，并逐地逐项检视各核能设施。李文一一正告台湾各相关单位，新总统卡特上任后最重要外交政策之一，是推动全球的非核化与防止核武器扩散，在此一原则下，美国将对台湾的核能政策与研究计划，采取更加严厉的标准与要求，据美国驻台“大使馆”回报华府，当时参与会谈的“中科院”主其事者，各个面色沉重，不发一语。② 此次突袭检视，美方虽然暂时未向台北提出任何异议或要求，然而在卡特政府急欲完成与北京关系正常化，同时努力推动全球非核化此两大外交政策主轴影响下，短短数月后，一场华府与台北之间，自肯尼迪总统1962年阻止蒋介石发动“国光计划”以来最严重的双边“外交”危机，终于爆发。

台美“断交”前夕的“核外交”风暴

1977年1月20日，卡特总统在其就职典礼上宣示美国将致力于推动世界和平，并主张分阶段销毁全球的核子武器。一星期后，“行政院长”蒋经国发表公开谈话，呼应并热烈支持卡特总统的新主张，并强调国民党当局一贯主张原子能的和平使用，蒋接着说：“虽然我们具备发展核子武

---

① U. S. Embassy in Taipei to State Department, January 8, 1977, NSA, Electronic Briefing Book: The United States and Taiwan's Nuclear Program, 1976 – 1980, Document No. 10C; State Department to U. S. Embassy in Taipei, January 10, 1977, ibid, Document No. 10D.

② U. S. Embassy in Taipei to State Department, January 19 and 22, 1977, NSA, Electronic Briefing Book: The United States and Taiwan's Nuclear Program, 1976 – 1980, Document No. 10E and 10F; 钱复，《钱复回忆录》，卷一，页340—344。

器的能力，但是我们绝不从事核子武器的制造。”此一原本应是支持卡特外交新政策的友好谈话，却立即引来美方高度关切；驻台北“大使馆”把蒋经国此番谈话，解读为是台湾极度担忧美国推动与中共建交，并终止协防台湾下的一种外交威胁表态与暗示，因而建议国务院应采取强硬的立场，来阻止甚至“摧毁”台湾任何发展核武的可能性。①

当时美方所欠缺的，是更为具体的证据与时机，然而此种证据与时机，突然在数周之后，意外地于日本东京出现了。1977 年 3 月初，国际原子能总署专家组团前往台湾，进行年度例行性视察，其中一位专家注意到“核能研究所”里的重水反应炉，其原本应是封闭式的燃料转运池，竟然出现一个新的转运口，根据在场的加拿大籍技术人员透露，此一新的燃料转运口，是最近应台湾方面的要求而新建的。国际原子能总署专家们经过仔细检查后，还发现覆盖重水反应炉表层的螺栓，异常新颖，与旁边布满灰尘甚至有些生锈的反应炉内梯，形成一强烈对比，因此研判燃料转运口在最近曾被动过手脚，专家们也侦测出，原本不应该出现燃料转运口的反应炉表层，核辐射量异常升高。其中一位专家于 3 月 8 日离开台北抵达东京后，立即把此一新发现，向美国驻日本大使馆军事与科技组官员报告，并称台湾此次面对国际原子能总署的保安检查，显然并未开诚布公，也缺乏合作态度。美国驻日大使馆立即回报华府，称种种迹象显示，桃园龙潭的“核能研究所”里，正进行着某些“令人极度不安与可疑”的核武研发计划。②

经过两周密集闭门讨论后，华府决策高层认定仅凭台北方面屡次口头保证与承诺，已不足以解决问题，而是必须釜底抽薪，采取更激烈的手段与行动。3 月 26 日，国务院电令安克志向蒋经国提出照会，称美方握有充分证据显示核能研究所里所进行的研究计划，与其说是作为发展台湾的核能发电，更多是与核武研发相关连，美方因此严正要求国民党当局：第

---

① U. S. Embassy in Taipei to State Department, February 17, 1977, NSA, Electronic Briefing Book: The United States and Taiwan's Nuclear Program, 1976 - 1980, Document No. 10F.

② U. S. Embassy in Tokyo to State Department, March 8, 1977, NSA, Electronic Briefing Book: The United States and Taiwan's Nuclear Program, 1976 - 1980, Document No. 12.

一、今后台湾境内所有核能相关设施与原料，都必须纳入台美双边协定规范，以确保核能研发仅限于民生用途；第二、“核能研究所”的重水反应炉与化学（热）实验室，必须无条件立即关闭；第三、台湾境内所有的钚金属原料，必须全数移交至美国；第四、国民党当局必须“重新调整”其未来核能发展计划，并且需事先与美方技术专家进行沟通。国务院还下令安克志，必须取得蒋经国的“书面”答复，保证台湾方面将履行美方提出的如上所有条件。①

安克志在接获此一极端严厉的指示后，曾回电国务院请示，若蒋经国质疑美方所指控的“证据”究竟何在时，应当如何因应。② 由于这部分台美相关档案史料记载尚未公开，吾人无法知悉国务院对安克志所提疑问的指示为何，也无法窥见蒋经国与安克志会面时的具体情况。钱复在其回忆录里称，蒋经国当时指示，既然国民党当局已决定不生产制造核武器，可不必与美方计较，因此对于美方四项要求可以同意。③ 一个月后的 4 月 29 日，当白宫国家安全事务助理布热津斯基（Zbigniew Brzezinski）向卡特总统汇报台湾最新情势时，桃园龙潭的重水反应炉与青山的“化学实验室”，皆已暂时关闭，中止运作，“中科院”所属核“先导工厂”里的相关仪器设备，也遭到拆除，或者由美方人员在仪器旁加装摄影监视，卡特总统读到布热津斯基所呈有关台湾核反应炉与热实验室皆已关闭的报告后，还特别在该段落旁写下一个“好”字。④

5 月初，安克志自台北拍发回华府的电报里亦明确指出，蒋经国在百般无奈下，最后勉强同意接受华府的要求，重新着手规划与调整未来台湾的核能方案，使其更符合能源生产与民生用途目标，而非研制武器。安克志还提到，考量到部分台湾军方主其事者，必定对美国心怀不满，因而力

---

① State Department to U. S. Embassy in Taipei, March 26, 1977, NSA, Electronic Briefing Book: The United States and Taiwan's Nuclear Program, 1976 – 1980, Document No. 13A.

② Unger to State Department, March 26, 1977, NSA, Electronic Briefing Book: The United States and Taiwan's Nuclear Program, 1976 – 1980, Document No. 13B.

③ 钱复，《钱复回忆录》，卷一，页 345。

④ Zbigniew Brzezinski to President Jimmy Carter, top secret, April 29, 1977, NSA, Electronic Briefing Book: The United States and Taiwan's Nuclear Program, 1976 – 1980, Document No. 14.

主华府应当支持国民党当局内部的“温和派”人士，譬如“原子能委员会”秘书长郑振华等，主动邀请其前来华府访问，讨论未来双方的核能合作，以稍加平息台湾内部对美方高压态度的愤怒。①

1977 年底，台北曾向美方提出要求重启核反应炉，作为台湾核能发展与研究之用，同时表示将严格遵守与美方之间有关核能合作的协定。国务院则强烈建议台湾未来改使用含铀量仅有百分之三的“低浓缩铀”，以免国际间质疑台湾制造核武的企图，此一建议获得国民党当局的接受。② 台湾方面此一高度配合的态度，让桃园龙潭的重水反应炉，得以在翌（1978）年夏天，在美方监督下重新运转，美方也允诺支持台电公司筹建第四座核能发电厂，并同意对其贷款以协助购买核能发电原料，只不过在“核能发电”此一正当名目下，卡特政府内部对于台湾意图研发核武器的猜疑，仍未完全缓和。③ 1978 年 5 月，蒋经国于台北宣誓就任“总统”，此时双方之间邦谊，已是风中残烛，面对华府与北京之间随时有可能完成外交关系正常化，国民党军方内部主张保有自主研发核武的声音，不减反增；7 月底，美方一个核能观察团临时造访台湾，在安克志“大使”陪同下，本欲造访“中科院”，不料院长唐君铂竟然一度表明拒绝接待美方观察团，最后还是在“外交部”的居间协调下，唐君铂才答应与美方人员晤面，并勉强同意美方检视院内相关核能设备。④

根据美国务院解密档案显示，当时华府掌握情报，得知台湾正寻求与西德之间的技术合作，欲取得最新的“激光同位素分离法”技术来提炼核武原料，主其事者，为“核能研究所”激光（雷射）组组长马英俊博士。

---

① U. S. Embassy in Taipei to State Department, May 6 and 21, 1977, NSA, Electronic Briefing Book: The United States and Taiwan's Nuclear Program, 1976 – 1980, Document No. 15A and 15B.

② State Department to U. S. Embassy in Taipei, December 22, 1977, NSA, Electronic Briefing Book: The United States and Taiwan's Nuclear Program, 1976 – 1980, Document No. 18A; U. S. Embassy in Taipei to State Department, December 27, 1977, ibid, Document No. 18B.

③ Etel Solingen, Nuclear Logics: Contrasting Paths in East Asia and the Middle East (Princeton: Princeton University Press, 2007), pp. 100 – 117.

④ U. S. Embassy in Taipei to State Department, July 31, 1978, NSA, Electronic Briefing Book: The United States and Taiwan's Nuclear Program, 1976 – 1980, Document No. 20A.

当美方以此情报向台北提出质疑时，“原子能委员会”与“外交部”官员皆否认到底，只不过卡特政府内部对此项情报，仍深信不疑。[①] 随后不久，美国务卿范锡（Cyrus Vance）亲笔致函蒋经国，表达美方严重关切之意，此函由安克志于9月8日面交蒋经国。可以想见，当蒋经国在此一场合得知美方再度提出疑虑之后，情绪变得相当激动与不耐，他首先告诉安克志，他已决定今后双方有关核能方面的议题，皆交由“外交部”来处理，他本人将不再过问，随后并郑重澄清有关传闻，重申国民党当局不研发核武的立场，最后蒋经国竟然不顾外交礼仪，向安克志坦率抱怨，称由于台湾“外交”处境艰困，以及台美双方极为特殊的关系，这让美国可以用世界上少有国家可以容忍的苛刻方式，来对待台湾，他对于美国一再就此议题喋喋不休，感到无法理解，最后甚至以半威胁口吻告诉美“大使”，他目前不愿向台湾民众宣布美国蛮横之作法，是不希望激起台湾民众对美国的不满，他希望华府能够理解。[②] 尽管如此，数日之后，蒋经国依然在其复函里，向国务卿范锡再次重申台湾无意研发核武的立场，包括不从事核能源的提炼，核燃料的再处理，与重水的生产，他亦澄清“中科院”所从事的研究与核武完全无关，此外，蒋经国也再度邀请美方派员长驻台湾，与台湾的技术专家密切合作，以免误解再度发生。[③]

回顾历史，蒋经国与范锡之间此一有关台湾核武发展的信函往来，成为三个月后，12月16日卡特总统宣布与中国关系正常化并与台湾“断交”前夕，双方最高官方阶层之间最后与仅有的具体议题讨论。值得注意的是，尽管彼此邦交于1979年1月1日画下句点，然而台美之间有关核议题的交涉与谈判，并未随着“邦交”中止而中断；就在1978年12月26日美副国务卿克里斯托弗（Warren Christopher）率团启程前往台北进行双方关

---

① State Department to U. S. Embassy in Taipei, August 9, 1978, NSA, Electronic Briefing Book: The United States and Taiwan's Nuclear Program, 1976 – 1980, Document No. 20B.

② Unger to Cyrus Vance (Secretary of State), September 8, 1978, NSA, Electronic Briefing Book: The United States and Taiwan's Nuclear Program, 1976 – 1980, Document No. 21A.

③ Unger to Vance, September 14, 1978, NSA, Electronic Briefing Book: The United States and Taiwan's Nuclear Program, 1976 – 1980, Document No. 21D.

系调整谈判前夕，国务院内工作阶层官员们，仍忙着拟妥未来双方核能合作的谈判原则如下：第一、台美断交后，双方既有的核能协定将继续有效，美方将继续监督台湾的各项核能设备；第二、尽管台湾已经“退出联合国”，美政府仍将要求台北当局继续严格遵守 1963 年 10 月的《禁止核试爆条约》与 1968 年 7 月的《禁止核扩散条约》；第三、未来双方的核能双边合作谈判将不受“断交”之影响，将在未来择期举行；第四、美方希望获得国民党官方的“书面”保证，未来将继续遵守不发展核武器的承诺。①

如上四点原则，成为 1978 年 12 月 26 日台美双方高层调整未来关系谈判桌上，未曾被媒体披露的一项关键议题。当时整个谈判的细节如何，仍有待日后史料进一步的发掘，然而正如台美“断交”后第一线处理双方关系的“美国在台协会”官员于 1979 年年初所坦承，面对失去与美国之间的正式“外交”关系，以及无法再接受美方防卫承诺等极端不利的局面下，台湾军方内部当时确实有部分人士，公开提倡应保有自主研发核武的选择权，在此一情况下，如何确保双方核能合作不受影响，并且让台湾的核武研发继续获得有效监控与阻绝，成了“美国在台协会”于 20 世纪 80 年代初期，最艰巨的外交任务与挑战之一。②

余波荡漾

美国与台湾断绝“外交”关系后，在蒋经国公开宣示台湾将继续进行和平用途的核能发展，并且开始积极鼓励台湾民间参与研发与投资等新措施下，1979 年后的短短两年时间内，台湾先后兴建了磷酸提铀先导工厂、

① State Department memorandum entitled “Nuclear Agreements with the ROC,” December 22, 1978, NSA, Electronic Briefing Book: The United States and Taiwan’s Nuclear Program, 1976 – 1980, Document No. 24.

② American Institute in Taiwan (AIT) to AIT Washington Headquarters, January 10, 1979, NSA, Electronic Briefing Book: The United States and Taiwan’s Nuclear Program, 1976 – 1980, Document No. 25.

压水式反应器燃料束先导工厂、磷酸提铀工厂、氧化铀提纯转化实验工厂、动力用反应器燃料先导厂、伽马射线照射厂，并且完成了600兆瓦重水压水式反应器的概念设计。当时诸如西德、法国等欧洲国家的民间公司，纷纷表示愿意与台电公司进行民用核能合作，而除了重申台湾应继续遵守相关规范之外，因为双方之间已经没有正式外交关系，华府反而无从阻止这些名义上属于"商业"性质的台湾对外核能交流行为。譬如当台美"断交"后，首批美国核能专家于1980年1月间前来台湾进行视察时，美方曾向国民党当局提出诸多要求，包括提供"中科院"房舍配置说明、使用单位状况与工作简要以及要求参观核能所各试验室等，台湾方面对美方的要求，并非照单全收，而是有所坚持。[①]

尽管国民党当局继续不断在公开场合重申台湾不研发核武的立场，然而整个80年代，美方的猜忌始终未曾中断。早在80年初，美国首任"在台协会主任"葛乐士（Charles T. Cross）即曾当面向台湾"外交"高层表达华府的"高度疑虑"，然而台方除了继续重申不发展核武之标准立场外，并无法真正有效取信于美国。[②] 台湾军方单位背着美国继续秘密从事核武研制的努力，最后导致1988年1月"中科院"核能研究所副所长张宪义脱逃事件；张宪义自"中科院"内窃取台湾核武发展计划机密档案后，在中央情报局协助下，自台湾叛逃，前往美国，并在华府国会山庄的秘密听证会上指证，将其手中掌握的台湾研制核武器内幕，全盘托出，顿时全球舆论再次哗然。[③]

当时担任台湾"参谋总长"郝柏村在其日记里揭示，美国总统里根

---

① State Department to AIT, June 16 and 19, 1980, NSA, Electronic Briefing Book: The United States and Taiwan's Nuclear Program, 1976 - 1980, Document No. 27A and 27B; State Department to U. S. Embassy in Bonn, July 3, 1980, ibid, Document No. 28A; Tim Weiner, "How a Spy Left Taiwan in the Cold," The New York Times, December 20, 1997.

② State Department to AIT, June 19, 1980, NSA, Electronic Briefing Book: The United States and Taiwan's Nuclear Program, 1976 - 1980, Document No. 27B.

③ Tim Weiner, Legacy of Ashes: The History of the CIA (New York: Anchor Books, 2007), pp. 484 - 485; Denny Roy, Taiwan: A Political History (Ithaca: Cornell University Press, 2003), pp. 143 - 144.

(Ronald Reagan) 在得知此事后，立即向台北强烈施压，要求终止一切核武发展计划。1 月 13 日，蒋经国去世，数天后，美方的核代表团抵台，着手二度拆除龙潭“核能研究所”内的重水反应炉。里根不但要求台湾彻底拆除与核武发展之一切相关设施，且必须将龙潭的反应炉的“重水”提取出来，并且下令不得再开炉，里根总统还提出一份“毫无谈判余地”的协议书，由当时紧急返美述职处理此案的“美国在台协会”台北办事处处长丁大卫 (David Dean) 携回，转交台北高层签字，丁大卫自华府回台北前夕，里根总统告诉他，务必要求台北高层于一周内签字具结决“不然你不必回来了”。考量到当时台美关系恐将因此风波而陷入更深危机，新上任的李登辉“总统”只有屈从。[①] 而台湾自 20 世纪 60 年代蒋介石主政时期起，即开始秘密研发的核武计划，自此可谓梦碎矣。

① 郝柏村，《八年参谋总长日记》(台北：天下远见出版社，2000 年)，下册，页 1269—1272。

结　语

本书叙述了二次世界大战结束后，直到20世纪80年代冷战走入尾声之际，由蒋介石、蒋经国父子所领导的国民党当局，参与亚洲冷战的诸多历史过程。本书以二次大战结束后，美国在中国西部边疆地区的秘密活动作为开场，其实也突显了亚洲冷战史研究上一个较新颖的论点：美苏两大强权在中国冷战战场上揭开序曲，并非源自于国共内战；当美国准备抛弃蒋介石，而苏联颇不乐见毛泽东在如此短时间内席卷全中国的历史吊诡下，东西方两大阵营间在中国大陆上的冷战对抗，却是从中国边疆少数民族地区所引燃。美国对于中国边疆事务的直接关注与秘密援助方案的提出，既非如过去冷战史研究所称，始于20世纪50年代初期解放军进藏以后，最初亦非以藏人为首要对象，早在1947年，当美苏冷战对抗格局俨然成型之际，不论是华府的军事与情报单位或者是国务院外交系统，即开始对中国边疆地区产生高度的兴趣，并且在1949年10月1日新中国于北京宣布成立之前，即已将其对中国边疆地区的关注与兴趣，转化为对西部内陆各少数民族反共团体的具体援助行动。

此外，国共内战晚期，当华府已准备放弃国民党当局的同时，另一方面却鼓励持反共立场、并依然效忠国民党的中国西部边疆省份与少数民族团体，以建立“区域性反共政权”的方式，来阻止或拖延解放军部队对这些地区的占领，并期待由毛泽东主持下的中国，在不久的将来，能有所转变。回顾历史，美国自1947年起对中国西部边陲地带的战略思维与行动，因为国共内战情势的急遽转变与时间仓促而显得幼稚与不成熟，这些秘密盘算最终亦未能够扭转中央政府对中国边疆地区牢固掌控的事实，然而其所造成的影响，却值得吾人进一步探究：美国于20世纪40年代晚期的支持承诺与秘密援助，在50年代以后依然持续鼓舞着这些地区的零星反共游击活动，并成为60年代冷战高峰时期流行于全球各地美苏“代理人战争”所发生的最早案例之一。

从蒋介石如何处理近代朝鲜问题为例，吾人得以重新评价审视蒋处理对外关系的本质，以及此一过程中“表象”与“现实”之间的差距。从20世纪20年代国民政府支持在华韩人推动韩国独立运动，到对日抗战初期允许在华韩人势力建立武装力量以及开罗会议争取战后朝鲜独立，再到国共内战结束后退守台湾，利用朝鲜半岛局势争取对台湾有利的契机，在这些不同的历史阶段里，蒋介石以“民族主义”为出发点的对韩政策外表下，结合务实立场与机会主义，善用不同阶段的朝鲜议题，作为国民党当局本身“外交”、军事与战略上的手段，他甚至把朝鲜战争的爆发，与1949年以后台湾国民党存亡的重大议题，结合为一。据此，今日吾人审视回顾蒋介石处理近代中国对外关系时，除了需注意外在表象与现实之间的强烈落差之外，是否还可以“务实与机会主义导向的民族主义者”来描述蒋领导统御的本质与风格，颇值得近一步探究。

本书第三章回顾1950年6月朝鲜战事爆发后，在美国与亚洲各地所出现的一股中国大陆“敌后”工作热潮，以及其所呈现的历史意涵。当时美国为了降低其在朝鲜半岛上所面临的压力，决定扶持有别于蒋介石与国民党以外的“第三势力”，推展中国大陆“敌后”游击工作。在台湾，因为东亚局势出现重大转变，同样出现一股“敌后”工作请缨热潮，在此情况下，太平洋两端的台湾与美国，因反共工作热潮所出现的许多奇特与夸浮现象，也被清楚地呈现出来。严格而论，朝鲜战争期间台美两方所筹划的敌后游击任务，在由李弥所领导的“滇缅地区游击队”找到了共通点，该支武力并且在1951年春夏之间，发动了朝鲜战争期间唯一一次军事“反攻大陆”行动，然而细究李弥事迹，吾人发现当蒋介石视李弥部队为一股可以用来替国民党建立反共根据地的重要力量时，美国政府将他视为亚洲“第三势力”的一环，历史的错综复杂与吊诡，以及台美之间的尔虞我诈，在此个案中表露无疑。

1954 年 12 月间，国民党当局与美国签订了协防条约，此后直到 1979 年中美关系正常化，该条约替美国协防台湾，提供了法理基础。该条约的签订，不仅是 1950 年代美国在远东地区冷战战场上整体军事外交策略下的一环，同时也体现了蒋介石与国民党当局，在整个大环境相对不利于台湾的局面下，对美进行角力与折冲过程当中，所能争取到的较佳选择，如同本书第四章所披露，在台美此一军事“同盟”关系形成过程当中，当时日本在台湾的非官方军事顾问团“白团”，还曾扮演过一个间接、鲜为人知的角色。随着新史料的开放，吾人如今知悉，蒋介石在这场台美之间的军事“外交”角力赛局中，最初并未将签订协防条约视为其最优先的选项，该约最后的缔结，诚属一“历史之意外”，在美国当时不愿意接受蒋介石所提出之军援要求，以及 1954 年 9 月间中共炮轰金门外岛等因素的促成下，双方的军事防御关系，也因而顺势被建立起来。尽管蒋介石本人将此结果视为一项重大“外交”胜利，然而一个国民党当局局限在台湾与澎湖的格局，却也因此逐渐扎根，难以撼动。

20 世纪 50 年代海峡两岸之间曾发生过两次重大外岛危机，解放军于 1954 年与 1958 年两次对金门外岛大规模的炮轰，不但牵动多方关系架构与基础，更成为亚洲冷战战场上最具有代表性的军事冲突。然而冷战时期的台海危机，实际上并不仅限于如上两次外岛危机，引发台海地区紧张情势升高的因素，也并非完全都是由于中共方面所挑起，60 年代初期起蒋介石一心一意推动“国光计划”军事行动，即是重要事例。本书第五章的研究与分析指出，蒋介石此一决策，受到几个主要因素所影响，包括 50 年代晚期起台湾内部民主化的要求，蒋介石在国民党内领导权威的微妙演进与挑战，美国肯尼迪总统对华政策的明显转变，以及与中国大陆内部局势发展等，“国光计划”因此也成为蒋介石欲进一步巩固其地位、维持国民党在台湾统治正当性以及应付美国对台政策恐将出现不利转变下的重要手段。蒋介石反攻的军事准备，于 1962 年上半年达到最高峰，却在美方强力阻挠下，无疾而终，虽然蒋介石有关“国光计划”“反攻大陆”的准备，到 1965 年年底才逐渐走向尽头，然而如同本书第四章所揭示，早在 1962

年夏天，在美国对台北软硬兼施之下，实际上即已让蒋介石反攻大陆的美梦，无从具体发挥。

冷战时期海峡两岸究竟有无秘密接触谈判，一直是一个令大家高度关切与好奇的话题。吾人从当今已解密的海内外相关档案史料来看，两岸间的秘密接触往来，确属实情。本书第六章指出，1949 年后两岸之间的秘密接触，可从三个角度来加以理解：就大陆而言，冷战时期北京以“密使”与“信函”作为向台北国民党高层传递重要信息，此一运作模式，除了作为传达两岸和谈的信息管道之外，其实也蕴含了冷战国际宣传，离间台美关系，以及作为北京对台湾内部政治权力关系进行施力的战略用意。有趣的是，吾人今日回顾曹聚仁等人在其密函里所提之诸多构想，譬如开放金门、厦门为自由市与两岸交流试点等，仍有一定之远见，并在今日两岸开放与全面交流后，逐渐被落实，只不过其函中所提类似“一国两制”的想法，其精神虽然同样为日后邓小平主政时代所采纳，然对争取台湾民心之效果如何，仍有待观察。

其次，冷战时期两岸之间的秘密接触，似乎也并非完全是大陆方面的一厢情愿与片面之举，有迹象显示蒋介石与蒋经国父子，都曾经基于不同理由与立场，打起“两岸密使”这张牌，作为争取美国扩大对台支持，或者平衡与反制美国与中共双边关系进展过程中，可以运用的微妙因素，而蒋经国、陈诚与曹聚仁、张治中、傅作义等人之间的可能接触与信函往来，同时也隐含着蒋、陈两人在台湾内部权力竞逐之复杂考量。

最后，就美国而言，整个冷战时期的两岸秘密接触，似乎都在其情报单位的掌控之中，从美方中央情报局解密档案中可窥见，华府对于国共双方接触的消息来源，主要有二，一是透过其情报系统与驻台人员主动掌握，二是借由蒋经国、陈诚等国民党当局要员主动提供，以示台湾不与大陆谋和谈判的决心。尽管有证据显示国民党曾经受到美国施压，要求勿与中共接触谈判，然而华府情报部门在其分析报告中，却宁可选择相信蒋介石、蒋经国父子等，自始至终都不为海峡对岸的和平试探所动摇。美方此一信念是否正确，有待未来更多相关史料的发掘来进一步佐证。

本书第七章指出，冷战高峰时期间的西藏议题，以及台美双方对此议题的应对与处理，充分反映台美之间表面“盟邦”关系下的脆弱与复杂。1950年解放军进入西藏，以及1959年“拉萨事件”发生后，面对同样持反共立场的达赖喇嘛，台北的国民党当局竟然在立场上与北京及苏联共产党阵营站在同一方。同样地，华府的决策者也无法理解，其在亚洲地区最坚强的反共盟友蒋介石，竟然会因为与当时台湾切身战略安全并没有直接关联的西藏，在政策与行动上与美国努力推动的冷战反共外交目标，背道而驰，冷战时期国际政治关系中的奥妙与不可测，在此一个案中充分地被呈现出来。

从香港新闻传播界名人张国兴奉命前往印度，代表台湾进行“密使外交”，吾人可以进一步理解冷战时期蒋介石处理对外关系的思维与模式。此一台湾拓展对印度关系的努力，因张国兴本人颇受争议的行事风格，以及尼赫鲁总理无法断绝与北京关系，最后以失败告终，然而此一个案，如同本书第九章所论及的，冷战时期台湾与东南亚各国之间的秘密军事“外交”与情报关系一般，皆可视为1949年以后蒋介石所领导的国民党当局，在相当程度上，把台湾的安危与其政权的正当性，系于整个亚洲国家地区是否能够继续留在所谓的“西方反共阵营”里，在此种认知之下，国民党不但依恃美国军事屏障以稳固台、澎与金、马外岛，更是善于利用一切可能的机会，东南亚各国输出反共经验、意识形态与实质的军事装备物资，以公开或秘密方式，以游击队、佣兵、或者军事顾问团的形式，不断地在亚洲地区扮演一个反共先锋的积极角色，甚至甘冒违背华府意志与违反台美协防关系之不韪，一意孤行，坚持到底。此段历史经验也让吾人对于冷战时期的台美同盟关系之本质，有更深刻的思考。

本书最后一章回顾台湾秘密研发核武与美国反应，蒋介石决心研发核武，与1964年秋中共核试爆成功所带给台湾的巨大冲击，有密切关联，而在60年代冷战高峰时期，华府实际上并不排斥协助台湾发展自身的核武防卫机制，其在台湾台南部署携带核弹头的“屠牛士”导弹，以及提供资金与技术协助台湾完成全亚洲第一座轻水核子反应装置等，皆是明显例子。1960年代台湾初步向外寻求核武研发技术的对象，除了较为人所知悉的以色列之外，尚有西德、法国、比利时与加拿大等欧美国家，这些国家的核能单位与民间公司等，都曾经在不同名目之下，以商业或者民间用途为由，提供台湾相关技术协助与设备，美国政府此刻的态度，也在“暗助”与“暗阻”之间徘徊，未有定论，反倒是当时台湾内部有一股反对发展核武的强烈声浪，导致蒋介石于60年代晚期一度搁置核武研发计划。1969年尼克松总统上任后，决心改变美国对华政策并努力打开与中华人民共和国交往之门，国际与外交情势对台湾转为不利，是促成国民党当局决心加速研发核武能力之关键因素，台湾欲发展核武以增加自身筹码，然而华府却因为急于与北京发展关系，竭尽所能阻挠台湾任何研发核武之可能性。1979年中美关系正常化之前的几年里，台湾秘密发展核武意图，一直是台美双方藕断丝连关系里最受争议、也最不为世人所了解的议题。

本书利用如上十个议题，来呈现由蒋介石（以及后来的蒋经国）所领导的国民党当局，在亚洲冷战格局下所扮演之角色，而冷战时期美国与大陆、台湾三边关系的复杂与诡谲，也通过本书各章节所讨论的诸多历史事件，更加深刻地被突显出来。随着大量海内外档案资料的开放，看似平滑的历史平台上的细微裂缝，不应当继续被埋没被忽略。若本书的问世，能够让中国大陆近代史学界进一步思索探究1949年以后的两岸关系史，甚至逐步打破“1949”这条近代史研究领域的无形藩篱，让大家对于1949年以后的台湾政治、军事、“外交”史的研究，投入更多的关注与理解，那么这将是作者所至为欣慰的了。

征引书目

一、原始档案、史料

National Archives and Records Administration, College Park, Maryland, USA（美国国家档案馆，简称 NARA）：

RG 59, Records of the Department of State, Decimal Files（美国务院档案）

RG 218, Records of the Joint Chiefs of Staff（美参谋首长联席会议档案）

RG 319, Records of Army Staff, Army Intelligence（美国陆军参谋长陆军情报档案）

RG 341, Records of the Air Force Technical Applications Center（美国空军技术应用中心档案）

The National Security Archives, George Washington University, Washington

D. C., USA（美国国家安全档案馆，简称 NSA）：

Collections：

1. Nuclear Non – Proliferation（防止核扩散文件）

2. Weapons of Mass Destruction（大规模杀伤性武器文件）

Electronic Briefing Books：

1. How Many and Where Were the Nukes? What the U. S. Government No Longer Wants You to Know about Nuclear Weapons during the Cold War（冷战

时期美国核武发相关文件汇编）

The United States and the Chinese Nuclear Program，1960 –1964（1960 年至 1964 年间美国与中共核武发展相关文件汇编）

2. The United States and Taiwan's Nuclear Program，1976 –1980（1976 年至 1980 年间美国与台湾发展核武相关文件汇编）

3. U. S. Intelligence Eyes Chinese Research into Space – Age Weapons（美国情报监控中共研发太空武器相关文件汇编）

4. Central Intelligence Agency（CIA），McLean，Virginia，USA（美国中央情报局）

CIA Electronic Freedom of Information Act（FOIA）Reading Room，Records obtained by the Freedom of Information Act request（根据美国《信息自由法案》取得之美国中央情报局解密档案）

Hoover Institution Archives，Stanford University，Palo Alto，California，USA（美国斯坦福大学胡佛研究所档案馆）：

《蒋介石日记》

《韩国特种档案》

《王升档案》

Thomas Tse-yue Yang Papers（杨子余文件）

Albert C. Wedemeyer Papers（魏德迈文件）

James Burnham Papers（伯恩汉文件）

National Archives，London，United Kingdom（英国国家档案馆）：

War Office Records 英国战争部档案（简称 WO）

Foreign Office Records 英国外交部档案（简称 FO）

台北“中央研究院”近代史研究所档案馆藏，《“外交部”档案》

台北“国史馆”藏，《蒋中正“总统”文物》

《蒋经国“总统”文物》

台北“国防部史政局”藏，《“国防部”史政档案》

二、出版史料、微卷档案

Davis，Michael Davis ed. Confidential U. S. State Department Central Files：Formosa，Republic of China 1950 – 1954（1950 年至 1954 年美国务院机密 档案台湾卷，简称 Formosa1950 – 1954）. Frederick，MD：University Publications of America Inc.，1986，microfilm.

Kesaris，Paul ed. CIA Research Reports：China：1946 – 1976.（1946 年至 1976 年中央情报局有关中国之研究报告）. Frederick，MD：University Publications of America，1982，microfilm.

—ed. O. S. S. /State Department Intelligence and Research Reports VIII：Japan，Korea，Southeast Asia，and the Far East Generally：1950 – 1961 Supplement（1950 年至 1961 年美国战略服务处与国务院有关亚太地区情报研究补充文件，简称 Supplement）. Washington DC：University Publications of America Inc.，1977，microfilm.

Kesaris，Paul and Robert E. Lester eds. President John F. Kennedy's Office Files，1961 ~ 1963（1961 年至 1963 年美国肯尼迪总统办公室文件，简称 JFKOF）. Frederick，MD：University Publications of America，1989，microfilm.

Lester，Robert E. ed. President Dwight D. Eisenhower's Office Files，1953 – 1961 Part II（1953 年至 1961 年美国艾森豪威尔总统文件，第二部，简称 Eisenhower）. Bethesda，MD：University Publications of America，1990. microfilm.

—ed. The Lyndon B. Johnson National Security Files，Asia and the Pacific：National Security Files，1963 ~ 1969（1963 年至 1969 年美国约翰逊总统亚太地区国家安全文件，简称 LBJ 1963 ~ 1969）. Frederick，MD：University Publications of America，1987，microfilm.

—ed. The Lyndon B. Johnson National Security Files，1963 ~ 1969. Asia and the Pacific：First Supplement（1963 年至 1969 年美国约翰逊总统亚太地区国家安全增补文件，简称 LBJ 1963 ~ 1969 Supplement）. Bethesda，MD：

University Publications of America, 1996, microfilm.

United States Department of State ed. Foreign Relations of the United States (美国政府外交文书，简称 FRUS). Washington D. C.: Government Printing Office, 1861 -.

—ed. Records of the Office of Chinese Affairs 1945 - 1955 (1945 年至 1955 年美国务院中国事务司档案，简称 ROCA). Wilmington, DE: Scholarly Resources Inc., 1989, microfilm.

—ed. Confidential U. S. State Department Central Files China: 1960 ~ January 1963, Internal Affairs (1960 年至 1963 年 1 月美国务院有关中国内政机密文件，简称 USSD 1960 ~ 1963 Internal). Bethesda, MD: University Publications of America, 1998, microfilm.

—ed. Confidential U. S. State Department Central Files China: 1960 ~ January 1963, Foreign Affairs (1960 年至 1963 年 1 月美国务院有关中国外交机密文件，简称 USSD 1960 ~ 1963 Foreign). Bethesda, MD: University Publications of America, 1998, microfilm.

—ed. Confidential U. S. State Department Central Files China: February 1963 ~ January 1966: Part I: Political, Government, and National Defense Affairs (1963 年 2 月至 1966 年 1 月美国务院有关中国政治、政府与国防事务文件，简称 USSD 1963 ~ 1966). Bethesda, MD: University Publications of America, 2001, microfilm.

—Declassified Documents Reference System (美国政府官方解密档案查询系统，简称 DDRS). Farmington Hills, MI: Gale, 2011 -.

薛衔天编，《中苏国家关系史资料汇编》。北京：社会科学文献出版社，1996。

“中央研究院”近代史研究所编印，《国民政府与韩国独立运动史料》。台北：“中央研究院”近代史研究所，1988 年。

吴景平、郭岱君主编，《宋子文驻美时期电报选（1940—1943）》。上海：复旦大学出版社，2008 年。

何智霖编，《陈诚先生书信集——与蒋中正先生往来函电》，上、下册。台北："国史馆"，2007 年。

罗家伦，《罗家伦先生文存》。台北：国民党党史委员会，1988 年。

王世杰，《王世杰日记》。台北："中央研究院"近代史研究所，1990 年。

三、专著与论文

张启雄，《外蒙古主权归属交涉 1911—1916》。台北："中央研究院"近代史研究所，1995。

刘学铫，《外蒙古问题》。台北：南天书局，2001。

阎天灵，《试论抗战前十年国民政府对内蒙古的政策定位》，《中国边疆史地研究》（北京），2001 年第 1 期，页 46—57。

冯明珠，《近代中英西藏交涉与川藏边情》。台北：故宫博物院，1996。

杨效平，《马步芳家族的兴衰》。西宁：青海人民出版社，1986。

宁夏回族自治区政协文史资料研究委员会主编，《宁夏三马》。北京：中国文史出版社，1988。

陈慧生、陈超，《民国新疆史》。乌鲁木齐：新疆人民出版社，1999。

黄建华，《国民党政府的新疆政策研究》。北京：民族出版社，2003。

新疆三区革命史编纂委员会，《新疆三区革命史》。北京：民族出版社，1998。

马鸿逵，《马少云回忆录》（香港：文艺书屋，1984）。

郝维民主编，《内蒙古自治区史》。呼和浩特：内蒙古大学出版社，1991。

长舜、荆尧、孙维吼、蔡惠霖编，《百万国民党军起义投诚纪实》。北京：中国文史出版社，1991。

青海省志编纂委员会编，《青海历史纪要》。西宁：青海人民出版社，1987。

包尔汉，《新疆五十年》。北京：文史资料出版社，1984。

石源华，《韩国独立运动与中国关系论集》。北京：民族出版社，

2009 年。

石源华主编，《韩国独立运动研究新探——纪念大韩民国临时政府创建 90 周年》。北京：社会科学文献出版社，2009 年。

胡春惠，《韩国独立运动在中国》。台北：“中华民国”史料研究中心，1976 年。

沐涛、孙志科，《大韩民国临时政府在中国》。上海：上海人民出版社，1992 年。

金健人主编，《韩国独立运动研究》。北京：学苑出版社，1999 年。

邵毓麟，《使韩回忆录》。台北：传记文学出版社，1980 年。

唐纵，《唐纵失落在大陆的日记》。台北：传记文学出版社，1998 年。

杨天石，《寻找真实的蒋介石——蒋介石日记解读（二）》。香港：三联书店，2010 年。

——《近代中国史事钩沉——海外访史录》。北京：社会科学文献出版社，1998 年。

蒋经国，《风雨中的宁静》。台北：黎明文化，1974 年。

秦孝仪编，《“总统”蒋公思想言论总集》。台北：中国国民党党史会，1984 年。

台北“国防部军事情报局”编。《本局历史精神》。台北：军情局，2009 年。

张发奎，《蒋介石与我——张发奎上将回忆录》。香港：文化艺术出版社，2008 年。

张淑雅，《韩战救台湾？解读美国对台政策》。台北：卫城，2011 年。

李璜，《学钝室回忆录》。香港：明报月刊社，1982 年。

程思远，《政海秘辛》。香港：南粤出版社，1988 年。

郑大华，《张君劢传》。北京：中华书局，1997 年。

覃怡辉，《金三角国军血泪史 1950—1981》。台北：“中央研究院”、联经出版社，2009 年。

杨碧川，《白团物语——蒋介石的影子兵团》。台北：前卫出版社，2000 年。

林照真，《覆面部队》。台北：时报出版社，1996。

翁台生，《CIA 在台活动秘辛》。台北：联经出版社，1991 年。

林蕴晖，《国史札记》。上海：东方出版社，2008 年。

彭大年编，《尘封的作战计划：国光计划——口述历史》。台北：“国防部”史政编译室，2005 年。

汪士淳，《漂移岁月——将军大使胡炘的战争纪事》。台北：联合文学，2006 年。

李云汉主编，《中国国民党一百周年大事年表》。台北：国民党党史会，1994 年。

杨渡，《穿梭两岸的密使》。台北：平氏出版有限公司，1995 年。

童小鹏，《风雨四十年》。北京：中央文献出版社，1996 年。

中共中央文献研究室编，《周恩来年谱（一九四九——一九七六）》。北京：中央文献出版社，1997 年。

毛磊、范小方主编，《国共两党谈判通史》。兰州：兰州大学出版社，1996 年。

李伟，《曹聚仁传》。南京：南京大学出版社，1991 年。

松田康博，《中国の対台湾政策—“解放”時期を中心に—》，《新防卫论集》，23：3（东京），页 32—48。

山田辰雄、松重充浩编，《蒋介石研究》。东京：东方书店，2013 年。

林正义，《蒋介石、毛泽东、甘迺迪与 1962 年台海危机》，《远景基金会季刊》（台北），13：4（2012），页 63—124。

林孝庭、赵相科，《1962 年台海危机背景探因》，《当代中国史研究》（北京），2013（4），页 63—75。

李江琳，《1959 拉萨！达赖喇嘛如何出走》。台北：联经出版社，2010 年。

杨瑞春，《国特风云——中国国民党大陆工作秘档（1950—1990）》。台北：稻田出版社，2010 年。

吴俊才，《印度史》。台北：三民书局，1990 年。

孙子和，《西藏研究论集》。台北：台湾商务印书馆，1989 年。

林良光、叶正佳、韩华著，《当代中国与南亚国家关系》。北京：社会科学文献出版社，2001。

刘海藩主编，《中华人民共和国国史全鉴——外交卷》。北京：中央文献出版社，2005。

衣复恩，《我的回忆》。台北：立青文教基金会，2011 年。

陈鸿瑜，《中华民国与东南亚各国外交关系史（1912～2000）》。台北：鼎文书局，2004 年。

陈祖耀，《西贡往事知多少——揭橥“中华民国驻越军事顾问团”的秘辛》。台北：黎明文化，2000 年。

曾琼叶编，《越战忆往口述历史》。台北：“国防部”史政编译室，2008 年。

赖名汤口述，赖暋访录，《赖名汤先生访谈录》。台北：“国史馆”，2011 年。

贾俊明、董学斌，《倚天——共和国导弹核武器发展纪实》。北京：西苑出版社，1999 年。

“国防部”史政编译室编，《高空的勇者——黑貓中队口述历史》。台北：“国防部”史政编译室，2010 年。

黄钧铭主编，《原子能与清华》。新竹：台湾清华大学出版社，2011 年。

李云汉主编，《中国国民党一百周年大事年表》。台北：中国国民党党史委员会，1994 年。

周谷，《外交秘闻——一九六〇年代台北华府外交秘辛》。台北：联经出版社，2006 年。

王丰，《以色列核弹之父秘助蒋介石发展核武内情》，《亚洲周刊》（香港），24：15（2010 年 4 月 18 日）。

钱复，《钱复回忆录》。台北：天下文化，2005 年。

郝柏村，《八年参谋总长日记》。台北：天下远见出版社，2000 年。

Acheson, Dean. Present at the Creation: My Years in the State Department. New York: W. W. Norton & Company, 1987.

Accinelli, Robert. Crisis and Commitment: United States Policy toward Taiwan, 1950 – 1955. Chapel Hill: The University of North Carolina Press, 1996.

Aid, Matthew M. The Secret Sentry: The Untold History of the National Security Agency. New York: Bloomsbury Press, 2009.

Albright, David and Corey Gay, "Taiwan: Nuclear Nightmare Averted." The Bulletin of the Atomic Scientists, 54: 1 (1998), pp. 54 – 60.

Andrew, Christopher. For the President's Eyes Only: Secret Intelligence and the American Presidency from Washington to Bush. New York: HarperPerennial, 1995.

Benson, Linda. The Ili Rebellion: The Moslem Challenge to Chinese Authority in Xinjiang 1944 – 1949. New York: M. E. Sharpe, 1990.

Castle, Timothy. At War in the Shadow of Vietnam: United States Military Aid to the Royal Lao Government, 1955 – 1975. New York: Columbia University Press, 1993.

Chang, Gordon. Friends and Enemies: The United States, China, and the Soviet Union, 1948 – 1972. Stanford: Stanford University Press, 1990.

Chen, Jian. Mao's China and the Cold War. Chapel Hill: The University of North Carolina Press, 2001.

Clough, Ralph N. Island China. Cambridge, MA: Harvard University Press, 1978.

Cumings, Bruce. Korea's Place in the Sun: A Modern History. New York: W. W. Norton, 1997.

Dallek, Robert. An Unfinished Life: John F. Kennedy 1917 – 1963. New York: Little, Brown and Company, 2003.

Dunham, Mikel. Buddha's Warriors: The Story of the CIA – backed Tibetan Freedom Fighters, the Chinese Invasion, and the Ultimate Fall of Tibet. New York: Jeremy P. Tarcher/Penguin, 2004.

Forbes, Andrew D. W. Warlords and Muslims in Chinese Central Asia: A Political History of Republican Sinkiang 1911 – 1949. Cambridge: Cambridge University Press, 1986.

Garver, John W. The Sino – American Alliance: Nationalist China and American Cold War Strategy in Asia. New York: M. E. Sharpe, 1997.

Goldstein, Melvyn C. A History of Modern Tibet, 1913 – 1951: The Demise of the Lamaist State. Berkeley: University of California Press, 1989.

Grunfeld, A. Tom The Making of Modern Tibet. New York: M. E. Sharpe, 1996.

Guha, Ramachandra. India After Gandhi: The History of the World's Largest Democracy. New York: HarperCollins, 2007.

Heiferman, Ronald Ian. The Cairo Conference of 1943: Roosevelt, Churchill, Chiang Kai-shek and Madame Chiang. Jefferson, NC: McFarland, 2011.

Holober, Frank. Raiders of the China Coast: CIA Covert Operations during the Korean War. Annapolis, MD: Naval Institute Press, 1999.

Hooper, Townsend. The Devil and John Foster Dulles. Boston: Little, Brown and Company, 1973.

Jarman, Robert L. ed. Taiwan Political and Economic Reports 1861 – 1960. Slough, England: Archive Editions, 1997.

Kaufman, Burton I. The Korean Conflict (Westport, CT: Greenwood Press, 1999).

Kissinger, Henry. Diplomacy. New York: Simon and Schuster, 1994.

Kiernan, Ben. How Pol Pot Came to Power: Colonialism, Nationalism, and Communism in Cambodia, 1930 – 1975. New Haven: Yale University Press, 2004.

Knaus, John Kenneth. Orphans of the Cold War: America and Tibetan Struggle for Survival. New York: Public Affairs, 1999.

Ku, Kim (translated by Jongsoo Lee). Paekp? m Ilchi: The Autobiography of Kim Ku. Lanham, MD: University Press of America, 2000.

Kusnitz, Leonard A. Public Opinion and Foreign Policy: America's China

Policy, 1949 – 1979. Westport, CT: Greenwood Press, 1984.

Laird, Thomas. Into Tibet: The CIA's First Atomic Spy and his Secret Expedition to Lhasa. New York: Grove Press, 2002.

Langguth, A. J. Our Vietnam: The War, 1954 1975. New York: Simon and Schuster, 2002.

Leary, William M. Perilous Missions: Civil Air Transport and CIA Covert Operations in Asia. Tuscaloosa, AL: University of Alabama Press, 1984.

Lias, Godfrey. Kazak Exodus. London: Evans Brothers Ltd. , 1956.

Lilley, James. China Hands: Nine Decades of Adventure, Espionage, and Diplomacy in Asia. New York: PublicAffairs, 2004.

Lin, Hsiao-ting. Tibet and Nationalist China's Frontier: Intrigues and Ethnopolitics, 1928 – 49. Vancouver: University of British Columbia Press, 2006.

Liu, Xiaoyuan. A Partnership for Disorder: China, the United States, and their Policies for the Postwar Disposition of the Japanese Empire, 1941 – 1945. Cambridge: Cambridge University Press, 1996.

Lowe, Peter. The Origins of the Korean War: Second Edition. New York: Longman, 1997.

Margolis, Eric S. War at the Top of the World: The Struggle for Afghanistan, Kashmir, and Tibet. New York: Routledge, 2001.

McCarthy, Roger E. Tears of the Lotus: Accounts of Tibetan Resistance to the Chinese Invasion, 1950 – 1962. Jefferson, NC: McFarland & Company, 1997.

McCoy, Alfred W. The Politics of Heroin: CIA Complicity in the Global Drug Trade. Chicago: Lawrence Hill Books, 1991.

McMahon, Robert J. The Limits of Empire: The United States and Southeast Asia since World War II. New York: Columbia University Press, 1999.

McNamara, Robert S. In Retrospect: The Tragedy and Lessons of Vietnam. New York: Vintage Books, 1995.

Patterson, George N. Tibet in Revolt. London: Faber and Faber Ltd., 1960.

Ranelagh, John. The Agency: The Rise and Decline of the CIA. London: Weidenfeld & Nicolson, 1986.

Ricklefs, M. C. A History of Modern Indonesia, c. 1300 to the Present. Stanford: Stanford University Press, 1993.

Roy, Denny. Taiwan: A Political History. Ithaca: Cornell University Press, 2003.

Schoenbaum, Thomas J. Waging Peace and War: Dean Rusk in the Truman, Kennedy, and Johnson Years. New York: Simon and Schuster, 1988.

Sechin, Jagchid. The Last Mongol Prince: The Life and Times of Demchugdongrob, 1902 – 1966. Bellingham, WA: Western Washington University, 1999.

Shakya, Tsering. The Dragon in the Land of Snows: A History of Modern Tibet Since 1947. New York: Penguin Books, 1999.

Shaplen, Robert. The Lost Revolution: Vietnam 1945 1965. London: Andr Deutsch, 1966.

Spector, Leonard S. Nuclear Proliferation Today. New York: Random House, 1984.

Stopler, Thomas E. China, Taiwan, and the Offshore Islands: Together with an Implication for Outer Mongolia and Sino – Soviet Relations. New York: M. E. Sharpe, 1985.

Stuart – Fox, Martin. A History of Laos. Cambridge: Cambridge University Press, 1997.

Sunoo, Harold Hak-won. Korea: A Political History in Modern Times. Columbia, MO: Korean – American Cultural Foundation, 1970.

Szonyi, Michael. Cold War Island: Quemoy on the Front Line. Cambridge: Cambridge University Press, 2008.

Tanzer, Sharon, Steven Dolley, and Paul Leventhal eds. Nuclear Power and the Spread of Nuclear Weapons: Can We Have One without the Other? Dulles, VA: Brassey's, Inc. , 2002.

Taylor, Jay. The Generalissimo's Son: Chiang Ching-kuo and the Revolutions in China and Taiwan. Cambridge, MA: Harvard University Press, 2000.

Taylor, Robert H. Foreign and Domestic Consequences of the KMT Intervention in Burma. Ithaca: Department of Asian Studies, Cornell University, 1973.

Thomas, Evan. The Very Best Men: The Daring Early Years of the CIA. New York: Simon and Schuster, 2006.

Tsang, Steve. The Cold War's Odd Couple: The Unintended Partnership between the Republic of China and the UK, 1950 – 1958. London: I. B. Tauris, 2006.

Tucker, Nancy B. Taiwan, Hong Kong, and the United States, 1945 – 1992. New York: Twayne Publishers, 1994.

—ed. China Confidential: American Diplomats and Sino – American Relations, 1945 – 1996. New York: Columbia University Press, 2001.

—The China Threat: Memories, Myths, and Realities in the 1950s. New York: Columbia University Press, 2012.

Weiner, Tim. Legacy of Ashes: The History of the CIA. New York: Anchor Books, 2007.

Yager, Joseph. Nonproliferation and U. S. Foreign Policy. Washington D. C. : Brookings Institution, 1980.

Yu, Maochun. OSS in China: Prelude to Cold War. New Haven: Yale University Press, 1996.

Zhai, Qiang. The Dragon, the Lion, and the Eagle: Chinese – British – American Relations, 1945 – 1958. Kent, OH: The Kent State University Press, 1994.